*Peter Meyer Reiseführer. Landeskunde & Reisepraxis*

# EL HIERRO

pmv

*Peter-Meyer-Reiseführer-Leser möchten verstehen, was sie sehen. Toleranz und Herzlichkeit sind ihnen wichtig, Wanderlust und Aktivitätendrang wollen sie so umweltschonend wie möglich ausleben. Sie sind vielseitig interessiert und neugierig auf Neues. Deshalb finden Sie hier zu allen Bereichen des Lebens authentisches Hintergrundwissen über Ihr Reiseland sowie ausführliche reisepraktische Informationen.*

**Über die Autorin**

Sabine Keller, freie Journalistin und Sachbuchautorin mit den Schwerpunkten Medizin, Gesundheit und Reise, lebt in Köln. Seit 1989 reist sie regelmäßig nach El Hierro, um die Schönheit und Ruhe der kleinsten kanarischen Insel zu genießen und dort lebende Freunde zu besuchen. 1997 beschloss sie, einen Reiseführer zu schreiben, um der wachsenden Zahl der Hierro-Urlauber ein Kompendium des sanften Reisens mit auf den Weg zu geben. Ausgestattet mit langjährig angesammeltem Hintergrundwissen führt sie kundig von Ort zu Ort, und wird nicht müde, El Hierro auf Wanderungen kreuz und quer zu durchstreifen. Sie wird sich freuen, Sie auf einer der von ihr beschriebenen 18 Wanderungen zu treffen. In diesem Sinne: *¡Hasta pronto!*

PETER MEYER REISEFÜHRER

# EL HIERRO

*Erholen und Wandern*
*auf der kleinsten Kanaren-Insel*

VON SABINE KELLER

pmv

*3. aktualisierte und neu überarbeitete Auflage*
*Frankfurt am Main 2005*
PETER MEYER VERLAG

INHALT

## ▶ KARTENVERZEICHNIS



**Kartenatlas 1:50.000 mit allen Wandertouren:**



**pmv**


**Druck & Bindung:** Kösel, Krugzell; www.KoeselBuch.de | **Umschlaggestaltung:** Agentur 42, Mainz, www.agentur42.de | **Karten & Grundrisse:** Peter Meyer Verlag
**Zeichnungen:** Silke Schmidt, Offenbach | **Fotos:** Sabine Keller, Davoud Khodabakhsh, Karin Kamm, Gerhard Kramer, Alexander Geistlinger, Rolf Goetz, Verlagsarchiv sowie Cabildo Insular de El Hierro mit freundlicher Genehmigung | **Lektorat & Herstellung:** Annette Sievers
**Bezug:** über den Verlag, vertrieb@PeterMeyerVerlag.de oder über Prolit | ISBN 3-89859-140-9

# ZUR EINSTIMMUNG

**El Hierro** gilt noch immer als die »vergessene« Kanarische Insel, geographisch und touristisch im Abseits des Ferien-Archipels gelegen. In der Tat gibt es auf El Hierro gerade mal 1500 Gästebetten, weder Sandstrand noch allzuviel Sonne, kaum Nachtleben und keine kulturellen Highlights. Die stille Schönheit dieses schroffen Vulkanfelsens im Atlantik erschließt sich erst auf den zweiten Blick – und so mancher Reisende hat schon bald nach Ankunft wieder die Flucht ergriffen, abgeschreckt von soviel Natur und Ruhe pur.

Die kleinste Insel der Kanaren ist kein Ort für sonnen- und erlebnishungrige Badeurlauber, aber ein Paradies für Wanderer und Naturfreunde, die El Hierros sehr beschaulichen Lebensrhythmus zu schätzen wissen. Selbst die Hauptstadt Valverde ist mit ihren 1800 Einwohnern so idyllisch und verschlafen wie ein großes Dorf.

Dabei hat die Insel durchaus Besonderes zu bieten: sie ist politisch gesehen der südwestlichste Zipfel Europas und die größte Ananasproduzentin mit dem kleinsten Verkehrsflughafen Spaniens. Der Passatnebel ist ihr Lebenselixier: Aus ihm »melken« die Bäume das kostbare Wasser. In einer unzugänglichen Steilwand leben noch urzeitliche Riesenechsen, und an den Hängen des menschenleeren Südwestens stemmen sich die letzten knorrigen Exemplare der »Sabina«, ein Wacholderbaum von sagenhaftem Alter, gegen den steten Wind. Für Ptolemäus schließlich markierte El Hierro das Ende der Welt: Bis Ende des 19. Jahrhunderts verlief hier der von ihm festgelegte Nullmeridian.

El Hierros Landschaft ist voller Überraschungen: Auf einer Grundfläche von nur 278 km² erhebt sich die mit Vulkanen übersäte Insel bis zu 1500 m hoch; ihre zerklüfteten Steilwände ragen an vielen Stellen fast senkrecht empor. Auf den Kanaren einzigartig ist die weite, oft nebelverhangene Hochebene mit ihren im Winter saftgrünen, im Frühling blumenübersäten Weiden. Von hier bis zu den Lavahängen des Südens erstreckt sich einer der schönsten Pinienwälder des Archipels. Krass ist der Gegensatz vom feuchten Grün des Inselnordens zur schwarzen Lava-

# GEOLOGIE UND VULKANISMUS

**Der gesamte kanarische Archipel ist vulkanischen Ursprungs. Vor mindestens 30 Mio Jahren begann seine Geburt aus dem Erdinneren: Zu Glut geschmolzenes Gestein, Magma, strömte aus Rissen im Ozeangrund, erkaltete und wuchs allmählich zu Inseln empor. El Hierro ist der jüngste Sproß der kanarischen Inselfamilie.**

## Landschaftsformen

Im Gegensatz zu den Nachbarinseln ist El Hierro kaum von *barrancos* (Schluchten) zergliedert; lediglich der Nordosten der Insel senkt sich in steilen Kerbtälern zum Meer hinab. Quer über die Insel, am Rand des Steilabfalls zum Golf, zieht sich die *cumbre*, die bewaldete Gipfelregion der Vulkanberge entlang.

El Hierro besteht aus drei großen **Landschaftsformationen:** der weiten Hochebene im Nordosten, dem *El-Golfo-Tal* im Nordwesten und der schräg abfallenden Fläche *El Juláns* im Südwesten mit den jungen Lavafeldern im Westen und Süden als Ausläufern. An der wild zerklüfteten Nord- und Ostseite der Insel, mit den gewaltigen Abbruchhängen von Las Playas, haben sich ebenfalls kleinere Lava-Landzungen gebildet, *islas bajas* genannt: relativ ebene Plattformen am Meer, wie zum Beispiel die winzige Bucht von Pozo de las Calcosas, das Gebiet um Tamaduste und La Caleta sowie die kleine Halbinsel von Timijiraque.

Vom Meer aus wirkt El Hierro wie eine unzugängliche Festung, mit seinen schroff und steil aufragenden Hängen wie Wehrmauern. Aus dieser Perspektive scheint es kaum vorstellbar, daß es in seinem Inneren eine lieblich-grüne Hochebene birgt. El Hierro ist eine Insel der Gegensätze: Einerseits ist sie im Verhältnis zu ihrer Grundfläche sehr hoch und weist daher vor allem im Küstengebiet enorme Gefälle auf, andererseits hat sie ein sanft gewelltes, fruchtbares Hochland, einzigartig im kanarischen Archipel. Auf El Hierro werden die Hochflächen bewirtschaftet, denn bis auf das Golftal gibt es kaum flache Küstengebiete, die nutzbar wären – auf den anderen Inseln ist dies umgekehrt.

El Hierro präsentiert auf engstem Raum die unterschiedlichsten Landschaften: von der kahlen Lavawüste über dramatisches Felstheater, märchenhaften Nebelwald, mediterrane Pinienwälder und Obsthaine, nordeuropäisch anmutendes, saftig grünes Weideland bis hin zu (sub-)tropischen Ananas- und Bananenplantagen.

Das Erscheinungsbild der **Hochebene** ist nicht nur von den Vulkanhügeln geprägt; stärker noch zeigt sich inzwischen die Prägung der wirtschaftlichen Nutzung, positiv wie negativ. Von der ursprünglich dichten Bewaldung ist nur noch wenig geblieben. Abholzung, Erosion und inten-

Pionier: Das Aeonium wächst selbst auf unwirtlichem Lavagestein

**Geographischer Steckbrief**

El Hierro ist die kleinste der 7 kanarischen Inseln. Im äußersten Südwesten gelegen, ist sie auch am weitesten vom spanischen wie vom afrikanischen Festland entfernt.

Die Kanarischen Inseln liegen zwischen dem 27. und 29. Breitengrad, auf einer Höhe mit der Sahara, Kuwait und Florida. Die Inselgruppe ist runde 1400 km vom spanischen Mutterland entfernt, dagegen trennen die Ostinsel Fuerteventura und das Kap Juby an der marokkanischen Westküste nur 100 km. El Hierro liegt fast 500 km vor der Küste Afrikas, jeweils rund 60 km von La Gomera und La Palma und 120 km von Teneriffa entfernt.

El Hierro erhebt sich auf einer Fläche von nur 278 km² bis zu 1500 m *(Pico de Malpaso)*. Von der Nordspitze der Insel *(Punta Norte)* bis zu ihrem westlichsten Punkt *(Punta de Orchilla)* sind es in Luftlinie 27 km, vom Norden bis zum Süden *(Punta de la Restinga)* 24 km, von der Südspitze bis zum Westkap 19 km. 90 % ihrer etwas mehr als 100 km langen Küstenlinie sind Steilküste.

Auf El Hierro plätschert kein Bächlein, und nur aus wenigen spärlichen Quellen rinnt Niederschlagswasser oberhalb des Meeresspiegels aus dem Fels. Die Insel hat die Form eines unregelmäßigen Ypsilons und ist von ihrem Aufbau her ihrer großen Schwester Teneriffa ähnlich; auffällig sind die beiden großen halbkreisförmigen »Krater« im Westen und Osten der Insel. ◀

sive Weidewirtschaft hinterließen viele kahle Flächen. Andererseits hat die Landwirtschaft und die Bewässerung auch Grün schaffen können, Obstplantagen und fruchtbare Äcker sind erst durch mühevolle Kultivierung des Bodens entstanden.

Die meisten Siedlungen, darunter die Inselhauptstadt Valverde, sowie die Gärten des Inselnordens liegen auf rund 600 m Höhe. Vor allem im Winter ist die nördliche Hochebene oft von Passatwolken verhüllt, was ihren Lavaboden zu Erde zersetzt und landwirtschaftlich nutzbar gemacht hat. Die zentrale *Meseta de Nisdafe* ist ganz von Viehwirtschaft geprägt und zeigt je nach Jahreszeit ein anderes Gesicht: im Spätsommer, wenn sich die Nebelwolken rar machen, verdorrt und ausgebrannt, nach Regenperioden in sattem Grün leuchtend und mit ihren vielen Steinmauern an Irland erinnernd, im Frühling als üppige Blumenwiese.

Südlich der Meseta de Nisdafe ist das Hochland zwischen den beiden Talrändern im Westen und Osten kaum zwei Kilometer breit. Hier scheint meist die Sonne und es zeigen sich die ersten prächtigen Exemplare des großen Pinienwalds *El Pinar*. Obwohl von Waldbränden und Holzschlag schon sehr dezimiert, ist er noch immer einer der größten und schönsten des ganzen Archipels. Einige seiner alten Baumriesen sind so legendär wie die vom Wind gebeugten

Wacholderbäume im Westen der Insel.

Das Gebiet um die gleichnamige Siedlung ist sonnig, lieblich, geprägt vom nahen Pinienwald, von Obstkulturen, Mandel- und Feigenbäumen. El Pinar bildet die Grenze zu den kargen Lavafeldern im Süden und El Julán im Westen. Richtung La Restinga nimmt die Vegetation schnell ab; jeder Höhenmeter abwärts bedeutet hier einen Verlust an Feuchtigkeit. Von 400 m an zieht sich nur noch Lavawüste meerwärts.

Der Südwesten der Insel, **El Julán** und die Hochweiden der **Dehesa,** ist ein weiter Raum von grandioser Stille und Einsamkeit. Durchschnittlich etwa 4 km breit, zieht sich die schräge Fläche El Juláns mit einem Gefälle von 30 bis 45 Prozent von der 1400 m hoch gelegenen Cumbre-Region bis auf 100 Höhenmeter herab; das Übrige ist Steilküste. Von etwa 500 m an abwärts brennt hier wie im Inselsüden die Sonne auf den nackten Fels; kein Baumschatten kühlt mehr den Boden. Weiter westlich liegt das kommunale Weideland El Hierros, *La Dehesa.* Seit Urzeiten knabbern hier Ziegen und Schafe an der mittlerweile spärlichen Vegetation, und verbringen Hirten ihre langen, einsamen Tage.

Im äußersten Westen liegt die Region der *Sabinas,* der Rest eines ehemals ausgedehnten Wacholderwalds. Heute krümmen sich nur noch wenige uralte Exemplare gegen den ewigen Wind am »Ende der Welt«, das der *Faro de Orchilla* markiert. Von hier führt eine atemberaubende Höhenstraße hinunter zur »Isla Baja« *Hoya de Verodal* und in das Golftal.

Das Tal **El Golfo** ist entlang einer 25 km langen, halbkreisförmigen Linie von gigantischen Felswänden begrenzt, die bis zu 1400 m hoch aufragen. Es ist ein faszinierendes Land-



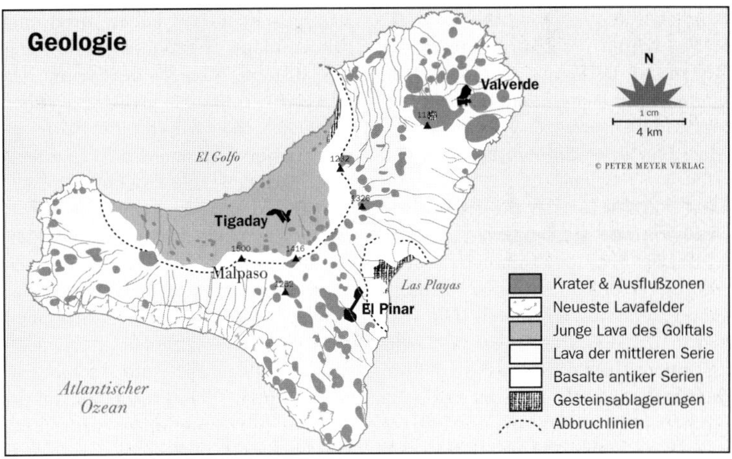

Im Fluß erstarrt: Basalte der antiken Serie am Ostrand des Golfes

schaftsgebilde, eine Art natürliches Amphitheater.

Das Klima des Tals ist günstig, der Boden gut, und so ist hier eine großzügige Kulturlandschaft entstanden, blühende Ortschaften und unten am Meer Bananen- und Ananasplantagen.

## Der kanarische Archipel: Aus Feuer geboren

El Hierro und La Palma, vor 2 bis 3 Mio Jahren entstanden, sind die jüngsten Inseln des Archipels. Die östlichen Inseln Fuerteventura und Lanzarote sind mit etwa 30 Mio Jahren die ältesten, und auch das nahe La Gomera hat bereits an die 20 Mio Jahre auf dem Buckel. Wie kann man sich die Geburt der Inselgruppe vorstellen?

Die Erdkruste besteht aus verschieden großen und unterschiedlich dicken Schollen, *tektonische Platten* genannt, die auf dem glühenden Magmaball des Erdinneren schwimmen. Diese Schollen bewegen sich sehr langsam in östliche Richtung *(Kontinentaldrift)*. Geraten sie dabei aneinander, kann die Erde beben, durch den ungeheuren Druck bilden sich Risse oder es werden einzelne Schollen und Bruchstücke nach oben gedrückt. Werden Landmassen auf diese Weise gestaucht, falten sich Gebirge auf – passiert dies unterhalb des Meeresspiegels, ragen die Spitzen des neuen untermeerischen Gebirges als Inseln empor. Je dünner die Erdkruste an einer Bruchstelle ist, desto eher kann heißes Magma die Gesteinsschichten durchbrechen und an der Oberfläche austreten.

Gebiete mit Vulkantätigkeit und häufigen Erdbeben haben meist eine dünne Haut; ihr Boden ist brüchig und instabil. So auch der Grund des Ozeans westlich von Afrika. Hier reibt sich die afrikanische Platte an der atlantischen, was zu Verwerfungen und Verschiebungen kleinerer Bruchschollen gegeneinander führt. Ein Trümmerfeld bildet also den Sockel des kanarischen Archipels, aus dessen Ritzen seit dem Tertiär immer wieder Magma quillt – der Stoff, aus dem die Inseln gebaut sind. Man nimmt an, daß 95 % des Archipelgebirges unter Wasser liegt, die Inseln also nur 5 % seiner Masse ausmachen. Das Gesicht der Inseln wird sich noch weiter verändern, die vulkanische Aktivität ist nicht abgeschlossen. So verheerten gewaltige Ausbrüche Anfang des 18. Jahrhunderts große Teile Lanzarotes, und erst 1971 spuckte der Vulkan Teneguía im Süden La Palmas Feuer und Asche.

### Was bei einem Vulkanausbruch passiert

Das aus dem Erdinneren austretende Magma ist bis zu 1500 °C heiß, ein Glutstrom aus gashaltigem, geschmolzenem Gestein, der sich zunächst in die Hohlräume und Spalten im Erdmantel ergießt. Wenn immer mehr Magma nachfließt und das Gas nicht entweichen kann, erhöht sich der Druck, bis die Erde aufreißt und eine Spalte oder ein Krater entsteht, aus denen das Magma an die Luft befördert wird, mal explosiv, mal fließend, je nach Stärke des entstandenen Drucks.

Es gibt Lava mit einem hohen Säuregehalt und basische Lava, die flüssig und schnellfließend ist. Diese bringt beim Erkalten erstaunliche Formen hervor bis hin zu relativ glatten Flächen, die aussehen wie ein Tuch mit Faltenwurf (auf El Hierro zum Beispiel bei *Los Letreros* zu sehen, ↗ Wanderung 15). Das saure Magma ist dick und zähflüssig, es neigt dazu, den Vulkanschlot zu verstopfen, was den Innendruck ansteigen läßt und explosive Eruptionen provoziert, bei denen manchmal ganze Bergkuppen weggesprengt werden. Bei eruptiven Ausbrüchen wird das Magma in Fetzen herausgeschleudert, in groben Stücken *(Bomben)*, Schlacken, kieselfeinen Teilchen *(Lapilli)* und Aschepartikeln.

Wenn saures Magma während der Schlußphase eines Ausbruchs im Schlot steckenbleibt, können Kraterkerne entstehen, die härter und dichter sind als der umgebende Kraterrand, den sie oft überleben und dann als steile Felsnadeln einsam in der Landschaft stehenbleiben. Solche *roques* genannten Schlotmonumente lassen sich vor allem auf La Gomera und Teneriffa bewundern – auf El Hierro trotzen die *Roques del Salmor* seit über zwei Millionen Jahren der atlantischen Brandung. Aus ursprünglich säurehaltigem Lavagestein bestehen auch die harten Felsadern *(diques)*, die an vielen Steilwänden der Insel gut erkennbar sind: Sie verlaufen vertikal, d.h. das saure Magma hat sich durch Risse und Felsspalten seinen Weg nach oben gebahnt.

### El Hierros Vulkangeschichte

El Hierro ist in drei Hauptphasen vulkanischer Aktivität entstanden: einer älteren im Pliozän, dem letzten Zeitabschnitt des Tertiär, einer mittleren im Holozän, der letzten Phase des Quartär, und einer jüngeren, die bis ins 1. Jahrtausend n. Chr. andauerte.

Der Sockel der Insel entstand, als aus dem Erdinneren nach oben drängendes Magma den Meeresgrund aufriß. Es taten sich Spalten in Form eines unregelmäßigen Ypsilons auf, vergleichbar den Rissen, die sich um eine wachsende Pflanze bilden, wenn sie einen glatten Erdboden durchstößt. Entlang der Achsen des Ypsilons begann sich die Insel zu formen, ein

Könnte Elefanten-Dung sein: Fladenlava bei los Lajiales

Prozeß, der übrigens auf Teneriffa ganz ähnlich verlief. Die Wucht des aufsteigenden Magmas war im Zentrum am stärksten, hier drückte es die Lavamassen am weitesten nach oben. Noch heute befindet sich hier der höchste Punkt der Insel, der *Malpaso* mit 1500 m, und unweit davon der größte Vulkankegel der Insel, der *Tanganasoga.* Auch heute noch sind die meisten Vulkane entlang der Achsen des Ypsilon verstreut.

Die erste **antike Ausbruchsserie** vor etwa drei Millionen Jahren hat den Inselkörper aufgebaut und seine Grundstruktur bestimmt. Diese Aufbauphase erstreckte sich kontinuierlich über einen längeren Zeitraum, mit nur kleinen Atempausen, in denen die Erosion es schaffte, etwas Boden über die dunklen Basaltschichten zu legen, erkennbar heute an den rötlichen Streifen aus weicherem Gestein (Rötel, Ocker) in den Felswänden. Die Basalte der antiken Serie treten hauptsächlich an den östlichen Hängen des El-Golfo-Tals, aber auch auf der steilen Ostseite der Insel zutage: Las Playas und die Steilküste im Südosten, sowie die tief eingeschnittenen Felsschluchten *(barrancos)* südlich von Valverde, unterhalb von Tiñor und Isora. Die Hauptmasse des Gesteins ist aus basischer Lava entstanden, jedoch immer wieder durchzogen von harten Felsadern aus saurer Lava, den Diques.

Wissenschaftler schätzen, daß die **mittlere Ausbruchsserie** ihren Höhepunkt um 10.000 v. Chr. erreicht hatte. Sie muß eine Phase gewaltiger vulkanischer Aktivität gewesen sein, hat sie doch den größten Teil der zuvor geformten Insel mit einem neuen Lavateppich überzogen und unzählige *Sekundärvulkane* hinterlassen, die auf dem älteren Vulkangestein aufsitzen. Sie prägen das heutige Erscheinungsbild und Profil der Insel. Insgesamt sollen es mehrere Hundert sein, meist kleine Explosionskrater und Kegel aus Lapilli, lockerer Asche und Tuff. Sie sind über die ganze Insel verstreut, konzentrieren sich jedoch entlang der Hauptachsen der Insel, von West nach Ost und von Süd nach Nord.

Die mittlere Serie setzte meist Magma mit einem hohen Gasgehalt frei, die Ausbrüche waren vorwiegend Explosiveruptionen. Darauf deutet die große Anzahl von Kratern hin sowie die Mengen an lockerem Auswurfmaterial, das weite Teile El Hierros bedeckt. Große Flächen aus leichtem schwarzen, grobkörnigen bis sehr feinen Basaltkies *(jable negro)* erstrecken sich über den gesamten Höhenzug der Insel. Neben Basalten stammt auch das hellgraue Trachyt- und Phonolithgestein aus dieser Zeit.

Während der mittleren Ausbruchsperiode entstand der Talgrund des *Golfo.* Lange Zeit hatte man angenommen, das steile Halbrund des Kessels seien Kraterwände, und das gesamte Tal sei der Rest eines riesigen Vulkanbergs, dessen Kuppe von einer gigantischen Explosion weggesprengt wurde. Inzwischen ist erwiesen, daß die Inselmasse, die in grauer Vorzeit das Golftal ausgefüllt hat, durch Erosion weggebrochen ist. Ein riesiger Vulkanberg hatte sich hier immer höher aufgetürmt, bis er schließlich sein eigenes Gewicht nicht mehr halten konnte und wegbrach. Man stelle sich einen Berg wie Teneriffas Teide vor, nur schief gewachsen, der plötzlich zu zwei Dritteln ins Meer abrutscht. Die Flutwellen nach diesem gewaltigen Felssturz müssen unvorstellbar hoch gewesen sein.

Das Gestein des heutigen Talbodens ist viel jünger als das der Abbruchhänge. Es ist erst nach dem großen Zusammenbruch nach oben gewachsen, von neuem durch untermeerische Vulkane aufgebaut. Der Ausgangspunkt war wahrscheinlich das eruptive Zentrum der Insel um den *Vulkan Tanganasoga,* im Scheitelpunkt ihrer Y-Form.

Die Lavaschichten der **jüngsten Ausbruchsserie,** die um 4000 v. Chr. begann und verglichen mit den älteren von bescheidenem Ausmaß war, bedecken vor allem die Küstengebiete im Süden und Westen, aber auch im Norden bei Tamaduste und Timijiraque. Sie haben die Inselarme sozusagen nur verlängert, indem sie die alten Abhänge hinunterflossen und an deren Ende Neuland bildeten. Kleinere Eruptionen haben wahrscheinlich noch im ersten Jahrtausend n. Chr. stattgefunden. Der einzige dokumentierte Ausbruch nach der spanischen Eroberung, von Erdbeben begleitet, war 1793 der des *Lomo Negro* in der Nähe der Playa Verodal (↗ *Arenas Blancas* und *Playa del Verodal*). Seither hat sich der herrenische Boden stabil gezeigt.

### Vulkane zum Anfassen

Die heute sichtbaren Vulkanhügel der mittleren Ausbruchsserie scheinen allesamt erloschen und geben sich oft erst auf den zweiten Blick zu erkennen. Doch wer auf Spazierfahrten und Wanderungen bewußt auf **Aschekegel** und Krater achtet, ahnt schnell, daß diese Ruhe nicht von ewiger Dauer sein kann – selbst wenn das Bild keineswegs an zerstörerische Urgewalten denken läßt. Besonders auf der Hochebene zeigen sich die Vulkane in Gestalt sanfter Hügel. Ihre Krater bilden grüne Mulden, in denen Bäume und Büsche wachsen. Den älteren hat die Erosion einen Erdmantel übergestreift, wie denen bei Valverde und Tiñor, oder in der Meseta de Nisdafe. Die jüngeren Aschekegel, zum Beispiel bei San Andrés, sind noch wenig bewachsen.

Die **Lavafelder** *Los Lajiales* im Süden der Insel dagegen sehen so aus, als sei die Lava gerade erst erkaltet, das Land eben erst ausgebrannt. Der Stein ist noch nackt und windet sich in den absonderlichsten Formen die Hänge herunter oder ist zu spitzzackigen Türmen zusammengeschoben. Die Bezeichnungen sprechen für sich: *Gekröselava, Fladenlava, Wulstlava, Stricklava.* Eine Mondlandschaft aus Kratern und Lavaschutt, in der man zu spüren meint, wie dünn und brüchig die Erdkruste ist.

Im Süden befindet sich auch die größte **Höhle** der Insel, die ↗ *Cueva de Don Justo.* Sie besteht aus einem kilometerlangen, weit verzweigten System aus Lavatunneln. Lavatunnel entstehen, wenn die Außenhaut eines zähflüssigen Lavastroms bereits erkaltet und schließlich zum Stillstand kommt, während die innere, noch glühende Schicht weiterfließt. Am Ende bleibt die äußere Lavaschicht stehen – eine Röhre, ein Vulkantunnel ist entstanden.

Eine andere Variante der vulkanischen Höhlenbildung ist die durch Gasblasen, die **Hohlkammern** im Gestein ausbilden. El Hierros Felsen bergen viele vulkanische Höhlen; einige davon dienten schon den Ureinwohnern als Wohnung oder Grabstätte (↗ Das Leben der Ureinwohner). Manche werden noch heute von Hirten als Unterstand benutzt.

An den **Steilhängen** El Golfos und der Bucht von Las Playas lassen sich die Spuren der antiken Ausbrüche und der horizontale Aufbau der Insel aus Basaltschichten gut erkennen. Verschiedenfarbige Streifen durchziehen die Wand; ihre Struktur läßt auch die unterschiedliche Härte der Gesteinsschichten ahnen. Die harten dunklen Basalte, die auch die vertikalen *diques* bilden, stehen etwas hervor. Andere porösere Schichten aus rötlichem oder hellem Tuff sind ausgewaschen und zerbröselt. Einkerbungen und Lavafluß-Täler zerfurchen die Hänge. Diese Barrancos führen nach heftigen Regenfällen manchmal sogar Wasser.

In *El Julán,* der gewaltigen Schrägfläche im Südwesten, kann man der **Erosion** bei der Arbeit zusehen: Unten am Meer finden sich noch kaum verwitterte, frisch aussehende Lavastränge, die weiter oben, wo das erste Grün sprießt, schon zu bröckeln beginnen und im Bereich der Passatnebelwolken vollends zu Erde geworden sind. Kein Fluß, kein Bach ist hier am Werk; einzig die Feuchtigkeit aus den Wolken, vereinzelte Regengüsse und ganz unten die Brandung nagen am Fels.

Wo die **Lava ins Meer geflossen** ist, ist sie beim schnellen Erkalten im Wasser zu den bizarrsten Formen erstarrt: Felstore, Säulen, Grotten, Spalten und Becken, in denen das Wasser tobt, gurgelt und spritzt. Verwunderlich, wie wenig die Wucht des tobenden Ozeans bisher am spitzen Lavastein hat glattpolieren können. Besonders beeindruckend ist dies zu sehen an der Felsküste bei ↗ *Los Sargos* im Nordwesten oder am ↗ *Charco Manso* im Norden der Insel.

Vielleicht haben Sie Glück und werden bei einer Wanderung Zeuge eines geheimnisvollen Schauspiels, das nur zweimal pro Jahrhundert und nur von den Höhen El Hierros aus zu bestaunen sein soll: das plötzliche Auftauchen einer weiteren Insel aus dem Meer rund um den Archipel. Schon die alten Chronisten berichten von diesem sagenhaften Eiland, San Borondón genannt, das die Phantasie von Inselbewohnern, Historikern und Forschern blühen ließ. Briefe, Berichte, literarische und wissenschaftliche Veröffentlichungen über San Borondón gehen bis auf das 16. Jahrhundert zurück, und auch in den Seekarten aus dieser Zeit war die Insel verzeichnet. Expeditionen wurden ausgerüstet, um sie zu finden – doch kein Schiff fand je etwas anderes als den weiten Ozean.

## Die »achte Insel« San Borondón

Die Tage von San Borondón sollen stets besonders klar gewesen sein; bei spiegelglatter See und stets in den frühen Morgenstunden gab sich die Insel zu erkennen, um sich gegen zwölf Uhr mittags mit den ersten Dunstschleiern allmählich wieder zu verflüchtigen. Ein täuschendes Wolkengebilde kann sie also nicht sein – zumal sich die Beschreibungen ihrer Form und Gestalt stets glichen; die Augenzeugen waren immer von der Klarheit der Erscheinung und ihrer Konturen beeindruckt. Sie glaubten Barrancos und Berge ausgemacht zu haben, selbst ihre Ufer meinten sie deutlich zu erkennen.

Unter denen, die sie mit eigenen Augen gesehen haben wollen, sind angesehene und reputierliche Bürger El Hierros, La Gomeras und Teneriffas, allesamt unverdächtig, für Phantastereien anfällig zu sein. Auch der Journalist und Inselchronist José Padrón Machín schätzte sich glücklich, das einmalige Naturschauspiel 1956 erlebt zu haben.

Man vermutet heute, daß die Erscheinung ein optisches Phänomen ähnlich einer Fata Morgana ist, das sich nur bei einer seltenen Konstellation aus extremer Klarheit der Luft, einer bestimmten Sonneneinstrahlung und ruhiger See bildet. Sie könnte eine Art Spiegelbild einer der drei Inseln La Palma, La Gomera oder El Hierro sein. San Borondón gibt sich stets nur von einer ganz bestimmten Stelle aus zu erkennen: von der Bergregion Binto im Westen El Hierros aus in Richtung zum Leuchtturm von Orchilla (↗ Wanderung 14 und 18). ◀

# KLIMA UND WASSERHAUSHALT

Die Eigentümlichkeit der Landschaft El Hierros prägt auch ihr Klima: Das Klima »machen« vor allem die Wolken, und die hängen von den Bergen (her)ab. So vielfältig wie die Landschaft ist auch das Wetter, oder besser die Wetter, denn es gibt jeden Tag mehrere, von Ort zu Ort verschiedene. Nicht einmal auf die Jahreszeiten ist Verlaß.

Doch fast immer scheint irgendwo auf der Insel die Sonne. Kaum vorstellbar, wenn man morgens in Valverde in feuchter Kühle und dichtem Grau aufwacht, daß schon wenige Kilometer entfernt unten am Meer eine strahlende Sonne wärmt. Wanderer können frierend und mit gegen die Nässe hochgeschlossenen Anoraks im Nebelwald eine Wanderung in den Golf starten, um dann nachmittags in Las Puntas ein (Sonnen-)Bad zu genießen.

Die Lage eines Ortes – Höhe und Himmelsrichtung, windab- oder -zugewandt – bestimmt sein Wetter maßgeblich. Diese Wetterbedingungen sind ähnlich wie auf den anderen westlichen Inseln des Archipels, wobei El Hierros sonnige Süd- und Westseite kaum besiedelt ist.

### Milde Passatwinde

Die Kanarischen Inseln sind berühmt für ihr mildes, ausgeglichenes Klima: sonnig und warm, dabei frisch und klar. Ideales Wohlfühlwetter also, und durchaus abwechslungsreicher, als es das Klischee vom »ewigen Frühling« ahnen läßt.

Daß der Archipel kein wüstenhaftes Klima hat wie die Sahara, mit der

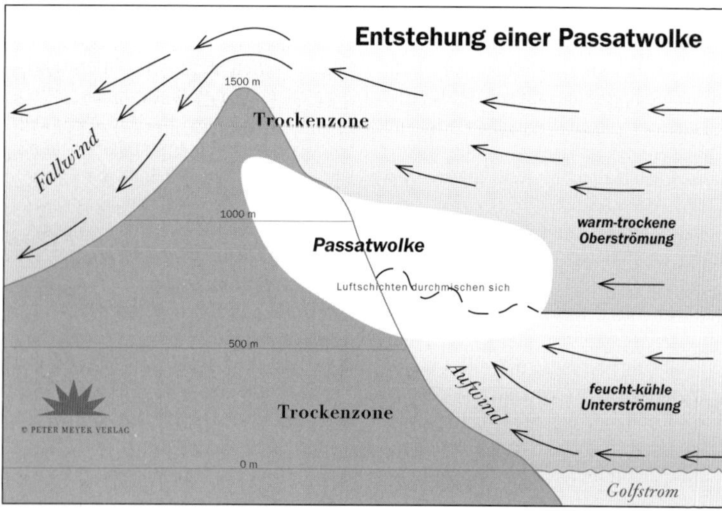

er immerhin auf gleicher Höhe liegt, hat er Meer und Wind zu verdanken, die ihn kühlen und mit Feuchtigkeit versorgen. Klimabestimmend sind einerseits der Passatwind *(vientos alisios* oder kurz *alisio)*, andererseits der Kanarenstrom.

Der **Kanarenstrom** ist ein kühler »Nebenfluß« des Golfstroms, den er bei den Azoren verläßt, um vor der Küste Westafrikas und um die Kanaren herum in südliche Richtung zu fließen. Im Winter sind seine Wasser um die 18, im Sommer um 20 °C warm. Er mäßigt das Klima an den Inselküsten.

Der **Passat** entsteht über dem Äquator, wo die Sonne senkrecht steht und die Luft so aufheizt, daß sie in große Höhen steigt. Der Warmluftstrom teilt sich dort oben, die Luftmassen fließen so weit in nördliche bzw. südliche Richtung ab, bis sie sich wieder abgekühlt haben, dadurch nach unten sacken und in umgekehrter Richtung von neuem dem Äquator zuströmen. Da sich die Erde aber inzwischen weiterdreht, bekommt der Passat einen östlichen Kick, daher sein Name *Nordost-* bzw. *Südostpassat*.

Den Nordostpassat nannten die englischen Seefahrer »trade winds«, was ganz konkret seine Bedeutung für den Überseehandel bezeichnet: Er blies die Segelschiffe verläßlich von Europa in Richtung »Neue Welt«, wovon als erster Kolumbus profitierte.

Die **Passatwolken** entstehen vor allem an den Nordosthängen der Berge, wenn der meeresfeuchte Luftstrom auf ein Hindernis stößt, das ihn in die Höhe zwingt. Oberhalb etwa 600 m kühlt er ab, die Feuchtigkeit kondensiert zu Wolken. Die windabgewandte Südwestseite der Inseln bleibt dagegen trocken, weil sich der Wind über der Landmasse wieder erwärmt und austrocknet. Wenn die Wolken nicht an der Nordseite hängenbleiben, verflüchtigen sie sich allmählich auf ihrem Weg Richtung Süden über die Berge. Die Gipfelregion ist damit auf den Inseln mit Erhebungen über 600 m stets auch die Wetterscheide zwischen feuchtem Norden und trocken-heißem Süden.

## Inselwetter

Auf El Hierro beginnt die Passatnebelzone auf der Höhe der Hauptstadt *Valverde*, die sich denn auch gern wie in Watte gepackt präsentiert. Vor allem im Winter ist oft das gesamte nördliche Hochland wolkenverhangen und feucht-klamm, die Sicht kann stellenweise unter 10 Meter betragen. Die Nebelwolken stauen sich auch im Sommer häufig über der Gipfelregion und verhängen die Steilwände des Golftals. Unten am Meer herrscht jedoch das ganze Jahr über ein gleichbleibend mildes Klima, ob im Golf oder im nördlichen Badeort *Tamaduste*. Weil der Passat tagsüber auffrischt, ändert sich die Wolkenbildung im Tagesverlauf: Sie bilden sich morgens, verdichten sich gegen Mittag und lösen sich am späten Nachmittag allmählich wieder auf.

Im **Winter** ist die Wolkenschicht meist dichter und dicker, steigt höher hinauf und regnet öfter ab. Wenn die Sommersonne auf das wolkenfreie

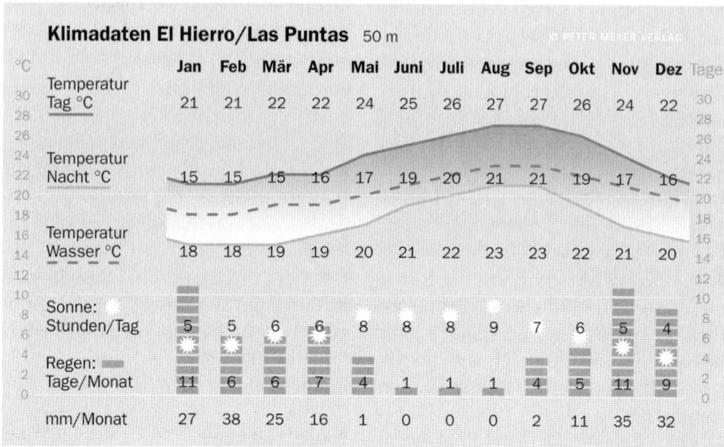


Hochland brennt, ist es dort oben spürbar heißer als an der Küste. Selbst im Winter können die Wolken jedoch auch unterhalb 600 m hängen, während auf den Höhen der Insel die Sonne scheint.

Der Winter bringt auch manchmal stürmische Winde aus Nordwest, die ergiebigeren Regen mit sich führen als die feinen Nieseltröpfchen aus den Passatwolken, die sich meist erst an Bäumen und Sträuchern »abregnen«. Der Nordwestwind kann auch heftiger werden und als Unwetter über die Inseln fegen, dann fällt ein Großteil der Jahresniederschlagsmenge innerhalb weniger Tage. Weil der Boden die Wassermenge gar nicht so schnell aufnehmen kann, geht das Wasser ans Meer verloren und dient lediglich der Erosion: Die Barrancos verwandeln sich kurzzeitig in reißende und manchmal zerstörerische Sturzbäche. Die Unwetter haben aufgrund seiner nach Nordwesten offenen Lage am meisten Auswirkungen auf den Golf, wo schon häufiger Bananenplantagen verwüstet wurden.

Selten werden die Inseln von **Polarluftausläufern** gestreift, die dann allerdings die Temperaturen schnell absacken lassen. Das Kontrastprogramm dazu ist das **Saharawetter**, ein dem Schirokko vergleichbares Wetterphänomen, hier *calima* genannt: ein Hitzestrom aus der Sahara, der außer drückender Schwüle auch noch Sandstaub mit sich trägt. An solchen Tagen ist die Luft gelblich-trüb, die Sicht verhangen, und obwohl es heiß und trocken ist (im Sommer bis zu 40 °C bei weniger als 40 % Luftfeuchtigkeit), sieht man die Sonne kaum. Diese Wetterlage, die schwer aufs Gemüt wie auf die Bronchien drückt, plagt El Hierro seltener als die Ostinseln Fuerteventura und Lanzarote.

## Wasserhaushalt

Direkt mit den Wetterwolken hängt der Wasserhaushalt der Insel zusammen. In früheren Zeiten hing die Versorgung mit dem lebensnotwendigen Naß fast vollständig von ihnen ab, gibt und gab es doch auf der gesamten Insel keine natürlichen Quellbäche und bis vor kurzem auch nur wenige Brunnen, die Trinkwasserqualität lieferten.

Da es nur sehr selten regnet, sind die wichtigsten Niederschlagslieferanten die Passatwolken. Wo sich Wolken und Nebel bilden, können Bäume und Büsche wachsen, an denen die Feuchtigkeit abregnet: Sie »melken« die Wolken. Ein Phänomen, das sich besonders im Sommer bemerkbar macht und auch besonders wichtig ist, weil dann der Regen meist ganz ausbleibt und die Vegetation ohne diese sogenannten horizontalen Niederschläge verkümmern würde. Auch die Grundwasservorräte speisen sich in erster Linie auf diese indirekte Weise.

Dürrejahre zeichnen sich daher nicht nur durch das Ausbleiben von Regen aus, sondern vor allem durch lange windstille Perioden, in denen sich die lebensnotwendige *bruma* (so werden die Nebelwolken genannt) rar macht.

El Hierro ist im Vergleich zu den anderen westlichen Inseln bisher immer diejenige mit den größten Wasserproblemen gewesen. Zum einen verfügt sie über fast kein Oberflächenwasser (dessen Anteil am Gesamtwasseraufkommen beträgt 0,5 %), zum anderen ist sie heute am wenigsten bewaldet.

In vorspanischen Zeiten war die Vegetation auf allen Inseln, sogar auf den östlichen, üppiger und dichter, das Klima des Archipels deshalb insgesamt feuchter. Nach der Eroberung wurden besonders auf El Hierro gro-



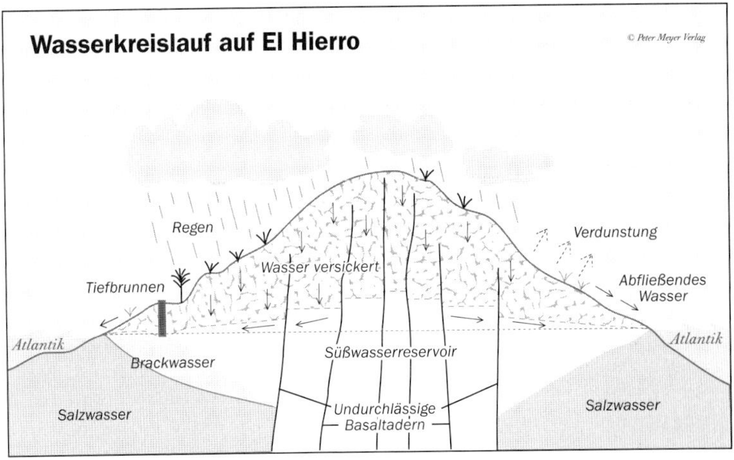

ße Flächen vor allem des nebelfeuchten Hochwalds gerodet, um Holz zu gewinnen und die fruchtbaren Gebiete der Hochebene für Siedlungen und Ackerbau nutzen zu können. Die Viehhaltung und die Erosion taten ein übriges: Immer mehr Wald verschwand, und der im Vergleich zu früher dürftige und ausgedünnte Rest wurde anfälliger für Waldbrände und Käferplagen.

**Quellen** im eigentlichen Sinne gibt es auf El Hierro kaum; die wenigen vorhandenen *fuentes* tröpfeln mehr als daß sie fließen und sind von daher eher Wassersammelstellen. In früheren Zeiten, als keine modernen Rohrleitungen, Wasserhähne und Betoneinfassungen verhinderten, daß die spärlichen Rinnsale gleich wieder im Boden versickerten, gaben die Fuentes noch weniger her.

Traditionell wird das Wolken- und Regenwasser in **Zisternen**, den *aljibes*, gesammelt – die meisten älteren Häuser verfügen über einen solchen Aljibe, der wie ein Brunnen genutzt wird. In den 1970er Jahren ergänzten Tankwagen mit Wasser aus den Tiefbrunnen die Versorgung der Gemeinden; auch heute wird so Nachschub in leergeschöpfte Aljibes gepumpt.

Vereinzelte **Tiefbrunnen** wurden in Küstennähe auch in den 1920er Jahren schon erschlossen. In den 1960er Jahren wurde vor allem im Golf wild drauflosgebohrt und -gepumpt, weil der Bananenanbau den Wasserbedarf immens steigerte. Die

## Medio Ambiente – Naturschutz und Umweltbewußtsein auf El Hierro

Seit einigen Jahren ist das Bewußtsein der Canarios für die Schönheiten und die Einmaligkeit ihres Archipels gestiegen; auch die touristisch übervölkerten Inseln entdecken, daß sie jenseits ihrer Strände über natürliche Schätze verfügen, die erhaltens- und schützenswert sind. Immer mehr kanarische Naturlandschaften und Wälder sind in den letzten Jahren unter Schutz gestellt worden. Die Inselregierungen kümmern sich bedeutend mehr als früher um die Pflege und den Schutz ihrer Naturschätze, was stets eine Gratwanderung zwischen ökonomischem Fortschritt und Erhalt der Natur bedeutet.

Auf El Hierro steht mittlerweile 58 % der Landschaft **unter Naturschutz** – zum Beispiel die Wälder, *La Dehesa, El Julán* und die Lavafelder von *Los Lajiales*. Seit Januar 2000 darf sich die Insel mit dem UNESCO-Prädikat »Biosphärenreservat« schmücken, ein Erfolg der ökologisch orientierten Politik der Inselregierung (↗ »Das Zukunftsmodell El Hierro«). Die forstwirtschaftliche Nutzung der Wälder ist untersagt; um den Baumbestand kümmert sich die *Consejería de Medio Ambiente*, die

(private) Ausbeutung richtete sich allein nach ökonomischen Kriterien, so daß die Brunnen teilweise schon nach wenigen Jahren wieder erschöpft bzw. mit Salzwasser verunreinigt waren und aufgegeben werden mußten.

Diese unökologische Praxis hat sich inzwischen geändert: Seit Anfang der 1990er Jahre wird an einem bedarfsdeckenden Wasserversorgungsnetz für die ganze Insel gearbeitet. Der große **Wasserplan** *(Plan Hidrológico Insular, PHI)* des Cabildo, unterstützt von der kanarischen Regierung, basiert auf geologischen und hydrologischen Analysen und Berechnungen, die ergeben haben, daß die Insel in den Tiefen ihres Fundaments über ein sich relativ schnell erneuerndes Grundwasserreservoir verfügt. In der Praxis haben sich die Forschungsergebnisse tatsächlich bestätigt; es ist auch gelungen, die Stelle zu erreichen, die Zugang zur besten Wasserqualität bietet. Das bedeutet, daß El Hierro in naher Zukunft über genug Wasser bester Qualität verfügen und damit eins seiner größten Probleme gelöst haben wird. Deshalb muß nach wie vor sehr sparsam mit dem kostbaren Naß umgegangen werden.

El Hierros **Grundwasserreservoir** unterscheidet sich von denen der anderen Inseln, weil die vulkanischen Böden der Insel besonders durchlässig sind. Selbst die älteren Basaltschichten weisen in ihrem Inneren noch viele Spalten und Hohlräume auf, durch die das Niederschlagswasser von den lockeren Böden der

Umweltbehörde der kanarischen Regierung. Ihr untersteht auch die Pflege der meist nur noch touristisch genutzten historischen Wanderwege, die ohne ihre Angestellten wohl schon verfallen und überwuchert wären.

Doch auch der Schutz des Waldes fordert manchmal Tribut: So wurden in den letzten Jahren zur Vorbeugung gegen Waldbrände, aber auch während der Brandbekämpfung notwendige breite Schneisen und Pisten in den Kiefernwald geschoben, denen nicht wenige Bäume zum Opfer fielen.

Das **Umweltbewußtsein** der Herreños wächst langsam. Aber noch immer können die Kunden im Supermarkt gar nicht so schnell ihre Einkaufstaschen zücken, wie ihre Ware ungefragt in Plastiktüten verpackt wird. Trotzdem: Auf El Hierro tut sich Vorbildliches.

In der Inselregierung gibt es einige engagierte Ökologen, die an pfiffigen Projekten zur nachhaltigen, sanften Entwicklung ihrer Insel arbeiten (↗ El Hierro in nachhaltiger Entwicklung).

Auch die **Recyclingpläne** für den Inselmüll sind umfassend: Müllvermeidung durch Mehrwegverpackung, getrenntes Sammeln von Müll, Verarbeitung auf El Hierro selbst und Kompostierung.

Mit dem Verbrauch von **Trinkwasser** sind die Einheimischen traditionell sparsam; sie wissen, wie kostbar es auf der Insel ist – daran sollten sich auch die Besucher orientieren. ◀

Oberfläche schnell seinen Weg ins Innere der Insel bis hin zum großen Wasserreservoir findet. Da die auf El Hierro zahlreichen *diques* – kaum durchlässige, vertikal aufsteigende Felsadern – außerdem wie Leitsysteme wirken, wandert das Wasser ohne große Umwege Richtung Zentrum und tritt deshalb auch nur an wenigen Stellen als Quellwasser oberhalb des Meeresspiegels wieder aus dem Fels. Der Weg des Wassers ist im großen Reservoir nicht zu Ende: Die Hohlräume im Inneren sind wassergesättigt, so daß das Wasser von dort wieder einen Ausgang sucht. Es wandert weiter abwärts und tritt unterhalb des Meeresspiegels aus. Soviel Wasser wie von oben nachsickert und auf den unterirdischen Speicher drückt, verläßt ihn auch wieder in Richtung Meer, so daß der »Tank« im Inselinneren so funktioniert wie ein See mit einem natürlichen Zu- und Abfluß.

Um diesen Effekt optimal zu nutzen, kommt es darauf an, nicht mehr und nicht weniger Wasser aus dem Reservoir zu entnehmen, als neu hineinläuft bzw. früher oder später wieder ins Meer gelangen würde. Die Menge an Wasser guter Qualität, die in diesem Rahmen innerhalb eines Jahres guten Gewissens gefördert werden kann, ist nach den Berechnungen der Forscher etwa doppelt so hoch wie der jährlich veranschlagte Bedarf.

Wenn die Arbeiten auf der Grundlage des Wasserplanes beendet sind, soll die ganze Insel flächendeckend aus dem Tiefbrunnen *Los Padrones* im Golf versorgt werden. Vom Pozo de Los Padrones aus wird dann ein Stollen von etwa 1200 m Länge bis zum Untergrund der Meseta de Nisdafe führen, wo die Wasserqualität des unterirdischen Reservoirs am besten ist. Ein großer Teil des im Pozo gewonnenen Wassers wird für die Orte im Golf bereits in einem großen Becken gespeichert. Wasser aus dem Pozo wird auch auf die Hochebene und von dort in alle übrigen Orte der Insel gepumpt.

Die Umsetzung des Wasserplans hat der Insel auch zwei **Meerwasserentsalzungsanlagen** beschert. Die Anlage im Norden steht in der Nähe des Flughafens und ist zwar nicht zu übersehen, doch gut getarnt: Jeder Uneingeweihte denkt, sie sei eine Kapelle, denn ganz so ist sie gebaut. Für streng Gläubige mag dies blasphemisch erscheinen, doch erinnert der Wassertempel unwillkürlich daran, daß das Wasser auf El Hierro immer etwas Heiliges war. Lästermäuler nennen den Bau übrigens *San Agustín*, nach Agustín Padrón Benítez, dem zu Bauzeiten amtierenden Bürgermeister von Valverde. Die andere Anlage steht im Hafen von *La Restinga*. Sie versorgt den gesamten Ort.

Konventionell ist Meerwasserentsalzung eine teure und nicht gerade ökologische Methode der Wassergewinnung. Es wird jede Menge Öl dabei verfeuert, was den Wasserpreis für die Verbraucher unbezahlbar machen würde, wäre das Ganze nicht subventioniert. In Zukunft sollen die Anlagen jedoch mit sauberem Strom aus Windenergie arbeiten.

## FLORA: TROCKENBUSCH UND WASSERBÄUME

Von den grünen Westinseln der Kanaren ist El Hierro die kargste. Wie die anderen Inseln ist sie zwar mit den Nebeln des Nordostpassat gesegnet, doch ihre Vegetation ist weniger üppig. Der großflächigen Rodung ihrer urspünglich dichten Wälder folgte die Erosion, und große Teile der Insel sind mit noch jungen Lavafeldern bedeckt. Doch Pflanzenliebhaber und Hobbybotaniker kommen trotzdem auf ihre Kosten, denn wie alle Kanarischen Inseln ist auch die kleinste ein winziger Kontinent für sich.

Die Vegetation der Kanaren ist vor allem wegen ihrer vielen **Endemiten** interessant: Pflanzenarten, die nur hier wachsen. Einige davon, wie der *Drachenbaum* oder manche Farne, sind lebende Fossilien, deren artgleiche Vorfahren vor über einer Million Jahren im Mittelmeerraum noch verbreitet waren. Versteinerte Funde aus dieser Zeit weisen darauf hin. Sie sind dort spätestens während der letzten Eiszeit im Quartär ausgestorben, haben sich aber im gleichbleibend milden atlantischen Klima, fernab von den Kälteeinbrüchen in Europa, halten können. Andere Arten haben heute noch Verwandte am Mittelmeer, durch die Inselisolation haben sie sich jedoch ganz anders weiterentwickelt als diese. Durch die günstigen Wachstumsbedingungen sind einige der auch in Europa heimischen Pflanzen auf den Inseln ein paar Nummern größer zu bewundern. Für einschlägig Interessierte ist ein Besuch auf den Kanaren wie eine Reise mit der botanischen Zeitmaschine.

Der kanarische Archipel gehört biogeographisch zur **makaronesischen Inselwelt,** der außerdem Madeira, die Azoren und die kapverdischen Inseln angehören. Alle Inseln



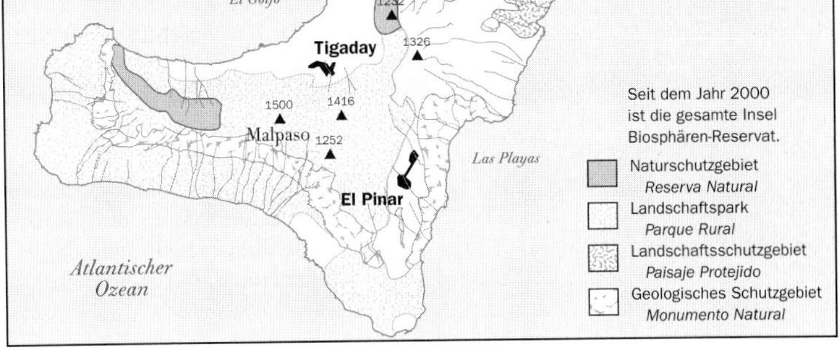

dieser Region weisen eine sehr ähnliche Flora mit zahlreichen Endemiten auf: *makaronesische Endemiten*, solche, die auf allen Inseln Makaronesiens vorkommen, *Kanaren-* sowie *Lokalendemiten*, Pflanzen, die nur auf den Kanaren bzw. einzelnen Inseln vorkommen.

Von den ungefähr 2100 auf den Kanaren siedelnden Wildpflanzen sind etwa ein Drittel kanarenendemische Arten. Ein Drittel ist auch im Mittelmeerraum und Westafrika beheimatet und ein weiteres Drittel sind vom Menschen eingeführte Pflanzen, meist aus Südamerika und Nordeuropa. Die bekanntesten Endemiten sind die Wolfsmilch- und Dickblattgewächse, aber auch die kanarische Dattelpalme und Pinie gehören dazu. Auf El Hierro wachsen rund 150 Kanarenendemiten, davon elf Arten, die nur El Hierro zu bieten hat, vor allem in der Pflanzengruppe, die sich in Felsspalten und -ritzen entfalten, wie einige Arten von Dickblattgewächsen, Natternkopf, Gänsedistel und Flechten.

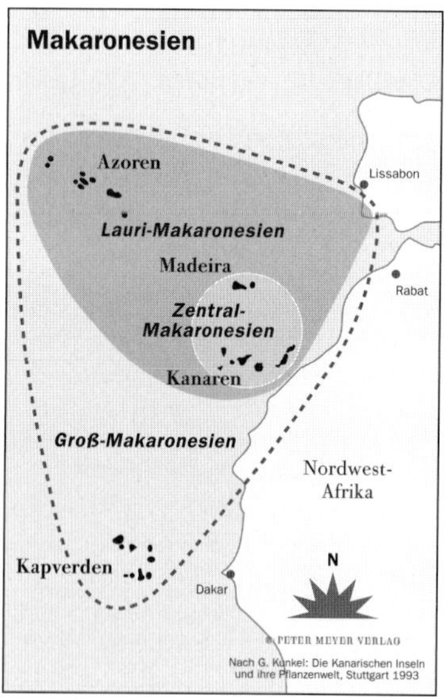


Wie alles Leben auf der Insel orientiert sich auch das pflanzliche an der Höhenlage. Vom Meer bis zur Gipfelregion sprießt das Grün in deutlich unterscheidbaren **Vegetationsstufen,** als da sind: die *trockene Küstenzone* bis etwa 400 m Höhe, die *halbfeuchte Montanzone* je nach Lage von etwa 200 bis 800 m Höhe und schließlich die nebelfeuchte Zone des *Monteverde* und des *Pinar* von 600 bis 1500 Höhenmeter.

## An den Küsten: Sukkulenten, so weit das Auge reicht

Die Küstenzone ist während des ganzen Jahres warm und trocken; die einzige Feuchtigkeit, die die Pflanzen ernährt, ist der nächtliche Tau. Hier ist die Heimat der wasserspeichernden Pflanzen, der *Sukkulenten*; Überlebenskünstler, die selbst in der Lavawüste noch ihr Auskommen finden und denen die Salzluft nicht den Atem nimmt. Sie speichern die Flüssigkeit, von der sie zehren, in ihrem Stamm, den Zweigen oder in fleischigen Blättern.

Die in meernahen Gebieten häufigsten Sukkulenten sind die **Wolfsmilchgewächse** *(Euphorbien)*, darunter vor allem die in Büschen wachsende *Balsam-Wolfsmilch* (Euphorbia balsamifera, span. *tabaiba dulce*). Ihr

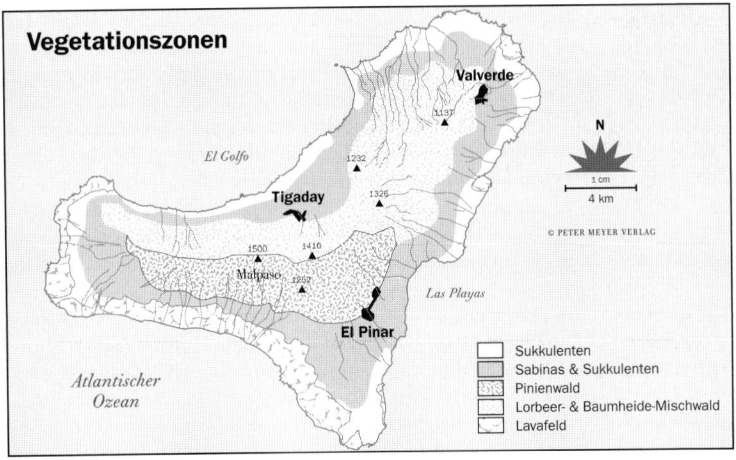


milchiger Saft ist nicht giftig wie der der anderen Wolfsmilcharten, der Beiname *dulce* (= süß) rührt daher, daß der eingedickte Saft in früheren Zeiten den Hirten als Kaugummi gegen den Durst diente. Ihre kleinen, gelb- bis graugrünen Blätter bilden Rosetten, die auf stark verästelten, fleischigen Zweigen sitzen. Nur diese Zweige sind flüssigkeitsspeichernd (sukkulent); ihre Blättchen wirft die Pflanze bei extremer Trockenheit ab, ihre Stämme verholzen mit zunehmender Dicke. Sie wuchert knie- bis hüfthoch auf den meisten Küstenstreifen El Hierros. Besonders große und sehr alte Exemplare dieser Euphorbie wachsen auf den Hängen der Dehesa im äußersten Westen der Insel.

Ein ähnliches Erscheinungsbild hat ihre nächste Verwandte, die *tabaiba amarga* (Euphorbia regis-jubae). Sie wächst jedoch weniger verästelt. Ihre Blätter sind länger, schmal und im Frühjahr kräftig grün. Sie wächst auch in höheren Regionen, ist extrem anpassungsfähig und deshalb eine verbreitete »Pionierpflanze« – eine Art, die den Boden bereitet für andere, anspruchsvollere Gewächse.

Aus vielverästelten kahlen, grünen Zweigen bestehen die niedrigen Büsche der *Blattlosen Euphorbie* (Euphorbia aphyllay, span. *tabaiba salvaje*), ebenfalls eine Pinonicrin, die aber vorwiegend in Meeresnähe den unwirtlichen Boden besiedelt. Zwischen Tabaiben fühlt sich auch das *Meersträubchen* (Rubia fruticosa, *tasaigo*) heimisch, mit kräftig grünen, stachelgesäumten Blättern und milchig-durchsichtigen Früchten.

Der Saft der *Säuleneuphorbie* oder *Kandelaberwolfsmilch* (Euphorbia canariensis, span. *cardón*) diente den Guanchen als chemische Keule beim Fischfang (↗ Wirtschaft). Ihre schlanken, vier- bis fünfeckigen Stämme

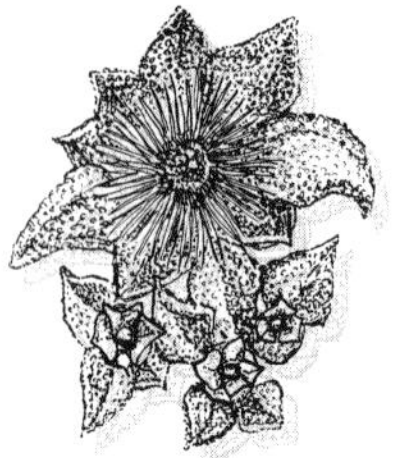

Mittagsblume

sind von oben bis unten voll Flüssigkeit und dornenbesetzt, weswegen sie leicht mit einem Kaktus verwechselt wird. Der Kanarenendemit wächst meist in Kolonien zu stattlicher Größe (um die 2 m) empor. Auf El Hierro ist er vor allem an den Steilwänden von Las Playas zu finden, dessen südlicher Teil nach ihm *Los Cardones* genannt wird. Da die Ziegen einen großen Bogen um die giftigen, dornenbewehrten Pflanzen machen, wachsen in ihrem Schutz auch weniger gut gerüstete Spezies.

Typisch für den Bewuchs dieser Zone ist auch der fast überall in Büschen wuchernde *Mondampferstrauch* (Rumex lunaria), dessen herzförmige Blätter saftig grün glänzen. Die Einheimischen nennen die bei Ziegen sehr beliebte Pflanze *calcosa*. Nicht genießbar ist dagegen der *Dornlattich* (Launaea arborescens, *cosco*), der nicht nur piekst, sondern auch streng riecht. Die niedrigen, blattlosen Sträucher mit kleinen gelben Blüten sind anspruchslos und weit verbreitet.

Im trockenen Halbwüstenklima gedeiht auch die *Verode* (Senecio kleinia), die von der Form her an die Tabaiba amarga erinnert. Sie ist jedoch keine Euphorbie, ihre gelbgrünen Äste mit kleinen dunklen Narben und vielen Einschnürungen enthalten keinen Milchsaft. Ihre schmalen spitzen Blätter, die sie im Sommer abwirft, sind kräftiger und länger als die der Tabaiba. Sehr verbreitet ist daneben der würzig duftende *Wermutstrauch* (Artemisia absinthium, auf der Insel *mol* oder *incienso* genannt), der in dichten, niedrigen graugrünen Büschen wächst.

Ganz vorn am Meer, wo die Gischt sprüht, hält sich vor allem der salzresistente *Strandflieder* (Limonium pectinatum, *Siempreviva de mar*), der gelbblühende *Strandlattich* (Astydamia latifolia, *lechuga de mar*) und die *Sodapflanze*, auch *Mittagsblume* oder *Eiskraut* genannt (Mesembryanthemum crystallinum, *barilla*), die besonders den Küstensaum des Golfs und das Flughafengelände liebt und rötlich schimmern läßt. Die Sodapflanze verwandelt das Salz der Meerluft zu Soda; im 19. Jahrhundert wurde sie deshalb auf den Kanaren kultiviert und zur Seifenherstellung nach Europa exportiert.

## Auf der Höhe des Trockenbuschwalds

Etwas höher heißt auf El Hierro immer auch etwas feuchter, allerdings beginnt die weniger trockene Zone im Norden schon ab etwa 100, im Süden erst ab 400 Höhenmeter.

Sukkulenten siedeln auch in dieser halbfeuchten Vegetationsstufe – neben einigen Euphorbienarten sind es die artenreichen **Dickblattgewächse** (Crassulaceen), aber auch **Kakteen** und **Agaven.** Die dickblättrigen, rosettenbildenden Pflanzen der Gattung *Aeonium* haben auf sämtlichen Inseln eine große Formen- und Farbenvielfalt entwickelt. Sie sind Spezialisten für Felswände und -nischen, nehmen aber auch mit betagten Hausdächern Vorlieb. Sie wachsen an den unglaublichsten Stellen, in trocken-sonnigen Lagen ebenso wie an schattig-kühlen Plätzen in feuchteren Regionen – sie sind also nicht an eine bestimmte Höhenstufe gebunden. Ihre großen Blütendolden wachsen auf kräftigen Stengeln aus den Blattrosetten heraus. El Hierro-Endemiten sind das *Aeonium hierrense* und *Aeonium valverdense,* auf der Insel *bejeque* genannt.

Zur genügsamen **Felsenflora** gehört neben den Dickblattgewächsen auch die *Fiederblättrige Gänsedistel* (Sonchus hierrensis ist ihr inseltypischer Vertreter, *cerraja*), die dem unbedarften Wanderer wie ein überdimensionierter Löwenzahn erscheint. Den würzigen Duft wilden Thymians verbreiten die niedrigen *tomillo*-Sträucher (Micromeria hyssopifolia), Verwandte des Bohnenkrauts.

Selbst auf Jable-Halden wachsen die weiß oder blau blühenden **Natternkopfarten** (Echium, *tajinaste*), wie der Endemit *Echium hierrense (tajinaste azul).* Die prächtigen, hoch aufragenden Blütendolden des Natternkopfs wachsen aus rosettenartigen, kräftigen schmalen Blättern hervor.

Ein häufiges Unkraut am Wegesrand heftet sich den Wanderern gern wie Kletten an die Fersen: Die Samen der *amor seco* (»trockene Liebe«; Bidens pilosa, *Zweizahn*) genannten Pflanze sind winzige Stengelchen mit Widerhaken.

Die auffälligen mexikanischen **Sisalagaven** (Agave sisalana) mit ihren meterhohen, verholzenden Blütenstämmen säumen viele der alten Wanderwege El Hierros. Ebenso wie *Feigenkakteen* und *Baumtabak* sind sie Einwanderer aus Mittel- und Südamerika, denen das kanarische Klima augenscheinlich bestens bekommt. Eine Agave braucht mindestens zehn bis fünfzehn Jahre, bevor sie blüht – in relativ kurzer Zeit wächst dann aber die baumstammähnliche Blüte empor. Stirbt sie ab, ist es auch mit der Mutterpflanze vorbei. Die Sisalagave wurde früher teilweise zur Faserherstellung genutzt. Eine andere Agavenart, die *Stachellose Agave,* ist ein beliebter Gartenschmuck; sie wächst leicht geneigt auf einem kleinen Stamm, hat weichere Blätter von kräftigerem Grün und bildet nach Jahren einen ebenfalls imposanten, meterlangen Schaft aus vielen winzigen Blüten aus, der sich schließlich, vom eigenen Gewicht gebeugt, zur Erde neigt.

Auch die gelbblühenden Sträucher des **Baumtabaks** (Nicotiana glauca, *tabaco moro*) können mehrere Meter hoch werden und zeichnen sich durch rasantes Wachstum aus.

**Opuntien** (Opuntia ficus-indica, *tuneras*) gelangten schon im 16. Jahrhundert von Mexiko auf die Kanarischen Inseln. Sie wurden im 19. Jahrhundert massenhaft zur Farbstoffgewinnung aus Cochinilla an-

Blüht gelb: der »dunkle« Baumtabak

NATUR & UMWELT

gebaut (↗ Gestern & Heute). Zur Blütezeit der Cochinillazucht bedeckte die Kaktee in Monokultur weite Teile der halbfeuchten bis trockenen Zonen der Inseln und verdrängte viele einheimische Pflanzen.

Auch heute noch verwandeln die Kakteen Gärten und Brachflächen schnell in ein undurchdringlich-stacheliges Dickicht. Sie pflanzen sich durch Kriechwurzeln fort und sind nur schwer zu entfernen, wenn sie einmal Fuß gefaßt haben. Ihre wohlschmeckenden Früchte (*tunos* oder *higos picos*) sitzen wie rotgefärbte Eier auf den ovalen grünen Stachelblättern, manchmal gleichzeitig mit hübschen gelben Blüten. Sie sind jedoch mit Vorsicht zu genießen: Keinesfalls mit der Hand abpflücken oder gar hineinbeißen! Sie sind mit unzähligen feinen Stacheln besetzt, die sich kaum wieder aus der Haut ziehen lassen und leicht Entzündungen hervorrufen. Eine Kakteenfrucht schneidet man am besten durch einen Handschuh oder viel Zeitungspapier geschützt vorsichtig mit dem Messer ab und löst das

## Methusalix: Der Drachenbaum

Ein berühmter makaronesischer Endemit ist der Drachenbaum (Dracaena draco, *drago*) – ein wahrer Dinosaurier unter den Bäumen, ist er doch auf dem europäischen Kontinent schon seit etwa 20 Millionen Jahren ausgestorben. Der bekannteste Vertreter seiner Art ist zum Wahrzeichen Teneriffas geworden, das prächtige uralte Exemplar in Icod de los Vinos.

Der Drago gehört zur Familie der **Liliengewächse**. Nach zehn bis zwölf Jahren blüht er zum ersten Mal, seine kleinen orangefarbenen Früchte erinnern an die der Dattelpalme. Bis dahin wächst er langsam und gerade in die Höhe. Solange er jung ist, sieht er aus wie eine gedrungene Palme mit zu klein geratener Krone und zu dickem Stamm. Später bildet er jedoch Verzweigungen aus, an deren Ende viele kleine Blattbüschel sitzen. Nur anhand seiner Verzweigungen läßt sich das **Alter** eines Drago schätzen, der sehr alt werden kann – wenn auch nicht so alt wie es kanarische Legenden erzählen, die manchen inzwischen vom Sturm dahingerafften Exemplaren ein Alter von mehreren tausend Jahren andichten. Der mit Abstand älteste Drachenbaum des Archipels, der *Drago von Icod* auf Teneriffa, hat nach heutigen Schätzungen jedoch beachtliche 370 Jahre auf dem Buckel.

Andere große, vielverzweigte Exemplare werden auf 150 bis 200 Jahre geschätzt, sie haben jedoch Seltenheitswert. Die wenigen markanten Exemplare sind die einsamen Überlebenden einer jahrhundertelangen rücksichtslosen Ausbeutung – nicht zur Gewinnung von Holz, sondern von **Drachenblut**, einem harzigen Sekret, das ähnlich wie Kautschuk aus dem

saftige, aber von großen Kernen durchsetzte Fruchtfleisch per Besteck heraus. Oder man probiert eine der Holzzangen aus, die die herrenischen Holzschnitzer für den gefahrlosen Umgang mit dem Kaktus herstellen. Die Herreños nutzen die Früchte teilweise als Viehfutter.

Die halbfeuchte **Montanstufe** ist das Gebiet, wo sich ein lichter, nicht auf Feuchtigkeit angewiesener Buschwald entwickeln könnte. Doch auf El Hierro ist diese Höhenstufe entweder Steilhang oder besiedelt bzw. landwirtschaftlich genutzt. Die für diese Lage typischen Bäume sind der buschige *Phönizische Wacholder* (Juniperus phoenicea, *sabina*), der *Drachenbaum* und die *Kanarische Dattelpalme.*

Die **Sabina** ist zum Wahrzeichen El Hierros geworden. Sie ist zwar an vielen Hängen der Kanarischen Inseln als unscheinbarer Busch zu finden, doch nur im äußersten Westen El Hierros hat sie sich zu derart großen, uralten Bäumen ausgewachsen. Sie werden auf mehrere hundert Jahre ge-

Stamm gezapft wird. An der Luft färbt es sich rot, deshalb exportierte man es im 19. Jahrhundert als Farbstoff. Auch als Zusatz für Zahncremes wurde ein Geschäft daraus, denn Drachenblut tut Zähnen gut – angeblich.

Seine Verwendung als Heilmittel war bei den kanarischen **Ureinwohnern** Tradition; und wo es nichts mehr zu heilen gab, benutzten sie es zur Mumifizierung der Toten. Doch nicht nur das Blut des Drago war den Guanchen heilig: Der Drachenbaum galt als Fruchtbarkeitssymbol, und betagte Bäume verkörperten für sie die Weisheit ihrer Vorfahren.

Vor der spanischen Eroberung soll es auf den Inseln große Drachenbaumhaine gegeben haben. Von ihnen sind nur noch auf La Palma winzige Reste übrig. Als Prachtstück der einheimischen Flora wiederentdeckt, zieren heute jedoch wieder viele junge, noch kaum verzweigte Exemplare Gärten, Grünanlagen und Promenaden.

Je ein großer alter Drago, beide sehr schlank und hoch gewachsen, finden sich in ***Valverde*** im oberen Ortsteil Tesine, und im Golf bei ***Tigaday*** (↗ Valverde und La Frontera). ◀

**Der Drago von Tigaday**

NATUR & UMWELT

schätzt. Es sind die letzten knorrigen Exemplare eines einst ausgedehnten Sabina-Walds, vom ewigen Wind bizarr verdreht und die Krone nach unten gebeugt (↗ El Sabinar).

Die *Kanarische Dattelpalme* (Phoenix canariensis, *palma*), typisch für die Nachbarinsel La Gomera, kommt auf El Hierro nur vereinzelt vor. Die schön proportionierte Palme ist ein Endemit. Im Vergleich zu ihrer nordafrikanischen Schwester hat sie zwar nur kleine ungenießbare Früchte, dafür aber eine größere Krone. Ihre sanft schwingenden, bis zu 3 m langen Wedel bilden eine herrliche, ausladende Kugelform.

## Im Nebelwald

Lorbeerzweig

El Hierros immergrüner Feuchtwald, der **Monteverde,** zieht sich unterhalb der Cumbre-Region die Steilhänge des Golfs hinab, von 1300 m bis 800 m Höhe. Dort in der Passatnebelzone siedeln feuchtigkeitsliebende Pflanzen wie die **Lorbeerbäume.** Wie auch der Wacholder wächst sich der Lorbeer auf den Kanaren zu Bäumen aus. Auf La Gomera und La Palma existieren noch relativ große, zusammenhängende Lorbeerwälder, während auf El Hierro nur noch kleinere Kolonien an den oberen Steilhängen des Golf zu finden sind – in den Waldgebieten beidseits der Carretera Central –, vermischt mit Fayal-Brezal und Kiefern. Hier wächst vor allem der *Stinklorbeer* (Ocotea foetens, *tilo*), dessen Holz allerdings nur streng riecht, wenn er frisch geschlagen wurde. Durch seine eichelähnlichen Früchte unterscheidet er sich von den anderen Lorbeerarten des Archipels: dem *Kanarischen Lorbeer* (Apollonias barbujana, *barbuzano*), dem giftigen, teilweise rotblättrigen *Indischen Lorbeer* (Persea indica, *viñatigo*) und dem *Azoren-Lorbeer* (Laurus azorica, *loro* oder *laurel*). Alle Arten haben schmale, spitze, sattgrün glänzende und dichte Blätter, die des Indischen Lorbeer sind deutlich größer als die der anderen.

An lichteren Stellen des Feuchtwalds siedelt der dem Teestrauch verwandte *mocán* (Visnea mocanera). Er blüht weiß und entwickelt schwarzrote, süße Früchte. Hier gedeiht auch der weißstämmige Ölbaum *palo blanco* (Picconia excelsa), außerdem der Kanarische Erdbeerbaum *madroño* (Arbutus canariensis) mit eßbaren, kleinen orangeroten Früchten und goldgelbem, glattem Stamm. Zwei Waldstücke des Monteverde werden *El Mocanal* bzw. *Los Palos Blancos* genannt, was auf einstmals größere Bestände dieser Bäume schließen läßt. Auch an der Stelle der heutigen Siedlung Mocanal im Inselnorden gab es früher einen Mocán-Wald.

Zwar eher ein Einzelgänger, dennoch ein typischer Baum des Monteverde ist der *Zedern-Wacholder* (Juniperus cedrus, *cedro*), der bis zu 25 m hoch werden kann. Im Gegensatz zur verwandten Sabina liebt er größere Höhen und mehr Feuchtigkeit. Man

**Im dichten Nebelwald wird der Wanderweg zum Hohlweg**

sieht den knorrigen Baum mit buschiger, weit ausladender Krone auch in den Bergen um Valverde.

Dominiert wird der Nebelwald von *Baumheide* (Erica arborea, *brezo*) und *Gagelbaum* (Myrica faya, *haya* oder *faya*), die dicht beieinander wachsen und zusammen den **Fayal-Brezal-Wald** bilden, der sich besonders auf El Hierro mit Lorbeer, dem stachellosen *Kanarischen Ilex* (Ilex canariensis, *acebiño*) und in den unteren bzw. südlichen Lagen auch mit Pinien vermischt. Nur auf El Hierro, aber auch hier äußerst selten wächst die *faya herreña* (Myrica rivas-martinezii), eine Gagelbaumart mit kleinen eiförmigen Blättern und gelben Blüten.

Der Monteverde gleicht an seinen dichtesten Stellen einem urzeitlichen Dschungel, denn auch sein Unterholz ist üppig und wild ineinander verwachsen: Von den Ästen der strotzend grünen Bäume hängen Flechten, Efeu und lianenartige Gewächse; Baumstämme und Felsen tragen einen zottigen Pelz aus Moos und Flechten. Im Unterholz wuchern riesenhafte Farne und – für Wanderer bedauerlicherweise – auch Brennesseln und verschiedene Distelarten. Der Boden ist bedeckt mit einem Teppich aus den verschiedensten Sträuchern und Kräutern. Im Frühjahr schimmert der Teppich bläulich: Vergißmeinnicht blühen um die Wette.

Der beeindruckendste Vertreter der **Farne** ist der *Wurzelnde Grübchenfarn* (Woodwardia radicans, *pijara*) mit seinen bis zu 3 m langen Wedeln, mit denen er sich fortpflanzt.

Bodenbegrünung im Nebelwald: Farn

Unter ihrer Spitze sitzt eine Knospe; senken sich die Wedel unter ihrem eigenen Gewicht zu Boden, entsteht eine neue Pflanze. Schön anzusehen ist auch der *Venushaarfarn* (Adiantum capillus-veneris, *culantrillo*) mit seinen kleinteilig gefiederten Blättern. Andere, überall anzutreffende, teilweise sogar auf Bäumen siedelnde Arten sind der *Adlerfarn* (Pteridium aquilinum, *helechera)* und der *Wurmfarn* (Dryopteris oligodonta, *helecho macho*). Die seltenere, in Felsritzen wachsende *doradilla* (Ceterach aureum) diente als Heilpflanze. Aus den Wurzeln des Adlerfarns stellten die Bimbaches Mehl her, das sie geröstet aßen – ein Vorläufer des Gofio. Die Bimbaches verwerteten selbst die Früchte des Gagelbaums, die sie *cres* nannten. Noch heute heißt eine Zone der Dehesa *El Cres* – einst Fayalwald, heute Weideland (↗ Weideland La Dehesa).

Gelb blüht der bis zu 2 m hohe *Kanarische Johannisstrauch*, ebenso wie der häufige, kleinere *Kanarische Buschklee (sildana)*, der dicht mit duftenden Blüten besetzt ist. Dem Ginster ähnlich ist der weit verbreitete *codeso* (Adenocarpus foliolosus). Ein häufiger, weiß blühender Waldbewohner ist der *escobón*-Strauch (Chamaecytisus proliferus).

Der australische **Eukalyptusbaum** (Eucalyptus globulus) ist ein Exot in der Nebelwaldzone. In kleinen Hainen findet er sich auch in den Bergen oberhalb Valverdes und bei Las Montañetas. Es sind meist alte, bis 40 m hohe Exemplare, die in der ganzen Umgebung ihren aromatisch-würzigen Duft verströmen. Eukalyptus wird heute nicht mehr neu angepflanzt, weil der Baum dem Boden zuviel Wasser entzieht und anderen Pflanzen in seiner Umgebung das Leben schwer macht.

## El Pinar, mit dem Kopf in den Wolken

Im Süden geht der Monteverde in lichten, sanft hügeligen **Pinienwald** über, den *pinar seco* (seco = trocken). El Hierros Pinar erstreckt sich vom Dach der Steilhänge von Las Playas bis zu den Höhen von El Julán. Er ist berühmt wegen seiner herrlich gewachsenen, sehr alten Exemplare der *Kanarischen Pinie* (Pinus canariensis, *pino canario*). Leider haben in den letzten beiden Jahrzehnten zahlreiche Waldbrände in dem noch immer größten zusammenhängenden Pinienwald des Archipels gewütet und so manchen seiner legendären Baumriesen dahingerafft. Doch immer noch lassen sich einige hundert Jahre alte Prachtexemplare von 50 m Höhe und fast 3 m Stammdurchmesser bewundern.

Die Kanarenpinie bildet mächtige, dickbuschige und tief hinunterreichende Kronen, aus denen manchmal schwere Zapfen auf den Boden plumpsen. Ihre feinen Nadeln werden bis zu 30 cm lang, sie wachsen in dichten, sattgrünen Büscheln, die seidig weich aussehen und im leichten Wind leise rauschen.

Die Bäume brauchen nur sehr wenig Wasser, und das ziehen sie mit ihren Nadeln aus den Nebelwolken. Das abtropfende Kondenswasser versorgt sogar noch die Umgebung des Baumes mit ausreichend Feuchtigkeit. Wie der Monteverde spielt auch der Pinar für den Wasserhaushalt der Insel eine entscheidende Rolle.

Das Unterholz des Waldes ist dennoch dürftig, denn die Pinien bedecken den Boden mit einer dicken Matte aus Nadeln, die sich nur sehr langsam zersetzen und anderen Pflanzen wenig Entwicklungschancen lassen. Je feuchter der Wald, desto eher schaffen es jedoch *Natternkopf*, *Ginster* und rosa *Zistrosen* (Cistus symphytifolius, *jara*), sich anzusiedeln.

Eine bewundernswerte Spezialität der kanarischen Kiefer ist ihre Überlebensstrategie bei Waldbränden. Ihre Baumstämme sind mit einer dicken, feuerabweisenden Borkenschicht verkleidet, die einem zusammengepreßten Blätterteig ähnelt. Fängt sie Feuer, schmoren meist nur ihre äußeren Schichten und die Zweige des Baums ab, das Innere des Stamms bleibt unversehrt. Nach einem Waldbrand wirkt ein Pinar zwar zunächst wie tot, doch schon im nächsten Frühjahr sprießen aus den schwarz verkohlten Stämmen wieder frische grüne Triebe. Allerdings schaffen es nur die jüngeren Bäume, sich vollständig zu erholen; die Kräfte der betagten Riesen reichen nach einem starken Brand meist nicht mehr aus, sie erliegen ihren großflächigen Verbrennungen und sterben allmählich ab. Doch auch die jüngeren Bäume bleiben jahrzehntelang gezeichnet, ihre Kronen sind weniger üppig, der Unterschied zu ungestört gewachsenen Pinien ist deutlich.

Außer durch Waldbrände ist der Pinienbestand auf El Hierro, ebenso wie der der Sabinas und Mocanes, durch schonungsloses Abholzen auf 15 Prozent seiner ursprünglichen Ausdehnung geschrumpft. Alle drei Bäume liefern hartes dunkles Holz, das früher als Bauholz wie auch für Möbel und Gebrauchsgegenstände sehr beliebt war und überall verwendet wurde. Daneben trugen die Holzkohleproduktion und der Bedarf an Brennholz wesentlich zum Kahlschlag der Wälder bei.

Der Pinar wird auf allen Inseln wiederaufgeforstet, auf El Hierro zum Beispiel zwischen San Andrés und Las Montañetas sowie in der Dehesa. Da die Pinos wenig anspruchsvoll sind, können sie auch erodierte Böden wiederbesiedeln und sind klimatisch nicht auf einen so engen Bereich begrenzt wie der Feuchtwald. Sie wachsen unterhalb wie oberhalb der Passatnebelzone und nehmen sogar mit sehr humusarmen Lavaböden vorlieb: so lugt aus so manchem Vulkankessel ein grüner »Pinienkern« hervor.

## Leuchtende Blüten und saftige Früchte

Etwa ein Drittel der auf El Hierro angesiedelten Pflanzen sind Kulturpflanzen, vom Menschen entweder zu Nahrungszwecken oder zur Zierde eingeführt. Leuchtende Blüten, die das ganze Jahr über Gärten und Wegesränder zieren, gehören auf den Kanarischen Inseln zu jedem Ortsbild selbstverständlich dazu. Von ordinären Topfpflanzen, wie *Begonien,* über den *Weihnachtsstern* bis hin zur exotischen *Strelitzie* reicht das Spektrum, das an dieser Stelle nur angedeutet werden kann.

**Strelitzien** (Strelitzia reginae) stehen als Kanaren-Souvenir bei Touristen hoch im Kurs. Ursprünglich stammt die zur Familie der Bananenpflanzen gehörende, orange-blau blühende Blume aus Südafrika. Ihre spitzen schmalen Blütenblätter fächern sich auf wie der Kopfschmuck mancher Vogelarten, weshalb sie auch Papageien- oder Paradiesvogelblume heißt.

Die bei uns als **Weihnachtsstern** bekannte und in Blumentöpfe gezwängte Pflanze (Euphorbia pulcherrima, *flor de pascua* = Osterblume) ist eine Wolfsmilchverwandte aus Mittelamerika. Auf den Inseln wächst sie zu prächtigen, meterhohen Büschen empor und läßt zum Beispiel manche Straßenränder in El Hierros Golftal rot aufleuchten. Was da im Winter rot (oder auch weiß) zu blühen scheint, sind farbige Hochblätter, die sich um die eigentlichen kleinen Blütendolden scharen.

Ebenfalls vom Topf befreit zeigt sich der **Hibiskus** – eine aus China stammende Malvenart – im bekömmlichen kanarischen Klima üppig wuchernd. Seine schön geformten, kräftig gefärbten Blüten sind zwar nur für jeweils zwei Tage zu bewundern, dafür treibt er das ganze Jahr über immer wieder neue aus.

Beliebt sind auch der vielfach wild wachsende **Oleander** (Olea europaea, *acebuche*), **Jasmin** (Stephanotis floribunda, *jazmín)* und eine *mimosa* genannte **Akazienart** (Acacia cyanophylla) mit gelben Blütenkügelchen. In Gärten häufig zu sehen sind die großen, auf hohen Stengeln sitzenden weißen *calla*-Blüten (Calla palustris), an Mauern ranken **Bougainvilleen** (Bougainvillea spectabilis) in leuchtenden Rot- und Lilatönen. Wie diese stammen auch die von Dezember bis Februar blühenden, orangefarbenen **Feuerbignonien** (Pyrostegia venusta) aus Brasilien. Weit verbreitet sind verschiedene Arten der afrikanischen Lilienfamilie Aloe, mit an Agaven erinnernden fleischigen Blättern, aus denen die orangeroten Blütenkerzen oder -dolden auf Stengeln emporwachsen.

**Wilde Blumen** blühen vor allem im Frühjahr und nach ausgiebigen Regenfällen, wenn die Wiesen und Gräser am Wegesrand noch grün sind. Von Ende Januar bis März verwandelt sich die zentrale Hochebene an vielen Stellen in einen vielfarbigen Blütenteppich, und selbst in Küstennähe finden sich leuchtend rote Klatschmohnfelder. In niedrigen Büscheln wächst der leuchtend gelbe *Goldmohn* (Eschscholzia californica, *amapola de california*).

An kanarischen Wildblumen wachsen auf El Hierro zum Beispiel der *bicácaro* (Canarina canariensis), eine niedrigwachsende orangerot blühende Glockenblume und verschiedene *Margeritenarten* (Argyranthemum, *margarita*) mit kleinen weißen oder auch größeren gelblichen Blüten. Margeritenähnliche, weiß-gelbe Blütenblätter hat die als Unkraut geltende *corona* (Chrysanthemum coronarium).

Auf Wanderwegen manchmal lästig sind die prächtigen, bis zu 2 m hoch wachsenden Golddisteln (Scolymus grandiflorus oder hispanicus, *cardo amarillo*) mit sattgelb leuchtenden, großen Blüten und mit harten Stacheln bewehrten Blättern. Sehr häufig auch in hochgelegenen Gebieten ist der *Affodill* (Asphodelus microcarpus, *jamona*) mit weiß- und auberginefarbenen Blütenrispen auf hohen Stengeln, mit schmalen, langen grünen Blättern.

Ende Januar ist die Zeit der **Mandelblüte,** dann sind besonders die Gebiete um El Pinar mit ihren vielen weiß-rosa gesprenkelten Bäumchen

Star der Kanarenflora: Die endemische Glockenblume

eine Augenweide. Einen Monat später schlagen die **Feigenbäume** aus; die Feige ist eine der wenigen Pflanzen des Archipels, die in den Wintermonaten ihre Blätter abwirft.

Das Frühjahr ist die Zeit der **Mispeln** (Eriobotrya japonica, *nispero*), häufig auch wild wachsender buschartiger Bäume, deren gelbe pelzige Früchte an kleine Aprikosen erinnern. Sie schmecken saftig-süß und sind eine angenehme Erfrischung am Wegesrand. Im Sommer bietet sich den Wanderern vereinzelt eine andere fruchtige Überraschung: **Maulbeerbäume** *(morales).* Ihre sehr aromatischen, saftigen Früchte *(moras)*, in Farbe und Form den Brombeeren ähnlich, sollten Sie allerdings nur mit spitzen Fingern anfassen und vorsichtig von den Zweigen lösen: Beim geringsten Druck platzen die prallen Früchtchen auf, und ihr köstlicher dunkelroter Saft erweist sich an Händen und Kleidung als äußerst farbintensiv.

Auf den Inseln sehr beliebt und verbreitet sind **Avocado-** und **Papayabäume**. Beide Früchte sind fast ganzjährig zu haben. Jedoch: Wer sich in Inselferien an *Avocados* labt, ist für importierte Früchte im heimischen Supermarkt fortan verdorben – der Geschmacksunterschied ist vergleichbar dem zwischen einer vollreifen Gartentomate im August und der winterlich blassen Gewächshausvariante. Auf El Hierro wächst vorwiegend eine Avocadosorte mit cremigzartem Fruchtfleisch und unebener, dicker Schale, die unreif grün, in reifem Zustand schwarz ist. Ein Avocadobaum kann bis zu 20 m hoch werden, die Früchte hängen wie an Schnüren von ihm herab.

Exotisch mutet der *Papayabaum* an: Sein astloser Stamm ist von großen gefiederten Blättern gekrönt, unter denen die großen schweren Früchte in einer Art Riesentraube sitzen. Die Papayafrüchte sind außen grün bis gelb (in vollreifem Zustand), innen leuchtend orangegelb und von mildfruchtigem Geschmack. Die kleinen schwarzglänzenden Kerne sind ungenießbar.

Wer im Gebiet der **Obstplantagen** im Golf spazierengeht, wird zunehmenden Appetit auf *Ananas (piña)* verspüren: Sie wird hier seit Mitte der 70er Jahre angebaut und erweist sich als profitable, wassersparende und windresistente, weil bodennah wachsende Alternative zum Anbau der kleinen aromatischen *Bananen* (↗ Landwirtschaft). In den Plantagen wachsen außer *Bananen, Ananas, Papayas* und *Avocados* auch *Orangen, Zitronen, Aprikosen, Pfirsiche, Kiwis* und *Mangos*.

An dieser Stelle soll auch der *Wein* nicht unerwähnt bleiben, der an den Hängen im Golf, aber auch im Norden auf den schwarzen Jable-Feldern oberhalb von Tamaduste, um Echedo und verstreut auf vielen kleinen Fincas gedeiht. Auf Wanderungen weist häufig ein trocken-stechender Geruch, der von der Schwefelung herrührt, schon von weitem auf die Weinreben hin.

## FAUNA – IN DER LUFT, ZU WASSER UND ZU LANDE

Die Tierwelt des kanarischen Archipels ist, bis auf die der Krabbeltierchen, klein und überschaubar. Die Tierarten, die sich wild auf den Inseln oder um sie herum angesiedelt haben, verfügen entweder über Flügel oder Flossen, oder sie haben es in vorgeschichtlichen Zeiten irgendwie geschafft, das Meer zwischen Afrika und den Vulkaninseln zu überwinden. Der Rest ist zahm (oder war es), und ist ausnahmslos mit den menschlichen Siedlern auf die Inseln gekommen.

Vor gefährlichen Wildtieren, Giftschlangen oder Skorpionen braucht auf El Hierro wie auf den anderen Kanarischen Inseln niemand Angst zu haben – es gibt sie nicht. Auch unter

Die Mönchsgrasmücke ist an ihrer dunklen Kappe zu erkennen

den Insekten finden sich höchstens lästige, aber kaum furchterregende Exemplare.

An wildlebenden Säugetieren gibt es lediglich Mäuse, Ratten, Fledermäuse und Kaninchen. Letztere sind die einzige Beute, die kanarischen Hobbyjägern vor die Büchse laufen kann. Flintenbewaffnete Herreños hatten zwischenzeitlich die letzten wildlebenden Schweine erlegt, deren Vorfahren noch zu den Haustieren der Bimbaches gehörten. Vor ein paar Jahren entließ man wieder ein Rudel in die Freiheit der Dehesa, wenn auch unter Beobachtung.

Abgesehen von den Haustieren – Ziegen, Schafe, Kühe, Pferde, Esel, Schweine, Hunde und Katzen – gibt es auf El Hierro an Säugetieren nur noch einige Fledermausarten. Unter ihnen die endemische Art *Pipistrellus maderensis,* die außer auf den westlichen Kanaren nur noch auf Madeira vorkommt.

## Vögel

Für Vogelliebhaber bietet der Archipel schon Interessanteres. Auch auf El Hierro brütet Endemisches: der *Herrenische Fink* (Fringilla coelebs ombriosa, *pinzón)* und die *Herrenische Blaumeise* (Parus caeruleus ombriosus, *herrerillo*).

Der berühmte *Kanarienvogel* (Serinus canarius, *canario*) ist in seiner Wildform weder von der Farbe noch von seinen Sangeskünsten her auffällig. Der bei uns als singender Hausgenosse so beliebte gelbe *Harzer Roller* ist ein Zuchtprodukt, sein wilder Urahn wurde im 16. Jahrhundert nach Europa exportiert. Inzwischen trällert er als Re-Import auch in kanarischen Gefilden – allerdings ausschließlich in Käfigen.

Wunderschön singt am frühen Abend die als »kanarische Nachtigall« geltende *Mönchsgrasmücke* (Sylvia atricapilla, *capirote*) mit braungrauem Körper und schwarzem Skalp. Eine kanarenendemische Unterart ist die *cabecinegra* (Sylvia melanocephala), grauweiß mit schwarzem Kopf und rotumrandeten Augen.

Was da sonst noch flötet und piept, sind *Sperlinge (gorrión), Amseln (mirlo), Grauammern (triguero),* zwei *Rotkehlchenarten* (*petirrojo* und *pardillo*), *Zaunkönig (reyezuelo), Stieglitze (jilguero)* und der *Wiedehopf (tabobo)* mit seinem prächtigen Kopfschmuck. Sehr häufig sind der unauffällige *Zilpzalp* (Phylloscopus collybita, *mosquitero común*) und der nur auf den Kanaren und Madeira vorkommende *Kanarenpieper* (Anthus berthelothi berthelothii), wegen seiner Vorliebe für bo-

Das nordafrikanische Felsenhuhn kommt auch auf El Hierro vor

Schwarzer Geselle: Kolkrabe

denständige Fortbewegung *correcaminos* oder *caminero* (Wegläufer) genannt. In den Tabaibenfeldern in Küstennähe nisten versteckt *Rohrdommeln (alcaraván)* und die bräunlich-weiße Grasmückenart *curruca tomillera.*

Außer einigen Krähenarten fallen besonders die andernorts bereits ausgestorbenen *Kolkraben* (Corvus corax, *cuervo*) auf, die sich gern an den Wacholderbeeren der Sabinas gütlich tun und mit ihrem Kot deren Samen verbreiten (↗ Wacholderwald El Sabinar). Tauben sind hier vor allem in Gestalt der *Turteltaube (tórtola)* und der *Kanarischen Wildtaube* (Columba livia canariensis, *paloma bravia*) heimisch.

Im Westen El Hierros nisten an unzugänglichen Stellen der Steilküste noch ein paar der vom Aussterben bedrohten *Fischadler (guincho).* Ihnen fehlen ruhige Nistplätze in küstennahen Wäldern. *Wanderfalken* (Falco peregrinus, *falcón*), *Turmfalken* (Falco tinnunculus, *cernícalo*), *Sperber* (Accipiter nisus, *gavilán),* die *Gabelweihe* (Milvus milvus, *milano)* und eine kleine, kanarenendemische *Bussardart* (Buteo buteo insularum, *aguililla*) segeln entlang der Steilwände und kreisen in großen Höhen. Sie ernähren sich von Mäusen und Ratten, Eidechsen, kleinen Kaninchen und Vögeln. Nach Kleintieren halten nachts auch die *Kanarischen Waldohreulen* (Asio otus canariensis, *buho chico* oder *coruja*) und die selteneren *Schleiereulen* (Tyto alba alba, *lechuza)* Ausschau.

Nicht selten wird man auf Inseltouren kanarenendemische *Felsenhühner* (Alectoris barbara koenigi, *perdíz moruña)* erschreckt aufflattern sehen, und auch *Wachteln* (Coturnix coturnix, *codorníz)* gibt es reichlich.

*Fahlsegler* (Apus pallidus, *vencejo palido)* lieben die steilen Felsen von Las Playas und im Golf. Natürlich gibt es jede Menge Möwen – allen voran die *Silbermöwe* (Larus argentatus atlantis, *gaviota),* die braungraue, etwas plump wirkende *pardela cenicienta* (Colonectris diomedea) und die am frühen Abend unüberhörbaren *Lachmöwen* (Larus ridibundus), die mit ihrem lustigen Keckern wie Lachsäcke mit Flügeln wirken. Die Möwen fressen übrigens nicht nur Fische, sondern machen sich auf den Inseln auch über die gefräßigen Heuschrecken her.

## Insekten

Mit an die 5000 Spezies sind die Insekten die reichhaltigste Abteilung der kanarischen Fauna. Wer kein Fan kleiner Krabbeltiere ist, kann sich damit trösten, daß er nur einen Bruchteil von ihnen zu Gesicht bekommen wird, und es nur zwei sehr seltene giftige Arten gibt.

Eine Augenweide sind dagegen die zahlreichen **Schmetterlinge,** wie der vor allem im Sommer und Herbst zu

König unter den Schmetterlingen: Monarch

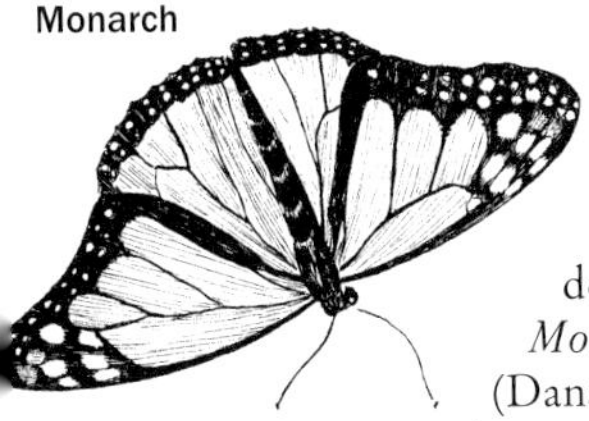

sehende große *Monarch* (Danaus plexippus, *monarca)*, der aufgeklappt bis zu 10 cm breit wird. Vertrauter wirkt der *Admiral,* von dem hier eine etwas anders gezeichnete kanarenendemische Art herumflattert (Vanessa vulcanorum, *vanesa indica*), und ein ebenfalls endemischer *Kohlweißling* (Pieris cheiranthi, *blanca de la col)*. Der *Zitronenfalter* (Gonepteryx cleobule, *cleopatra*) ist hier eher goldgelb, blau dagegen der endemische *Manto de Canarias* (Cyclyrius webbianus).

Der größte **Nachtfalter** ist der *Totenkopfschwärmer* (Acherontia atropos, *mariposa de la muerte).* Selten auch tagsüber anzutreffen ist der endemische *Wolfsmilchschwärmer* (Hyles euphorbiae tithymali, *esfinge de tabaibas).* Von Piniennadeln ernährt sich der ebenfalls endemische *Macaronesia fortunata,* der in manchen Jahren zur Plage werden kann.

Die **Haustiere unter den Insekten** sind vor allem die *Bienen (abejas),* auf den Kanaren vom Mensch eingeführt. Sie liefern sehr aromatischen Honig, da sie sich neben den vielen Wildblumen und Pinien auch am Nektar des wilden Thymians laben. Ihre großen Schwestern, die *Hummeln (abejorro),* sind hier endemisch und zeichnen sich durch ein weißes Hinterteil aus.

*Fliegen* sind, außer am Meer, allgegenwärtig, lästig ist die kleine blutsaugende Unterart *mosca de vacas* (Stomoxys calcitrans). *Mücken* gibt es auch, allerdings treten sie eher vereinzelt auf. Harmlos, aber ungeliebt sind die 3 – 4 cm großen, braunen *Kakerlaken (cucarachas),* besonders in der warmen Küstennähe unvermeidliche Siedlungsbegleiter. Auf der ganzen Insel tummeln sich auf die verschiedenen Vegetationszonen spezialisierte endemische und eingeschleppte Laufkäferarten. Der *Marienkäfer* ist hier auffällig rot und etwas größer als bei uns, bringt aber auch hier Glück und heißt *San Antonio.* Im Monteverde begegnet man nicht selten großen, leuchtend blauen *Libellen (caballito del diablo).*

Tagsüber erinnern *Zikaden,* in lauen Nächten die *Grillen* daran, daß man sich in südlichen Gefilden befindet. Große und kleine *Heuschrecken* hüpfen einem überall über den Weg und können mitunter sehr lästig werden: zum Beispiel die einheimischen, etwa 5 cm langen *cigarrones*, die vor allem im Sommer in rauhen Mengen auf den Wegen der Meseta de Nisdafe sitzen und dem Wanderer bei jedem Schritt wie kleine Geschosse mit Propeller um die Ohren fliegen. Die afrikanischen Heuschrecken, die von Zeit zu Zeit in gefräßigen Schwärmen vor allem die Ostinseln heimsuchen, heißen *langostas.* Die letzte Invasion erlebten die Inseln in den 1950er Jahren. Sie stellen heute keine Bedrohung mehr dar, da sie schon im Anflug über dem Meer mit Insektiziden traktiert werden.

In rauhen Mengen anzutreffen ist eine harmlose schwarze *Spinne* (Cyrtophora citricola), die überall ihre Netze spannt, gern auch über hohlwegartige Wanderwege, zwischen Agaven, Tabaiben und Steinmauern. Auf Wanderungen empfiehlt es sich, einen Stock vor sich her zu schwingen, will man nicht ständig in die derben, klebrigen Spinnfäden laufen. Zwei andere Krabbeltierarten gibt es jedoch, deren Gift nicht ungefährlich ist. Sie leben unter Steinen verborgen und werden selbst von Einheimischen selten gesichtet: ein bis zu 25 cm langer brauner *Tausendfüßler* (Skolopendra morsitans, *ciempies gigante*) und die kleine Spinne *Schwarze Witwe* (Latrodectus mactans, *viuda negra)*, deren Liebesakt für das Männchen

## Riesenechse aus grauer Vorzeit: El Lagarto gigante

El Hierro ist berühmt für eine große urzeitliche Eidechsenart, die nur hier in den Felsen des Golfs überlebt hat: *Gallotia simonyi simonyi (lagarto gigante).* Schon Plinius beschrieb, daß einige Inseln des Archipels von großen Echsen bevölkert gewesen seien. Sicher ist, daß sie auf El Hierro seit Urzeiten heimisch sind und kaum Feinde hatten, bevor die Bimbaches anfingen, sie zu jagen und zu verspeisen.

Doch erst seit der spanischen Eroberung ging es mit ihrem Bestand dramatisch bergab: Die Kultivierung vieler Landstriche drängte sie zurück, und die neuen Inselherren erschlugen sie, wo sie konnten, weil den Lagartos deren neu eingeführte zarte Ackerpflänzchen besonders gut schmeckten. Auch die intensive Beweidung hatte Folgen für die Echsen: Die Schafe und vor allem die vielen Ziegen machten ihnen das Futter streitig. Schließlich zogen sich die letzten Überlebenden auf die nördlich von Las Puntas gelegenen *Roques de Salmor* zurück, wo sie erst Ende des letzten Jahrhunderts wiederentdeckt wurden. Der Naturwissenschaftler Steindachner schrieb 1889 eine wissenschaftliche Abhandlung über die Tiere und gab ihnen den Beinamen »simonyi« nach dem Kanarenforscher und Geologen Oscar Simonyi.

Von da an war es mit ihrer Ruhe auf den Felsinseln von Salmor vorbei: Wissenschaftler und Neugierige störten die kleine Population immer wieder mit Bootsausflügen, und nicht nur das: Eine große Zahl der Lagartos wurde gefangen, ausgestopft und an Museen und Sammler verkauft. Schließlich galten sie auch auf den Roques als ausgestorben.

Doch in den 1970er Jahren entdeckte ein Ziegenhirt in der Steilwand *Fuga de Gorreta* oberhalb des einstigen Koloniedorfs Guinea per Zufall einige Exemplare großer Echsen. Zuerst glaubte man, die Tiere hätten sich auf wundersame Weise hierhin gerettet, aber

meist tödlich endet: wenn es sich danach nicht schnell aus dem Staub macht, wird es aufgefressen.

## Reptilien

Neben *Laub-* und *Wasserfröschen,* die nachts in Wasserreservoirs und Tümpeln ihre unüberhörbaren Konzerte geben, sind auf den Kanaren vor allem **Eidechsen** häufig. Auf El Hierro heimisch sind die endemischen *Geckos Perenquén de Boettger* (Tarentola boettgerio) und Tarentola delalandii. Geckos sind nachtaktive, kleine rundliche Echsen mit Haftzehen, die sich gern an Felsen und Hauswände heften und als Mitbewohner wohlgelitten sind, da sie sich von Ungeziefer ernähren und als Glücksbringer gelten.

dann stellte sich heraus, daß die Steilwand-Echsen eine Unterart des Lagarto Gigante sind, die man *Gallotia simonyi machadori* nannte. Diese kleine Ansiedlung wird seitdem von Biologen geschützt und gehegt. 1975 stellte die spanische Naturschutzbehörde sie unter Naturschutz. Die Population soll sich inzwischen wieder auf

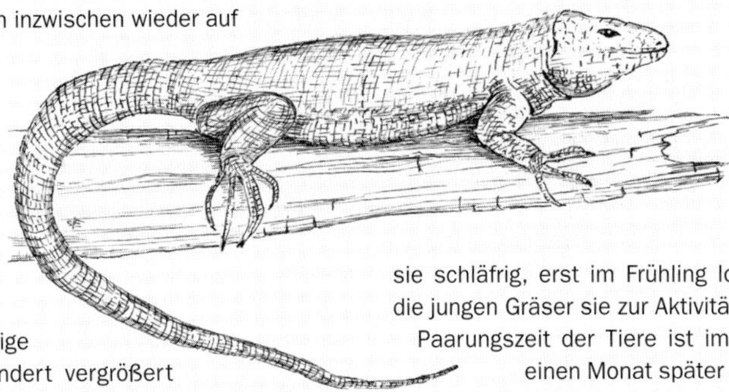

einige Hundert vergrößert haben – einige der Lagartos können im 1996 eröffneten **Lagartario** im *Museumsdorf Guinea* bestaunt werden (↗ Das Museumsdorf Guinea).

Der Lagarto gigante wird bis zu 75 cm lang und hat einen kräftigen, anthrazitfarbenen Schuppenpanzer mit heller Musterung und eine kräftige, gedrungene Gestalt. Auffällig sind seine langen Greifzehen und sein langer dünner Schwanz. Er ernährt sich vorwiegend von Pflanzen, ab und zu nascht er auch Insekten. Früher, als die Echsen noch die ganze Insel bevölkerten, sollen die Früchte der Sabina-Bäume ihre bevorzugte Kost gewesen sein. Im Winter sind sie schläfrig, erst im Frühling locken die jungen Gräser sie zur Aktivität. Die Paarungszeit der Tiere ist im Mai, einen Monat später legen die Weibchen bis zu zwölf Eier, aus denen erst nach acht Wochen Junge schlüpfen. Nach einem halben Jahr sind sie schon etwa 25 cm lang. Welches Alter die Echsen erreichen können, ist nicht sicher. Die ältesten Exemplare im Lagartario werden auf 30 Jahre geschätzt, wirken aber noch keineswegs altersschwach. ◀

Die Echsen *(lagartos)* des Archipels, die näher mit den afrikanischen als mit den mittelmeerischen Arten verwandt sind, könnten auf Treibgut aus Afrika angeschwemmt worden sein. Die häufigste Art ist der *tizón* (= Holzscheit, Gallotia galloti). Das Männchen wird bis 35 cm lang, es ist anthrazitfarben mit manchmal bläulichen Flecken an der Seite. Das deutlich kleinere Weibchen ist braun mit schwach ausgeprägten, helleren Längsstreifen.

Oft sieht man auch die blindschleichenähnliche *lisa* (Chalcides viridanus) mit winzigen Stummelbeinchen, die oft für eine Schlange gehalten wird. Es gibt jedoch auf dem gesamten Archipel keine einzige Schlangenart.

Die größte Reptilienart tummelt sich vor den Küsten des Archipels: die große **Meeresschildkröte** (Caretta caretta, *tortuga boba*). Da sie kaum an Land geht, begegnen ihr vor allem die Taucher.

## Fische & Meeresbewohner

Die Gewässer des Archipels bergen eine äußerst reichhaltige und bunte Meeresfauna, weswegen sie als Tauchgebiet zu den besten der Welt zählen. Im klaren und sauberen Wasser des Atlantik tummeln sich unzählige Arten, auf El Hierro rund um die ganze Insel. Teile der meist ruhigen See im Südwesten, *mar de las calmas* genannt, sind zum Schutzgebiet erklärt worden (↗ La Restinga).

Beliebte **Speisefische**, deren Ankunft sich abends im Hafen von La Restinga beobachten läßt, sind: *vieja* (Papageienfisch genannt wegen der Buntfärbung der Weibchen), die Thunfischarten *bonito* (taucht auf der Speisekarte meist als *atún* auf, da er der auf den Kanaren am häufigsten gefangene Thunfisch ist), *rabil* (auch *albacora*) und *peto; doradas* (Goldbrassen), *abades* und *meros* (Barsche), *lenguado* (Seezunge), *merluza* (Seehecht), *sardinas* und *caballas* (Sardinen und Makrelen), *brotas* (Dorsch, Phycis phycis), *samas* (Zahnbrasse, Dentex dentex), *alfonsiños* (Meerhecht, Apogon imberbis) und die grätenreichen *morenas* (Muränen).

An **Schalentieren** *(mariscos)* werden gefischt: die schon bei den Bimbaches so beliebten *lapas* (Napfschnecken) und eine große *mejillón* genannte Miesmuschelart, außerdem *cangrejos* (Krebse), *camarones* und die größeren *gambas* (Krabben und Garnelen), *langostas* (Langusten), und schließlich drei verschiedene Arten von **Tintenfisch**, nämlich *calamares, pulpos* und *chocos*.

Besondere **Attraktion für Taucher** sind neben den vielen leuchtend bunten kleineren Fischen (zum Beispiel *fula negra, pejeverde, papagayo*) und seltsam anzuschauenden Exemplaren wie den *pez globo* und den *pez de San Pedro*, die großen Rochenarten *raya, chucho* (mit einem Giftstachel am Schwanzende) und *manta* sowie die bis 4 m langen *Schwertfische (pez espada). Delphine* (Große Tümmler, *delfín*) können von der Küste aus öfter gesichtet werden, manchmal begleiten Schwärme die Fähren. Es gibt viele verschiedene Arten von Haien, darunter *Blau-* und *Hammerhai (pez*

Geheimnisvolle Unterwasserwelt: Schnecke im Salamander-Look beim Äsen (oben) und eine der durchsichtig-roten Garnelen (unten). Letztere gehört zur Ordnung der Krebse und tritt meist in Schwärmen auf, was sie als Futter größerer Fische zur bevorzugten Beute und einem wichtigen Bestandteil des ökologischen Haushalts macht

*martillo)*, die auch gefangen werden – über »Zwischenfälle« beim Baden oder Tauchen ist jedoch nichts bekannt. Selbst *Wale* (Grindwale, *ballena)* leben zwischen Teneriffa und La Gomera.

In acht nehmen sollte man sich vor den an Felsen häufigen, meist schwarzen **Seeigeln** *(erizo de mar)* und den bei aufgewühlter See manchmal bis in die Badebecken gespülten **Quallen:** Der Hautkontakt mit der Qualle *Blaue Medusa* ist zwar unangenehm, hinterläßt aber keine bleibenden Schmerzen. Übler sind die Nachwirkungen der kleineren durchsichtigen *Blasenqualle,* die zu Brandwunden auf der Haut und zu Lähmungserscheinungen führen kann. Von weitem sehen sie aus wie hellblaue Plastiktüten. Vorsicht: Sie haben lange Tentakelfäden.

Harmlos und hübsch anzusehen sind dagegen die selbst in den Naturschwimmbecken anzutreffenden *Seeanemonen* und *-lilien, Seesterne* und *Seepferdchen.*

Papageienfisch

Der Choco ist der sogenannte Gemeine Tintenfisch, 2 seiner 8 Tentakel kann er zum Beutefangen hervorschleudern

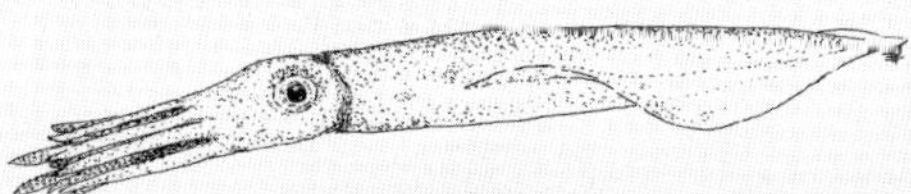

Macht auf dem Teller meist einen blassen Eindruck: Calamar

Auch den Pulpo kennen viele Urlauber nur fritiert

# GESTERN & HEUTE

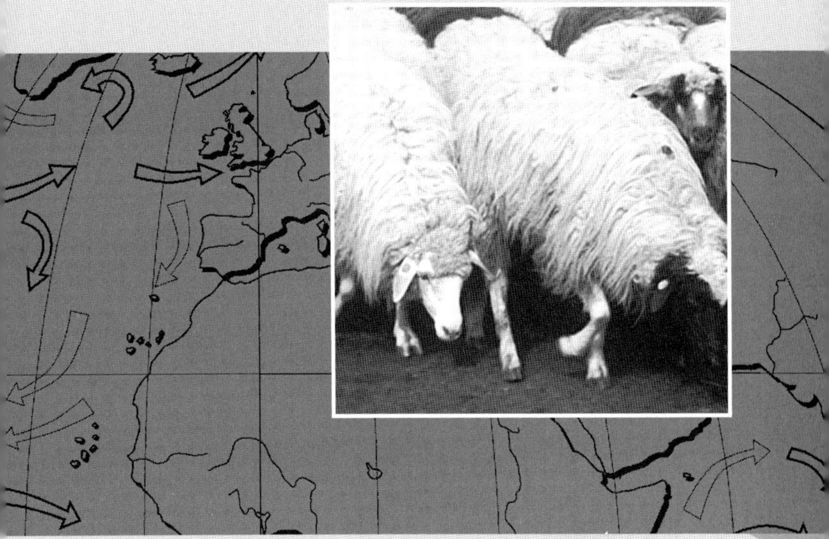

# ELYSISCHE GEFILDE

**Die Welt der Antike verlor sich im Ozean westlich von Gibraltar; dort begann das große Unbekannte, das Reich der Götter und der Schatten. Doch muß es schon in grauer Vorzeit einige tollkühne Seefahrer gegeben haben, die sich dorthin vorwagten und entgegen allen Befürchtungen nicht mit Schiff und Mann und Maus vom Erdenrand herunterfielen wie allabendlich die Sonne. Sie müssen wohlbehalten zurückgekehrt sein und von sonnigen Inseln dort draußen berichtet haben, die ihnen wie das Paradies erschienen.**

Wahrscheinlich waren es phönizische Seefahrer, deren Erzählungen den Kern der antiken Legenden um das paradiesische Ende der Welt bildeten. Immer ist in ihnen die Rede von »glücklichen«, westlich gelegenen Inseln im Ozean, gesegnet mit mildem Klima, sanft kühlenden Winden und fruchtbarer Erde. Welcher Ort kann damit gemeint gewesen sein, wenn nicht der kanarische Archipel?

Das tatsächliche Wissen über die frühe Geschichte der Kanarischen Inseln und ihrer Bewohner ist dürftig – um so üppiger ist sie von Mythen und Legenden umrankt. Schon in der griechischen Mythologie, und später bei römischen Dichtern und Wissenschaftlern, finden sich Hinweise auf den Archipel, die spätere Historiker dankbar aufnahmen, obwohl ihre Ursprünge im dunkeln liegen.

Die erste Spur legte der griechische Dichter **Homer** in seiner »Odyssee« (etwa 8. Jahrhundert v. Chr.). Er beschreibt ein Land »Elysion« an den »Enden der Erde«, wo der Ozean die Seelen der Menschen durch beständig säuselnden Westwind erfrischt, und ihnen ein leichtes Leben abseits winterlicher Wetterverhältnisse beschert (4. Gesang, Verse 561 – 569). Wenig später besingt auch *Hesiod* »selige Inseln am Rande der Erde«, die mit ihren süßen Früchten die Lieblinge der Götter ernähren. Goldene Äpfel schließlich sollten in den »Gärten der Hesperiden« wachsen, von denen laut der Herkulessage nur der Weltenträger Atlas wußte, wo sie zu finden waren.

## Vom Mythos zur Wahrheit

Im **1. Jahrhundert v.Chr.** versucht schließlich der griechische Historiker und Geograph *Strabon*, die Legenden auf ihre geographische Wirklichkeit hin zu prüfen. Er identifiziert die »seligen Inseln« oder auch »Hesperiden« der Mythologie mit weit westlich von Cádiz gelegenen »mauritanischen« Inseln. Strabon führt die antiken Erzählungen als erster auf Berichte der Phönizier zurück, die schon um 1000 v. Chr. von Cádiz aus entlang der Küste Nordwestafrikas gesegelt und dabei wahrscheinlich auch auf den Kanarischen Inseln gelandet waren. Die phönizischen Händler waren übrigens berühmt für ihre purpurgefärbten Stoffe – die Farbe könnten sie ursprünglich von den Kanaren mitgebracht haben: Sie wurde aus der Orchilla-Flechte gewonnen, die auf

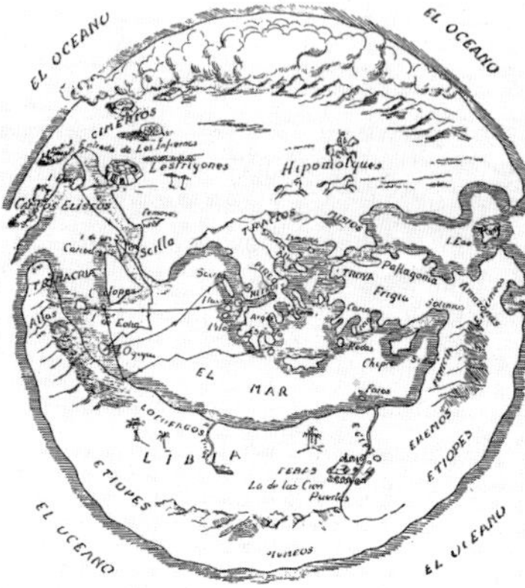


**Auch Homers Welt war eine Scheibe, umgeben vom unendlichen Ozean**

Lanzarote und Fuerteventura, aber auch auf El Hierro vorkam.

Auch andere **griechische und römische Gelehrte** – so *Plutarch* und *Sallust* (1. Jahrhundert v. Chr.), vor allem aber *Plinius* (1. Jahrhundert n. Chr.) versuchen, die Lage der glücklichen Inseln zu verorten. Plinius bezieht sich auf den Bericht des mauretanischen Königs *Juba II.* an den römischen Kaiser Augustus. Juba hatte um die Zeitenwende eine Entdeckungsreise in die unbekannten Gewässer des Atlantik unternommen und war 750 römische Meilen südwestlich von Cádiz auf eine Inselgruppe gestoßen. Er will dort Riesenbäume und seltsame Pflanzen, unzählige Vögel und große Tiere gesehen haben. Plinius gab den Inseln lateinische Namen: eine nannte er nach dem ewigen Schnee, der ihre Spitze krönte, *Ninguaria*, andere Inseln in Sichtweite der schneebedeckten *Pluvialia* und *Capraria*. Die Pluvialia soll mit reichlich Regenwasser gesegnet gewesen sein, die Capraria von Ziegen und riesigen Eidechsen bevölkert. Beide Beschreibungen könnten auf die Insel El Hierro zutreffen, mit ihrem damals dichten Waldbestand, der das Wasser aus den Wolken sog, und ihren ↗ »Lagartos gigantes«.

Ganz sicher war sich der alexandrinische Astronom, Mathematiker und Geograph **Claudius Ptolemäus** (85 – 160 n. Chr.) über die genaue Lage der einzelnen Inseln des kanarischen Archipels. Auch er nennt sie »insulae fortunatae«, glückliche Inseln, und auch für ihn bedeuten sie das Ende der Welt. Ansonsten löst er sich vollständig von der antiken Mythologie: Er entwickelt die ersten geographischen Karten und beschreibt die Lage von Ländern und Orten erstmals anhand eines Systems aus Längen- und Breitengraden. Den Nullpunkt dieses Systems legt Ptolemäus am äußersten westlichen Punkt der damals bekannten Welt an: dem *Kap Orchilla* auf El Hierro. Ihrer extremen Randlage verdankt die kleinste Kanareninsel also ihren frühen Ruhm, der ihr erhalten blieb, bis 1884 der Nullmeridian nach Greenwich in England verlegt wurde.

## Steinzeit auf den Kanaren

Trotz seines sagenhaften Rufs blieb der kanarische Archipel im geschichtlichen Abseits. Die Völker Europas erweiterten ihre Macht in Richtung Osten und waren ansonsten sehr mit sich selbst beschäftigt – sie interessierten sich nicht für ferne glückliche Inseln am falschen Ende der Welt. So kam es, daß die kanarischen Ureinwohner – heute verallgemeinernd *Guanchen* genannt – bis ins Mittelalter hinein friedlich und ungestört von der Entwicklung auf den benachbarten Kontinenten leben konnten.

## Die ersten Siedler

Als die Spanier im 15. Jahrhundert die Inseln eroberten, trafen sie dort auf eine intakte steinzeitliche Kultur, nach außen völlig abgeschlossen und sogar von Insel zu Insel verschieden. Die Steinzeit liegt auf den Kanarischen Inseln also erst etwa 500 Jahre zurück, und in manchen ländlichen Traditionen der Insulaner lassen sich ihre Spuren heute noch erkennen (↗ »Das Leben der Ureinwohner«).

Wann die ersten Siedler auf den Inseln landeten und woher sie kamen, läßt sich nicht eindeutig nachvollziehen. Es gab und gibt dazu verschiedene Theorien. Nur eine davon – sie geht auf Platon zurück – ist erwiesenermaßen falsch: der kanarische Archipel bilde den Rest des untergegangenen Kontinents Atlantis, und die Ureinwohner seien die letzten »Atlantiden« gewesen.

Archäologische Funde wie Siedlungsreste, Gräber und Mumien lassen darauf schließen, daß einige der Inseln frühestens im **8. Jahrtausend v.Chr.** bewohnt waren, manche auch erst nach der Zeitenwende. Inzwischen haben vor allem Sprachwissenschaftler die These untermauert, daß die ersten Siedler aus Nordwestafrika kamen: die Überbleibsel der Guanchensprache haben einige Ähnlichkeit mit Dialekten der Berber aus dem Maghreb und Libyen.

Aus welchen Gründen die Auswanderer einst in See stachen, darüber kann nur spekuliert werden. Waren sie prähistorische Abenteurer, flüchteten sie aus Hunger oder verließen sie ihre Heimat gezwungenermaßen, weil die Römer ihr Land verwüstetet hatten? In jedem Fall mußten sie halbwegs see- und navigationstaugliche Boote gehabt haben, denn obwohl die maghrebinische Küste von Fuerteventura nur rund 100 km entfernt liegt, sprechen die Strömungsverhältnisse und die Hauptwindrichtung, der Nordostpassat, gegen eine Überfahrt auf primitiven Flößen oder in kleinen Ruderbooten.

Je weiter nördlich dagegen ein Boot startet, desto eher wird es von der Strömung in Richtung Kanaren getrieben. Ganz auszuschließen ist deshalb auch nicht, daß zumindest ein Teil der ersten Siedler schon vom spanischen Festland kam – zumal die Besiedlung zu unterschiedlichen Zeiten und wahrscheinlich auch durch mindestens zwei unterschiedliche Völker erfolgte, wie Skelettvergleiche nahelegen. Die spanischen Eroberer trafen zudem auf überwiegend hellhäutige, große, von der Physiognomie her europäisch anmutende, angeblich sogar blonde Menschen.

**El Hierros Besiedlung** fand erst nach dem 5. Jahrhundert v. Chr. statt. Möglicherweise sind die ersten Herreños, die sich *bimbaches* nannten, zufällig auf der Insel gestrandet und saßen dann dort fest. Es muß schwierig gewesen sein, an ihrer Steilküste an

Land zu gehen, und fast noch schwieriger, mit primitiven Booten gegen die Strömung wieder davonzukommen.

Zwischen Teneriffa, El Hierro und La Gomera scheint es nur spärliche Verbindungen gegeben zu haben, doch besagt eine Legende, daß eine Frau aus La Gomera den Herreños das Feuermachen beigebracht habe.

Die Ureinwohner nannten ihre Insel *Esero, Fero* oder *Hero* – was soviel wie stark, fest, hart bedeutet hat und womit die Haupteigenschaft des Felsblocks im Meer anschaulich beschrieben wäre. *Hero* oder *Hera* wird aber auch mit *Brunnen* in Verbindung gebracht, vielleicht, weil es auf El Hierro keine Quellen, sondern nur Brunnen gibt. Der heutige Name *Hierro* – spanisch für *Eisen* – hat jedenfalls nichts mit dem Metall zu tun, da es auf der Insel nicht vorkommt.

## CONQUISTA UND HISPANISIERUNG

Erst im 13. Jahrhundert werden die Kanaren von Seefahrern aus den Hafenstädten Spaniens, Portugals und Italiens wiederentdeckt und finden allmählich Eingang in die zeitgenössischen Seekarten. Der westliche Atlantik hat seine Schrecken verloren, auf der Suche nach Reichtum und Macht segeln Abenteurer ins Unbekannte.

Die erste Reise mit dauerhaften Folgen für die Geschichte des Archipels unternimmt 1312 der Genueser Kaufmann *Lancelotto Malocello*, der der Insel Lanzarote, auf der er einige Jahre verbringt, seinen Vornamen vererbt. Neugierig geworden, schickt wenig später der portugiesische König *Alfonso IV.* eine Expedition südwärts, die erkunden soll, was es mit den noch unerforschten Inseln auf sich hat und was es dort zu holen gäbe. Die Portugiesen legen auf mehreren Inseln an und bringen ihrem König schließlich neben einem ausführlichen Bericht, in dem auch El Hierro zum ersten Mal erwähnt wird, einige verschleppte Ureinwohner als lebende Anschauungsstücke mit.

Die Lissabonner Seeleute landen 1341 auf El Hierro. Ihr Kapitän *Rodríguez Martín* schildert die Insel später begeistert als mit mildem Klima gesegnet, fruchtbar, dicht bestanden mit Pinien-, Lorbeer- und Sabinawäldern und bevölkert von vielen Ziegen, weshalb er den schon von Plinius erwähnten Namen *Capraria* wieder aufnimmt.

Allmählich erwacht das Interesse der europäischen Herrscherhäuser an einer Einverleibung der bis dato »herrenlosen« Inseln im Atlantik. Die Kirche ist natürlich mit von der Partie, hatte man doch »Wilde« entdeckt, die nicht ungetauft davonkommen sollten. Schon lange vor der Eroberung der ersten Insel beansprucht der Vatikan die religiöse Herrschaft über die Kanaren.

### Die Eroberung

Die erste Expedition mit konkreten Eroberungsabsichten startet 1402 der normannische Adlige **Jean de Béthencourt** (1359 – 1425) und sein Stellvertreter *Gadifer de la Salle* (1340

– 1422), im Auftrag des kastilischen Königs *Enrique III.* Gleich zu Anfang ihrer Mission gelingt es den rund siebzig Soldaten, Lanzarote einzunehmen. Die Ureinwohner wehren sich kaum, und Béthencourt schließt mit deren Häuptling *Guadarfía* einen »Freundschaftspakt«, den dieser später noch bereuen sollte.

Die Bewohner Fuerteventuras sind widerspenstiger: Béthencourt kann sie erst mit Verstärkung vom Festland 1405 zur Kapitulation zwingen. Im gleichen Jahr erobert er El Hierro. Zu weiteren Lorbeeren reicht es danach nicht mehr: An Gran Canaria beißt er sich die Zähne aus, auch La Palma und zunächst noch La Gomera verteidigen sich erfolgreich, und Teneriffa steuert er erst gar nicht mehr an.

Die vollständige Eroberung des Archipels sollte sich über ein ganzes Jahrhundert hinziehen: La Gomera ist erst 1420 vollständig »befriedet«, 1483 besiegt ein Korps der Katholischen Könige *Isabel I.* und *Fernando II.* die dicht besiedelte Insel Gran Canaria. Erst 1493 fällt dem aragonesisch-kastilischen Königspaar La Palma zu – durch einen Trick des Eroberers *Alonso de Lugo,* der die wehrhaften Ur-Palmeros in einen Hinterhalt lockt –, und 1496 ist auch auf Teneriffa der letzte Widerstand gebrochen.

Eine trügerische List hatte auch die friedliche Herrschaft des Bimbachen-Königs *Armiche* auf El Hierro beendet. Béthencourt war 1405 im Süden der Insel in der *Bahía de Naos* gelandet. Der Überlieferung nach hatte er den bei früheren Piraten-Raubzügen gefangengenommenen Bimbachen

Eroberer mit eisernem Willen: Jean de Béthencourt

*Augerón* dabei, einen nahen Verwandten des Königs. Er sollte Armiche überreden, einen Pakt mit Béthencourt zu schließen, der dafür in Aussicht stellte, den Stamm der Bimbaches wie Verbündete zu behandeln. Trotz schlechter Erfahrungen mit den von Augerón als nobel und vertrauenswürdig beschriebenen Fremden – hatten sie sich doch bisher vorwiegend als Menschenräuber und -schänder hervorgetan – entschloß sich Armiche, das Angebot anzunehmen. Mit 120 seiner Getreuen begab er sich zum Felsenstrand von Naos. Statt den König und seinen Stamm freundlich und ehrenvoll zu empfangen, ließ Béthencourt sie alle sofort gefangennehmen und in Ketten legen. So endete das freie, friedliche Leben der Ureinwohner El Hierros in der Sklaverei.

Der Verlust von 120 Männern im besten Alter und ihres Königs bedeutete einen nicht zu verschmerzenden Aderlaß für den kleinen Stamm der Bimbaches. Zurück blieben die Frauen, die Kinder und die Alten, in deren Leben die Gewalt einbrach. Wie überall auf den Inseln, machten sich die Eroberer und Soldaten rücksichtslos über die »Wilden« her und »nahmen« sich einheimische Frauen.

**Im Gefolge Béthencourts** befanden sich auch einige Bauernfamilien aus der Normandie und Kastilien, denen auf Lanzarote, Fuerteventura und El Hierro Land zugeteilt wurde. Die steinzeitliche Kultur der Bimbaches verlor sich sehr rasch in der der Siedler vom Festland. Die restliche Urbevölkerung mußte sich taufen lassen, viele Frauen wurden zu Ehefrauen der neuen Herrscher gemacht, und bereits nach wenigen Jahrzehnten hatten sich die Völker vermischt.

## Eine neue Gesellschaft

Die vollständige Kolonisation der Inseln dient ihrer Stabilisierung als neuem Herrschaftsbereich der spanischen Krone und der christlichen Kirche. Die Konquistadoren teilen das Land unter sich und ihren Gefolgsleuten auf, entsprechend ihrer Macht und ihren Verdiensten. Auch die Kollaborateure unter den Guanchen erhalten Land, wogegen die Widerständigen meist aufs Festland oder auf eine andere Insel verschleppt und als Sklaven unterjocht werden.

Viele Bewohner der »befriedeten« Inseln werden auch zur Eroberung der noch widerständigen zwangsrekrutiert. Viele Ureinwohner, die diese Feldzüge überlebt haben, sterben in der Folge unter der Sklaverei oder an eingeschleppten Krankheiten.

**Die neue kanarische Gesellschaft** besteht aus drei Gruppen: der herrschenden Schicht aus Adel, Kirchenmännern und Kaufleuten bzw. Großgrundbesitzern, den abhängigen kleinen Bauern, Handwerkern und Tagelöhnern und schließlich den Sklaven. Die Sklaven sind fast ausschließlich Guanchen sowie Schwarze und Mauren, die auf Raubzügen an der afrikanischen Küste erbeutet wurden. Besonders auf den Ostinseln gibt es viele Sklaven, die auf den neu angelegten Feldern und Zuckerrohrplantagen arbeiten müssen.

Auf den großen Inseln wird **Landwirtschaft** in großem Stil betrieben, daneben entwickelt sich die Fischerei. Der Riesenverbrauch an Holz im Handwerk, bei der Zuckerproduktion und in den Haushalten wird zur ökologischen Katastrophe. Die einst bewaldete, heute völlig kahle Insel Fuerteventura liefert ein anschauliches Beispiel dafür. Auch die üppigen Wälder El Hierros werden nicht verschont: Sie liefern Holz für die großen Inseln.

Die neuen Siedler bewirtschaften auch auf El Hierro das Land auf neue Weise; sie bringen fremde Pflanzen mit und betreiben Ackerbau. Auf der kleinsten Insel des Archipels gehen die Uhren aber auch in den folgenden Jahrhunderten langsamer als auf den größeren Inseln: An der traditionellen Art der Viehzucht ändert sich nicht viel, die Beschaffenheit und Abgelegenheit der Insel verhindert dramatische Entwicklungen. Die Inselkolonie bleibt klein und unbedeutend.

Bis 1450 entstehen die ersten Kolonialdörfer aus einfachen Steinhäusern, deren Reste man heute noch besichtigen kann: *Guinea* in Meeresnähe, *Las Montañetas* und *La Albarrada* auf der Hochebene. Erst Ende des 15. Jahrhunderts wird das frühere Bimbachen-Dorf *Amoco* im Nordosten der Insel als *Santa María de Valverde* zum Hauptort der Insel. Um diese Zeit werden auch die ersten Häuser der Siedlungen *Isora* und *El Pinar* im Osten, *Mocanal* und *Guarazoca* im Norden gebaut.

## Feudalherren, Piraten und andere Plagen

Nachdem sich Béthencourt in seine normannische Heimat zurückgezogen hatte, stand El Hierro – wie auch Lanzarote und Fuerteventura – unter der Schreckensherrschaft des Béthencourt-Neffen **Maciot**. Der von Maciot eingesetzte Gouverneur El Hierros, *General Lazaro,* bezahlt dessen Tyrannei und die – laut dem Historiker *Darias y Padrón* – Respektlosigkeit seiner Mannen gegenüber den eingeborenen Frauen mit seinem Leben: Während eines Aufstands wird er von aufgebrachten Ureinwohnern erschlagen.

Maciot treibt es auch auf Lanzarote zu bunt und wird 1418 vom kastilischen König abgesetzt. Während des ganzen 15. Jahrhunderts herrschen wechselnde Feudalherren von Kastiliens Gnaden über die Inseln: über La Gomera und El Hierro die Grafen *de Niebla, de las Casas, de Herrera* und schließlich *de Peraza.* Sie alle regieren das Inselvolk selbstherrlich bis brutal, wachen über die Abgaben (den *quinto,* den fünften Teil der Erzeugnisse der Insel) und bereichern sich am Menschenhandel. Während dieser Zeit kommt es immer wieder zu Aufständen, wie der Erhebung der Gomeros gegen das berüchtigte Diktatorenpaar *Béatriz de Bobadilla* und *Hernán de Peraza* – auch er wurde schließlich von einem Guanchen ins Jenseits befördert. Die Herreños üben sich über mehr als ein Jahrhundert im mehr oder weniger passiven Widerstand gegen die Abgabe des Quinto an ihre Feudalherren auf La Gomera.

Abseits der Machtkämpfe und Scharmützel jenes Jahrhunderts geht das Leben seinen Gang. Die neuen und alten Bewohner der Inseln gehen ihren alltäglichen Verrichtungen nach und sind damit beschäftigt, ihre Ernährungsgrundlage zu sichern. Die ist außer von der Unterdrückung durch die Feudalherren noch von anderer Seite bedroht: Die biblischen Plagen Dürre und Heuschreckenschwärme suchen immer wieder die Inseln heim und vernichten die bescheidenen Ernten der Bauern und das Viehfutter. Ab und zu fressen sich Waldbrände durch den für den Wasserhaushalt der Inseln lebensnotwendigen Baumbestand.

Die Bevölkerung muß sich auch immer wieder gegen **Piraten und Freibeuter** wehren, die in den Gewässern des Archipels kreuzen – unter ihnen so berühmte Gestalten wie *Francis Drake,* Dunkelmann im Auftrag der englischen Königin. Die Kanaren sind als Ziel von Raubzügen besonders beliebt, weil sie nach der Entdeckung Amerikas zum Ausgangspunkt für Reisen in die »Neue Welt« und zum Umschlagplatz für den Amerikahandel wurden. Mit Gold und Silber aus den Kolonien beladene Segler zu kapern, verspricht fette Beute. Je wohlhabender die Inselstädte, desto eher müssen auch sie mit Überfällen rechnen. So werden die Hauptstädte La Palmas und La Gomeras mehr als einmal geplündert und niedergebrannt.

Doch auch El Hierros armer und noch dazu küstenfern gelegener Hauptort Valverde bleibt von meuchelnden Abenteurern nicht verschont: Hier zittern die Menschen vor den auf Vieh- und Sklavenfang spezialisierten Piraten aus Nordwestafrika. Der Inselchronist *José Padrón Machín* berichtet, daß es noch um 1800 üblich war, nachts aus Furcht vor Überfällen auf Feuer und Laternen zu verzichten und den Hähnen die Schnäbel zuzubinden, damit deren Krähen den Piraten nicht den Weg zu den Dörfern weisen konnte.

Die Piratenplage sollte bis ins 19. Jahrhundert andauern; dazu kamen noch die Angriffe englischer, französischer und holländischer Admiräle, die es darauf absahen, der spanischen Krone die Inseln streitig zu machen.

Die Herreños spürten also die Nachteile des Handelsplatzes Kanaren, ohne von seinen Vorteilen zu profitieren: Für Schiffe aus Europa und Amerika war ihre Insel uninteressant.

### Kolumbus auf El Hierro

Daß Kolumbus von den Kanaren aus zur Entdeckung des »Seewegs nach Indien« in See stach, ist bekannt: Im August 1492 legte er auf La Gomera an, um seine Vorräte ein letztes Mal vor der großen Überfahrt ins Unbekannte aufzufrischen. Daran erinnert heute noch das Stadtwappen der Hauptstadt San Sebastián de la Gomera.

Weniger bekannt ist, daß Kolumbus auf seiner zweiten Reise 1493 nach La Gomera noch El Hierro ansteuerte, um frisches Wasser, Käse und Fleisch zu laden und auf günstigen Wind zu warten, der seine Erobererflotte von 17 Schiffen möglichst rasch westwärts treiben würde. Nach neunzehn Tagen, am 3. Oktober 1493, war es soweit: Ein kräftiger Passat blies sie von der Bahía de Naos aus in nur zwanzig Tagen an die Ufer der »Neuen Welt«.

## Insel im Abseits

Die Bewohner der letzten Insel vor dem großen Ozean führen bis zum Beginn der Neuzeit ein »zeitloses« Dasein im geschichtlichen Irgendwo. Es ändert sich nicht viel in ihrem Leben; die kleinen und großen Begebenheiten, die die Inselchronik ausmachen, sind schnell erzählt. Andernorts Unwichtiges wird hier am äußersten Zipfel Europas zum Ereignis.

Von den Herrschenden – den Grafen Gomeras – vernachlässigt, verharrt die Insel in ihrem eigenen Rhythmus. Die Probleme ihrer Bewohner sind seit Jahrhunderten die Gleichen: »gute« und »schlechte« Jahre, die ausreichend zu essen oder Hunger bringen. Glückliche Zeiten im Wechsel mit Katastrophen und Krankheiten. Es gibt keine Ausbildung, keine medizinische Versorgung. Die Mehrzahl der Einwohner sind wie schon zu den Zeiten der Ureinwohner Hirten, die auf den uralten Dorfverbindungspfaden ihrer Wege ziehen.

Karte der Kanaren »Insulae Fortunatae« von 1590

Wie eh und je bedeuten religiöse Riten und Festtage wichtige Zäsuren im Alltag; statt dem Bimbache-Gott *Eraoranhan* und der Göttin *Moneyba* (↗ Diesseits und Jenseits) sind es jetzt Christus und die Jungfrau Maria, die für den Regen und die gute Ernte sorgen sollen. Kirchliche Feste und Prozessionen auf El Hierro haben heidnischen Beiklang, denn sie werden von archaisch anmutender Musik der Flöten, Kastagnetten und Trommeln *(pitos, chácaras y tambores)* begleitet. Im Jahre 1546 bekommt El Hierro seine Schutzpatronin: Am Dreikönigstag landet die *Virgen de Los Reyes* auf der Insel (↗ »La Bajada de la Virgen«).

Renaissance, Aufklärung, Französische Revolution, Bürgerrechte: Fremdwörter für die Herreños, die mit wenigen Ausnahmen Analphabeten sind. Regiert wird die Insel vom Bürgermeister in Valverde, dem *alcalde*, dem Grafen *(conde)* von Gomera als dessen Statthalter verpflichtet. Die Feudalherrschaft wird erst 1837 durch die liberale Verfassung beendet, die alten Machtstrukturen bleiben aber noch eine ganze Weile bestehen.

Die besseren Kreise El Hierros bestehen aus wenigen einflußreichen Familien (mit Verbindungen auch zu den Nachbarinseln), und den Kirchenmännern. Die Regierung in Madrid interessiert sich so wenig für das ferne rückständige Eiland, daß sie von seinem ersten gewählten Volksvertreter gar keine Notiz nimmt. Im Jahre 1678 zählt El Hierro nach *Viera y Clavijo* etwa 3300 Einwohner, im Jahre 1768 bereits knapp über 4000. Clavijo beschreibt die Insel als dicht mit Wald bestanden und fruchtbar, ihre Erzeugnisse – Früchte, Wein, Käse, Fleisch – als von hervorragender Qualität und wohlschmeckend. Über ihre Bewohner schreibt er, sie seien wie die Insel selbst: kräftig, gesund und fruchtbar, unverdorben vom Luxus und von irgendwelchen Lastern. Aber er erwähnt auch, wie schwierig

**Leben wie Anno dazumal: Im Museumsdorf Guinea wird die Vergangenheit lebendig**

es immer schon für sie gewesen sei, alle Kinder der Insel zu ernähren, weshalb sie in großer Zahl hätten auswandern müssen.

1793 versetzt eine Serie von Erdbeben die Herreños in Angst und Schrecken, im Golftal stürzen Häuser ein, und Felsen krachen von der Steilküste. Man befürchtet einen Vulkanausbruch im Golf, gar die Verwüstung der Insel ähnlich wie auf Lanzarote in den dreißiger Jahren des Jahrhunderts, und plant, die Einwohner nach Teneriffa zu evakuieren, falls es zum Schlimmsten kommen sollte. Doch die einzige Vulkantätigkeit bleibt eine kleine Eruption des *Lomo Negro* in der Gegend des Verodal.

Im 18. Jahrhundert bringen es zwei Herreños im fernen Ausland zu einiger Berühmtheit: *Pedro Quintero Nuñez* emigriert zunächst nach Mexiko, dann auf die Philippinen und bringt es dort bis zum Bürgermeister von Manila. Heute ist der Rathausplatz von Valverde nach ihm benannt. *Juan Francisco de León* erwirbt sich in Venezuela den Ruf eines Vorkämpfers für die Unabhängigkeit, indem er dort einen bewaffneten Aufstand gegen die spanische Herrschaft anführt. Daß die Rebellion niedergeschlagen, er nach Cádiz deportiert wird und dort im Gefängnis stirbt, tut seinem Ruhm keinen Abbruch.

### Verbannungsinsel

Nützlich wird El Hierro für Madrid erst im 19. Jahrhundert, nämlich als Verbannungsinsel für unbequeme Militärs, Politiker und Freigeister. Die Verbannungspolitik bedeutet für die Inselbewohner einen existenziellen Fortschritt, kommen sie doch auf diese Weise zum ersten Mal in den Genuß medizinischer Behandlung. Der aus politischen Gründen verbannte *Leandro Pérez* ist der erste Doktor, den die Insel je hatte. Er ist für alle da, die seine Hilfe benötigen, und wird von der Bevölkerung geliebt und geachtet. Zugleich Pharmazeut und Biologe, stellt er aus den Heilkräutern der

Insel selbst Medikamente her. Er ist es auch, der die Heilkraft des Wassers aus dem Brunnen bei Sabinosa entdeckt, das gegen Ende des Jahrhunderts weit über die Insel hinaus berühmt werden sollte (↗ »Pozo de la Salud – ein Gesundbrunnen?«).

Manchen verbannten Politikern und Offizieren gelingt es, sich heimlich nach Südamerika einzuschiffen, wo sie sich bei den diversen Befreiungskämpfen rühmlich hervortun. Der letzte Verbannte auf El Hierro, *Iñigo Cavero,* wird später Erziehungs- und Wissenschaftsminister der ersten demokratischen Regierung Spaniens nach Francos Tod.

## An der Schwelle zur Neuzeit

Am Ende des 19. Jahrhunderts hat die Insel etwa 6500 Einwohner. Die Ereignisse um die Jahrhundertwende sind düster, von kleinen Fortschritten wie etwa der Einführung der Gasbeleuchtung in Valverdes Gassen abgesehen.

Zu beklagen sind verheerende Regenfluten, gefolgt von einer schlimmen Dürre in den letzten Jahren vor der Jahrhundertwende, eine Pockenepidemie, Waldbrände und schließlich die Zerstörung des Rathauses von Valverde durch einen Großbrand. Im Juli 1899 vernichtet er das seit 1553 geführte Inselarchiv mit sämtlichen historischen Dokumenten und läßt die Insel »geschichtslos« zurück.

Politisch beginnt Anfang des 20. Jahrhunderts eine neue Ära: Jede Insel darf sich ab jetzt selbst verwalten, die Inselregierungen heißen *cabildos insulares*. Seit 1912 gibt es neben Valverde noch einen zweiten Verwaltungsbezirk auf der Insel: Die Gemeinde La Frontera entsteht. Die Inselregierung *(cabildo)* bleibt in Valverde.

Ins Parlament der ersten spanischen Republik, den Madrider Cortes, hält auch ein Abgeordneter El Hierros Einzug. In diese Zeit fallen die ersten staatlichen Baumaßnahmen auf der Insel: bescheidene acht Kilometer Straße von Valverde bis zum Hafen Puerto de la Estaca, dessen kaum Mole zu nennender Landesteg um einige Meter verlängert wird, sowie das erste Stück der späteren *carretera central* nach Frontera.

Der **Erste Weltkrieg** geht bis auf ein englisch-deutsches U-Boot-Scharmützel in der geschichtsträchtigen Bahía de Naos fast spurlos an El Hierro vorüber. Auch die Diktatur des *Primo de Riveras* von 1923 bis 1931 bleibt für die Insulaner eine Episode ohne direkte Folgen. Während der Zweiten Republik, 1931 bis 1936, wählen sie mehrheitlich sozialistisch, und so ist der Jubel über den Wahlsieg der *Frente Popular* 1936 groß. In den drei Jahren ihrer Regierung tut sich für El Hierro relativ viel: Der Hafen wird weiter ausgebaut, Straßen werden angelegt, die Wasserversorgung verbessert und die Schulen erweitert.

Die ständigen Auseinandersetzungen zwischen Teneriffa und Gran Canaria um die Macht im Archipel werden 1927 durch die Trennung in zwei Provinzen entschärft. Die Kanarischen Inseln sind seit damals in zwei

Bitte lesen Sie weiter auf Seite 66 ▶

## Emigration als Ventil für Wirtschaftskrisen: Die Kanaren und die »Neue Welt«

Über Jahrhunderte hinweg waren die Hafenstädte des Archipels das Tor zur »Neuen Welt«, Umschlagplatz für Waren aus Amerika und Handelskontor für den Export. Die enge Verschränkung zwischen den Inseln und dem fernen Kontinent hat die Kulturen wechselseitig beeinflußt und geprägt. Auf den Kanarischen Inseln sind südamerikanische Einflüsse deutlich zu spüren, zum Beispiel in der Sprache, in der Musik oder beim Karneval. Viele Einwohner der Kanaren waren an der Eroberung Amerikas beteiligt und siedelten sich später dort an. Sie gründeten Kolonien und Städte, übernahmen Gouverneursposten und betätigten sich als Missionare. Die Auswanderung kanarischer Familien nach Amerika wurde zur Tradition; gefördert und teilweise sogar erzwungen von der spanischen Krone, die der Ansiedlung allzu vieler englischer, französischer oder holländischer Emigranten einen Riegel vorschieben wollte, um die Kontrolle über die neuen Länder zu behalten. Venezuela, Uruguay, Kuba, Puerto Rico, Santo Domingo sowie Texas, Louisiana und Florida waren im 17. Jahrhundert die bevorzugten Ziele der Canarios.

**Die Emigration** bedeutet für die Einwohner des kanarischen Archipels seit jeher die einzige Möglichkeit, dem Schicksal eine Wende zu geben, nicht festzusitzen in ihrer Heimat der begrenzten Möglichkeiten. Die verschiedenen Auswanderungswellen waren stets die Antwort auf wirtschaftliche und politische Krisen, auf Dürre- und Hungerjahre. Nach dem dramatischen wirtschaftlichen Niedergang durch den Einbruch der Cochenille-Zucht in den 80er Jahren des 20. Jahrhunderts (↗ Wirtschaft) gingen 130.000 bis 140.000 Canarios nach Amerika – die Hälfte der damaligen Bevölkerung!

**Seit es Ozeandampfer** gibt, nahm allerdings auch die Zahl der Rückkehrer zu. Viele Auswanderer blieben nur eine Zeitlang als »Gastarbeiter« in Südamerika, um sich mit dem Ersparten eine neue Existenz in der Heimat aufzubauen. So kam es auch durch die Investitionen der Rückwanderer zu bescheidenem Wohlstand auf den Kanaren.

Die Ereignisse in Übersee hatten stets auch Auswirkungen auf die Kanaren. Höhepunkt war die amerikanische Unabhängigkeitsbewegung im 19. Jahrhundert, die die Übersee-Kanarier und die in der Heimat zu trennen drohte. Die militärischen Auseinandersetzungen schwappten bis zum heimischen Archipel: Freibeuter aus Lateinamerika unternahmen Raubzüge und versuchten, den Handel zwischen Spanien und seinen Kolonien zu unterbinden. In Lateinamerika wurden Stimmen laut, die die Bewohner der Kanarischen

Inseln dazu aufriefen, sich vom spanischen Mutterland zu lösen. Sogar amerikanische Eroberungspläne wurden bekannt.

**Nach der Unabhängigkeit** der iberoamerikanischen Kolonien ebbte die Auswanderungswelle dorthin ab: Kuba wurde jetzt zum Hauptziel der Emigranten, weil dort massenhaft Arbeiter auf den Tabak- und Zuckerrohrplantagen gebraucht wurden. 1924 entstand auf Kuba (!) die »Kanarische Nationalistische Partei«.

Später zog es die meisten nach Venezuela – noch heute die »achte Insel« genannt –, das in den 40er Jahren durch den Erdölboom eine Zeit wirtschaftlicher Blüte erlebte, während die Wirtschaft auf den Kanaren am Boden lag. Unter der Franco-Diktatur war die Emigration zwar lange verboten, doch gelang es Tausenden von Canarios, heimlich nach Venezuela auszuwandern. Oft genug blieben Frauen und Kinder zurück; noch heute leben in den Dörfern der Inseln alte Frauen, deren Ehemänner sich vor langer Zeit aus dem Staub gemacht haben. Sie werden Venezuela-Witwen genannt.

### Als Reisen Wagnis hieß

Berichte aus dieser Zeit klingen wie Abenteuergeschichten aus fernen Jahrhunderten: Noch 1949/50 stachen zum Beispiel von El Hierro aus Segelschiffe in See, die für eine Atlantiküberquerung kaum tauglich waren, ohne Motor und mit zerschlissenen Segeln. In dunkler Nacht und dichtem Nebel zogen die Auswanderer mit Gepäck und Proviant über die beschwerlichen Wege von ihren Dörfern an die entlegene Küste von Orchilla, wo sie ihr Schiff bestiegen. Während der Überfahrt fehlte es oft an Wasser und Lebensmitteln, manches Schiff geriet in schwere Unwetter und Seenot. Doch die meisten Passagiere gelangten heil zu neuen Ufern, einige kehrten nach Jahren wieder zurück und leben noch heute in ihren Heimatdörfern.

**Die Legalisierung** der Emigration im Jahre 1950 hatte auf den gesamten Kanaren einen Exodus zur Folge. Die letzte große Emigrationswelle, ausgelöst durch eine katastrophale Dürre, folgte schließlich Ende der 60er Jahre.

In jüngster Zeit ist die allgemeine Mobilität an die Stelle der Auswanderung getreten. Viele junge Canarios machen ihre Ausbildung auf den Hauptinseln oder auf dem spanischen Festland und bleiben nicht selten dort – vor allem, wenn ihre Heimatinsel ihnen nur so bescheidene Existenzmöglichkeiten bieten kann wie El Hierro.

In den letzten Jahren sind, bedingt durch den Tourismus-Boom, viele Emigranten in ihre Heimat zurückgekehrt und haben hier investiert, sind inzwischen Besitzer von Fincas, Ferienanlagen, Restaurants und Bars. Manche Anwesen von Rückkehrern lassen sich an der südamerikanischen Vorliebe für große Portale und hohe Mauern erkennen, die besonders für die kleinen Inseln sehr untypisch sind und deshalb ins Auge springen. ◀

**Verwaltungsdistrikte** aufgeteilt, mit Teneriffa als Hauptstadt der westlichen und Gran Canaria als der der östlichen Inseln. Allerdings finden sich auch heute noch genügend Anlässe für Rivalitäten: sei es die Krönung der schönsten Karnevalsprinzessin oder der Streit um Wirtschaftsfragen.

1936 macht Madrid den putschverdächtigen General *Francisco Franco* zum Befehlshaber über die Kanarischen Inseln und Spanisch-Marokko; eine Strafversetzung in die politische Bedeutungslosigkeit, wie die Regierung hofft. Doch Franco kann seine Getreuen um sich sammeln, organisiert eine Truppe aus rechtsgerichteten Militärs und Söldnern der Fremdenlegion und schafft es mit Unterstützung Nazideutschlands, in Andalusien einzumarschieren. Der **Spanische Bürgerkrieg,** in dessen Verlauf mehr als eine halbe Million Menschen ihr Leben verlieren, endet 1939 mit dem Sturz der Republik. General Franco bleibt 36 Jahre lang Diktator eines klerikal-faschistischen Militärregimes.

Die Kanaren sind von Anfang an fest im Klammergriff der Putschisten. Nennenswerter Widerstand gegen die Unterdrückungsmaßnahmen von seiten der neuen Inselherren regt sich kaum – außer auf La Palma, wo es zu einem bewaffneten Aufstand kommt, und auf La Gomera: Dort war zeitweise die Hirten-Pfeifsprache »El Silbo« verboten, weil die Regierenden subversive Kommunikation fürchteten. Auf dem kleinen El Hierro werden wie überall Oppositionelle gnadenlos verfolgt. Auf dem Festland kämpfen etwa 500 Herreños auf Seiten der Republikaner.

Die **Diktatur der Falangisten** wird schließlich hingenommen wie so manches andere Übel vergangener Zeiten. El Hierro versinkt wieder in politischen Schlaf, von neuem herrschen allein die alten einflußreichen Familien und die Kirche. Mit den sozialen Verbesserungen ist es fürs Erste vorbei. Die Verbannten des Regimes nehmen die Herreños in alter Tradition freundlich auf, schließlich haben sie mit den meisten dieser Fremden bisher gute Erfahrungen gemacht.

Die Kanaren geraten durch den Zweiten Weltkrieg und die politische und ökonomische Isolation des franquistischen Spanien in eine schwere Krise, denn der Bananenmarkt bricht zusammen. Viele Canarios sind wirtschaftlich ruiniert und verlassen ihre Heimat trotz des Emigrationsverbots. El Hierro ist von der Bananen-Pleite zwar nicht betroffen, doch eine verheerende Dürre zwingt ab 1948 auch viele Herreños zur Auswanderung nach Lateinamerika. Um 1930 herum zählt El Hierro 8000 Einwohner; um 1940 ist mit 9000 Einwohnern ein Höchststand erreicht, dem bis 1960 ein Absinken der Bevölkerungszahl auf den Stand von 1930 folgt.

Die Autarkiebestrebungen der franquistischen Wirtschaftspolitik lassen die Herreños kalt. Ihnen bleibt ohnehin nichts anderes übrig, als wie eh und je mit den Produkten ihrer bescheidenen Subsistenzwirtschaft auszukommen, denn Unterstützung aus Madrid ist nicht zu erwarten. Ende der 60er Jahre leidet die Insel noch einmal unter einer lang anhaltenden Trockenperiode, der ein großer Teil des Viehbestands zum Opfer fällt. Wieder sehen sich viele Herreños zum Auswandern gezwungen – nun ziehen jedoch Viele auf die großen Nachbarinseln und aufs spanische Festland, wo der aufblühende Tourismus vielen Menschen Arbeit bietet. Die Einwohnerzahl sinkt bis Anfang der 70er Jahre weiter auf 5500.

## MODERNE ZEITEN

Vom spanischen Wirtschaftswunder samt Tourismusboom an den Mittelmeerstränden und auf den großen Inseln nach Francos Schwenk Richtung Marktwirtschaft bleibt El Hierro fast unberührt. Für die Insulaner verbessern sich die Lebensbedingungen erst Ende der 70er Jahre allmählich.

Nach dem Tod Francos 1975 wird Spanien zur **konstitutionellen Monarchie**, König *Juan Carlos* beginnt, das Land zu reformieren. Die neue demokratische Verfassung Spaniens tritt im Dezember 1978 in Kraft, die Wahlen von 1982 gewinnt die Spanische Sozialistische Arbeiterpartei *(Partido Socialista Obrero Español, PSOE)*, ihr Vorsitzender *Felipe González* wird Ministerpräsident. In den 80er Jahren blüht Spanien auf: Die Wirtschaft boomt, das einst streng konservative und erzkatholische Land verwandelt sich in eine offene, liberale Gesellschaft. Mit dem Beitritt zur NATO 1982 und zur Europäischen Gemeinschaft (heute EU) 1986 geben die Sozialisten ihre Politik der Blockfreiheit auf, was große Diskussionen im Land hervorruft.

Die Inschrift über der Tür dankt dem Exil: »Juan Leon – Gracias Venezuela«

### Autonome Region Canarias

In den ersten Jahren der Demokratie suchen auch die verschiedenen Regionen Spaniens nach einem neuen politischen Standort. Nicht nur in Katalonien und im Baskenland entstehen aus dem Wunsch nach mehr Autonomie radikale Unabhängigkeitsbewegungen. 1977 gründet sich die »Bewegung für Selbstbestimmung und Unabhängigkeit der Kanarischen Inseln« *(MPAIC, Movimiento para la Autodeterminación y Independencia de Canarias)*. Eine kleine Separatistentruppe sorgt mit Bombenanschlägen für Unruhe, und obwohl sich die Mehrheit der Bevölkerung gern von den *godos*, den Festlandspaniern, abgrenzt, hält sie eine Loslösung von Spanien für keine gute Idee.

Schon die Verfassung von 1978 sieht für die Kanarischen Inseln einen provisorischen **Autonomiestatus** vor. Im selben Jahr beginnt auf Teneriffa eine *Junta de Canarias* aus Vertretern der einzelnen Inseln über die konkrete Ausgestaltung der künftigen Inselregierung zu debattieren. 1983 ist es soweit: Die Kanaren werden »autonome Region« Spaniens. Der alten Rivalität zwischen den beiden Hauptinseln wegen ist die Hauptstadtfunktion aufgeteilt: *Santa Cruz de Tenerife* ist Sitz des Provinzparlaments sowie der einen Hälfte der Ministerien, *Las Palmas de Gran Canaria* beherbergt die andere Hälfte der Ministerien und die Vertretung Madrids. Von den 60 Abgeordneten in Santa Cruz stellt El Hierro drei.

In einer seiner ersten Amtshandlungen erklärt das Regionalparlament mit der Mehrheit der PSOE die Inseln zur atomwaffenfreien Zone – Beitrag der Kanaren zur heftigen Diskussion um den Nato-Beitritt Spaniens in der ersten Hälfte der 80er Jahre.

Der von Madrid geplante EG-Beitritt ist vielen Canarios mehr als suspekt, droht ihnen doch dadurch das Ende der Subventionen für den Bananenanbau und der Abnahmegarantie. Das Inselparlament schafft es, einen Sonderstatus auszuhandeln, mit dem die Bananenbauer vorläufig leben können. 1989 schließlich entscheidet man sich – Bananen hin, Bananen her – doch für den Beitritt: EG-Unterstützungsfonds für strukturschwache Regionen winken, und der freie Zugang zum europäischen Binnenmarkt bietet auch der Landwirtschaft Chancen. Seit 1993 ist der Archipel nun zusammen mit Spanien Vollmitglied der EU.

### In 20 Jahren ins 20. Jahrhundert

Die Übergangsphase zur Demokratie *(transición)* bedeutet für El Hierro den Anschluß ans 20. Jahrhundert. Die Infrastruktur der Insel, bis in die 60er Jahre hinein praktisch nicht existent, beginnt sich nun rasch zu entwickeln; so sind die Hauptstraßen, die Hafenmolen von La Estaca und La Restinga, der Flughafen und auch die Stromversorgung erst in den 70er Jahren entstanden. Auch die sozialen Errungenschaften der Neuzeit halten endlich Einzug auf El Hierro: Die Gesundheitsversorgung und die Bildungsmöglichkeiten werden verbessert, kulturelle Einrichtungen geschaffen. Die hohe Analphabetenquote sinkt.

Ende der 70er und während der 80er Jahre entstehen viele größere öffentliche Gebäude der Gemeinden: vom ersten Krankenhaus über die Regierungs- und Verwaltungsgebäude bis hin zu Schulen, Bürgerhäusern und Sportanlagen auch in den kleineren Orten. 1986 votieren die Herreños im Volksentscheid mehrheitlich gegen den Verbleib Spaniens in der Nato. Ein Grund dafür ist sicherlich der Widerstand gegen die zwischenzeitlich auf Eis gelegten Pläne, auf dem *Malpaso*, dem höchsten Berg der

Insel, eine Nato-Militärbasis einzurichten.

Die Partei mit den meisten Wählerstimmen ist auf El Hierro seit langem die unabhängige *A.H.I. (Agrupación Herreño Independiente)*. Im kanarischen Parlament agiert sie außerhalb des eher konservativen Bündnisses der anderen unabhängigen Parteien der Kanarischen Inseln *(A.I.C., Agrupación Independiente de Canarias)*. Die derzeitige Politik der A.H.I. ist schwer zu charakterisieren; man könnte sie wertkonservativ nennen, ausschließlich am Wohl und Wehe der Herreños und ihrer kleinen Heimat orientiert; andererseits stützt sie die auf sozialistischen Traditionen basierende genossenschaftliche Organisation der herrenischen Landwirtschaft. Sie setzt auf eine sanfte Entwicklung der Möglichkeiten El Hierros und ist damit durchaus ökologisch orientiert. Das größte Kapital der A.H.I. ist der beliebte Inselpräsident *Tomás Padrón Hernandez*, denn die herrenische Inselfamilie wählt eher Personen als Programme. Während der 80er Jahre bereits Präsident des Cabildo, hat er viele entscheidende Neuerungen und Verbesserungen in Gang gesetzt (wenn auch mit Subventionsgeldern, die der Insel ohnehin zustanden) und ist ungemein populär auf der Insel. Als er sich für eine Weile aus der Politik zurückzog, ging es mit der Wählergunst für die A.H.I. bergab. Zwischenzeitlich regierte eine große Koalition aus PSOE, PP und ICAN (»Vereinigte Linke« aus Ex-Kommunisten und Ökogruppen). Bei den Wahlen 1995 stellte sich Padrón erneut zur Wahl und gewann prompt. Auch 1999 und 2003 erreichte die A.H.I. die absolute Mehrheit im Cabildo. Allerdings regieren in den Rathäusern von Valverde und La Frontera Koalitionen aus PP und PSOE.

**Am Sonntag genießt man den Schatten der Kirche – und schweigt über die ferne Politik**

# VOM ÜBERLEBEN AUF EINER INSEL

**Die Wirtschaft der Kanarischen Inseln hängt heute weitgehend von der »Monokultur« Tourismus ab. Einzig auf El Hierro ist das anders: Die landwirtschaftliche Produktion ist noch immer der Dreh- und Angelpunkt der Wirtschaft. Zum einen dominiert wie eh und je die Viehwirtschaft, zum anderen sind in den letzten Jahren im Valle del Golfo Obstkulturen entstanden, deren Export einen bescheidenen Profit abwirft. So hat der erfolgreiche Ananasanbau das kleine El Hierro mittlerweile zum größten Ananasproduzenten Spaniens gemacht.**

## Landwirtschaft & Viehzucht

Aufgrund des chronischen Wassermangels, aber auch bedingt durch die von alters her isolierte Randlage El Hierros, produzierten die Herreños bis in die 60er Jahre hinein fast ausschließlich für den Eigenbedarf, die einzigen Exportgüter waren Trockenfrüchte und Wein. Die Äcker wurden (und werden) teilweise im Trockenfeldbau bewirtschaftet, selbst Getreide wurde so gezogen. Mit dieser ausgeklügelten Anbaumethode, die die Feuchtigkeit des Taus nutzt, gedeiht sogar auf schwarzem *jable* (Lavakies) Wein. Dabei wird die Pflanze in eine kleine Mulde gesetzt und mit Jable bedeckt. Die porösen Steinchen geben tagsüber die nachts gespeicherte Feuchtigkeit und nachts die tagsüber gespeicherte Wärme ab.

In den 60er Jahren wuchs auf der Hälfte aller herrenischen Äcker noch Getreide, vorwiegend Gerste und Roggen. Heute, da die Insel an Transportwege angeschlossen ist, wird es fast nur noch importiert. Insgesamt ist der mühsame Ackerbau auf El Hierro sehr zurückgegangen; doch viele Einheimische bewirtschaften noch ein wenig Land und halten ein paar Ziegen und Hühner. Sie ernten ihre eigenen Kartoffeln, ihr eigenes Gemüse und Obst, was zusammen mit Eiern und Ziegenmilch ein gutes Stück Unabhängigkeit von den Preisen im Supermarkt bedeutet.

Der Schwerpunkt der landwirtschaftlichen Produktion El Hierros liegt – von der Viehhaltung und ihren Produkten einmal abgesehen – heute auf dem Obst- und Weinanbau. Insgesamt haben sich die Anbauflächen von der Hochebene ins Golftal verlagert. Die modernen Zeiten haben die Verhältnisse umgekehrt: Jahrhundertelang boten allein die nebelbefeuchteten Hochflächen im Inselinneren die Möglichkeit, Ackerbau zu betreiben. Mit den heutigen Bewässerungsmethoden ist das Wachstum der Pflanzen nicht mehr unmittelbar von den Passatwolken abhängig, weshalb das ganzjährig milde Klima in der Küstenregion für den Anbau genutzt werden kann.

Noch in den 1950er Jahren waren viele Böden im Golftal gar nicht nutzbar: Sie waren *malpaís,* »schlechtes Land«, sprich: junge Lavafelder. Palmerische Landwirte waren die Vorreiter und bauten die ersten **Bananen** an: 1968 kauften sie, zunächst von den

Herreños belächelt, für wenig Geld Land in Küstennähe. Auf Lastwagen karrten sie tonnenweise Muttererde aus der fruchtbaren Hochebene ins Tal hinunter und bedeckten damit den zuvor eingeebneten Lavaschutt, bohrten Brunnen und schufen so aus Lavawüste Kulturland. Trotz des immensen Wasserverbrauchs der Pflanzen setzten die Palmeros auf Bananenplantagen und beuteten die Brunnen bis zur Erschöpfung aus. Viele Herreños taten es ihnen nach, doch verhinderte hier ein Sturm und die Wasserknappheit die Entwicklung einer Bananen-Monokultur. In den 70er Jahren wurden zwar auf 95 % der Plantagenfläche Bananen angebaut, doch im Winter 1978 zerstörte ein schweres Unwetter einen großen Teil der Stauden.

Man fing an, mit **Ananas** *(piña)* zu experimentieren, die 1986 schon auf mehr als der Hälfte der Anbaufläche gediehen. Die Klimabedingungen im Golftal bekommen den Früchten bestens, zumal sie trockene Böden lieben und im Vergleich zu Bananen nur wenig bewässert werden müssen. Die niedrigen Ananaskulturen sind außerdem weniger krankheitsanfällig und vor allem nicht so sturmgefährdet wie die Bananenplantagen. Der einzige Nachteil der Früchte liegt in ihrer langen Reifezeit: Von der Pflanzung bis zur Ernte vergehen fast zwei Jahre.

Der zunehmende Anbau auch vieler anderer Fruchtsorten für den Export – neben weiterhin Bananen vor allem Zitrusfrüchte, Pfirsiche, Mangos, Papayas und Avocados – zeigt, daß die Herreños aus den Fehlern ih-

Die Nummer 1 auf El Hierro: Piñas

rer Nachbarn gelernt haben und ihre Zukunft nicht ausschließlich vom Gedeihen der Ananas abhängig machen.

Denn die Wirtschaftsgeschichte der meisten Inseln des Archipels ist eine Abfolge von Blüte und Niedergang wechselnder **Monokulturen** – als da wären, in historischer Reihenfolge: der Anbau von Zuckerrohr, von Wein, die Seidenraupenzucht auf Maulbeerbäumen, die Läusezucht zur Farbstoffgewinnung, schließlich der Anbau von Bananen und – allerdings immer noch erfolgreich – von Tomaten. An El Hierro sind alle diese Blütezeiten und nachfolgenden Katastrophen vorbeigegangen, die Landwirtschaft der Insel blieb stets in ihren traditionellen, boden- bis rückständigen Grenzen.

Einzig der **Wein** war auch früher schon Exportgut der Insel. Traditio-

Vor dem Abfüllen: In großen modernen Fässern lagert der Wein der Kooperative

nell wird auf den Kanarischen Inseln die schwere Malvasier-Rebe kultiviert, im 18. Jahrhundert als »Canary Sack« geschätzt und viel gekauft vor allem von den Briten. Später drückte den Kanaren-Malvasier jedoch zunehmend die Konkurrenz: Sherry, Portwein, Madeira-Wein und Bordeaux liefen ihm allmählich den Rang ab. In der zweiten Hälfte des 19. Jahrhunderts machten sich dann der Mehltau und die Reblaus über die Weinstöcke her, und aus war's mit den Gewinnen durch den Weinexport. Heute wird der auf den Inseln produzierte Wein hauptsächlich innerhalb des Archipels vermarktet.

Auf El Hierro ranken sich die Weinreben vor allem die Hänge des Golftales empor. Die meisten Weinbauern liefern ihre Traubenernte in der Winzerkooperative ab, die sie zu fünf Weinsorten verarbeitet: einen herben und einen etwas fruchtigeren Weißwein, einen trockenen Rosé, einen kräftigen Roten und den gehaltvollen »Blanco Reserva«. Der Flaschenwein der Kooperative ist allerdings nicht zu vergleichen mit dem Wein, den die Weinbauern in kleinen Mengen für den Eigenbedarf keltern (↗ Gut essen & trinken).

Die Bewirtschafter der Obstfincas sind in einer landwirtschaftlichen **Kooperative** zusammengeschlossen. Die großen Genossenschaftsgebäude der Obst- und Weinbauern bilden das Zentrum der landwirtschaftlichen Aktivitäten im Golftal. Hier werden die Ananastriebe bebrütet, der Wein gekeltert, die Ernte verarbeitet und für den Abtransport verpackt.

## Zwei Farben Rot: cochinilla und orchilla

Einen geringen Gewinn erbrachte auch auf El Hierro für kurze Zeit die Herstellung von **Karminrot** aus der **Cochinilla-Zucht**. Die Spanier hatten die Cochinilla-Laus um 1825 aus Mexiko eingeführt. Die kleinen Schildläuse schmarotzen auf *Feigenkakteen* (Opuntien), wobei sich ihr Körper mit einer roten Flüssigkeit füllt. Wenn sie ausgereift sind, werden sie von den Kakteen geschabt, getrocknet und zu Pulver gemahlen, das den leuchtend roten Farbstoff liefert: 3000 Läuse für 1 Gramm Rot. Der Anbau der genügsamen und schnell wuchernden Kakteen war auch auf dem wasserarmen El Hierro kein Problem, doch ein Boom wie auf den anderen Inseln blieb aus.

Für roten Farbstoff waren die Kanaren schon viel früher berühmt: Bereits im 15. Jahrhundert wurde ein kräftiges **Rot aus der Orchilla-Flechte** gewonnen, die El Hierros Westspitze und ihrem Leuchtturm den Namen gab. Der Export der Flechte kam damals allerdings ausschließlich den Feudalherren zugute. Schon die Phönizier sollen lange vor der Zeitenwende die Pflanze an den Gestaden der »Purpurinseln« gesammelt haben.

Im 16. Jahrhundert kam noch eine Farbe vom Archipel, und zwar exklusiv aus El Hierro: ein **Pastellblau** aus der Lavendelpflanze *hierba pastel*. Die Pastellpflanze wurde auf El Hierro nur im Gebiet nordöstlich von Valverde angebaut. Als historische Zeugen sind ein paar schwere Mahlsteine geblieben, mit denen die getrockneten Pflanzen zu Farbpulver zermahlen wurden, wie der des *Cruz del Calvario* zwischen Valverde und Mocanal. Das zarte Blau, das in einem langwierigen und komplizierten Herstellungsprozeß gewonnen wurde, diente der Textilfärbung und war so teuer wie kostbar, bevor es vom Indigoblau und später den Anilinfarben abgelöst wurde.

## Das liebe Vieh

Von jeher war Viehzucht das Herz der Ökonomie El Hierros. Die Weidewirtschaft – vor allem Ziegen und Schafe, in der *Meseta de Nisdafe* und in *La Dehesa* auch Kühe –, liefert neben Fleisch und Wolle vor allem Milch zur Käseherstellung. Der geräucherte *Queso Herreño,* eine delikate Mischung aus Ziegen-, Schafs- und Kuhmilch, wird als Inselspezialität auch auf die anderen Inseln exportiert.

Die Milch verarbeitet seit 1986 die Genossenschaftskäserei *Central Lechera* in Isora. Seit 1998 beliefert sie El Hierros Läden auch mit Frischmilch – vorher war dort nur importierte H-Milch zu bekommen.

Zentrum der Viehhaltung ist das »Schäferdorf« *San Andrés,* die großen kommunalen Weidegebiete liegen jedoch im Westen der Insel, in La Dehesa. Ziegen weiden praktisch überall auf El Hierro – im Winter an den Küsten, im Sommer in den Bergen. Da sie jedes Grün meist mit Stumpf und Stiel, d.h. samt Wurzeln, verzehren, ist der Ziegenfraß für das ohnehin schon karge Land nicht gerade die bekömmlichste Art der Beweidung.

Traditionelle Arbeitstiere sind Esel und Maulesel; ihre Zahl nimmt allerdings so deutlich ab, wie die Zahl der Jeeps und geteerten Pisten zunimmt. Früher waren sie unentbehrliche Lastenträger – schließlich waren die alten Dorfverbindungspfade und Wege zu den Fincas nur zu Fuß oder auf Eselsrücken zu erreichen. Heute sieht man so nur noch einige alte Hirten zu ihren Weiden ziehen.

Die Viehzucht hat die Landschaft El Hierros auch optisch geprägt: so wirkt die Meseta de Nisdafe wie mit einem ornamentalen Muster überzogen. Aus Lavabrocken errichtete sogenannte *Trocken-* oder **Lesesteinmauern** hegen das Vieh ein und begrenzen die Weiden. Kreisförmige Mäuerchen schützen einzelne Bäume vor dem Hunger der Tiere. Auch Äcker, Gärten und Wege auf der ganzen Insel sind in Lavastein gefaßt. Es müssen Hunderte von Kilometern Mauer aus unzähligen, aufgelesenen Steinen sein, die die Herreños über Generationen hinweg in kunstvoller Kleinarbeit ohne Mörtel aufgeschichtet haben.

In den 1990er Jahren hat die **Bienenzucht** auf El Hierro einen beachtlichen Aufschwung genommen. Auch die herrenischen Imker sind in einer Kooperative zusammengeschlossen. Die Bienen schwärmen auf der ganzen Insel aus; das Ergebnis ist eine sehr aromatische Mischung aus Pinien- und Blütenhonig. Die Blüten des wilden Thymians haben dem herrenischen Honig seinen Namen gegeben: *El Tomillar.*

## Fischfang

Die Fischerei ist auf El Hierro ein bedeutender Wirtschaftszweig, der im Gegensatz zu der Entwicklung auf den Nachbarinseln erst in den letzten Jahrzehnten seinen Aufschwung genommen hat. In einer Kooperative zusammengeschlossen, vermarkten sie ihre Fänge ohne Zwischenhändler selbst, was einmalig für den ganzen Archipel ist. Sitz der *Pesca Cooperativa* ist das Fischerdorf *La Restinga* im Süden der Insel (↗ »Die engagierten Fischer von La Restinga«).

Wie auch die anderen **Kooperativen** El Hierros kommt die Fisch-Koop derzeit noch nicht ohne Subventionen aus Madrid und der EU aus. Landwirtschaftsexperten der Inselregierung arbeiten jedoch zusammen mit den aktiven Genossenschaftern an ideenreichen und vielversprechenden Plänen, die ihnen langfristig tatsächlich eine unabhängige Existenz sichern könnten (↗ El Hierro in nachhaltiger Entwicklung).

## Handel und Wandel

Eine **Industrie** gibt es auf El Hierro nicht. Die größeren Betriebe lassen sich an einer Hand abzählen, und von diesen belasten lediglich das *Unelco*-Elektrizitätswerk zwischen Puerto de la Estaca und Timijiraque sowie die Meerwasserentsalzungsanlagen die Umwelt, weil sie Erdöl verfeuern. Dies soll sich in Zukunft ändern; geplant ist die komplette Umstellung auf Wind- und Sonnenenergie. Das Zwischenlager des Kraftstoffkonzerns *Disa* versorgt die Insel mit Benzin und Gasflaschen *(bombonas).* An einigen Stellen der Insel werden Hohlblocksteine und Ziegel fabriziert, zum Beispiel auf den Lavafeldern oberhalb La Restingas im Süden, oder im Norden zwischen Valverde und Mocanal sowie in San Andrés.

Insgesamt hat die Insel seit dem Ende der 70er Jahre eine enorme **wirtschaftliche Entwicklung** erlebt; zunächst durch staatliche Investitionen und Subventionsgelder, in letzter Zeit zunehmend durch private Initiativen, zum Beispiel in der Bauwirtschaft. Ende der 80er Jahre ging es auch mit dem Handel auf der Insel bergauf; so mancher »Tante-Emma-Laden« mauserte sich zum Supermarkt, und allmählich vergrößerten auch Spezialgeschäfte das Angebot. Die Anzahl der Autos hat sich seitdem enorm erhöht, und entsprechend florieren Auto-Reparaturwerkstätten und Tankstellen.

Straßen und asphaltierte Pisten fressen sich in immer mehr einst ungestörte Landstriche. So sehr der Wunsch der Inselbewohner nach guten und sicheren Verbindungen zwischen den Orten verständlich ist (und auch der von Finca-Besitzern nach befahrbaren Wegen zu ihren Grundstücken): In den letzten Jahren scheint eine wahre Asphaltwut ausgebrochen. Einstmals idyllische Wanderwege sind heute von Straßen zerschnitten oder selbst zu schwarzen Teerbändern geworden. Pkw und Transportfahrzeuge finden Zugang zu den entlegensten Winkeln.

Im Zuge des privaten Baubooms entstehen überall neue Häuser, werden Gründstücke erschlossen, alte Fincas renoviert. Vor allem im Golftal haben auch etliche Ausländer, in der Mehrzahl Deutsche, investiert. Leider wurde in der Vergangenheit an vielen Stellen wild drauflosgeklotzt, mitten in der schönsten Landschaft wuchsen plötzlich häßliche Betonbunker in die Höhe (das bisher schlimmste Beispiel läßt sich an Fronteras Kirchplatz besichtigen). Dem Schwarzbau hat ein neues Gesetz inzwischen einen Riegel vorgeschoben. Um eine Baugenehmigung zu erhalten, muß jetzt eine Reihe von strengen Auflagen erfüllt werden.

## Tourismus

Die Kanarischen Inseln sind gerade für wintermüde Europäer zum klassischen Reiseziel geworden; locken sie doch mit ihrem sprichwörtlichen »ewigen Frühling«, dem Meer und der wunderbaren und vielfältigen Landschaft. Mit vier bis fünf Stunden Flugzeit im Charterjet schnell zu erreichen, ist der Archipel neben der »europäischen Badewanne« Mittelmeer zum Lieblingsplatz des Massentourismus geworden. Der Boom auf den großen Inseln begann in den 60er Jahren; 1960 besuchten 73.000 Touristen die Inseln, 1975 zwei, 1990 bereits 5,5 Mio. In den 80ern wurden auch die vorher noch weitgehend unberührten Inseln La Palma und La Gomera »entdeckt«. Nur auf El Hierro hält sich das Gästeaufkommen bis jetzt in bescheidenem Rahmen.

Der Tourismus, entscheidender Wirtschaftsmotor der übrigen Inseln, ist hier nur langsam in Gang gekommen. 1984 richtete die Inselregierung

**Wohnen in alten Fincas: Turismo rural ist auf El Hierro beliebt**

das *Patronato de Turismo* mit Sitz in Valverde ein (↗ Reisepraxis und Valverde). Es berät und informiert Feriengäste, kümmert sich um touristische Einrichtungen, die Belange der Hotelbesitzer – und macht, last but not least, Werbung für El Hierro. TV-Spots im spanischen Fernsehen werben für die *Isla de la tranquila diferencia* (»die ruhige Alternative«). In der Tat wirkt El Hierro gerade wegen seines Image als noch unberührte Insel auf entdeckungsfreudige Individualreisende anziehend – ein Pfund, mit dem sich natürlich nur so lange wuchern läßt, wie El Hierro sich von den anderen Inseln tatsächlich durch seine Ruhe und Stille unterscheidet.

Die Pläne der herrenischen Tourismusstrategen sehen einen Ausbau der Bettenkapazität auf höchstens 3000 vor – derzeit stehen etwa 1500 Gästebetten bereit. Dabei soll Qualität vor Quantität gehen *(turismo de calidad)*; die Beispiele der Nachbarinseln mit ihren teilweise zubetonierten Küsten wirken abschreckend genug. Ohnehin ist El Hierro für den Massentourismus kein geeigneter Ort. Hier fühlen sich nur Urlauber wohl, die auf Strände verzichten können und sich durch kühle Nebelwolken nicht von ihren Aktivitäten abhalten lassen. Auch für Familien mit kleinen Kindern ist El Hierro nur bedingt geeignet.

Lange hatte die Insel außer dem staatlichen Parador-Hotel, einem Hotel in Valverde, einem in Frontera und einer Pension in La Restinga nur wenige und äußerst bescheidene **Gästezimmer** zu bieten. Heute können Urlauber zwischen Hotel- oder Pensionszimmern, schönen Apartments und renovierten Landhäusern *(*↗ Reisepraxis »Casas Rurales – Urlaub im Landhaus«) wählen. Besonders an spanischen Feiertagen und während der Feriensaison ist die Insel schon jetzt gelegentlich »ausgebucht«. Die meisten Gästebetten gibt es derzeit im Golf und in La Restinga, wo sogar eine für El Hierro völlig überdimensionierte Apartmentanlage entstanden ist.

Noch sind die spanischen und kanarischen Touristen, vor allem im Sommer, in der Mehrzahl. Seit die Fährverbindung mit Teneriffa bequemer und billiger geworden ist, sind Wochenend- und Feiertagsausflügler von den anderen Inseln häufiger geworden. Festlandspanier schätzen im Sommer, wenn die Sonne die Península in einen Backofen verwandelt, das milde Klima. Vorwiegend im Winter dagegen reisen Nordeuropäer an; wanderfreudige Deutsche sind hier wie auch auf den Nachbarinseln La Gomera und La Palma am häufigsten anzutreffen.

## El Hierro in nachhaltiger Entwicklung

El Hierro ist eine Insel am Tropf – ohne EU-Geld und Subventionen aus Madrid wäre sie längst pleite, oder noch genauso bettelarm und rückständig wie zu Anfang der 70er Jahre. Ihre Ressourcen sind begrenzt, nach wie vor wandern die meisten ehrgeizigen jungen Leute aus, weil sie sich auf ihrer Heimatinsel kaum entfalten können. Das muß nicht heißen, daß die Lebensqualität derer, die auf der stillen Insel mit den begrenzten Möglichkeiten bleiben möchten, niedrig bleibt bzw. bis in alle Zukunft von außen subventioniert werden muß.

Die Lösung könnte in der bewußten Beschränkung auf das Vorhandene und seiner optimalen Nutzung liegen. In diese Richtung denkt jedenfalls die derzeitige Inselregierung: Sie treibt die Entwicklung der Insel nach dem Prinzip »klein, aber fein« behutsam voran, unter Berücksichtigung ihres fragilen ökologischen Gleichgewichts. 1996 haben Wirtschaftsfachleute, Politiker, Bauern und Fischer das Modellprogramm *Desarrollo sostenible*, für eine nachhaltige, sanfte und ökologisch ausgewogene Entwicklung El Hierros, erarbeitet. Mit dem pfiffigen Wirtschaftsplan will man die bescheidenen Inselressourcen besser als bisher und dabei naturverträglich nutzen.

Die Landwirtschaft spielt darin eine tragende Rolle, ihre Erzeugnisse sollen als hochwertige Bioprodukte ihren Markt finden und den Bauern ihr Auskommen sichern. Die Herreños experimentieren bereits erfolgreich mit ökologischen Anbaumethoden, biologischer Viehzucht, erneuerbaren Energiequellen und Recyclingsystemen. Auf der 15.000 m² großen, regierungseigenen Finca experimental im fruchtbaren Golftal wachsen selbst die Tropenfrüchte Banane, Ananas und Mango ohne Pestizide und Kunstdünger. Die Insel soll ihre Energie möglichst bald ausschließlich aus Wind, Sonne und Biogas beziehen.

Das ehrgeizige Programm für nachhaltige Entwicklung, das bereits internationale Beachtung gefunden hat (↗ Das Zukunftsmodell El Hierro), entwirft für El Hierro eine Zukunft als lebendiges Modellprojekt, begleitet von wissenschaftlichen Forschungen und dem Einsatz von Öko-High-Tech. So sollen nicht zuletzt interessante, hochqualifizierte Jobs für Agraringenieure, Umwelt- und Computertechniker entstehen – und damit neue Chancen auch für die Inseljugend.

## ¡Lanzadera? ¡Biosfera!

Statt auf Hotelbau setzt El Hierros Regierung auf ökologische Landwirtschaft und Naturschutz. Kern ihrer im besten Sinne grünen Wirtschaftspolitik ist das Modellprogramm *Desarrollo sostenible* (nachhaltige Entwicklung) – für eine naturverträgliche Entwicklung der Insel, die die bescheidenen Inselressourcen behutsam nutzt.

**Der clevere Inselplan** hat auch die UNESCO überzeugt. Zum Jahrtausendwechsel hat sie El Hierros Antrag auf Aufnahme in ihr Programm »Mensch und Biosphäre« angenommen und die ganze Insel zum *Biosphärenreservat* erklärt. Mit dem UNESCO-Prädikat darf sich El Hierro seitdem ins Netz der schönsten und unberührtesten Territorien der Welt einflechten – wegen ihrer landschaftlichen und ökologischen Besonderheiten allesamt Modelle für Naturschutz und Experimentierfelder für nachhaltige Entwicklung. Weltweit gibt es derzeit etwa 360 Biosphärenreservate, darunter auch Lanzarote und Teile von La Palma.

Das Prädikat ist dem Gütesiegel D.O.C. für einen hervorragenden Wein vergleichbar: Es verschafft ihm einen guten Ruf in der Welt und verpflichtet dazu, seine Qualität zu erhalten. Ganz konkret hilft es der Insel, Mittel zur Unterstützung für Projekte im Rahmen ihres Entwicklungsplans zu bekommen – auch wenn es keinen Subventionsfonds für Biosphärenreservate gibt.

Die Begabung, sich Finanzmittel zu sichern, ob von der Provinzregierung auf Teneriffa und Gran Canaria, aus Madrid oder Brüssel, wird den Herreños auf dem ganzen Archipel nicht immer neidlos zugesprochen. Besonders Inselpräsident *Tomás Padrón* steht im Ruf, ein zäher und geschickter Händler zu sein, wenn es um die Zuteilung von Subventionen für seine Insel geht. Tatsächlich ließe sich ohne das Geld von außen kaum eine der schönen Ideen in Taten umsetzen – wie auch, auf einer so begrenzten und von jeher armen Insel. Aber die Herreños haben da keinerlei Komplexe, im Gegenteil. Der Agraringenieur und frühere Insel-Wirtschaftsminister *Javier Morales* gibt sich überzeugt: »Das Geld, das wir von anderen erhalten, ist gut investiert, wir werden es vielfach zurückgeben. Wenn es uns gelingt, als ökologisches Modell im Sinne der UNESCO unsere Zukunft zu sichern, können wir auch anderen Inseln und vergleichbaren Gebieten zeigen, wie man besser leben kann, ohne die Natur, die eigene Identität und die Traditionen zu zerstören.«

**Die herrenische Tradition** des kooperativen Wirtschaftens ist ein Glücksfall für den Inselplan: Ob Taxifahrer, Bienenzüchter oder Winzer – alle sind in Kooperativen organisiert, eine Vernetzung untereinander ist unkompliziert. Die Viehzüchter betreiben neben ihrer gutgehenden Käserei eine kleine Viehfutterfabrik. Zulieferer ist die Fischer-Kooperative, Abnehmer des Viehdungs sind die Gemüse- und Obstbauern. Die Handelsgesellschaft *Mercahierro* vermarktet erfolgreich die herrenischen Öko-Produkte auch auf den anderen Inseln. Sogar die herrenischen Sportler, allen voran die erfolgreichen Lucha-canaria-Ringer, werben auf ihren Trainingsanzügen für die *Productos de El Hierro*.

## Das Zukunftsmodell El Hierro

»Die Bedingungen hier auf der Insel sind wie geschaffen für ein ökologisches Laboratorium«, schwärmt Morales, der das Programm des *Desarrollo Sostenible* vorangetrieben hat. »El Hierro ist klein und überschaubar, ein intakter Mikrokosmos. Mit unserer Lebensweise werden wir sicher nicht so leicht in Widerspruch zu den Kriterien der UNESCO geraten wie zum Beispiel Lanzarote, das fast nur noch vom Tourismus lebt.«

Äußerlich sind die Öko-Pläne der Insel allerdings noch kaum anzumerken, sieht man von den großen bunten Recyclingbehältern ab, die die Dorfstraßen nicht gerade im traditionellen Sinn verschönern. Eher sticht der Straßenbau ins Auge, die Asphaltierung sogar der letzten entlegenen Pisten, Großprojekte wie der Felsentunnel zwischen Valverde und La Frontera und die Hafenerweiterung (↗ Valverde und La Frontera). Ein bißchen Tribut an die

**»Das ist der Gipfel« sagten die Herreños und meinten »nein« zur Abschußrampe**

Bequemlichkeiten des Fortschritts muß schon sein – schließlich heißt das UNESCO-Programm »Mensch und Biosphäre«, und die Herreños haben das Recht auf ein modernes Krankenhaus, auf eine passable Infrastruktur und gute Verbindungen zu den anderen Inseln. Ohnehin sind nicht alle Herreños von der Richtigkeit des Insel-Sonderwegs überzeugt. Manche befürchten, sie könnten sich als lebendes Inventar in einer Art Öko-Museum wiederfinden, andere reden von »Öko-Diktatur«.

**Aber die meisten Einheimischen** ziehen am selben Strang. Ende der 1990er Jahre haben sie mit einem kollektiven Aufstand unabsehbare Umweltschäden von ihrer Insel abwenden können. Das spanische Raumfahrtministerium hatte die Herreños auf die Barrikaden getrieben: Es wollte ihnen eine **Raketenabschußrampe** in die ursprüngliche Landschaft klotzen, um vom stillen Tal am Leuchtturm von Orchilla Satelliten ins All zu feuern. Mit der Ruhe auf El Hierro wäre es vorbei gewesen, die Schallwellen des Raketendonners hätten nicht nur brütende Vögel vertrieben. Von Evakuierungen während der Starts war die Rede, von möglicherweise großflächigen Vergiftungen bei einem Startunfall. Für die knapp 9000 Herreños war klar: *Lanzadera no* – keine Abschußrampe!

Im Mai 1997 brachten sie die größte Demonstration auf die Beine, die der Archipel bis dahin gesehen hatte: 20.000 Menschen protestierten auf Teneriffa gegen das Großprojekt. Ein knappes Jahr später war es vom Tisch, das kanarische Parlament votierte gegen die Installation der Rampe. Sie ließ sich nicht gegen den geschlossenen Widerstand der Herreños durchsetzen, die statt auf Weltraumtechnik lieber auf ihr bodenständiges Alternativmodell setzten, das sich nicht verträgt mit Raketengetöse, Antriebsfeuer und Abgasschwaden.

Auch das Verteidigungsministerium hat sich an der andauernden Renitenz der Insulaner schon die Zähne ausgebissen: Auf dem *Malpaso,* dem mit 1500 m höchsten Berg der Insel, möchte es einen riesigen Überwachungsradar samt Militärstation installieren. Der zähe Widerstand des Inselvolks dauert seit den 1980er Jahren ungebrochen an. Doch auch mit der Deklaration zur *Reserva Biosfera* ist dieses Militärprojekt nicht zu Makulatur geworden. Vielleicht kann das Biosphären-Prädikat in Zukunft helfen, solche Pläne von vornherein abzuschmettern und auch andere unschöne Begehrlichkeiten einzudämmen. Der Bauspekulation, auf den anderen Inseln längst zur Plage geworden, kann inzwischen jedenfalls wirksamer ein Riegel vorgeschoben werden.

**Die Herreños** können sich gratulieren: Vom belächelten *culo del archipielago,* Hintern des Archipels, haben sie es zum Zukunftsmodell gebracht. ◀

# MENSCHEN & KULTUR

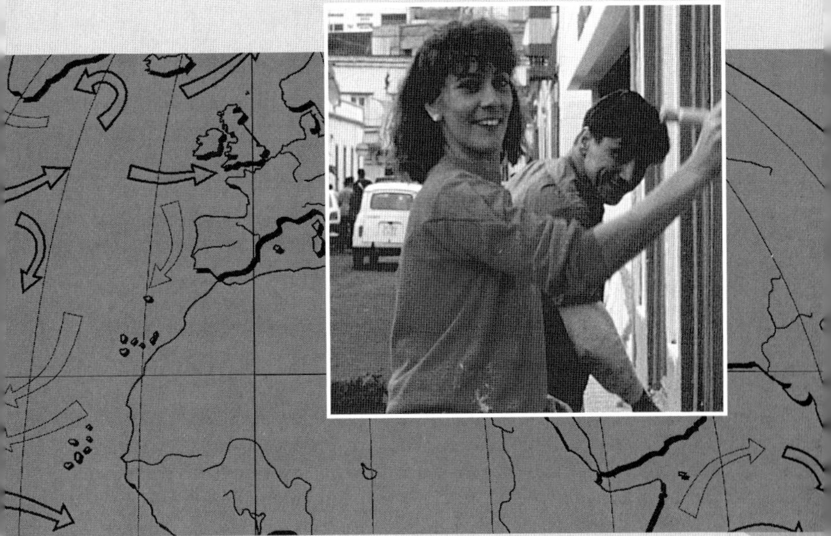

# LEBENDIGE TRADITIONEN

**Auch wenn El Hierro nur sehr klein ist und manchmal nur mit Seitenblick auf seine Nachbarinseln betrachtet werden kann, haben sich trotz oder gerade wegen seiner Begrenztheit und Randlage alte Traditionen erhalten, die wie der kanarische Ringkampf, Lucha Canaria, seine Wurzeln in der untergegangenen Kultur der Bimbaches haben.**

## DAS LEBEN DER UREINWOHNER

Die Kultur der *Guanchen*, wie die Alt-Kanarier übergeordnet genannt werden, war auf allen Inseln ähnlich, auf den größeren jedoch entwickelter und differenzierter als auf den kleinen. Die Gesellschaft der Ur-Herreños, die sich selbst *bimbaches* nannten, war sehr einfach strukturiert und hatte sich, soweit sich dies zurückverfolgen läßt, bis zur spanischen Eroberung kaum verändert.

Alles, was über das Leben der kanarischen Ureinwohner überliefert ist, stammt aus der Zeit nach der spanischen Eroberung, in der die alte Kultur schon nicht mehr intakt war, wenn auch noch in lebendiger Erinnerung. Die wenigen Aufzeichnungen und Berichte im Zuge der Conquista, teilweise mehrfach umgeschrieben und verfälscht, stammen meist aus der Feder von begleitenden Missionaren – immer sind sie aus dem Blickwinkel der Eroberer geschrieben.

Der früheste nennenswerte **Bericht** stammt von dem italienischen Baumeister *Leonardo Torriani* (1560 – 1628). Er war mit dem Ausbau der Festungsanlagen von La Gomeras Hauptstadt San Sebastián betraut, bereiste daneben aber auch als interessierter Beobachter die Nachbarinseln. El Hierro kannte er allerdings nur vom Hörensagen. Auch die meisten anderen Chronisten haben nie einen Fuß auf El Hierro gesetzt. Als wichtige Beschreibung der Lebensverhältnisse auf den Kanaren zu Zeiten, in denen die Spuren der Guanchen noch deutlich waren, gilt auch eine Handschrift des Mönchs *Juan Abreu de Galindo* von 1632, (»Historia de la Conquista de las Islas Canarias«).

Das umfassendste Werk über die Inseln in der Zeit nach der spanischen Eroberung sind die 1773 erschienenen »Noticias de la Historia general de las Islas Canarias« von *José Viera y Clavijo*, einem geistlichen Gelehrten aus Teneriffa (1731 – 1813). Sein Zeitgenosse und Freund *Juan Antonio Urtusáustegui* lieferte den einzigen ausführlichen Bericht über das Leben auf El Hierro in seinem Reisetagebuch »Diario de Viaje a la Isla de El Hierro en 1779« (↗ Literatur und Karten).

### Steinzeit-Kultur

Die Steinzeit-Kanarier waren in Stämmen organisiert, auf den meisten Inseln lebten mehrere Stämme mit je einem König. Auf den großen Inseln Teneriffa und Gran Canaria gab es ei-

**Vorbereitungen zum größten Inselfest: Die Bajada kommt!**

ne deutliche soziale Rangordnung: unter den Königen eine Anzahl von Adelsfamilien, äußerlich erkennbar an einer bestimmten Haartracht und Kleidung der Männer sowie an kriegerischen Attributen. Daneben gab es Priester und Priesterinnen. Das einfache Volk bestand aus Hirten, Bauern und Handwerkern. Die herrschenden Familien bestimmten in Ältestenräten über politische, religiöse, rechtliche und kriegerische Angelegenheiten.

**Kämpfe** zwischen den einzelnen Stämmen waren besonders auf Teneriffa und Gran Canaria nicht selten. Die Krieger schwangen Streitäxte und -kolben aus Holz und Stein, waren hervorragende Speer- und Steinewerfer und setzten ihren Gegnern im Zweikampf mit scharfgeschliffenen Steinklingen zu. Mit diesem steinzeitlichen Waffenarsenal konnten sie auch den spanischen Eroberern über ein Jahrhundert lang erfolgreich Widerstand leisten.

Auf El Hierro gab es nur einen Stamm, und so waren die Auseinandersetzungen zwischen den Bimbaches nicht kriegerischer, sondern alltäglicher Natur. Die Hauptprobleme waren die Weidewirtschaft sowie die Verteilung und Gewinnung von Wasser und Nahrung, immer abhängig von den Witterungsbedingungen. Unter den Stammesmitgliedern gab es kaum Hierarchien, die Familien unterschieden sich vor allem darin, wieviel Vieh ihnen gehörte.

Alle bedeutenden **Entscheidungen,** die den ganzen Stamm betrafen, fällte ein Rat bestehend aus dem König, den männlichen und weiblichen Weisen oder Wahrsagern und den Ältesten der verschiedenen Familien. Der Versammlungsort des Rates war der **tagoror,** eine steingefaßte, kreisförmige Anlage in El Julán, von der heute noch Reste existieren (↗ El Julán). Dort wurden auch Eigentumsfragen geklärt sowie Gericht gehalten. Bestraft wurden nur Mörder und Diebe: erstere wurden hingerichtet, letzteren wurde ein Auge geblendet, im Wiederholungsfall auch das zweite.

Steinplatten umschlossen den Tagoror

Man lebte in **Großfamilien** zusammen, in kleinen Dörfern zu etwa achtzig Einwohnern. Jedes Dorf hatte seinen Versammlungsplatz, auf dem die Dorfältesten zusammenkamen, um Streitereien zu schlichten und Familienangelegenheiten zu klären. Frauen und Männer waren, so nimmt man an, gleichberechtigt – doch bestanden auch hier Unterschiede zwischen den Inseln. Sicher ist, daß es auf La Gomera eine matrilineare Erbfolgeregelung gab. Auf Lanzarote soll es »Vielmännerei« gegeben haben, was immer auch die Missionare und Chronisten darunter verstanden. In den Berichten der Eroberer tauchen vereinzelt Geschichten über furchtlose Kriegerinnen auf; ohne Zweifel gab es Priesterinnen und weise Frauen, deren Meinung auch bei den Beratungen der Stämme gefragt war. Wirtschaftlich waren die Frauen mehr für das Sammeln der Nahrung, die Männer mehr für die Hirtenarbeit zuständig.

Um eine **Eheschließung** wurde auf El Hierro nicht viel Aufhebens gemacht, und auch mit den Verwandtschaftsgraden nahm man es nicht so genau: Hauptsache, die Wahl fiel nicht gerade auf die eigenen Geschwister. Den Eltern der Braut wurden einige Schafe oder Ziegen geschenkt, und damit war die Sache erledigt.

### Diesseits und Jenseits

Die kanarischen Ureinwohner verehrten nur eine höchste Gottheit, die sie vor allem in Dürreperioden und bei Naturkatastrophen um Hilfe anriefen. Das Böse verkörperte ein Dämon aus dem Erdinneren – daß dies mit dem unsicheren vulkanischen Untergrund zusammenhing, läßt sich gut vorstellen. Zwischen dem guten Gott und dem bösen Geist, die je nach Insel verschiedene Namen hatten, standen die Seelen der Vorfahren als Schutzgeister der Stämme und Familien.

In verschiedenen Kulten und Opferritualen wurden die Launen der Elemente und die Gunst des Schicksals beschworen. Verbreitet waren Fastenrituale, um Regen zu erbitten: Bis zu drei Tage lang gab es weder Futter für die Herden noch Essen für die Menschen. Schließlich waren die Schicksale von Mensch und Vieh aufs engste miteinander verbunden. Tierisches Blöken und menschliches Geschrei sollten den guten Gott auf die Wassernot aufmerksam machen, auf daß er es endlich regnen ließe. Religiöse Rituale und Anbetungen fanden meist an besonderen Kultplätzen statt. Mit Vorliebe wurden bestimmte Berggipfel oder hohe Klippen – zwischen Himmel und Erde gelegene Stätten also – gewählt.

Für die Ur-Herreños war das »obere« **göttliche Prinzip** nach Geschlechtern getrennt: sie verehrten eine männliche und eine weibliche Gottheit, *Eraoranhan* und *Moneyba.* Daneben gab es noch einen irdischen Mittler in Schweinsgestalt, *Aranfaybo* genannt. Dieses heilige Schwein galt als Wohltäter der Menschen und Freund des männlichen Gottes. Es wurde in einer Höhle im Nordosten der Insel gehalten und spielte eine besondere Rolle bei kultischen Handlungen.

Höhlen waren auf den Kanarischen Inseln nicht nur Wohnort für die Lebenden, auch die **Toten** ruhten darin. Schwer zugängliche Höhlen dienten als Grabstätten für jeweils mehrere Verstorbene. Angehörige der Adelsschicht oder Priester wurden oft sogar mumifiziert und, in Ziegenhäute gewickelt, in Hockstellung oder aufrecht an die Wand der Grabhöhlen gelehnt. Die Grabhöhlen wurden mit Steinplatten oder -mauern verschlossen, um die Leichname vor Krähen zu schützen.

Ob auch die Bimbaches ihre bedeutenden Toten einbalsamierten, darüber herrscht unter den Chronisten Uneinigkeit. Üblicherweise bettete man einen verstorbenen Bimbache-Hirten lediglich auf ein Brett oder eine Steinplatte in einer Grabhöhle, mit seinem Hirtenstab, einigen Gebrauchsutensilien und Lebensmitteln als Beigabe.

### Wohnung und Hausrat

Das Vulkangestein der Kanaren bot vielerorts günstigen Wohnraum für die Ureinwohner: **Höhlen,** die durch Gasblasen im Lavastrom entstanden waren oder sogenannte Lavatunnel (↗ El Hierros Vulkangeschichte). Große Höhlen unterteilte man mit Steinmäuerchen oder schuf Verbindungen, wenn es mehrere Grotten im Fels gab. Wohnhöhlen waren teilweise innen mit Steinbänken »möbliert«, die Wände entsprechend der Nutzung bearbeitet. Außer in Höhlen lebten

**Felshöhlen oder -spalten wurden oft durch Hütten erweitert**

die Ureinwohner auch in Hütten, die sie aus Lavasteinen aufschichteten und mit Zweigen und Gräsern abdeckten. Auf El Hierro waren sie häufig rund, mit einem einzigen Eingang.

Zum Schlafen legten sich die Bimbaches auf eine Unterlage aus Farnblättern und Piniennadeln, als Decken dienten Schaffelle. Wahrscheinlich fertigten die Bimbaches viele ihrer **Gebrauchsgegenstände** aus Holz, doch wurden davon nur wenige gefunden, da Holz leicht verwittert. Sie benutzten Messer und Äxte aus Stein, Löffel aus Muschelschalen, Schöpfkellen aus Holz, Ahlen und Angelhaken aus Knochen oder Gräten. Aus stabilen Pflanzenfasern aus Palmen und Binsen flochten sie Körbe oder Matten, die sie auch zum Abdecken ihrer Hütten nutzten.

Spinnen und Weben war unbekannt, die **Kleidung** für Mann und Frau bestand aus mit Tiersehnen grob genähten Ziegen- oder Schaffellen, von denen die Beine und Köpfe oft kleidsam herunterbaumelten. Die Fellseite wurde im Winter nach innen, im Sommer nach außen getragen. Zu ärmellosen Westen, Mützen, Fellmänteln oder -umhängen trugen Bimbaches mit Sinn fürs Dekorative Ketten aus Tonperlen und Lederbändern, Muscheln und Knochen.

Die schlichten **Keramikgegenstände** wurden von Hand geformt – die Drehscheibe war auf allen Inseln unbekannt. Als Material diente eine Mischung aus Ton, Sand, Asche, Tuff und zermahlenen Muschelschalen. Die auf El Hierro gefundene Keramik ist sehr einfach und zweckmäßig, von schwarzbrauner Farbe und kaum verziert.

Die **Steinbearbeitung** war äußerst primitiv; meist wurde roh behauener, nur vereinzelt geschliffener Basaltstein verwendet. Die Steinaxt war das wichtigste Werkzeug, daneben Messer und runde Mahlsteine. Selten fand man auch Messer mit Klingen aus dem glasartigen Obsidian, einem

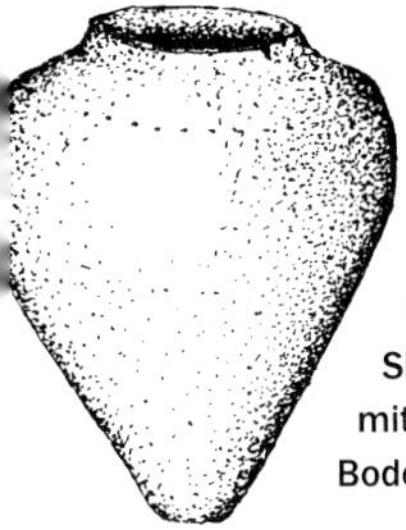

Einfache, ungebrannte Tongefäße dienten zur Aufbewahrung von Getreide. Sie wurden einfach mit der Spitze in den Boden gesteckt

schwarzen, sehr harten und scharfkantigen Gestein.

### Wirtschaft

Bis weit in die Neuzeit hinein war die **Viehhaltung** der wichtigste Wirtschaftszweig auf den Kanarischen Inseln, auf El Hierro noch bis Ende des 20. Jahrhunderts. Die Weidewirtschaft lieferte Milch, Butter, Käse und Fleisch, aber auch für die Alltagsausrüstung so lebensnotwendige Dinge wie Felle und Leder, Knochen, Horn und Sehnen.

Die Hirten zogen mit ihren Herden im Wechsel der Jahreszeiten und der Vegetation über die Weidegebiete der Insel. Meist waren es Schafherden, Ziegen und Schweine wurden eher in freier Weide gehalten. Während die Ziegen in der Küstenregion herumkletterten, wühlten die Schweine bevorzugt in den Feuchtwäldern der Bergzonen. Die für El Hierro typischen Schweine waren relativ klein und schwarz. Bis vor einigen Jahrzehnten durchstreiften noch wildlebende Rudel den Nebelwald.

Der **Fischfang** spielte bei den Guanchen allgemein keine große Rolle, weil sie sich nicht aufs Meer wagten. Mangels Angelgerät fingen sie die Fische in Meerwassertümpeln, die die Flut am Felsufer zurückließ. Mit dem Saft der Säuleneuphorbie betäubt, ließen sie sich mit der Hand aus dem Wasser holen. Beliebter noch als Fisch waren Meeresfrüchte – Krabben, Krebse, Muscheln und Schnecken. Besonders Napfschnecken, die sich leicht von den Felsen sammeln lassen, waren ein wichtiges Grundnahrungsmittel. Die antiken Müllhaufen, *concheros* genannt, die in der Nähe von Siedlungen gefunden wurden, sind dafür beredtes Zeugnis. In ihnen fanden sich auch Reste von Vogelskeletten, wahrscheinlich Möwen, sowie von den El Hierro-Echsen *lagartos gigantes,* die offenbar ebenfalls ein beliebter Leckerbissen waren.

Der **Ackerbau** spielte wegen der Boden- und Wasserverhältnisse nur eine untergeordnete Rolle. Früchte, Beeren, Honig, Wurzeln und Kräuter wurden vor allem wild gesammelt, daneben wurde etwas Gerste angebaut. Aus Gerste und auch aus den Wurzeln einer bestimmten Farnsorte stellten die Bimbaches mit Hilfe von groben Mahlsteinen Mehl her, das geröstet und mit Milch angerührt gegessen wurde – als *gofio* hat dieser urkanarische Brei selbst die spanische Eroberung überlebt (↗ Von Gofio und Tapas: Gut Essen und Trinken).

Die **Bimbachen-Apotheke** bestand aus Ziegenfett und Butter zum Einreiben, Kräutern und Meerwasser. Wunden wurden ausgebrannt und danach mit Butter beschmiert.

Die **Wasserknappheit** El Hierros war schon für die Ureinwohner ein Problem, auch wenn die Insel damals noch dicht bewaldet und das Klima deshalb feuchter und kühler als heute war. Da die Bimbaches kaum Brunnen hatten, waren sie fast vollständig auf die Bäume als Wasserspender angewiesen (↗ Wasserhaushalt).

### Alltagsvergnügen

Die Tage der Bimbaches waren von den Notwendigkeiten des Überlebens bestimmt: der Nahrungsbeschaffung und der Suche nach Wasser. Aber auch der steinzeitliche Alltag ließ manchmal Raum zum Feiern, und dann fanden große Gelage statt, zu denen Schafe und Ziegen geschlachtet und Unmengen von Meeresfrüchten gegessen wurden. Zu Trommel- und Flötenklängen wurde gesungen und getanzt, eine Art Kontertanz zu mehreren Paaren. Paarweise wurde auch gesungen, einfache Melodien und Klagelieder, die in den Ohren der Chronisten sehr melancholisch klangen. Noch immer weist die herrenische Folklore archaische Züge auf.

Weil sie sich nicht mit anderen Stämmen befehden mußten, bedeutete »Kampf« für die Bimbachenfamilien ein eher sportliches Vergnügen, so wie heutzutage der kanarische **Ringkampf,** die *lucha canaria* (↗ Ringen wie die Bimbaches). Ab und an wurden Zweikämpfe ausgetragen – wie rauh es dabei zuging, darüber läßt sich nur spekulieren. An waffenähnlichem Gerät wurden auf der Insel lediglich Holzknüppel gefunden.

### Sprache und Kunst

Vor 500 Jahren war die **Sprache** der Guanchen noch lebendig, heute erinnern nur noch Orts- und Eigennamen an sie oder Mode-Vornamen wie zum Beispiel »Tanausú« nach dem letzten König der Ureinwohner La Palmas, oder »Moneyba« nach der herrenischen Göttin. Die Guanchensprache wurde relativ schnell von der Sprache der Eroberer überlagert und verschwand schließlich. Aus den wenigen erhaltenen Bruchstücken ist es heute nicht mehr möglich, ihre Bedeutung zu rekonstruieren.

Sprachforscher, die sich daran versucht haben, stellten eine Verwandtschaft mit Berberdialekten des Tuareg-Volks aus Nordwestafrika und Nomaden aus Libyen fest. Sicher ist, daß auf allen Inseln »Altkanarisch« gesprochen wurde, auch wenn jedes Inselvolk im Laufe der Zeit seinen eigenen Dialekt ausbildete.

Viele Orte und Berge auf El Hierro tragen exotisch anmutende Namen, die an vorspanische Zeiten erinnern: *Guarazoca, Betenama, Tesbabo, Tamaduste, Timijiraque, Taibique, Tejeguate, Tenesedra, Bermeja, Tancajote, Tanganasoga* ... um nur einige zu nennen. Die Hirten benutzen noch heute manche nicht-spanische Ausdrücke für Vieh und Futter (*guanil* statt *salvaje* für wildweidende Tiere, *calcosa* als Bezeichnung für ein bei Ziegen beliebtes Grünzeug), ihre Unterstände aus Trockenstein heißen *goronas* und unterscheiden sich kaum von denen ihrer Vorfahren aus dem Guanchenvolk.

Reste **künstlerischer Ausdrucksformen** sind auf den Kanaren in Form von Wandmalereien, kleinen Tonfiguren und Felsgravuren gefunden worden. Vor allem auf La Palma lassen sich noch viele *Petroglyphen* (griech.: in den Fels geritzt) bewundern, ornamentale Bilder aus spiral- und wellenförmigen Linien. Einige Wissenschaftler vermuten in ihnen eine Bilderschrift – jedoch sind alle Versuche, sie zu entziffern oder auch nur Vergleiche mit Felsbildern anderer Völker zu ziehen, Spekulation geblieben. Bei den berühmten Felsbildern El Hierros, den *letreros* (↗ Wanderung 15) soll es sich sogar um alphabetische Zeichen handeln.

## ALLTAG UND FESTE DER HERREÑOS HEUTE

Noch in den 70er Jahren spielte die **Religion** eine wichtige und selbstverständliche Rolle im Leben der meisten Herreños. Wie überall in Spanien herrschten hier bis zum Ende der Franco-Diktatur streng katholische Moralvorstellungen, die sich erst bei den jüngeren Generationen allmählich gelockert haben. Der Katholizismus war früher das Fundament der persönlichen Weltanschauung, die Kirche bildete den festen Mittelpunkt des gesellschaftlichen und sozialen Lebens.

Gleichzeitig hielten sich heidnische Vorstellungen und Kulte und – wie überall in den abgelegenen Winkeln der Erde – ein ausgeprägter Aberglaube. War jemand vom »bösen Blick« getroffen oder machte »faules Blut« ihn krank und schwächlich, trat die Wunderheilerin in Aktion. Geister und Hexen tummelten sich in den Wäldern der Bergregion; eine Phantasie, die gar nicht so absonderlich er-

Ein Teil der großen Familie der Herreños

scheint, wenn man sich dort oben im dichten Passatnebel zu verlaufen droht.

Schon die Heiligen der Bimbaches waren Vermittler zwischen Mensch und Naturgewalten. Die Bitte um Regen stand im Zentrum der Kulthandlungen – und so ist es noch heute: Das wichtigste und größte religiöse Fest der Herreños ist die *Bajada* zu Ehren der Madonnenfigur *Virgen de Los Reyes,* die der Insel mehrmals Regen geschenkt und sie so vor dem Verdursten gerettet haben soll. Jedes herrenische Dorf verehrt seinen Heiligen, den *Santo,* als lokalen Schutzpatron, und über allen steht die *Virgen* als Beschützerin der ganzen Insel.

Noch immer sind die Herreños wie eine große **Familie,** wo fast jeder jeden kennt. Die Verbundenheit mit ihrer kleinen Heimat ist auch für die vielen emigrierten Inselkinder groß. Jung und Alt sind sich auf El Hierro

## Kalender der Feste & Feiertage

**1. Januar:** ***Año Nuevo,*** Neujahr. Offizieller Feiertag.

**6. Januar:** ***Los Reyes,*** Hl. Drei Könige. Offizieller Feiertag. In Spanien ist der Dreikönigstag ein hohes Fest; besonders die Kinder freuen sich auf die an diesem Tag stattfindende Bescherung. Auf El Hierro ist dieser Tag zusätzlich noch mit der Insel-Schutzpatronin ***Virgen de Los Reyes*** verbunden.

**17. Januar:** ***Fiesta de San Antonio Abad,*** El Pinar; gleichzeitig Mandelblütenfest.

**Karneval:** ***Carnaval;*** an Wochenenden überall auf der Insel, mit Höhepunkten in Valverde (*Entierro de la Sardina*) und in Frontera (*Fiesta de los Carneros*).

**19. März:** ***Fiesta de San José,*** Isora.

**Osterwoche:** ***Semana Santa.*** Von Donnerstag bis Sonntag dauert das Osterfest, am Ostermontag ist alles schon vorbei. Wie bei uns sind die Ostertage beliebt für Kurzurlaube; das macht sich auf den Inseln in hoffnungslos ausgebuchten Flugzeugen und Fähren bemerkbar.

*Gründonnerstag* und *Karfreitag* sind offizielle Feiertage.

**25. April:** ***Fiesta de los Pastores,*** Schäferfest in La Dehesa.

**1. Mai:** ***Fiesta del Trabajo.*** Sozialisten, (Ex-)Kommunisten und Sympathisanten feiern den Tag der Arbeit getrennt; die einen auf der Hoya del Morcillo, die anderen auf dem Malpaso.

**3. Mai:** ***Fiesta de La Cruz,*** El Pinar.

**15. Mai:** ***San Isidro,*** Valverde.

**30. Mai:** ***Día de Canarias,*** die autonome Provinz feiert.

**Mai/Juni:** ***Corpus Cristi,*** Fronleichnam. Offizieller Feiertag.

**1. Junisonntag:** ***Fiesta de Apañada,*** Viehmarkt in San Andrés.

**3. Sonntag im Juni:** ***La Caridad,*** San Andrés.

**24. Juni:** ***San Juan*** in La Restinga, Las Puntas und Tamaduste.

durch die engen Familienbande einerseits noch nahe; auf der anderen Seite tun sich auch hier tiefe Gräben zwischen den Generationen auf: Die Jungen sind ganz in der Moderne aufgewachsen, die Alten haben den Großteil ihres Lebens so gelebt wie ihre Vorfahren in früheren Jahrhunderten.

So manches heute noch alltägliche – für Besucher malerische – Alltagsbild der Dörfer wird in absehbarer Zeit verschwunden sein: Zum Beispiel der alte Mann, der auf seinem Esel zur Finca reitet; die ganz in Schwarz gekleidete, zahnlose Bäuerin, die ihre Ziegen über die Straße treibt; oder die verwitterten Alten, die auf dem Mäuerchen vor der Dorfbar hocken und die neuesten Neuigkeiten austauschen.

Das Leben auf El Hierro war für die alten Menschen gleichförmig, bei aller harten Arbeit aber doch *tranquilo*, ohne Hetze und Streß. *Tranquilo*

**29. Juni:** *Fiesta de San Pedro,* Mocanal.

**Anfang Juli:** *Bajada de la Virgen de Los Reyes* (2005, 2009).

**3. Juli:** *Fiesta de los Pescadores,* Fischerfest in La Restinga.

**10. Juli:** *Fiesta de la Virgen de Fatima,* Isora.

**16. Juli:** *El Carmen,* La Caleta.

**25. Juli:** *Santiago,* Valverde. Festtag zu Ehren des Schutzheiligen von Spanien (und von Valverde). Offizieller Feiertag.

**1. Augustsonntag:** *San Salvador,* El Golfo.

**1. – 15. August:** *Fiestas de San Lorenzo,* El Golfo.

**15. August:** *Asunción de la Virgen,* Mariä Himmelfahrt; gleichzeitig: *Fiesta de la Candelaria,* Frontera; *Fiesta popular,* Echedo.

**12. September:** *Virgen de la Paz,* El Pinar.

**3. Septembersonntag:** *San Telmo,* Puerto de la Estaca.

**24. September:** *Fiesta de los Faroles,* La Dehesa.

**10. Okt.:** *Fiesta del Rosario,* Valverde.

**12. Oktober:** *Día de la Hispanidad,* Tag der Kolumbus-Landung in Amerika.

**29. Oktober:** *Fiesta de San Simón,* Sabinosa.

**1. November:** *Todos los Santos,* Allerheiligen. Offizieller Feiertag.

**30. November:** *Fiesta de San Andrés,* ebendort.

**6. Dezember:** *Día de la Constitución,* Spanien feiert seine Verfassung. Offizieller Feiertag.

**8. Dezember:** *Inmaculada Concepción,* Mariä Empfängnis. Offizieller Feiertag. In Valverde *Fiesta de la Concepción.*

**25. Dezember:** *Navidad,* Weihnachten – und zwar nur an diesem Tag, mit traditioneller Mitternachtsmesse. Offizieller Feiertag.

**Silvester:** *Noche del Año viejo.* Ein fröhliches, aber auf El Hierro recht ruhiges Fest. Um Mitternacht wird ein bißchen gelärmt, ansonsten zu jedem Glockenschlag eine Glücks-Weintraube verzehrt.

(langsam, nur mit der Ruhe) ist ebensowenig nur ein Wort wie *mañana* (morgen). Dahinter steckt ein ganz anderer Umgang mit der Zeit als bei uns; auf El Hierro sind Genauigkeit und Pünktlichkeit keine Tugenden. Mañana heißt vor allem: nicht jetzt. Wann genau, wird sich weisen; das kann morgen sein, oder eben dann, wenn es paßt.

Auch heute noch leben die Canarios der kleinen Inseln und auf dem Land mehr nach ihrer inneren Uhr, nach dem **Rhythmus des Tages** und der Jahreszeiten, und nicht wie die Großstädter nach dem Sekundenzei-

## Ringen wie die Bimbaches: Lucha Canaria

Die große Leidenschaft der Herreños ist die *lucha canaria,* der kanarische Ringkampf, in dem sich schon die Guanchen übten. Er wird zwar auf allen Inseln praktiziert, doch El Hierro war nicht von ungefähr jahrelang ungeschlagener Meister in dieser beliebtesten aller Sportarten des Archipels. Auf El Hierro gilt: keine Fiesta ohne Lucha; und wenn die herrenische Mannschaft mit auswärtigen Mannschaften ringt, sind alle dabei, um ihre Helden anzufeuern. Hier hat jeder größere Ort seinen *campo de lucha,* die Star-Ringkämpfer werden gefeiert wie anderswo die Fußballstars, und wie diese verdienen sie (für kanarische Verhältnisse) nicht schlecht.

**Der Ringkampf** wird von zwei Mannschaften aus jeweils zwölf Kämpfern ausgetragen. Es ringen immer zwei Männer für jeweils zwei Minuten. Wer seinen Gegner zweimal zu Fall bringt, hat die Runde gewonnen und kämpft weiter, der Verlierer scheidet aus. Die Lucha ist erst entschieden, wenn eine Mannschaft komplett besiegt ist.

Das Ganze findet in einer kreisförmigen Sandarena von zehn Metern Durchmesser (*terrero*) statt. Die *luchadores* sind barfuß und in kurze, an den Beinen hochgerollte Hosen gekleidet. Für Uneingeweihte sieht es zunächst so aus, als wollten sich die Kämpfer gegenseitig die Hosen runterziehen, doch dient der Griff an die Hosenrolle des Gegners lediglich zum Festhalten. Nun geht es darum, sein Gegenüber so zu packen und aus dem Gleichgewicht zu bringen, daß dieser den Boden unter den Füßen verliert. Fällt er zweimal, ist er besiegt. Tritte, Püffe und andere schmerzhafte Tricks sind nicht erlaubt und werden, kommen sie im Eifer des Gefechts doch mal vor, vom sachkundigen Publikum gleich mit gellenden Pfiffen bedacht. Disqualifizierend wirkt auch mangelndes Engagement – wenn die Gegner allzu lange in gegenseitiger Umklammerung verharren.

Das Publikum ist begeistert und geizt nicht mit Beifall, wenn sich einer der

ger. Ihr Tag ist lang und beginnt früh am Morgen, doch die Zeit für ein Schwätzchen an der Bar ist immer drin. Und sie genießen die ausgiebige *siesta:* kein kleines Nickerchen nach dem Mittagessen, sondern die große Pause im Tagewerk – meist von etwa 13 bis 16 Uhr. In dieser Zeit laufen alle Aktivitäten auf Sparflamme, die Läden sind geschlossen. Es wird gegessen, geschlafen oder geruht, jedenfalls nicht gearbeitet, und eine Störung in dieser Zeit ist höchst unwillkommen. Danach kann das Leben weitergehen: Der Abend ist lang, zum Essen trifft man sich erst gegen 22 Uhr.

Ringer – das kann durchaus einer aus dem gegnerischen Team sein – besonders gut geschlagen hat. Die einheimischen Luchadores gehen nach einer siegreichen Runde erst mal Münzen sammeln, die ihnen aus den Reihen ihrer Fans reichlich entgegenfliegen.

Bei der Lucha Canaria gibt es keine Gewichtsklassen, und so sind die schwergewichtigen Kämpfer deutlich im Vorteil, wenn sie sich nicht gerade ungeschickt anstellen.

Aber auch kleine drahtige Ringer können mit Schnelligkeit und geschickter Grifftechnik Erfolg haben, und letztlich ist der Sieg der Mannschaft entscheidend.

In El Hierros Lucha-Team kämpfte bis 2003 der beste Ringer des ganzen Archipels, stets unbesiegt und der Stolz der ganzen Insel: *Francisco Pérez*, bekannt als *pollito*. Der Titel *pollo* (Huhn, umgangssprachlich: junger Mann) schmückt immer den jeweils besten Luchador. Schon mit fünfzehn schmiß er seine Gegner reihenweise in den Sand, für Jahre war der stiernackige Riese Garant für die Dauertriumphe seiner Mannschaft. Mittlerweile ringt er für Gran Canaria, doch hat dies die Spannung bei den Wettkämpfen auf El Hierro eher steigen lassen: Immer zu gewinnen wird auf Dauer eben auch langweilig. ◀

**Showdown: Gleich fällt der Gegner**

MENSCHEN & KULTUR

Wer ausgeht – am Wochenende oder zu einer *fiesta* – tut dies selten vor Mitternacht und kehrt erst am frühen Morgen nach Hause zurück. Auf El Hierro wird keine **Fiesta** ausgelassen, und an Auswahl fehlt es nicht. Die meisten Feste sind religiösen Ursprungs und über das ganze Jahr verteilt; neben den großen christlichen Feiertagen gilt es, die Heiligen und Schutzpatrone jedes Dorfs ausgiebig zu feiern. Daneben gibt es noch lokale Feste auch profaner Natur, wie zum Beispiel den sommerlichen **Viehmarkt** in San Andrés *(Fiesta de Apañada)*. Bei allen großen und kleinen **Volksfesten** *(verbenas)* wird reichlich gegessen, getrunken und getanzt, zum Tanz *(baile)* auf dem Dorfplatz spielt oft eine Musikgruppe auf. Der beliebteste Tanz ist die südamerikanische *merengue,* seltener die *salsa.* Kaum ein Fest wird ohne *lucha canaria* (Kanarischer Ringkampf) gefeiert. Bei einer Fiesta ist das ganze Dorf auf den Beinen, und die meisten halten durch bis zum ersten Hahnenschrei.

## El Carnaval

Besonders ausgelassen und farbenprächtig, mit deutlich südamerikanischem Einschlag, wird auf dem Archipel der **Karneval** *(carnaval)* gefeiert. Die beiden großen Inseln Teneriffa und Gran Canaria verwandeln sich während der tollen Tage in kleine Rio de Janeiros – hier wird nicht geschunkelt, sondern auf den Straßen und Plätzen bis zum Umfallen Samba, Salsa und Merengue getanzt. Musikgruppen aus Lateinamerika, aber auch lokale Combos heizen den phantasievoll und aufwendig kostümierten Narren und Närrinnen ein. Der offizielle Teil besteht aus großen Umzügen, Wahlen zur Karnevalskönigin und der Kür der besten Musikgruppen. Auch beim Karneval wird die Nacht zum Tag: Erst ab Mitternacht »geht die Post ab«, geschlafen wird ab Aschermittwoch.

Auf El Hierro ist dann noch längst nicht alles vorbei: Nicht wenige Herreños fahren zum großen Carnaval nach Teneriffa – und wenn sie wieder zurück sind, geht es auf der Insel erst richtig los. Hier gibt es zwar keine großen Umzüge und kostbar ausstaffierten Karnevalsköniginnen, doch viele ausgelassene Fiestas wie zum Beispiel Fronteras *Fiesta de los Carneros,* wo als Hammel verkleidete Männer die feiernde »Schafherde« bedrängen, wo sie nur können. (Keine Angst: Die bei dieser Gelegenheit verschmierte schwarze Farbe ist harmlos und abwaschbar.) Der kanarische Karneval ist ein Riesenspaß selbst für Urlauber, die dem deutschen Schunkel- und Sitzungskarneval entflohen sind.

Höhepunkt des herrenischen Karnevals ist sein offizieller Schlußpunkt: *el entierro de la sardina,* die Beerdigung der Sardine. Der fette Fisch aus Pappmaché, liebevoll gebastelt und verziert, symbolisiert den Karneval mit all seinem sündigen Treiben. Er wird in einem unüberhörbaren Umzug durch die Straßen Valverdes getragen, einem Trauerzug aus schwarz gewandeten und laut heulenden, mit Töpfen und allerlei Blechgerät lärmenden Klageweibern. Ein Großteil dieser Karnevals-»Witwen« entpuppt sich bei näherem Hinsehen trotz ausladend weiblicher Formen als männlich, besonders beliebt auch in der Version »schwangere Witwe«. Hat die Sardine mit viel Geschrei, Getrommel und Geklapper endlich den Ort ihres Verderbens erreicht, geht sie in Flammen auf, und mit ihr zerfallen alle Karnevalssünden zu Asche. Die Trauer ist nur kurz, denn das feurige Spektakel ist lediglich Auftakt zu erneutem Schwof und Speis und Trank.

## Gesang und Tanz zu Tambor und Pito

Die traditionellen Tänze aus El Hierro werden – abgesehen von den Prozessionstänzen der *bailarines* – auf Festen heute nur noch von Folkloregruppen in Trachtenkleidern vorgetanzt. Doch das Interesse an den alten Tänzen und ihrer typischen Begleitmusik ist in den 1990er Jahren wiedererwacht. Besonders im Golf sind einige Folkloregruppen entstanden, die die alten Traditionen beleben.

Die typischen Musikinstrumente sind der *tambor*, die große Trommel, die *chácara*, eine Kastagnette aus hartem Holz, und der *pito*, eine kleine Querflöte meist aus Kupfer. Die großen herrenischen Tambores, mit Ziegen- oder Hundehäuten bespannte Metallzylinder, werden an einem Gürtel über Nacken und Schulter getragen und mit Schlegeln aus Hartholz bearbeitet. Das Schlagen der großen Trommeln ist bisher reine Männersache. Sie geben den Grundrhythmus der einzelnen Tänze vor, begleitet von Kastagnettengeklapper und den einfachen Melodien der Flöten. Gesungen wird einzeln oder im Duett, die Texte drehen sich um die Liebe, die Arbeit und die Dinge des alltäglichen Lebens auf dem Land, und natürlich gibt es auch viele Lieder religiösen Inhalts.

Berufung und Passion fürs Trommeln sprechen ihm schon aus dem Gesicht

Neben den **Liedern** zu Ehren der Virgen de Los Reyes gibt es die *cantares de trabajo*, die Lieder der Arbeit, in denen die verschiedenen Arbeiten auf dem Feld besungen werden und die früher während der Arbeit bei Laune hielten; das Wiegenlied *arrorró;* die archaisch wirkende *meda,* die Ähnlichkeit mit berberischer Folklore haben soll und zu verschiedenen Gelegenheiten gesungen wird.

MENSCHEN & KULTUR

Einer der ältesten und schönsten **Tänze** El Hierros heißt *tango.* Auch hier ist er zwar ein amouröser Paartanz, hat ansonsten aber mit dem argentinischen Tango und seiner europäischen Spielart nichts gemein. Der herrenische Tango ist ein temperamentvoller und nicht unkomplizierter Kontertanz, bei dem die Paare mal zusammen, mal voneinander gelöst tanzen. Die Bewegungen von Mann und Frau sind dabei verschieden.

*El flaire* ist ein Tanz zu mehreren Paaren, bei denen die Tanzpartner während des Tanzes wechseln. Schön anzusehen ist auch *el vivo,* ein Tanz mit pantomimischen Elementen, der jeweils nur von einem Paar vorgeführt wird. Dabei ist die Frau diejenige, die das Thema angibt, der Mann muß ihre Gesten nachmachen und dabei aufpassen, daß sie ihm nicht den Hut vom Kopf fegt, sonst ist er nämlich raus aus dem Spiel und ein neuer Tänzer darf sein Glück versuchen. Ein von einem Duett von Mann und Frau begleiteter Tanz ist der *santo;* es gibt ihn in einer langsam-melodiösen, romantischen und in einer kräftig-rhythmischen, eher derb-witzigen und satirischen Variante.

Der Inselpatronin ist der *Baile de la Virgen* gewidmet: eine ganze Serie von Tänzen, die vor allem während der Bajada getanzt werden. Hier treten die Bailarínes in Aktion. Die Schnelligkeit und Schrittfolge der Tänze zu Ehren der Madonna ist dem Prozessionsweg geschuldet: So ist zum Beispiel der langsame *redondo* besonders für ansteigende Strecken während des Bajada-Wegs geeignet.

Die **Tanzkostüme** der Bailarínes sind sehr ausgefallen: Zu weißem Hemd und weißer Hose tragen Männer und Frauen (erst seit den 1980er Jahren dürfen auch Frauen zu Ehren der Jungfrau tanzen) ein weißes Spitzenröckchen, darüber eine rote Schürze mit zwei aufgesetzten, weiß umränderten Taschen, um die Schultern einen kurzen roten Umhang, um den Hals eine rote Krawatte. Den Kopf ziert eine mit Blumen aus Papier und Metallfolie dicht besetzte Haube, von der im Nacken lange bunte Bänder herabhängen. Jeder Tänzer ist mit Kastagnetten ausgerüstet, und alle tragen weiße Turnschuhe.

Die genaue Herkunft der Tracht ist zwar unbekannt, es gibt jedoch auch auf dem spanischen Festland in einigen Provinzen Prozessionstänzer, die ähnlich gewandet sind. Wahrscheinlich ist das Bailarín-Outfit also ein Mitbringsel der ersten Siedler vom spanischen Festland.

## KULTUR UND KUNST

El Hierro hat eine sehr alte Tradition der mündlich überlieferten **Poesie.** Verse und Lieder waren hier, wo noch vor gar nicht langer Zeit kaum jemand lesen und schreiben konnte, ein wichtiges Medium der Volksgeschichte. In vielen Dörfern leben auch heute noch geachtete Volksdichter oder -sänger, die meist während der dörflichen Feiern ihre Geschichten in Versform zum Besten geben. In den *romances* genannten achtsilbigen Versen werden

**Lesen Sie bitte weiter auf Seite 100** ▶

# Das große Fest: La Bajada de la Virgen

Die *Gran Fiesta* zu Ehren der Schutzpatronin der Insel, der *Virgen de Los Reyes* (Heilige Jungfrau der Drei Könige), findet alle vier Jahre statt. *Bajada* bedeutet Abstieg, und tatsächlich wird die Madonnenfigur in einer einzigartigen Prozession über 28 Kilometer und sämtliche Höhenzüge der Insel getragen. Alles, was Beine hat, begleitet die Jungfrau von ihrer Einsiedelei im äußersten Südwesten bis hinunter nach Valverde am anderen Inselende.

Auch die auswärts lebenden Herreños besuchen, wenn sie es irgendwie schaffen, alle vier Jahre zur Bajada ihre Heimatinsel. Dann sind bis zu 30.000 Menschen auf El Hierro, es gibt kein freies Bett mehr, die Flüge sind ausgebucht, die Schiffe überfüllt, in den sonst stillen Straßen der Hauptstadt geht es plötzlich turbulent zu.

Einen Monat lang weilt die Virgen unter ihren Schützlingen, und das wird gefeiert bis zur Erschöpfung. Jeden Tag ist Programm: katholische Andacht und kanarischer Ringkampf, heilige Messe und Feuerwerk, feierliche Prozessionen und Volkstänze, Konzerte und Schwof bis zum Morgengrauen. Und nach der *subida* (Aufstieg), der Rückkehr der Jungfrau in ihre stille Kapelle, wird noch lange von Trubel und Segen gezehrt. Schließlich dauert es eine ganze Weile bis zur nächsten Fiesta. Im Rückblick jedoch schrumpft die Zwischenzeit: Auf der Insel heißt es nicht »vor vier Jahren«, sondern »letztes Jahr zur Bajada«.

Das große Ereignis hat religiösen Hintergrund, aber es ist ebenso ein Fest, mit dem die Insel sich selbst, ihre Traditionen und Gebräuche zelebriert. Die Virgen de Los Reyes verkörpert die große Mutter, Beschützerin und Begleiterin des Lebens auf der Insel, zuständig für alle großen und kleinen Sorgen und Wünsche ihrer Bewohner. Sie wird als Heilige verehrt, aber nicht so angesprochen: Sie ist einfach die Virgen, die

**Das Tragen der Heiligensänfte ist eine ehrenvolle Aufgabe**

**Nebel gehört nicht zu den Wundern der Virgen ... Der »Hirte« hat dafür Mühe, seine tanzenden »Schafe« zusammenzuhalten**

Jungfrau, man läßt sie hochleben mit dem Ruf »¡Viva la virgen, viva!«
Die Madonna landete am Dreikönigstag 1546 auf zwar sagenumwobene, aber doch recht profane Weise auf El Hierro: im Tausch gegen Schiffsproviant. Ein Segelschiff war damals im Unwetter an die Küste von Orchilla getrieben; Hirten aus der Dehesa halfen der Besatzung, der die Vorräte ausgegangen waren, mit Käse und Fleisch aus der Not. Als Dank überließen die Seeleute ihnen eine Madonnenfigur, die die guten Hirten Virgen de Los Reyes nannten und fortan als ihre Schutzpatronin verehrten; zuerst in einer Höhle, der *Cueva del Caracol* (↗ Südwesten: »Das Heiligtum der Schutzpatronin«), später in einer kleinen Kapelle.
**Im Jahre 1614** machte sie durch ein Regenwunder von sich reden: Während einer fürchterlichen Dürreperiode hatten die Hirten ihre Patronin zum ersten Mal in einer Bittprozession bis nach Valverde getragen – prompt fing es zu regnen an, als sie die Virgen über die Schwelle der Kirche trugen. Als sich dieses Wunder während der nächsten verheerenden Dürre 1741 noch einmal wiederholte, war die Virgen de Los Reyes endgültig zur Schutzheiligen der Insel avanciert, und die Herreños beschlossen, der Madonna von nun regelmäßig mit einer Prozession über die ganze Insel zu huldigen: Die Bajada war geboren. Seit damals pilgert das Inselvolk alle vier Jahre in der Nacht zum ersten Julisamstag zum Heiligtum ihrer Virgen in der Dehesa und wartet dort auf den Beginn der großen Prozession.

### Stolz und Ehre ...

Kurz vor Sonnenaufgang ist es soweit: Nach einer Messe wird die Madonnenfigur über die Schwelle ihrer ermita getragen. Die Musik, die den Menschen den ganzen Tag nicht mehr aus den Ohren gehen wird, hebt an. Zum Rhythmus riesiger *tambores* (Trommeln) erklingt die immer gleiche Melodie der *pitos,* primitiver Blechflöten. Nun beginnen die *bailarínes,* die Tänzer und Tänzerinnen, ihr großes Tagewerk. Unermüdlich werden sie tanzen, junge und alte, bis zum Finale am Abend in Valverdes Kirche, wenn die 28 km lange Strecke hinter ihnen liegt und ihre rot-weiße Tracht braun geworden ist von Staub und Schweiß. Die Bailarínes mit ihren *chácaras* (Kastagnetten) spielen eine Hauptrolle auf jeder Bajada; sie tanzen den Pito-Bläsern und Trommlern voran, die direkt vor der Sänfte mit der Virgen den Ton angeben. Jede Gemeinde der Insel stellt eine Gruppe von Tänzern, Musikern und Trägern, die die Virgen in Begleitung ihres Dorf-Schutzheiligen eine traditionell festgelegte Wegstrecke mit sich führt (↗ Wanderung 18).

**Der Höhepunkt des Tages** ist die Mittagsmesse und das Riesenpicknick am Festplatz *Cruz de Los Reyes,* wo Familienangehörige mit Körben und Tüchern für das traditionelle Festessen bereits ungeduldig warten. Es ist ein ausgelassenes Gelage an auf dem Waldboden ausgebreiteten Tischtüchern, bei dem viel Wein fließt zu Ehren der Jungfrau und aller Inselkinder. So reichlich gestärkt sind die Strapazen des restlichen Weges später weniger spürbar.

### ... machen alle Mühsal der Bajada wieder wett

Wenn die Prozession endlich am Abend Valverde erreicht, werden die erschöpften Wanderer von allen empfangen, die die Marathonstrecke nicht mitlaufen konnten oder unterwegs aufgegeben haben. In dem Moment, in dem die Madonnen-Sänfte das Kirchenportal passiert, ist alle Anstrengung fast schon wieder vergessen. Die Tänzer nehmen ihre letzten Kräfte zusammen und tanzen ein furioses Finale zum Heidenspektakel der Pitos, Tambores und Chácaras in der großen Kirchenhalle. Um diesen Tanz in der Kirche hat es immer wieder Auseinandersetzungen mit den Priestern gegeben; er war ihnen zu ausgelassen und zu laut, zu heidnisch. Aber die Tänzer von El Hierro sind ausdauernd und können sich durchsetzen, und so wird diese eigenartig wilde Prozession wohl nie in einer sanften Messe ausklingen.

**Endstation Valverde: Alles ist für die Ankunft der Madonna geschmückt**

MENSCHEN & KULTUR

Ereignisse besungen oder rezitiert, die sich vom normalen Leben abheben: besonders schöne Begebenheiten, aber auch Katastrophen oder Verstöße gegen Sitte und Moral. Die alten Verse wurden von Generation zu Generation weitergegeben, neue kamen hinzu.

Die Romances sind mehr profaner Natur, die **loas** (Loblieder) dagegen Ausdruck der Marienverehrung, hier vor allem zu Ehren der Virgen de Los Reyes. Meist sind es ältere Frauen, die ihre selbst erdachten Loas voller Inbrunst und mit deutlich vernehmbarer Stimme vortragen, am Ende beklatscht und mit einem gemeinsamen »¡Viva la virgen, viva!« bekräftigt. Der Sprechgesang der Loas ist auf den religiösen Festen und Prozessionen zu hören, vor allem natürlich auf den der Schutzpatronin gewidmeten.

1929 erschien **das erste Buch** eines Herreños, *Dacio Darias y Padrón* aus Valverde, über seine Insel: ein aus allen damals verfügbaren offiziellen Quellen zusammengetragenes Geschichtswerk (»Noticias Generales Historicas sobre la Isla del Hierro«). Der Privatgelehrte nannte sich »offizieller Chronist der Insel« – ein Titel, der später auf einen seiner Schüler, den 1905 in El Pinar geborenen und Anfang 1997 verstorbenen Journalisten *José Padrón Machín* überging.

**Machín** ist der bisher einzige Schriftsteller, den die Insel hervorgebracht hat. Er emigrierte als sehr junger Mann nach Argentinien, wo er anfing zu schreiben. In den frühen 30er Jahren kehrte er zurück, während der Jahre der Zweiten Republik gründete er die sozialistische Partei *Agrupación socialista* und leitete die von ihr herausgegebene Wochenzeitung »Voz del trabajo« (Stimme der Arbeit). Er schrieb auch für andere sozialistische Zeitungen des Archipels, bis zum Putsch Francos, der ihn zum Untertauchen zwang. Jahrelang lebte er versteckt in Höhlen nahe La Restinga und in El Julán, schließlich saß er einige Zeit in Francos Gefängnissen. Später arbeitete er – während des Faschismus teilweise unter Decknamen – für verschiedene kanarische Zeitungen, in denen er regelmäßig über seine Heimatinsel berichtete. Sein Lebenswerk aus unzähligen Artikeln, Essays und Erinnerungen gibt einen guten Einblick in das Alltagsleben der Menschen auf El Hierro – nicht nur zu seinen Lebzeiten, denn er spürte auch den Erzählungen und Legenden der Vorfahren nach und schrieb auf, was jahrhundertelang mündlich weitergegeben worden war (↗ Reisepraxis).

### Schule und kulturelle Einrichtungen

Lange Zeit waren Franziskanermönche die einzigen Lehrer auf El Hierro; einige wenige Jungen wurden im alten Konvent in Valverde unterrichtet. Später erhielten die Kinder wohlhabender Bürger Unterricht von Privatlehrern, die anderen blieben Analphabeten. Erst um 1900 gab es sechs öffentliche Schulen auf der Insel, 1936 hatte jede Siedlung ihre Grundschule. Ende der 1970er Jahre entstanden moderne, großzügige Schulzentren in Valverde, El Pinar und Frontera. Schulbusse bringen die Kinder aus den entlegenen Orten dorthin. Der Unterricht findet teilweise ganztags statt. In Valverde und La Frontera befindet sich je ein Gymnasium, daneben hat die Hauptstadt noch eine Musikschule sowie eine Volkshochschule für Erwachsene zu bieten.

Ende des 19. Jahrhunderts gab es in Valverde sogar ein **Theater**; das Haus in der *Calle del Teatro* steht heute noch. Seine Anfänge gehen auf das Jahr 1860 zurück, als eine Gruppe wohlhabender und kulturinteressierter Bürger aus Valverde sich für das Theaterspielen zu begeistern begann. Sie gründeten später eine Art exklusiven Kulturverein, das *Casino*, in dem sich die kleine Oberschicht der Herreños zu kulturellen und gesellschaftlichen Anlässen traf. Auch dort fand so manche Theateraufführung statt. Seit Mitte der 1990er Jahre hat Valverde aus privater Initiative wieder ein neues Casino, die Räume befinden sich in einem Neubau an der Calle de San Francisco.

Konzerte, kulturelle und politische Veranstaltungen finden ansonsten meist in Valverdes großem *Centro Cultural Asabanos* statt, einer ehemaligen Kaserne am nordöstlichen Ortsausgang, und manchmal auch in den Bürgerhäusern der kleineren Orte.

## Kunsthandwerk

Die Herreños waren immer schon geschickte Handwerker, mußten sie doch sämtliche Gebrauchsgegenstände früher selbst herstellen. Heute, da die Insel nicht mehr abseits der Warenströme liegt und moderne Utensilien die Haushalte erobert haben, ist

**Decken und Umhängetaschen werden aus Schafwolle auf alten Webstühlen gefertigt**

die alte Handwerkstradition zum **Kunsthandwerk** geworden. Kleine Werkstätten bzw. Kunsthandwerksläden *(artesanías)* gibt es noch in fast jedem Dorf der Insel (↗ Ortsbeschreibungen). Einen guten Überblick gibt das Kunsthandwerksmuseum in ↗ Valverde.

Die Holzbearbeitung und -schnitzerei hat in der Vergangenheit eine sehr wichtige Rolle gespielt: Da Metall auf der Insel Mangelware war, wurden die meisten Gebrauchsgegenstände früher aus dem schweren und harten Holz der Pinien, Sabinas und Maulbeerbäume hergestellt. Heute noch fabrizieren die **Holzschnitzer** in den *artesanías de madera* Kastagnetten, Schalen, Becher, Schöpfkellen, kleine Weinfässer und vieles mehr.

Die traditionelle **Keramik** El Hierros ist sehr schlicht; weil die Böden der Insel wenig Material für Keramik hergaben, konnte sie sich nicht so weit entwickeln wie teilweise auf den anderen Inseln. Die Töpferscheibe war unbekannt, es wurden nur einfache Gefäße ohne Verzierungen geformt – die wenigen herrenischen *tallers de ceramica* beschränken sich deshalb nicht auf die Reproduktion der alten Formen.

In den *artesanías de mimbre* flechten geschickte **Korbmacher** stabile Körbe aus dickem Rohr, das erst verflochten werden kann, wenn es mehrere Wochen im Meerwasserbad eingeweicht wurde. **Weberinnen** fertigen auf Holzwebstühlen *(telares)* aus selbstgesponnener Schafswolle Dekken, Schäfermäntel und die traditionellen *talegas,* Umhängebeutel und -taschen, die die Hirten auf dem Rücken tragen; außerdem Flickenteppiche aus bunten Stoffstreifen.

Auch die traditionellen **Musikinstrumente** stellen die Herreños selbst her. In vielen Ortschaften der Insel finden Sie kleine Werkstätten, in denen Sie die typischen Handwerksprodukte kaufen können – originelle Souvenirs, mit denen Sie die einheimischen Traditionen unterstützen.

## Architektur

Die Baukunst spiegelt das einfache ländliche Leben wider. Neben den meist ärmlichen kleinen Häusern, in denen oft große Familien lebten, gab es früher kaum große Gebäude. Abgesehen von den beiden Hauptkirchen in Valverde und Frontera waren selbst die Gotteshäuser von sehr bescheidenem Ausmaß, mehr *ermita* (Kapelle) denn Kirche, mit winzigem Turm für die kleine Glocke.

Alte herrenische Häuser haben Giebeldächer aus Ziegeln oder Stroh, von denen das Regenwasser in die *aljibes* (Zisternen) fließen kann. Sie wurden aus Lesesteinen (aufgelesene Steinbrocken) ohne Mörtel geschickt zusammengefügt. Eine so entstandene Hauswand oder Wegmauer wird auch als Trockenmauer bezeichnet. Die Decken bestehen aus übereinandergeschichteten Sabina-Zweigen, Kalk und *picón* (Lavakiesel). Getäfelte Mudéjardecken aus dem dunklen *tea* (Pinienholz) oder aus Sabina-Holz lassen sich auf der Insel nur in größeren Gebäuden bewundern. Auch die typisch kanarischen Holzbalkone haben auf El Hierro Seltenheitswert.

# VON GOFIO UND TAPAS: GUT ESSEN & TRINKEN

Die einheimische Küche ist eine deftige, einfache Landküche mit nur wenigen Spezialitäten. Gourmets werden zwar ob des Angebots und der wenig raffinierten Zubereitung nicht gerade ins Schwärmen geraten, ganz sicher aber den köstlichen fangfrischen Fisch in Erinnerung behalten, der ihnen den Inselurlaub verschönte.

## Kanarische und herrenische Spezialitäten

Das kanarische Basisessen besteht aus Fisch oder Fleisch (gegrillt, gebraten oder gekocht) mit gut gesalzenen Pellkartoffeln und pikanter Würzsoße. Auf El Hierro ist ein solches Essen meist völlig bodenständig – will heißen, alle Zutaten sind auf der Insel gereift, auf ihr herumgelaufen bzw. um sie herumgeschwommen.

### Fisch und Meeresfrüchte

Die beste Wahl auf einer kleinen Insel im großen Ozean ist fangfrischer Fisch – ob *asado* (gegrillt), *a la plancha* (auf der heißen Eisenplatte gebraten) oder *guisado* (gekocht).

Der bei den Herreños beliebteste Speisefisch ist die *vieja*, deren zartes Fleisch ganz kurz gekocht am besten schmeckt. Wie die Vieja hat auch der *alfonsiño*, ebenfalls ein feiner Fisch mit zartem weißen Fleisch, eine leuchtend rote Haut. Sehr lecker sind auch *dorada* (Goldbrasse), *mero* (Zackenbarsch) und *lenguado* (Seezunge).

Die in den Gewässern um die Insel am häufigsten gefangene Thunfischart *bonito* oder *listado* taucht auf der Speisekarte meist als *atún* auf; ihr festes dunkles Fleisch hat einen kräftigen Geschmack und erinnert von der Konsistenz her an Steak. Thunfisch wird meist in dicken Filetscheiben und *a la plancha* serviert. Eine sehr wohlschmeckende und zarte Thunfischvariante ist der *rabil* (auch *albacora* genannt); daneben ist der *peto* mit festem weißem Fleisch sehr beliebt. Ebenfalls ein großer Atlantikfisch, der meist als gebratenes Filet auf den Tisch kommt, ist die wohlschmeckende *sama. Sardinas* (Sardinen), *caballas* (Makrelen) und die grätenreichen *morenas* (Moränen) bekommt man eher gegrillt, letztere auch frittiert.

Eine köstliche Vorspeise sind die schon bei den Bimbaches so beliebten *lapas* (Napfschnecken). Sie werden in

**Wer keinen Fisch mag, wird sich auf der Insel wie eine Dorade auf dem Trockenen fühlen**

würzigem Kräutersud gekocht und in ihren hübschen blauschimmernden Schalen serviert.

Meeresfrüchte bekommen Sie außer in La Restinga häufig nur aus der Tiefkühltruhe; frische *mariscos* wie *camarones* (Krabben) und *gambas* (Garnelen), seltener auch *langostas* (Langusten) sollten Sie sich aber nicht entgehen lassen. Sehr sättigende Hauptgerichte sind die Tintenfischarten *calamar*, *pulpo* und *choco*, frittiert oder *a la plancha*, d.h. gegrillt.

### Fleisch

Herreños sind begeisterte Fleischesser, am liebsten mögen sie große saftige Portionen vom Grill. Schweinepest und Rinderwahnsinn sind noch nicht bis zu den Kanarischen Inseln vorgedrungen, und an El Hierros glücklichen Viechern hätte jeder deutsche Biometzger seine helle Freude.

Typisch kanarisch ist Ziegenfleisch, am zartesten in Form von *cabrito* (Zicklein) genießbar. Auch Kaninchenfleisch *(conejo)* ist sehr beliebt, *en salsa* (in Soße gekocht), *adobado* (eingelegt) oder *a la plancha*. Auch Huhn *(pollo)* wird meist gebraten serviert, ob als Brustfleischfilet oder Hühnerbein.

### Kartoffeln und Soße

Die Kartoffeln (*patatas*, auf dem Archipel wie in Lateinamerika *papas* genannt) sind eine echte kanarische Spezialität: Sie heißen *papas arrugadas* – soviel wie Runzelkartoffeln –, und so sehen sie auch aus. Die kleinen wohlschmeckenden Knollen werden ungeschält in wenig Wasser mit viel grob-

### Typisch: Bar-Restaurants

So richtig gepflegt und teuer essen gehen können Sie auf El Hierro nur im Restaurant des Parador-Hotels. Dort wird neben bestens zubereiteten lokalen Spezialitäten auch internationale Küche angeboten.

El Hierros Restaurants bieten meist noch unverfälschte kanarische Gerichte. Nur wenige Restaurants der Insel heben sich deutlich vom durchschnittlichen kulinarischen Angebot ab, deshalb ist es schwierig, Empfehlungen auszusprechen. Die Unterschiede in Qualität und Preis sind oft nur gering – oder hängen von der Tagesform der Köche und des Personals ab. Hinzu kommt, daß die Besitzer, Pächter und Köche vieler Restaurants recht häufig wechseln. Generell können Sie davon ausgehen, daß Sie auch in den einfachen Lokalen der Dörfer ein gutes Essen bekommen, wenngleich hier die Auswahl sehr begrenzt sein kann. Fragen Sie immer nach dem, was frisch vorrätig ist.

Die meisten Lokale auf El Hierro heißen »Bar Restaurante« – das bedeutet, daß man hier sowohl Tapas an der Theke verzehren als auch eine vollständige Mahlzeit am Tisch oder im Extra-Speiseraum zu sich nehmen kann. Nur relativ wenige Bars beschränken sich auf das Angebot von Getränken und kleinen Appetithappen für zwischendurch.

körnigem Meersalz gekocht. Wenn das Wasser allmählich verdunstet, hinterläßt es eine Salzkruste auf der Schale, die inzwischen Falten geworfen hat. Damit die Kartoffeln nicht anbrennen, wird der Topfboden mit Steinen ausgelegt.

Die Schale ißt man mit; geschmacklich kein Problem, da die kanarischen Kartoffeln immer jung sind – sie können mehrmals im Jahr geerntet werden. Gut gesalzen wie sie sind, werden sie in die obligatorische scharfe **Soße** *(mojo)* getaucht. Olivenöl, Essig und Knoblauch bilden die Basis der Mojo, die es in zwei Varianten gibt: die feurige *mojo rojo* – rote Soße – besteht aus scharfen roten Peperoni, Paprika und Gewürzen je nach Hausrezept. Etwas milder ist die *mojo verde*, grüne Soße aus frischem Koriander, Petersilie und anderem aromatischen Grünzeug. Mojo verde schmeckt besonders gut zu Fisch.

Neben den beiden Mojo-Töpfchen steht häufig noch ein drittes mit *alioli* auf dem Tisch, einer Mayonnaise aus Öl, Essig, Eiern, Knoblauch; häufig ebenfalls hausgemacht und mit frischen Kräutern.

À propos Mayonnaise: *Papas fritas* (Pommes frites) sind zwar keinesfalls typisch kanarisch, doch als Beilage zu Fisch und Fleisch bei den Herreños genauso beliebt wie die traditionellen Runzelkartoffeln. Die Restaurants bieten immer beides an.

## Aus einem Topf

Die Canarios lieben Suppen und Eintöpfe. In den Restaurants können Sie Suppe als Vorspeise bestellen, die

Viele scharfe Peperoni gehören in jede gute Mojo rojo

Eintöpfe sind dagegen durchaus sättigende Hauptspeisen.

Als erstes sei die Fischsuppe genannt – je nachdem, ob mehr Fisch oder mehr Schalentiere darin herumschwimmen, heißt sie *sopa de pescados* oder *sopa de mariscos*.

Die typische kanarische Gemüsesuppe ist die *potaje*, ein gehaltvoller Eintopf aus verschiedenen Gemüsesorten der Saison, aber immer mit Kartoffeln, Möhren, Weißkohl und Zwiebeln. *Rancho canario* heißt die Gemüsesuppe, wenn sie mit Nudeln angereichert ist. Kommt nun noch verschiedenerlei Fleisch sowie Kichererbsen *(garbanzas)* dazu, braut sich ein *Puchero* zusammen.

Ebenfalls in einem Topf gemischt, aber keine Suppe ist die *ropa vieja* (= altes Zeug), eine Hausmannskost aus diversen Fleisch-, Kartoffel- und Gemüseresten – macht zwar optisch wenig her, ist aber durchaus schmackhaft.

### Vegetarisches

Vegetarier haben es auf El Hierro schwer. Gemüse wird in den einfachen Restaurants kaum angeboten, und selbst der Salat ist oft nur als kümmerlich zu bezeichnen. Beim Essengehen werden sie sich mit Kartoffeln, Soße, Gemüsesuppe und ein bißchen Salat zufriedengeben müssen.

**Selbstversorger** können sich schon abwechslungsreicher verköstigen, und das Gemüse aus dem Supermarkt läßt sich mit Exotischem wie Süßkartoffeln und Avocados aufpeppen. Das Angebot an köstlichen Früchten ist ein zusätzlicher Trost. Herrenische Trockenfrüchte, allen voran die *higos pasados* (getrocknete Feigen), und die hervorragenden Mandeln und Eßkastanien gelten als die besten des Archipels.

In den Bäckereien ist hauptsächlich Weißbrot zu bekommen, das nur schmeckt, wenn es frisch ist. In den Supermärkten in Valverde, El Pinar und Frontera gibt es meist auch kleine runde Brote aus Vollkornmehl, *pan negro* genannt. In manchen Geschäften ist ein würziges dunkles Vollkornbrot erhältlich, das eine deutsche Bäckerin herstellt.

### Gofio

*Gofio* ist die urkanarische Allroundkost des ganzen Archipels. Schon die Bimbaches zermahlten Getreide – in Notzeiten auch Farnwurzeln, manchmal sogar Baumfrüchte – zu Gofio. Geröstet und mit Wasser oder Milch zu Brei verrührt, zu klebrigen Klößchen geformt oder als Verdickungsmittel Soßen und Suppen beigemengt, hat es die spanische Eroberung überlebt und sich in die modernen Zeiten hinübergerettet.

Die Ureinwohner rösteten Gerstenmehl, heute wird Gofio aus Weizen- und Maismehl hergestellt. Die kanarenendemische Vollkornkost schmeckt süß oder salzig zubereitet, ist sehr sättigend und ein äußerst vielseitiges Nahrungsmittel. Sie wird mit Brühe, Zwiebeln, Knoblauch, Kräutern und Gewürzen angerichtet, als knuspriges Paniermehl verwendet oder mit Früchten und Honig als Nachtisch verzehrt. Mit Milch und Honig verrührt, ist Gofio für viele Einheimische der schon zu Kinderzeiten vertraute und geliebte Frühstücksbrei.

### Käse

*Queso herreño* – Käse aus El Hierro – ist auch auf den anderen Inseln eine beliebte Spezialität. Der typische Queso Herreño (»blanco«) besteht aus einer mild-würzigen Mischung aus Ziegen-, Schafs- und Kuhmilch und erhält sein besonderes Aroma durch Räuchern. Zum Räuchern dient das Holz von Feigenbäumen sowie Blätter und Zweige der *Calcosasträucher* (↗ Natur und Umwelt), zur Aromaverstärkung wird dazu noch allerlei würziges Kraut ins Feuer gegeben.

Der weiche weiße *queso fresco* (Frischkäse) schmeckt ähnlich wie italienischer Ricotta. Daneben gibt es noch zwei pikantere, feste Sorten Inselkäse: den »mittelalten« mit orangeroter Rinde und den »alten«, sehr herzhaften mit schwarzer Rinde. Alle vier wirklich köstlichen Sorten wer-

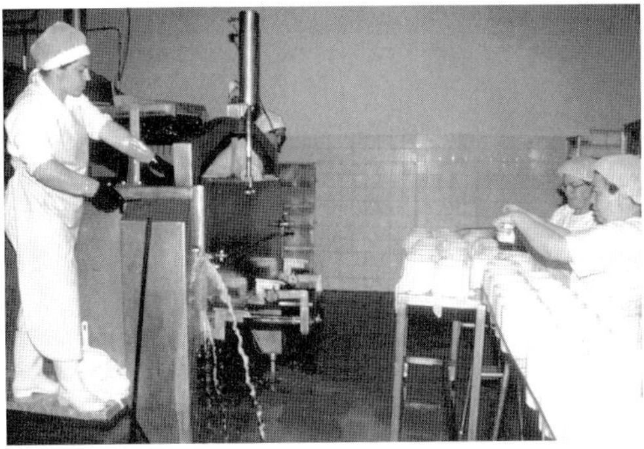

In der Käserei der Kooperative in Isora

den in der *Central Quesera* (↗ Isora) hergestellt und sind inzwischen ein wichtiges Exportgut.

### Süßes

El Hierro kann mit einer leckeren Kuchenspezialität aufwarten, der *quesadilla*. Sie ist ein kleiner flacher Käsekuchen, der aussieht, aus sei er mit einem Sandförmchen gestanzt. Der Teig ist fest und würzig-süß; neben Mehl, Eiern und Zucker besteht er aus viel herrenischem Frischkäse, gewürzt mit Anis, Zimt, geriebener Zitronenschale und je nach Bäcker noch zusätzlichen geheimen Ingredienzien.

Auch die *magdalenas* sind nicht zu verachten: rundes, locker-weiches Gebäck, das bestens zum Milchkaffee paßt und gern hineingetunkt wird.

Als Nachtisch wird in Restaurants neben Quesadilla an inseltypischem meist frische Ananas angeboten; ansonsten oft hausgemachter *flan,* ein gehaltvoller Eierpudding mit Karamelsoße. Beliebt sind außerdem Eis und Schokoladen-Mousse.

### Spanische und internationale Küche

Auch auf El Hierro geschätzte Gerichte vom spanischen Festland sind *paella, tortilla* und *gazpacho.* Eine Paella – ein safrangewürztes Reisgericht mit Meeresfrüchten und Hühner-, manchmal auch Kaninchenfleisch – sollten Sie am besten in La Restinga essen.

Die berühmte spanische Tortilla gibt es auf El Hierro vor allem aus der *tapa*-Vitrine (↗ unten). Die »Tortenstücke« aus Kartoffeln, Eiern und Kräutern sind meist lecker und recht sättigend. Gazpacho, eine würzige kalte Suppe aus pürierten rohen Gurken, Tomaten, Paprika, Knoblauch und Kräutern, wird vor allem in den Sommermonaten angeboten.

Internationale Küche finden Sie auf El Hierro kaum. Lediglich die Pizza ist inzwischen auch bis El Hierro vorgedrungen – empfehlenswert mit halbwegs dünnem Teig allerdings nur in Las Puntas' italienischem Restaurant sowie in La Restinga im *El Ancla.*

### Tapas

Tapas sind kleine Appetithäppchen für zwischendurch, die durchaus einen mittleren Hunger stillen können. In Kühlvitrinen aus Glas dekorieren sie fast jede Bartheke der Insel. Nicht immer sehen die Tapas besonders schön aus, doch meist sind sie sehr lecker und frisch zubereitet. Gängige

Tapas sind: *ensaladilla,* eine Art Kartoffelsalat mit Thunfisch, Hühnerfleisch, Erbsen und Zwiebeln; *ensalada de pulpo* oder *calamar,* in Öl und Essig eingelegter, mit Paprika, Zwiebeln und Kräutern vermischter Meeresfrüchtesalat (sehr zu empfehlen!); verschiedene Sorten von *carne en salsa,* gulaschähnlichen Fleischhäppchen. Eine rustikale Geschmackssache sind Tapas aus Innereien (*tripas,* zum Beispiel *higado,* Leber) oder *chicharrones* (mit Gofio panierte, frittierte Speckstückchen). Tapas werden in der Mikrowelle heiß gemacht, mit Brot serviert und am Tresen oder Tisch verzehrt.

Für den kleinen Hunger kann man sich auch ein *bocadillo* (Weißbrot mit Thunfisch, Schinken oder Käse) oder ein *pepito* (auf Wunsch aufgebackenes Weißbrot mit marinierten Fleischscheiben und Gurkenstückchen oder Salatblättern) zubereiten lassen. Und natürlich kann man überall zum Glas Wein ein Tellerchen Queso Herreño, ein paar Oliven *(aceitunas)* oder Erdnüsse *(manices)* ordern.

### Café solo und vino herreño

Bei den Getränken steht an erster Stelle – auch im Tagesablauf – der **Kaffee.** Ohne den kräftigen spanischen Espresso geht auf den Kanarischen Inseln nichts. Er darf weder am Morgen noch zum Abschluß eines guten Essens fehlen, und auch zwischendurch in der Bar gehört ein *café solo* (Espresso pur) oder *cortado* (Espresso im Gläschen, mit einer Schicht extrem süßer, dicker Kondensmilch) zur Pause dazu. Ein Cortado ist auch mit *leche natural* zu haben, dann schmeckt er wie ein starker Milchkaffee. Der normale *café con leche* besteht aus wenig Kaffee und viel Milch und wird in großen Tassen serviert.

**Teetrinker** sollten sich ihre Teesorte von zu Hause mitbringen und auch an ein Teenetz denken; auf der Insel gibt es nur Beuteltee, und die Apartments sind oft nicht einmal mit einer Kanne, sondern nur mit einer Espressomaschine ausgerüstet.

**Wein** aus El Hierro *(vino herreño)* wird auch auf die anderen Inseln exportiert; die Winzerkooperative in Frontera keltert aus den an Lavahängen gereiften Trauben der ganzen Insel fünf beliebte Sorten herben, kräftigen Landwein: *blanco* (weiß), *blanco reserva, verijadiego* (fruchtiger Weißwein), *rosado* (rosé) oder *tinto* (rot). Die Flaschenweine der Wein-Koop *Viña Frontera* sind einfach, süffig und bekömmlich. Sie sollten jedoch auf jeden Fall einmal in einer Dorfbar – zum Beispiel der in Sabinosa – oder in einer privaten *bodega* nach dem »hausgemachten« losen Landwein fragen. Dieser schwere, meist goldgelbe Wein hat einen würzig-trockenen, Sherry-ähnlichen Geschmack. Die Lagerung in Fässern aus Pinienholz macht sich in einem ganz leicht harzigen Beigeschmack bemerkbar. Auf Fiestas oder zum Picknick wird er aus Ziegenlederbeuteln, den *botas,* getrunken. Ungeübten steigt er schnell zu Kopfe – falls es ihnen gelingt, den Strahl aus der Bota einigermaßen gezielt in die Kehle rinnen zu lassen.

# REISEPRAXIS

# URLAUBSPLANUNG UND ANREISE

**Auf den folgenden Seiten finden Sie Antwort auf typische Fragen rund um die Planung Ihrer Reise wie zum Beispiel: Zu welcher Jahreszeit ist es am schönsten, welche Ausrüstung brauche ich und was kostet mich der ganze Spaß?**

## Wann und wie lange nach El Hierro?

Auf den Kanarischen Inseln ist das **Klima** zu jeder Jahreszeit warm und ausgeglichen, im Winter mild, im Sommer nicht zu heiß. Die Sonne strahlt das ganze Jahr über; im Winter sind die bergigen und nördlichen Inselzonen allerdings häufiger von dicken Nebelwolken eingehüllt als im Sommer. Regen und stürmische Tage sind exklusiv dem Winter vorbehalten. Das Klima auf den Westinseln ist insgesamt etwas kühler und unbeständiger als auf den Ostinseln.

**Reisezeit:** Auf El Hierro sollten Sie sich im Herbst und Winter auch auf sehr kühle und windige Tage einstellen, vor allem, wenn Sie vorhaben, im Norden der Insel Quartier zu nehmen. Die Nebelwolken, die zum Beispiel die Hauptstadt oft feuchtklamm umhüllen, halten sich allerdings nicht unbedingt an die Jahreszeiten; auch im Frühling und Sommer kann es hier an manchen Tagen empfindlich kühl werden, und umgekehrt kann an Wintertagen plötzlich die Sonne brennen.

Die wärmsten Monate sind meist der August und September, die kältesten der Januar und Februar. Selten wird es heißer als 30 °C, und im Winter braucht bei tagsüber um die 18 bis 20 °C niemand zu frieren. Temperatur-Durchschnittswerte für El Hierro sagen jedoch nur wenig aus; die Minima und Maxima hängen sehr davon ab, wo auf der Insel man sich gerade befindet (↗ Klimatabelle).

**Grundsätzlich** gilt: Überall am Meer und im Süden der Insel ist es das ganze Jahr über warm; im Norden, aber auch noch im 800 m hoch gelegenen El Pinar kann es im Winter kalt werden. Im Sommer ist es auf den Höhen im Inselinneren manchmal sehr heiß, während unten am Wasser die frische Meeresbrise kühlt.

**Wassertemperaturen:** Für ausgesprochene Wasserratten ist der Winter nicht unbedingt zu empfehlen: Das Meer ist von Dezember bis Februar nur um die 18 °C warm; hinzu kommt, daß dann viele Badestellen im Norden und im Golf wegen der oft rauhen See nur mit Vorsicht zu genießen sind. Dafür hat man im Winter die kleinen Badebuchten oft fast für sich, kann ungestört die Sonne genießen und ab und zu kurz ins klare Meer tauchen. In La Restinga im Süden der Insel können aber auch Badeurlauber überwintern: Hier ziehen nur sehr selten Wolken auf, und das Meer an der Südwestküste ist meistens ruhig.

**Wanderer** kommen das ganze Jahr über auf ihre Kosten. Sie müssen im

Traumhafter Ausblick auf Las Playas vom Mirador de Isora aus

Immer seltener: Eselsreiter

Winter zwar mit mehr Nässe und geringerer Sicht rechnen, dafür werden sie im Hochland weniger vom Hitzeschweiß geplagt und brauchen sich nicht vor einem Sonnenstich zu fürchten. Die Lavafelder im Süden und Westen lassen sich im Winter auf jeden Fall besser erkunden; im Sommer brennt die Sonne dort zu heiß.

Ein weiterer Vorteil der Winter- und Frühjahrszeit: Die Insel präsentiert sich saftig grün; alles, was Blüten hat, leuchtet um die Wette. Besonders schön ist die *Mandelblüte* im Januar und Februar. Im Spätsommer und Herbst ist die Hochebene dagegen braun und verdorrt, und auch an den Küsten ist nur wenig Grün zu sehen.

**Reisesaison:** Die meisten Touristen kommen wie überall in den Hauptferienzeiten, wobei die mitteleuropäischen »Nordlichter« am liebsten zu Weihnachten und Ostern die Insel erkunden. Dann ist es hier jedoch im Vergleich zu den Nachbarinseln immer noch recht ruhig; die **Hauptsaison** auf El Hierro liegt eindeutig im Sommer, in den spanischen Schulferien. Dann machen viele auswärts lebende Herreños in ihrer Heimat Urlaub, Canarios von den überlaufenen großen Inseln suchen hier nach Ruhe, Festlandspanier flüchten vor der großen Hitze auf der Península hierher. An Feiertagen können die Inselquartiere schon mal ausgebucht sein – ganz besonders gilt das alle vier Jahre im Juli, wenn das große Fest der Bajada gefeiert wird und die Insel aus allen Nähten zu platzen droht (↗ »La Bajada de la Virgen«).

## Reisedauer

El Hierro ist zwar eine kleine Insel, doch ihre Schönheiten lassen sich nicht auf die Schnelle erkunden – auch wenn man die wichtigsten Sehenswürdigkeiten per Auto relativ schnell »abhaken« kann. Ein einwöchiger Kurztrip ist allein schon wegen der Anreise nicht empfehlenswert: Wer nach El Hierro will, landet zunächst auf Teneriffa und muß dort entweder auf die Fähre oder ins Flugzeug nach El Hierro umsteigen. Wer erst nachmittags auf Teneriffa ankommt, muß unter Umständen dort übernachten. Eine Woche El Hierro ist insofern allenfalls im Rahmen einer mehrwöchigen Tour über mehrere Inseln interessant (↗ Über das Hinkommen).

In zwei Wochen läßt sich schon mehr als ein oberflächlicher Eindruck gewinnen, ein mehrwöchiger Aufenthalt bietet darüber hinaus die Chance, sich an verschiedenen Orten der Insel niederzulassen, ihre vielfältigen Regionen kennenzulernen und zwischen Wanderungen und Entdeckungstouren faule Tage am Meer zu genießen.

## El Hierro mit Kindern

Grundsätzlich ist die Insel für einen Urlaub mit Kindern gut geeignet. Die Herreños sind sehr kinderfreundlich, und die meisten Apartments sind geräumig und auf Familien zugeschnitten. Besonders schön für einen Familienurlaub sind die renovierten Landhäuschen *(casas rurales)* – beim Urlaub auf dem Land kommen Kinder voll auf ihre Kosten.

Für einen Badeurlaub mit Kleinkindern ist El Hierro allerdings nicht der richtige Platz, da es so gut wie keine Sandstrände gibt. Die natürlichen Schwimmbecken aus Lavafels sind für Kinder bis zu 4 Jahren zu gefährlich, und auch außerhalb des Wassers müssen Eltern ständig auf ihre Kleinen aufpassen, damit sie nicht über spitze Steine stolpern oder auf steile Abhänge zuwetzen.

Für etwas größere Kinder ist das Baden bei ruhiger See weniger problematisch, und einige Badeplätze verfügen über Plantschbecken oder sanfte Einstiege ins Wasser, wie Tamaduste, La Caleta, Timijiraque, La Maceta und Pozo de las Calcosas.

Kurze leichte Wanderungen lassen sich mit Kindern bestens unternehmen, und die meisten Ausflüge rund um die Insel mit ihren liebevoll angelegten Picknickplätzen, sanft hügeligen Wäldern und solch unalltäglichen Attraktionen wie Vulkanen, Lavafeldern und Höhlen werden auch die Kids begeistern. Wenn dann der alte Nachbar die Kleinen auf dem Maulesel reiten läßt, ist das Ferienglück komplett.

## Rund ums Geld

Die Kanaren sind kein Billigreiseziel, auch wenn immer wieder mal »Schnäppchen«-Preise für Flug oder Pauschalreise auf den Archipel angeboten werden. Mit Sonderangeboten kann für El Hierro allenfalls für die **Flugkosten** nach Teneriffa gerechnet werden.

Je nach Saison kosten Flüge nach Teneriffa regulär zwischen 350 und 450 €. Wer seinen Urlaub nicht auf den Tag genau und lange im voraus planen muß, kann außerhalb der Hochsaison jedoch fast immer mit günstigen Last-Minute-Angeboten rechnen: diese liegen bei 250 €, mit viel Glück vereinzelt auch bei 200 €. Hinzu kommt dann die Weiterreise nach El Hierro: Der Flug Teneriffa – El Hierro kostet hin und zurück etwa 110 €, die Fähre ist mit 40 bis 50 € erheblich billiger.

Die **Übernachtungskosten** auf El Hierro sind im Vergleich zu den Nachbarinseln La Palma und La Gomera etwas höher. Die Preise von Hotels und Pensionen bewegen sich für ein Doppelzimmer zwischen 25 € (einfache Ansprüche) und 115 € (gehobene Ausstattung). Die Apartmentpreise liegen je nach Größe und Ausstattung bei 25 bis 80 €, wobei während der Hochsaison meist noch etwa 6 – 8 € draufgeschlagen werden. **Hochsaison** bedeutet: Sommerferien, Weihnachten, Ostern, sowie durch Feiertage verlängerte Wochenenden (*dias de puente*).

Zu den Übernachtungskosten sollten Sie zumindest für einige Tage die Kosten für einen Mietwagen (etwa 25 € pro Tag für einen Kleinwagen) oder für Taxifahrten hinzurechnen (↗ Taxipreise), denn auf El Hierro gibt es kaum Busverbindungen.

**Essengehen** ist auf El Hierro billiger als in Deutschland; die Preise können aber durchaus nach Saison und Laune des Inhabers variieren. In einem durchschnittlichen Lokal muß für ein Hauptgericht mit Getränken mit 10 – 15 € pro Person gerechnet werden. Der schnelle Hunger zwischendurch läßt sich mit Tapas in einer Bar stillen, die 3 – 5 € kosten.

Das Preisniveau vor Ort liegt insgesamt nur unwesentlich unter dem in Deutschland, importierte Lebensmittel sind teilweise deutlich teurer.

### Zahlungsmittel

**Kreditkarten:** Vor allem *Visa, American Express* und *Eurocard* sind in Spanien wie auf den größeren Kanarischen Inseln weit verbreitet und allgemein akzeptiert. Sie sollten sich jedoch nicht allein auf das Plastikgeld verlassen.

**EC-Karte:** Mit einer EC-Karte können Sie bequem und jederzeit Geld an Automaten in Valverde, El Pinar und Frontera abheben. Euroschecks wechselt jede Bank ein. Der Höchstbetrag pro Scheck und Barabhebung per Karte ist 300 €.

**Sparcard der Post:** Damit können Sie zu den Postbank-üblichen Bedingungen über Ihr Guthaben auf Ihrem Postsparkonto verfügen. Geld ziehen können Sie an allen Automaten mit dem VisaPlus-Symbol sowie natürlich an denen mit dem Postbank-Symbol. Schweizer Postsparer haben eine PostCard, mit der sie an »Eufiserv«-Automaten abheben können.

**Reiseschecks:** Wenn Sie Ihr Urlaubsbudget in Papierform mitnehmen wollen, sind Reiseschecks die bessere, weil vor Verlust oder Raub versicherte Alternative zum Bargeld. Allerdings berechnen die Banken teilweise eine Bearbeitungsgebühr fürs Einwechseln der Schecks.

**Auslandspostanweisung:** Wer sich im Notfall Geld von daheim schicken lassen muß, muß mit zwei Tagen Wartezeit rechnen. Die Gebühr von mindestens 15 € zahlt der Absender; die Auszahlung am Postschalter in Valverde kostet nichts.

## Reisedokumente und Zoll

Deutsche, Schweizer und Österreicher brauchen zur Einreise nach Spanien lediglich ihren gültigen **Personalausweis.**

Für **Haustiere** muß ein amtstierärztliches Gesundheitszeugnis vorgelegt werden; für Hunde außerdem ein beglaubigtes Tollwutimpfzeugnis (die Impfung darf nicht älter sein als ein Jahr, muß aber vor mindestens 30 Tagen stattgefunden haben).

Wegen des Sonderstatus der Kanarischen Inseln innerhalb der EU gel-

## Info-Adressen

### Spanische Botschaften

**in Deutschland:** 10787 Berlin, Lichtensteinallee 1, ✆ 030/254007-0, 254007-161.

*Generalkonsulate* in Düsseldorf, Frankfurt a.M., München, Stuttgart, Hannover, Hamburg.

**in Österreich:** 1040 Wien, Argentinierstraße 34, ✆ 01/5055780.

**in der Schweiz:** 3006 Bern, Kalcheggweg 24, ✆ 031/3505252.

### Fremdenverkehrsämter

**in Deutschland:** 10707 Berlin, Kurfürstendamm 63, ✆ 030/8826543.

40237 Düsseldorf, Grafenberger Allee 100, ✆ 0211/6803980.

60323 Frankfurt a.M., Myliusstraße 14, ✆ 069/725033.

80336 München, Schubertstraße 10, ✆ 089/53074611.

**in Österreich:** 1010 Wien, Walfischgasse 8, ✆ 01/5129580.

**in der Schweiz:** 8008 Zürich, Seefeldstrasse 19, ✆ 01/2527930.

### El Hierro im Internet

www.tourspain.es: Das Portal des Spanischen Fremdenverkehrsamts gibt generelle Infos zu Spanien und den Kanaren.

http://www.el-hierro.org: Liebevoll gemachte, umfangreiche Homepage von El Hierro auf Spanisch und Englisch – von der Grußbotschaft des Inselpräsidenten über touristische Informationen bis zu aktuellen Inselnachrichten.

ten derzeit noch die folgenden **Zollbestimmungen** – deren Einhaltung wird allerdings durch den Wegfall der Zollkontrollen innerhalb der EU nicht mehr geprüft.

Zollfrei nach Deutschland einführen können Sie: 1 Stange Zigaretten, 100 Zigarillos oder 50 Zigarren; 2 Liter Wein, außerdem 2 Liter Schaum- oder Likörwein *oder:* 2 Liter Spirituosen mit weniger als 22 Vol.-Prozent Alkohol oder 1 Liter mit mehr als 22 % Alkoholgehalt; 500 g Kaffee; 50 g Parfum und 0,25 l Eau de Toilette, daneben Waren im Wert von bis zu 171 €.

Bei der Einreise in die Schweiz oder nach Österreich gelten die landesüblichen Einfuhrbeschränkungen.

✷ **Tip:** Die Zollbestimmungen zu ganz Europa finden Sie im Internet unter www.connexions.de.

## Gesundheitsvorsorge

Besondere Impfungen sind für die Kanarischen Inseln nicht nötig. Ihre Tetanusimpfung sollten Sie jedoch gegebenenfalls auffrischen lassen, denn eine Verletzung oder einen Tierbiß kann man sich immer zuziehen.

Wer zu Reisekrankheiten neigt, sollte sich mit entsprechenden Mitteln wappnen. Neben Sonnenschutzmittel mit hohem Schutzfaktor und eventuell Mitteln gegen Insektenstiche benötigen Sie als **Reiseapotheke** ansonsten lediglich das, was Sie persönlich an Medikamenten einnehmen müssen.

Pollenallergiker sollten sich auf von zu Hause abweichende Blütezeiten einstellen und sich entsprechend beraten lassen bzw. wappnen.

Die **Apotheken** auf den Inseln haben europäischen Standard; die erhältlichen Medikamente sind im allgemeinen billiger als in Deutschland. Sie enthalten die gleichen Wirkstoffe, haben aber teilweise andere Namen als die entsprechenden aus der Heimat bekannten Präparate. Es kann also sinnvoll sein, sich für den Notfall den Namen eines benötigten Medikamentenwirkstoffs aufzuschreiben.

**Literaturtip:** Wenn Sie überwintern wollen, aber nicht genau wissen wie, hilft Ihnen folgender preiswerte Titel weiter: »Langzeit-Urlaub – Ein Ratgeber zum Überwintern rund ums Mittelmeer« (inklusive Kanaren, Madeira und die Azoren) von Richard Haimann, pmv, ISBN 3-922057-99-3.

### Krankenversicherung

Als **AOK- oder Ersatzkassenpatient** sollte man sich die *europäische Krankenversicherungskarte* besorgen, die seit Januar 2005 den bisher üblichen Auslandskrankenschein ersetzt. Die Kosten der medizinischen Versorgung werden jedoch nur dem erstattet, der von einem von der spanischen Sozialversicherung zugelassenen Arzt behandelt wurde. Privatpatienten zahlen gleich vor Ort; die Kasse erstattet später zu Hause, wenn die Arzt- und Apothekenrechnung die Krankendaten und Angaben über die Behandlung enthält.

Wer öfter ins Ausland reist, ist mit einer zusätzlichen privaten Reisekrankenversicherung gut beraten (erhältlich in Reisebüros); übers Jahr kostet sie etwa 8 € und sichert Sie gegen alle Eventualitäten ab.

### Infos für Behinderte

Auf El Hierro gibt es bisher noch keine Hotels oder Apartmentanlagen, die bewußt rollstuhl- bzw. behindertengerecht konzipiert sind. Im Kurhotel *Balneario del Pozo de la Salud* können Behinderte im Erdgeschoß logieren, in dem sich auch das Restaurant befindet. Im staatlichen *Parador*-Hotel ist zumindest die Hälfte der Zimmer ebenerdig erreichbar, ebenso wie Rezeption, Salon, Terrasse, Bar und Restaurant. In Las Puntas sind u.a. die geräumigen Apartments *Roques de Salmor* treppenlos zugänglich.

**Allgemeine Informationen** zur Reisevorbereitung gibt es bei:

***Bundesarbeitsgemeinschaft der Clubs Behinderter und ihrer Freunde e.V.***, Eupener Str. 5, 55131 Mainz, ✆ 06131/225514, www.cebeef.com.

***Mobility International Schweiz (MIS)***, Frohburgstr. 4, CH-4600 Olten, ✆ 062/2068835, Fax 2068839, ch.www.mis-infothek.ch.

## Tips zum Kofferpacken

Ihr Rucksack oder Koffer für einen Urlaub auf El Hierro sollte für alle Wetter bestückt sein: in den Wintermonaten mit mehr warmen Pullovern und Socken als sommerlichen T-Shirts und Sandalen, im Sommer umgekehrt. Für lange Wanderungen sind leichte Baumwollhemden mit langen Ärmeln optimal. Badezeug und Regenschutz – am besten eine nässeabweisende

Windjacke aus Mikrofaser – gehören zur jahreszeitunabhängigen Grundausrüstung. Zum Wandern wie zum Sonnenbaden gleich unverzichtbar sind Sonnenbrille, Kopfbedeckung und Sonnenschutzmittel mit hohem Lichtschutzfaktor.

Schuhe mit empfindlichem Leder und dünnen Sohlen sollten Sie besser zu Hause lassen; spitze Lavasteine als Straßenpflaster auch vieler Nebenstraßen der Orte verkratzen feine Schuhe schnell. Für kurze Spaziergänge können Turnschuhe mit nicht zu glatten Sohlen reichen, für alle Wege im Gelände sind jedoch gute Wanderschuhe unabdingbar (↗ Wandertouren, »Gut ausgerüstet«).

Für den Felsstrand sind Flip-Flops praktisch, die schwarzen Steine können sich in der Sonne extrem aufheizen. Aus diesem Grund, vor allem aber wegen der Unebenheit und Härte der Plätze an der Sonne werden Sie sich freuen, wenn Sie auch eine Isomatte mitgebracht haben, die Sie unter Ihr Handtuch legen können.

Beim Schwimmen und Schnorcheln sind fest sitzende Plastikbadeschuhe ein guter Schutz, denn in manchen der Naturschwimmbecken sitzen Seeigel an den Felsen. Für Kinder sind solche Sandalen aus Plastik in jedem Fall zu empfehlen. Schon eine gut sitzende Schwimmbrille erlaubt Ihnen lohnende Blicke in die Tiefe; noch mehr von der Unterwasserwelt haben Sie, wenn Sie Taucherbrille und Schnorchel einpacken (vor Ort sind sie nur relativ teuer zu erstehen).

Ein leichtes Fernglas mitzunehmen, lohnt auf El Hierro mit seinen Panorama-Wanderwegen sehr. Beim Zusammenstellen Ihrer Fotoausrüstung sollten Sie an das oft gleißend helle Licht bzw. einen Lichtfilter denken. Filme, Speicherkarten und Akkus nehmen Sie besser von zu Hause mit, sie sind auf El Hierro deutlich teurer.

Für elektrische Geräte empfiehlt sich ein Adapter; nicht alle Steckdosen in Hotels und Apartments haben EU-Standardformat. Eine Taschenlampe leistet beim Urlaub in ländlichen Gebieten immer gute Dienste. Leere Batterien sollten Sie wieder mitnehmen und zu Hause entsorgen – oder besser: wiederaufladbare Batterien benutzen.

Last but not least brauchen Sie als ständigen Begleiter ein kleines Wörterbuch – Sie sollten nicht damit rechnen, sich auf Deutsch oder Englisch verständlich machen zu können, ↗ Literatur und Karten.

### ... und Fahrrad satteln

Da es auf El Hierro kaum verläßliche Möglichkeiten gibt, sich ein Fahrrad auszuleihen, sollten Sie Ihren Drahtesel mitbringen. Das empfiehlt sich allerdings wegen der Höhenunterschiede ohnehin: Selbst wenn Sie nur wenig anspruchsvolle Strecken zurücklegen und vorwiegend Abfahrten genießen, müssen Sie sich unbedingt auf Ihre guten Bremsen verlassen können.

Am besten geeignet ist ein Mountainbike mit breiten Reifen und solider Gangschaltung für die Bergstrecken. Da viele der vormals steinigen Pisten inzwischen asphaltiert

## Casas Rurales – Urlaub im Landhaus

Eine der schönsten Möglichkeiten, auf El Hierro zu wohnen, ist in einer ***Casa rural*** (wörtlich übersetzt: ländliches Haus). Die meisten dieser Häuser sind typische kanarische Natursteinhäuser, die von ihren Besitzern liebevoll restauriert und komfortabel ausgestattet wurden. Die Ferienhäuschen bieten Platz für zwei bis fünf Personen und sind teilweise sehr stilvoll mit antiken Möbeln und viel Holz eingerichtet. Sie verfügen über eine Terrasse oder einen Patio zum draußen sitzen, häufig auch über einen Garten. In den Küchen findet sich alles, was Selbstversorger brauchen. Ein modernes Bad, Waschmaschine und TV gehören zur Grundausstattung. Manche der Casas rurales liegen in einer stillen Gasse im ländlichen Teil eines Dorfes, andere in idyllischer Abgeschiedenheit und meist mit prächtigen Ausblicken über die Berge und das Meer. Fast jeder Ort der Insel hat eine Anzahl von Casas rurales zu bieten. Die meisten sind über eine Vermittlung zu buchen, einige auch pauschal über einen Reiseveranstalter. In der Hochsaison empfiehlt sich eine Reservierung etwa drei Monate im voraus.

Die Häuser kosten je nach Größe, Lage und Ausstattung pro Tag ab etwa 35 € (meist 45 bis 50 €) für zwei Personen. In der Regel gilt: Je länger der Aufenthalt, desto günstiger der Preis.

**Wichtig:** Achten Sie bei der Auswahl eines Hauses unbedingt auf dessen (Höhen-)Lage im Verhältnis zu Ihrem Urlaubstermin, denn vor allem vom Spätherbst bis zum Frühjahr müssen Sie in Lagen über 500 m mit kalten und nebelverhangenen Tagen rechnen. Besonders unwirtlich kann es in San Andrés, Isora und Las Montañetas werden. Zwar sind die höhergelegenen Häuser sämtlich heizbar, doch wenn Sie draußen in der Sonne frühstücken möchten, sollten Sie besser ein Häuschen in Meeresnähe buchen.

**Häuservermittlungen:**

***Asociación de Turismo Rural Meridiano 0***, ✆ 922-551824, Fax -550575, Calle Barlovento 89, Mocanal. Das vom Patronato de Turismo unterstützte herrenische Vermittlungsbüro hat die meisten der Casas Rurales im Programm. Eine detaillierte Beschreibung der einzelnen Häuser, Preise (meist höher als bei den Privatagenturen) und Buchungsinformationen finden Sie unter www.ecoturismocanarias.com/hierro/de.

***Pablo***, ✆ 922-551830. Die empfehlenswerte deutschsprachige Agentur vermittelt ebenfalls viele der auf der Insel verfügbaren Casas rurales, daneben Apartments und Ferienzimmer. Hier können Sie auch einen preisgünstigen Mietwagen vorbestellen, der Ihnen bei Ankunft am (Flug-)Hafen übergeben wird. Freundlicher, individueller und zuverlässiger Service, kompetente Beratung vor und während Ihres Urlaubs; Taucherbrillen-Verleih. Eine Auswahl des Häuserangebots finden Sie unter www.myhierro.com/pablo.

***Sabina Tour Service,*** ✆ 922-551485, Fax -551050. Gleichfalls auf der Insel ansässige deutschsprachige Agentur mit freundlichem Rundum-Service. Ausführliche Informationen über das aktuelle Angebot unter www.insel-hierro.de.

***Agentur Karin Pflieger,*** Lohkoppelweg 26, 22529 Hamburg, ✆ 040/5604488, Fax 5604487. Das auf die Nachbarinsel La Palma spezialisierte deutsche Vermittlungsbüro hat auch auf El Hierro einige schöne Ferienhäuschen im Programm. Detaillierte Beschreibung der Häuser und weitere Informationen unter www.la-palma-turismo-rural.de.

***Fincaferien,*** Schützenstr. 42, 31199 Diekholzen, ✆ 05121/267758, Fax 264740. Gleichfalls in Deutschland ansässige Ferienhaus-Vermittlung mit kleinem El-Hierro-Angebot. Informationen unter www.fincaferien.de.

***Cotur,*** kleine herrenische Vermittlung; Infos unter www.coturelhierro.com (nur auf spanisch).

✷ **Tip:** Eine Auswahl von Ferienhäusern, die individuell über ein Vermittlungsbüro gebucht werden können, sind bei den Ortsbeschreibungen jeweils unter »Unterkunft« beschrieben.

**Meerblick pur: Finca mit schöner Terrasse in La Caleta**

REISEPRAXIS

sind, tut es aber auch ein gutes Reise- oder Rennrad mit entsprechender Gangschaltung und nicht zu dünnen Reifen.

Auf El Hierro gibt es keine Fahrrad-Werkstatt. An **Ersatzteilen** unerläßlich sind neben Flick- und Werkzeug eine gute Luftpumpe, 2 Schläuche und 1 Mantel (Lavaschotter ist scharfkantig!), Ersatzspeichen, 1 Satz Bremszüge und -klötzchen, Kettenglieder und -schloß bzw. Ersatzkette sowie Birnchen für die Lichtanlage.

Ein Sturzhelm ist zur eigenen Sicherheit empfehlenswert. Bei langen Abfahrten und gegen Nebel schützt eine regendichte Windjacke. Lederhandschuhe fangen auf Schotterpisten Stöße übers Lenkrad ab und geben zusätzlich Halt. Wenn Sie in den Wintermonaten radeln, ist es gut, wenn Ihre Gepäcktaschen wasserdicht sind – und wenn Sie neben kurzen Radlerhosen noch eine lange Sporthose dabei haben. Wichtig: Sie brauchen unbedingt eine große Wasserflasche.

Für den **Fahrradtransport** im Flugzeug müssen Sie die Luft aus den Reifen lassen (wegen des Überdrucks im Frachtraum) und die Lenker und Pedale nach innen drehen. Am besten verpacken Sie Ihr Rad in einen Radkarton, den Sie in jedem besseren Fahrradladen kostenlos erhalten – es sei denn, Sie verfügen über eine Radtasche oder gar einen Hartschalenkoffer. Der Transport kostet Sie zusätzlich zu Ihrem Rückflugticket je nach Fluggesellschaft zwischen 20 € (Hapag Lloyd) und 40 € (Thomas Cook). Bei der Buchung müssen Sie das Bike als Sondergepäck anmelden.

Wenn Sie Ihr Rad mitnehmen, empfiehlt es sich, mit der **Fähre** nach El Hierro weiterzureisen. Dadurch ersparen Sie sich die lange anstrengende Fahrt vom Süd- bis zum Nordflughafen Teneriffas und eventuell weitere Kosten für den Radtransport im Flugzeug von Teneriffa nach El Hierro. Oder Sie buchen einen Flug direkt zum Nordflughafen, z.B. mit *Iberia*. Die innerkanarische Fluggesellschaft *Binter* transportiert bis zu 20 kg Gepäck frei; ein Fahrrad gilt dabei nicht als Sondergepäck, ab 20 kg Gesamtgewicht werden pro kg 0,60 € dazuberechnet.

Vom Südflughafen aus radeln Sie die etwa 20 km auf der Landstraße (parallel zur Autobahn) bis zum Hafen Los Cristianos. Auf der Fähre brauchen Sie für Ihr Rad nichts extra zu bezahlen.

## Literatur und Karten

Zur Einstimmung auf El Hierro gibt es in deutscher Sprache wenig Spezielles. Bisher ist der Insel meist nur ein mehr oder weniger dünner Abschnitt in den diversen Reisebüchern und Fotobänden über die Kanarischen Inseln gewidmet.

**Natur:** ***Historia Natural de las Islas Canarias***, David & Zoë Bramwell, Guía Básica. Editorial Rueda, Madrid 1987. Zwar auf Spanisch, doch für an der kanarischen Pflanzen- und Tierwelt Interessierte in jedem Fall spannend: mit ausgezeichneten Fotos und Zeichnungen sowie den lateinischen Namen der verschiedenen Spezies. – Das englische Biologenpaar hat außerdem mehrere, stets hervorragend illustrierte botanische Bücher über die Kanaren herausgegeben, die auf englisch oder spanisch erhältlich sind.

***Die Kosmos-Kanarenflora,*** Peter & Ingrid Schönfelder, Franckh Kosmos Verlag, Stuttgart 1997.

***Kanarische Inseln,*** Peter Rothe, Borntraeger Verlag 1996, Sammlung geologischer Führer, Bd. 81. Geologie und Vulkanologie des Archipels.

***El Hierro Tauchführer,*** Francisco Baringo, Ponto/Cabildo El Hierro, Teneriffa 2003. Einzigartiger Unterwasser-Wegweiser für Taucher und Meeresfauna-Interessierte, mit vielen schönen Fotos. Texte spanisch/englisch/deutsch. Bezug: www.pontosub.com.

**Geschichte:** ***Die Kanarischen Inseln und ihre Urbewohner (1590),*** Leonardo Torriani, hrsg. von Dominik Wölfel, Leipzig 1940. Reprint: Hallein 1979 (nur noch in Bibliotheken zu finden). Historische Reisebeschreibung aus der Zeit kurz nach der spanischen Eroberung.

***Geschichte und Beschreibung der Kanarien-Inseln,*** Bory de St. Vincent, Weimar 1804. Reprint: Graz 1970 (nur in Bibliotheken). Der französische Naturforscher beschreibt die Inseln aus der Perspektive des ausgehenden 18. Jahrhunderts.

***Noticias de la Historia general de las Islas Canarias (1773),*** José Viera y Clavijo, Reprint: Goya Ediciones, Sta. Cruz de Tenerife 1982, 2 Bände. Historisches Standardwerk des Archipels.

***Kanarische Inseln – Auf den Spuren atlantischer Völker,*** Harald & Marianne Braem, Knaur 1989 (nur noch in Bibliotheken). Informatives Büchlein über die Kultur der Guanchen.

***Der Kojote im Vulkan,*** Harald Braem (Hrsg.), Sammlung von Märchen und Mythen der Kanarischen Inseln. Edition Orient 1990.

**Sprachführer:** ***Abraxas – Spanisch für die Reise,*** der kompakte Sprachführer aus dem Peter Meyer Verlag, hilft Ihnen in jeder Urlaubssituation weiter. Praktisches Zeigesystem, viele Situationen und über 5000 Stichworte. www.PeterMeyerVerlag.de.

**Karte:** ***Wander- und Autokarte El Hierro*** im Maßstab 1:30.000 mit Wanderwegen, 2003 bei freytag & berndt erschienen.

**Vor Ort erhältlich:** In den letzten Jahren sind relativ viele Titel über El Hierro erschienen, von der Inselregierung herausgegeben und in den Buchläden vor Ort erhältlich – vom schön bebilderten Kunsthandwerksführer bis zur soziologisch-trockenen Abhandlung über die herrenischen Frauen. Wer gut Spanisch kann, dem seien zwei Bücher des herrenischen Publizisten *José Padrón Machín* ans Herz gelegt:

***Noticias relacionadas con la Historia de la Isla del Hierro,*** Cabildo Insular de El Hierro 1983; die Geschichte El Hierros über die Jahrhunderte, in kleinen, gut verdaulichen und amüsant geschriebenen Häppchen.

***El Hierro – »Septima Isla«,*** Cabildo Insular de El Hierro 1989; eine Sammlung von Essays, kleinen Reportagen und Geschichten rund um die Insel und ihre Bewohner; geschrieben in den 50er bis Ende der 70er Jahre.

✹ **Tip:** Die Buchhandlung ***Goytec*** in Santa Cruz auf Teneriffa hat im Obergeschoß eine große Abteilung mit Literatur über die Kanaren. Calle Pérez Galdos 15, ✆ 922-245314, Fax -271648, Santa Cruz de Tenerife.

## ÜBER DAS HINKOMMEN

Wer nach El Hierro reisen will, landet im Normalfall zuerst auf Teneriffas internationalem Flughafen *Reina Sofia* im Süden der Insel. Dort heißt es umsteigen: ins kleine Flugzeug oder auf die große Fähre. Wenn man weiß, wo und wie, ist das kein Problem, und von Deutschland aus ist die Anreise meist an einem Tag zu schaffen. Wenn nicht: Immerhin ist Teneriffa eins der beliebtesten Ferienziele Europas, und trotz allen Touristentrubels eine wunderschöne Insel. Übernachtungstips und alle wichtigen Informationen zur schnellen Durchreise finden Sie auf den folgenden Seiten.

### Flüge nach Teneriffa

Flüge nach Teneriffa bietet fast jede europäische Fluggesellschaft an. Es ist einfach, einen preisgünstigen Charterflug von Deutschland aus zu buchen (zum Beispiel bei *Air Berlin, LTU* oder *Hapag Lloyd*). Je nach Saison kosten Hin- und Rückflüge regulär zwischen 350 und 450 €, Last-Minute-Angebote der Chartergesellschaften sind schon für 200 bis 300 € zu haben. Auch Österreicher und Schweizer fliegen am günstigsten per Charter von einem deutschen Flughafen aus.

**Linienflüge** haben den Vorteil, daß die Abflugtage variabler zu buchen sind als bei den meisten Charterflügen, und daß die Tickets bis zu drei Monaten gültig sind.

Derzeit bietet allerdings nur die spanische *Iberia* Linienflüge von mehreren deutschen Städten aus an. Information: *Iberia Info-Telefon* 0180/3000613; www.iberia.de. Iberia-Flüge landen in Madrid zwischen; manche Maschinen fliegen dann von Madrid aus Teneriffas Nordflughafen *Los Rodeos* an – achten Sie bei Ihrer Buchung darauf, denn das kann für die Weiterreise nach El Hierro interessant sein (↗ unten).

Viele **Charterflüge** von Deutschland aus landen schon mittags im Süden von Teneriffa, so daß es nur selten nötig wird, auf Teneriffa zu übernachten. Auch die Zeitverschiebung auf den Kanaren fördert das Gelingen der Anreise nach El Hierro an einem Tag: Kaum ist man nach 4 bis 5 Stunden Flug auf Teneriffa gelandet, kann man die Uhr eine Stunde zurückstellen.

### Nach Teneriffa per Schiff?

Die Anreise per Schiff ist, zumal mit dem Auto, insgesamt sehr teuer und zeitraubend: Allein die Anreise per Zug oder Auto bis Südspanien ist von Deutschland aus mit rund drei Reisetagen zu veranschlagen. Es gibt einmal wöchentlich, Dienstags um 18 Uhr, eine Fährverbindung von Cádiz nach Teneriffa, mit einem Schiff der staatlichen Fährgesellschaft Compañia Trasmediterránea. Die Überfahrt dauert 2 1/2 Tage. Die Fähre legt in Santa Cruz de Tenerife an, von dort müssen Sie zur Fähre nach El Hierro bis Los Cristianos weiterfahren. Eventuell wird auch noch auf Teneriffa eine Übernachtung fällig – das bedeutet, Sie sind fast eine ganze Woche unterwegs. Die einfache Fahrt Cádiz – Teneriffa kostet pro Person in der Doppelkabine 525 € mit Vollpension, ein Pkw 170 €.

## Organisiert Reisen

Pauschalreisen nach El Hierro haben derzeit nur die Veranstalter *Thomas Cook* und *L'Tur* im Programm. Wer stets an einem Ort wohnen möchte und keine Lust hat, sich um Anreise und Mietwagen selbst zu kümmern, fährt mit einer Pauschalbuchung unter Umständen günstiger als mit einem individuell organisierten Urlaub. Die Reiseveranstalter haben viele der schön renovierten und ausgestatteten »casas rurales« (Landhäuser) als Ferienwohnungen im Programm. Beim Rechnen hilft Ihnen Ihr Reisebüro mit den aktuellen Katalogangeboten.

Organisierte **Wanderferien** sind praktisch für die, die keine Lust verspüren, sich um die Orientierung und An- und Rückfahrten zu kümmern:

*La Gomera Trekking Tours,* Sandstraße 1a, 90443 Nürnberg, ✆ 0911/20787, Fax 20799. Infos: www.trekkingreisen.de. Neben Wandertouren auf La Gomera und La Palma bietet der Veranstalter für Wanderreisen 15 Tage Aktivferien auf El Hierro an. Die maximal 12 Teilnehmer wandern auf alten Verbindungswegen über die Insel. Preise pro Person um die 1600 €; inklusive Wanderführung bzw. Reiseleitung, Flug, Transfers und Übernachtungen in verschiedenen Orten der Insel.

*Wikinger Reisen,* Kölner Str. 20, 58135 Hagen, ✆ 02331/904742 oder 0180/2325242, bietet ebenfalls ein 2-Wochen-Programm mit 7 Tageswanderungen an (max. 20 Teilnehmer); Preise pro Person: je nach Saison zwischen 1300 und 1500 €, inklusive Wanderführung bzw. Reiseleitung, Linienflug ab Frankfurt a.M. via Madrid, Transfers, Unterkunft in La Restinga. Infos: www.wikinger-reisen.de.

Wenn Sie die lange Tour auf sich nehmen wollen, sollten Sie die Passage Cádiz – Santa Cruz de Tenerife unbedingt frühzeitig reservieren, da sie oft über Monate ausgebucht ist.

**Generalagenturen der Trasmediterránea:**

*In Deutschland:* DER Traffic, Emil-v.-Behring-Str. 6, 60439 Frankfurt a.M., ✆ 069/9588-5800.

*In Cádiz:* Compañia Trasmediterránea, E-11006 Cádiz, Estación Marítima Muelle Alfonso XIII, ✆ 956-222038.

*Auf Teneriffa:* Compañia Trasmediterránea, E-38001 Santa Cruz de Tenerife, Estación Marítima Muelle Ribera, ✆ 922-842243.

## Weiterflug nach El Hierro

Alle Flüge nach El Hierro starten vom nationalen Flughafen *Los Rodeos* im Norden Teneriffas. Wer auf dem internationalen Flughafen *Reina Sofia* im Süden Teneriffas landet, muß also zunächst eine kleine **Inselfahrt von Süd nach Nord** auf der »Autopista del Sur« unternehmen. Wenn Sie bis 13 Uhr Ortszeit im Süden gelandet sind, erreichen Sie bequem per Bus den Nachmittagsflug nach El Hierro.

Wer es sich leisten kann oder es sehr eilig hat, kann die Strecke bequem in 45 Minuten mit dem **Taxi** zurücklegen – dafür zahlt man mit etwa 60 € allerdings mehr als für das Flugticket Los Rodeos – El Hierro; es sei denn, man teilt sich den Preis mit anderen Mitreisenden. Eine Alternative wäre, sich ein Auto zu mieten (etwa 25 €) und dies am Nordflughafen wieder abzugeben.

Die Strecke mit dem **Bus** zu bewältigen, ist jedoch kein Problem: Die Busse der *Titsa* starten direkt vor der Ankunftshalle des Flughafens Reina Sofia, täglich um 14 Uhr gibt es sogar einen **Direktbus** zum Nordflughafen (Linie 340), der für die Strecke eine gute Stunde benötigt (5,50 €).

Zu anderen Zeiten müssen Sie **über Santa Cruz** fahren: Die Busfahrt nach Santa Cruz dauert knapp eine Stunde und kostet 4,90 €. Endstation ist der Busbahnhof nahe dem Zentrum von Santa Cruz *(Estación de guaguas)*. Von dort geht es weiter mit dem Anschlußbus nach Los Rodeos (Fahrzeit 20 Minuten, 1,20 €) oder per Taxi in 15 Minuten (ca. 12 €).

Für die Busfahrt über Santa Cruz sollten Sie mindestens eineinhalb (nur bei direkten Anschlüssen), besser zwei Stunden einplanen. Sie müssen spätestens eine Dreiviertelstunde vor Abflug in Los Rodeos einchecken.

### Busverbindungen auf Teneriffa

**Vom Süd- zum Nordflughafen:**

***Bus 340 Reina Sofia – Los Rodeos direkt:*** 9.45, 14 Uhr

***Bus 341 Reina Sofia – Santa Cruz:*** 6.50, 7.50, 8.50, 9.30, 10.30, 11.30, 12.10, 13.10, 14.10, 14.50, 15.50, 16.50, 17.30, 18.30, 19.30, 20.10, 21.10, 22.10 Uhr

***Bus 109 Santa Cruz – Los Rodeos:*** 6 – 19 Uhr alle volle Stunde

**Vom Nord- zum Südflughafen:**

***Bus 340 Los Rodeos – Reina Sofia:*** 12.25, 17.45 Uhr.

***Bus 109 Los Rodeos – Santa Cruz:*** 8.15 – 19.15 Uhr zur vollen Stunde.

***Bus 341 Santa Cruz – Reina Sofia:*** 5.30, 6.30, 7.30, 8.10, 9.10, 10.10, 10.50, 11.50, 12.50, 13.30, 14.30, 15.30, 16.10, 17.10, 18.10, 18.50, 19.50, 20.50 Uhr.

### Flugplan Teneriffa – El Hierro

Im Herbst 2004 betrug der Preis für ein einfaches Flugticket 53 €; die Flugzeiten waren:

***Los Rodeos – El Hierro:*** täglich ab Los Rodeos 8, 14.40 (Sa 14) und 16.40 Uhr, an El Hierro jeweils 40 Min. später.

***El Hierro – Los Rodeos:*** täglich um 9.10, 15.50 (Sa 15.10) und 17.50 Uhr, an Los Rodeos jeweils 45 Min. später.

Aktuelle Informationen unter: www.bintercanarias.es/aleman/horarios.

## Von Teneriffa mit der Fähre

Je nach Ankunftstag und -zeit auf Teneriffa ist es günstiger, El Hierro mit der Fähre anzusteuern. Die Fähren legen im Süden Teneriffas in *Los Cristianos* ab, etwa 20 Autominuten vom internationalen Flughafen Reina Sofia entfernt. Ein Taxi dorthin kostet etwa 18 €, der Bus 3,20 €.

Die Anlegestelle der Fähren nach La Gomera und El Hierro liegt direkt an der Mole, das Fährgebäude ist unübersehbar: ein blaues modernes »Schiff« mit Aussichtsterrasse und Bar, wo sich bequem die Zeit bis zum Ablegen der Fähre überbrücken läßt. Wer mehrere Stunden warten muß und nur leichtes Gepäck mit sich herumträgt, kann sich den quirligen Touristenort samt Hafen ansehen oder ein erstes (bzw. letztes) Sonnenbad am Strand nehmen. Die Gepäckaufbewahrung ist abgeschafft worden, seit der Bombenterror der ETA auch Touristenorte getroffen hat. Tickets sind am Schalter im Fährgebäude erhältlich; wenn Sie bereits eins haben, müssen Sie sich dort Ihre Bordkarte besorgen. Ihr Gepäck können Sie per Gepäckwagen aufs Schiff transportieren lassen, es wird nach der Ankunft auf El Hierro an der Mole wieder ausgegeben.

Die großen Autofähren der *Lineas Fred Olsen* und *Naviera Armas* bieten viel Platz und schöne Sonnendecks. Vom Hafen *Puerto de la Estaca* auf El Hierro gibt es nach jeder Ankunft der Fähren eine Busverbindung nach Valverde; auch Taxis warten dort.

### Fährplan und -preise

Im Herbst 2004 betrug der **Preis** für eine einfache Fahrt mit Liegesessel (*butaca*) 18 € (Naviera Armas) bzw. 23 € (Lineas Fred Olsen). Eine Doppelkabine (*camarote*) kostete 54 € (nur bei Olsen). Fahrradbeförderung gratis.

Man sollte spätestens eine halbe Stunde vor Abfahrt an der Fähre sein. An Bord einchecken kann man ab einer Stunde vorher.

✸ **Bitte beachten Sie:** Zum Winter 2004/2005 planen die Lineas Fred Olsen, auf der Linie Los Cristianos – El Hierro ein Schnellboot (Fahrtzeit ca. 2 Stunden) einzusetzen. Zum Redaktionsschluß dieser Ausgabe waren Abfahrtszeiten und Preise noch unklar. Da die geplanten Änderungen wahrscheinlich Auswirkungen auf den gesamten derzeitigen Fährplan haben werden, informieren Sie sich bitte über die aktuellen Abfahrtzeiten unter www.fredolsen.es (englisch/spanisch) und unter www.navieraarmas.com (spanisch).

**Infos:** Auch die deutschsprachigen El Hierro-Seiten www.myhierro.com und www.insel-hierro.de bieten aktuelle Informationen zu den Fährplänen.

**Naviera Armas**:

***Los Cristianos – El Hierro:*** So – Fr ab um 19, an um 23.15 Uhr.

***El Hierro – Los Cristianos:*** So – Fr ab um 24 Uhr, an um 7 Uhr.

**Lineas Fred Olsen**:

***Los Cristianos – El Hierro:*** So – Fr ab um 23.55, an um 5.30 Uhr.

Außerdem Di, Do, Sa und So ab um 15 Uhr, an um 19 Uhr.

***El Hierro – Los Cristianos:*** Täglich ab um 6.30 Uhr, an um 10.30 Uhr.

Außerdem Di, Do und So ab um 19.30 Uhr, an um 23.30 Uhr.

### Busverbindungen zur Fähre

***Linie 487*** ab Südflughafen Reina Sofia zur Mole in Los Cristianos um 12.10, 14.10, 16.10 und 18.25 Uhr.

***Linie 487*** ab Los Cristianos zum Südflughafen um 7.20, 9.20, 13.20, 15.20 Uhr.

Nach Santa Cruz de Tenerife gibt es von Los Cristianos aus nach jeder Ankunft der Fähren Direktbusse; das aufgegebene Gepäck wird bis zu den Bussen befördert, die vor dem Fährgebäude warten.

## Übernachten auf Teneriffa

Wenn Sie so spät auf Teneriffa landen, daß Sie kein Flugzeug nach El Hierro mehr bekommen und die Fähre erst am nächsten Morgen fährt, müssen Sie auf Teneriffa übernachten. Bedenken Sie bei Ihrer Reiseplanung, daß es samstags abends keine Fährverbindung nach El Hierro gibt.

Soll es per Schiff weitergehen, bietet sich die Quartiersuche in Los Cristianos oder El Médano an. Wenn Sie am nächsten Tag weiterfliegen wollen oder sich Santa Cruz de Tenerife anschauen möchten, übernachten Sie am besten im Zentrum der Hauptstadt.

Für den Notfall: Der Südflughafen Reina Sofia ist nachts geöffnet, der Nordflughafen Los Rodeos nicht.

✷ **Tip:** Ein aktuellen und ausführlichen **Reiseführer zu Teneriffa** finden Sie unter www.PeterMeyerVerlag.de sowie in heimischen Buchhandlungen. Rolf Goetz, der im selben Verlag weitere Inselreise- und wanderführer veröffentlicht hat, führt mit profunden Detailkenntnissen Individualisten zu den schönsten und verschwiegensten Orten der größten Kanareninsel. Teneriffa – Aktivurlaub auf der »Frühlingsinsel« der Kanaren, 16,95 €.

### Adressen für eine Nacht

**In Los Cristianos:**

★★★ ***Hotel Oasis Moroque,*** ✆ 922-790366, Fax -792260, Avda. Penetración. 171 komfortable Zimmer auf 8 Stockwerken direkt am Meer, mit Swimmingpool; DZ mit Frühstück ab 50 € pro Person.

★ ***Hotel Andrea's,*** Avda. Valle Menendez s/n, ✆ 922-790024, Fax -794270. Ruhig und familiär. DZ ab 31,50 €.

★ ***Pensión Playa,*** ✆ 922-792264, Calle Paloma, spartanisch und laut; DZ 24 €.

**In El Médano:**

★ ***Pensión Carel,*** Avda. Los Principes 22, direkt am Ortseingang, ✆ 922-176066, Fax -176828. Sauber und freundlich. DZ 55 €.

✷ **Tip:** Einen besonderen Service für Zwischenübernachtungen auf Teneriffa bietet ***Ruhe pur*** (Elke und Ernstl), ✆ 922-691335, ruhe-pur@gmx.net. Abholung vom Südflughafen Reina Sofia auf Teneriffa, ÜF und Transfer zum Hafen Los Cristianos oder zum Nordflughafen Los Rodeos. DZ in ruhiger kleiner Ferienanlage in Abades, etwa 15 km nördlich von El Médano. Der freundliche Komplett-Service kostet für zwei Personen 30 € pro Nase, für eine Person 40 €. Zur Hochsaison im Winter und besonders zu Weihnachten und Ostern ist es ratsam, ein bis zwei Wochen im voraus zu reservieren.

### Stopover in Santa Cruz

Eine Übernachtung in der Hauptstadt Santa Cruz bietet die Möglichkeit, sich etwas in der Stadt umzuschauen. Am Abend können Sie einen Spaziergang im Zentrum oder am Hafen machen, an der *Plaza España* einen Café trinken und etwas essen gehen. Haben Sie einen Vormittag in der Woche zur Verfügung, lohnt es sich, Teneriffas

Markthalle, den *Mercado Nuestra Señora de Africa* (in der Nähe der Busstation) mit seinen überquellenden Obst- und Gemüseständen und seiner Fischhalle zu besuchen. Empfehlenswert für Durchreisende:

★★ ***Hotel Océano,*** ✆ 922-270800, Calle del Castillo 6. Direkt in der Fußgängerzone, aber nachts einigermaßen ruhig. Angenehme Atmosphäre, gut ausgestattete Zimmer. DZ 47 €.

★ ***Hotel Anaga,*** ✆ 922-245090, Calle Imeldo Serís 19. Schlichter Neubaukasten mit Dachterrasse (Hafenblick), wenig anheimelnde, aber saubere Zimmer; zentral und nahe der Busstation gelegen, selten ganz ausgebucht. DZ 48 €, EZ 30 €.

★ ***Pensión Mova,*** ✆ 922-283261, Calle San Martín 33. Schlicht und einfach, etwas abseits gelegen, aber günstig. DZ 20 bis 24 €.

## Verbindungen zu anderen Inseln

Nach Gran Canaria, Fuerteventura und Lanzarote bestehen keine direkten Verbindungen, aber jeweils gute Verbindungen von Teneriffa aus.

**Fähren nach La Gomera:**

***San Sebastián de La Gomera – El Hierro:*** Mi, Fr und So 20.45 Uhr, an El Hierro 23.45 Uhr.

***El Hierro – San Sebastián de La Gomera:*** La Gomera ist von El Hierro aus nur über Los Cristianos zu erreichen.

***La Palma*** ist per Fähre ebenfalls nur mit dem Umweg über Teneriffas Südhafen Los Cristianos zu erreichen.

***Flugverbindungen*** (einfacher Flug: 50 €): ab El Hierro Fr und So zwischen 16 und 17 Uhr (Zeiten variieren je nach Reisemonat); ab La Palma nach El Hierro Fr und So zwischen 15 und 17 Uhr.

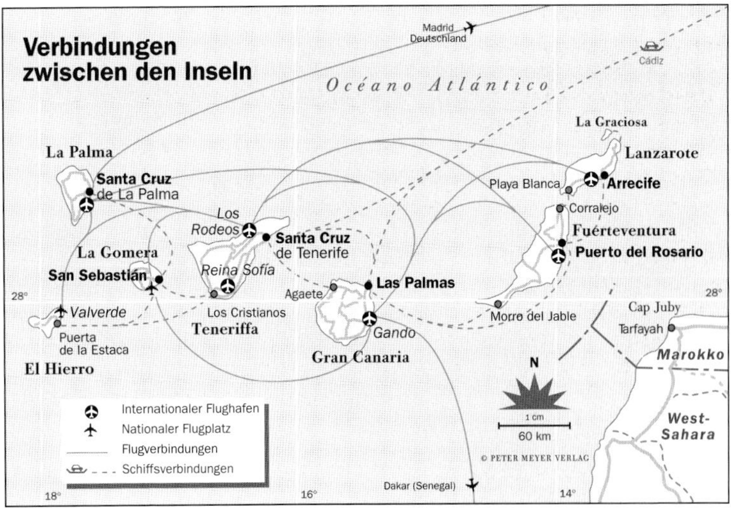

# ANGEKOMMEN: JETZT KANN'S LOSGEHEN

**Auf den nächsten Seiten finden Sie praktische Informationen rund um Ihren Aufenthalt auf El Hierro, zur leichteren Orientierung im Urlaubsalltag und mit Tips zum Unter- und Weiterkommen.**

## Verständigung

Nur wenige Herreños sprechen Englisch oder gar Deutsch, erst recht nicht jene, die Ihnen unterwegs auf dem Land und in den Dörfern begegnen werden. Sich mit ein paar Brocken Spanisch verständlich machen zu können, erleichtert die Reise ungemein. Einen Sprachführer sollten Sie stets dabei haben, ↗ Literatur & Karten.

**Sprache:** Die Canarios sprechen im allgemeinen ein südamerikanisch beeinflußtes Spanisch. Vom Festlandspanisch unterscheidet es sich am auffälligsten darin, daß das »s« nicht ähnlich wie das englische »th« gesprochen wird, sondern wie ein normales stimmhaftes »s«. Am Ende eines Wortes verschwindet das »s« im Kanaren-Dialekt ganz: Wer hier »mucha gracia« sagt, meint selten »viel Liebreiz« (wörtlich), sondern schlicht »danke« – »muchas gracias«.

Einige Ausdrücke sind auf den Kanaren wie auf Kuba oder in Venezuela gang und gäbe, auf der spanischen Halbinsel aber ungebräuchlich, zum Beispiel *guagua*, Bus (span. = *autobús*) oder *maní*, Erdnuß (span. = *cacahuete*). Sie werden auch keinen Einheimischen treffen, der die 2. Person Plural *(vosotros)* benutzt; statt »ihr« wird wie in Südamerika stets »sie« gesagt, *ustedes*. In den lokalen Dialekten und auch auf El Hierro finden sich selten noch von der Guanchensprache entlehnte Wörter und Eigennamen (↗ Sprache und Kunst).

**Wanderweg mit Sabina, einem jener alten Wacholderbäume**

## Öffnungszeiten

Sonntags und während der gesetzlichen sowie der lokalen Feiertage sind alle Läden geschlossen (↗ Festkalender).

**Geschäfte** haben an Werktagen 9 – 13 Uhr und 16 – 20 Uhr geöffnet, an Samstagen nur vormittags.

**Banken** sind in der Regel Mo – Fr 8.30 – 14 Uhr, manche auch Do nachmittags und Sa vormittags geöffnet.

**Post** in *Valverde* und *Tigaday* ist Mo – Fr 8.30 – 14.30 Uhr, Sa 9.30 – 13 Uhr geöffnet.

**Kirchen und Kapellen** (Ausnahmen: die Hauptkirchen in Valverde, in Frontera und die Ermita Los Reyes) sind außerhalb der Gottesdienste meist verschlossen.

## Post & Telefon

**Briefmarken:** Postkarte und Brief bis 20 g ins europäische Ausland 0,51 €, in Nicht-EU-Länder 0,76 €, nach Spanien 0,26 €.

**Postlaufzeiten:** Eine Woche bis vierzehn Tage innerhalb Europas.

**Postlagernde Sendungen:** Zum Postamt in Valverde kann man sich Briefe, Karten und Päckchen schicken

**Patronato de Turismo**

Im **Touristeninformationsbüro** in Valverde bekommen El Hierro-Neulinge freundliche Auskunft auf vielerlei Fragen rund um die Insel, Rat und Unterstützung in Sachen Unterkunftssuche sowie Fahrpläne und Informationsmaterial. Obendrein kann man sich hier auf einem hübsch bunten Zertifikat bestätigen lassen, daß man am südwestlichsten Zipfel Europas, dem Ort des ptolemäischen Nullmeridian, war – garantiert mit Siegellack.

***Patronato de Turismo,*** Calle Doctor Quintero 4, Valverde. ✆ 922-5503-02/-26, Fax -551052, Mo – Fr 8.30 – 14.30 Uhr, Sa 9 – 13 Uhr.

lassen und sie unter Vorlage des Personalausweises abholen. Der Nachname muß deutlich lesbar sein. Nicht Abgeholtes wird nach drei Monaten wieder an den Absender zurückgeschickt.

**Telefon:** Sie können von allen Telefonhäuschen aus ins Ausland telefonieren; in jeder Kabine finden Sie mehrsprachige Bedienungshinweise und internationale Vorwahllisten. Für längere Auslandsgespräche empfiehlt sich der Kauf einer Telefonkarte (*tarjeta telefónica*, im Zeitschriftenladen oder im Supermarkt).

Die **Vorwahl** *nach Deutschland* ist 0049, für die Schweiz 0041 und für Österreich 0043. Die *Vorwahl von D, CH und A* ist 0034/922; danach kann die jeweilige Telefonnummer gewählt werden. Die Provinzvorwahl Teneriffas 922 muß auch bei Ortsgesprächen auf El Hierro jeder Nummer vorangestellt werden.

## Sicher und gesund

In puncto Sicherheit ist auf El Hierro die Welt noch in Ordnung: Hier haben Diebstähle Seltenheitswert. Wenn allerdings während der großen Feste, Feiertage oder Ferien viele Fremde auf der Insel sind, schließen sogar die Herreños schon mal ihren Wagen ab. Doch Vorsicht ist auf Reisen immer angebracht, und wahrscheinlich werden Sie die inselübliche Sorglosigkeit ohnehin und schon aus Gewohnheit nicht teilen können.

**Notfall:** Falls das Unwahrscheinliche dennoch passiert, ist die *Guardia Civil* zuständig, bei der Sie Anzeige erstatten und eine entsprechende Bescheinigung für Ihre Reisegepäckversicherung erhalten:

***Guardia Civil,*** ✆ 922-550155, Calle Dacio Darias s/n, Valverde.

Bei größeren Problemen, wenden Sie sich an die:

**Vertretung der Deutschen Botschaft**: Luis Espinosa, ✆ 922-551295, Calle Tabaiba 1, Tamaduste. Di und Do 10.30 – 14.30 Uhr.

***Deutsches Konsulat*** auf Teneriffa: Avda. de Anaga 45, ✆ 922-284812.

***Österr. Konsulat*** auf Teneriffa: C. San Francisco 17, ✆ 922-243799.

### Im Krankheitsfall

In den drei größten Orten der Insel sind die **Gesundheitszentren** *(Centros de Salud)* bei Gesundheitsproblemen auch für Touristen die erste Anlaufstelle. In Valverde gibt es daneben das Krankenhaus mit Ambulanz und Notfallaufnahme. Die medizinische Versorgung ist durchaus vertrauenswürdig; schwere und komplizierte Fälle werden allerdings besser in Teneriffas Universitätsklinik behandelt und denn auch per Hubschrauber nach Teneriffa transportiert.

**Gesundheitszentren:** *Centro de Salud Valverde,* ✆ 922-553590, Calle Los Barriales 1, im Krankenhaus. Öffnungszeiten: Mo – Fr 9 – 17 Uhr; außerhalb der Öffnungszeiten ist die Krankenhaus-Notfallaufnahme zuständig, ✆ 922-553500.

*Centro de Salud Frontera,* ✆ 922-559004, Calle El Pozo 1, geöffnet Mo – Fr 8 – 21 Uhr; Notdienst während des Wochenendes rund um die Uhr.

*Centro de Salud El Pinar,* ✆ 922-558076, Carretera General s/n, zwischen Bäckerei und Tankstelle. Öffnungszeiten Mo – Fr 8 – 15 Uhr, Notdienst am Wochenende rund um die Uhr.

**Zahnarzt:** ✆ 922-551633, Calle Azofa 1, Valverde. ✆ 922-550342, Calle Las Lajas 10. Frontera.

**Apotheken:** gibt es in Valverde, Frontera und El Pinar. Sie sind während der normalen Geschäftszeiten geöffnet.

## Lesen und Hören

Auf El Hierro gibt es keine eigene lokale Tages- oder Wochenzeitung; **inselrelevante Nachrichten** finden sich in der Monatszeitung *La Isla* sowie auf den regionalen Seiten der kanarischen Tageszeitungen *Diario de Avisos* und *El Día*. Daneben erscheint alle zwei Monate die Inselzeitschrift *La voz de El Hierro*, herausgegeben von einer Gruppe engagierter Hobby-Redakteure aus Frontera, die ihrer Insel auch einen Platz im Äther verschafft haben: den **Lokalfunk** *Radio Garoé*. Die Beiträge – Nachrichten, Interviews, kleine Reportagen und Berichte aus politisch, sportlich und kulturell aktiven Kreisen – drehen sich um alles, was die Herzen der Herreños bewegt. *La voz de El Hierro* hat auch eine Seite in deutscher Sprache – offensichtliches Zeichen dafür, daß die deutsche Gemeinde auch auf El Hierro im Wachsen begriffen ist.

Die kanarischen Zeitungen, die man in jeder Bar am Tresen lesen kann, berichten nur spärlich über internationale Politik, ausführlich dagegen über Lokales, gemütsbewegende Ereignisse und Sportliches. Überregional Interessierte bekommen im Zeitschriftenhandel die hervorragende **spanische Tageszeitung** *El País*.

Inzwischen sind auf El Hierro auch viele **deutschsprachige Zeitungen** und Zeitschriften zu haben: *Spiegel, Stern, Die Zeit, Focus,* manchmal auch *FAZ* und *Süddeutsche* sowie diverse Illustrierte.

## Unterkommen

Die in diesem Buch angegebenen **Unterkunftspreise** spiegeln das Niveau von 2004 wider und beziehen sich, wenn nichts anderes angegeben ist, auf die Kosten für zwei Personen pro Tag. Natürlich sind die Preise auf El Hierro wie überall in Bewegung und sollten daher lediglich als Richtwerte angesehen werden.

Üblicherweise sind die spanischen Hotels, Pensionen und Apartmenthäuser in **Kategorien** eingeteilt, auf die ein Schild am Eingang hinweist: Hotels und Pensionen ziert ein blaues Schild mit Sternchen, Apartments (nicht nur in diesem Buch oft mit Aptos. abgekürzt) ein rotes mit Schlüsseln. Da diese Kategorisierung auf El Hierro zwar vorhanden, aber nicht besonders aussagekräftig ist, wurde bei der Beschreibung der Unterkünfte darauf verzichtet. Ausgesprochene Luxushotels oder -apartments gibt es auf der Insel nicht; das beste **Hotel** ist der staatliche *Parador* in Las Playas, der mit vier Sternen ausgezeichnet ist und gehobenen Komfort in stilvoller Atmosphäre bietet. Daneben genügen noch fünf weitere Hotels auch den etwas höheren Ansprüchen: *Puntagrande* in Las Puntas, *Hotelito Ida Inés* in Frontera, das Kurhotel *Balneario del Pozo de la Salud*, das Hotel *Villaflor* in Mocanal, sowie das *Hotel Boomerang* in Valverde.

Neben einfachen **Pensionen** hat El Hierro vor allem schöne Übernachtungsmöglichkeiten in **Apartments** zu bieten: vom voll ausgestatteten *Landhaus* für die ganze Familie bis hin zum gemütlichen kleinen *Studio* für zwei Personen ist für jeden Geschmack und Geldbeutel etwas dabei. Zu den teilweise sehr schön renovierten Landhäusern ↗ **Casas rurales**.

## Camping

Es gibt auf El Hierro nur einen Campingplatz; zwar sehr schön im Pinienwald gelegen, doch nur mit einfachen sanitären Anlagen, ↗ *Hoya del Morcillo.* Wildes Zelten ist verboten.

## Rumkommen

Von der Existenz eines öffentlichen Personennahverkehrs zu sprechen, wäre auf El Hierro maßlos übertrieben. Die **Busverbindungen** sind bisher sehr spärlich und mit touristischen Interessen und Bedürfnissen kaum kompatibel. Sie stammen aus einer hier noch gar nicht lange vergangenen Zeit, in der die Mobilität geringer war, es wenig Autos gab und die Bewohner ihre Dörfer möglichst nur verließen, um umfangreiche Besorgungen oder Behördengänge zu machen: Von jedem Ort der Insel aus fährt frühmorgens ein Bus in die Hauptstadt Valverde, und mittags wieder zurück. Eine Busfahrt kostet zwischen 0,60 und 1,80 €.

Erst in den 1990er Jahren sind die Straßen aus- und weitergebaut worden, zirkulieren mehr Autos auf der kleinen Insel. Auch die Anzahl der **Mietwagen** hat sich in letzter Zeit deutlich erhöht. Um schnell oder mit Gepäck von einem Ort zum anderen zu kommen, sind mangels Alternativen auch die Touristen zumindest zeitweise auf ein Auto angewiesen. Weiteres dazu im nächsten Unterpunkt sowie bei den Orten.

Ein schönes Relikt aus früheren Tagen ist jedoch die Möglichkeit, **per Anhalter** zu fahren. Die Zeiten, in denen man kaum am Straßenrand spazierengehen konnte, ohne daß hilfsbereite Herreños zum Mitfahren einluden, sind zwar vorbei; doch können sich ein oder zwei Personen noch immer darauf verlassen, früher oder später mitgenommen zu werden. Die vierte Möglichkeit, sich auf der Insel

## Busfahrplan

| Abfahrtsort | Abfahrtszeit | Tag | hält in |
|---|---|---|---|
| *Guarazoca* | 7.55 Uhr | Mo – Sa | Erese, Tesbabo, Mocanal, Tenesedra, Santiago |
| *Isora* | 8.00 | Mo – Sa | La Cuesta, Tiñor |
| *Sabinosa* | 6.30 | Mo, Do, Sa | Los Llanillos (6.50) |
| *Las Puntas* | 6.45 | Mi, Fr | Los Mocanes |
| *Tigaday* | 6.30 | täglich | Candelaria, San Andrés, Tiñor |
| *La Restinga* | 7.00 | Mo – Sa | Taibique (7.30), Las Casas, San Andrés |
| **Valverde:** Alle Busse sind zwischen 8.15 und 8.30 in Valverde und fahren dort pünktlich um 12 Uhr vom Busbahnhof wieder ab (die gleiche Strecke zurück). | | | |
| *Isora* | 15.30 Uhr | Mo – Sa | Guarazoca, Erese, Mocanal, Valverde |
| *Valverde* | 18.00 | Mo – Sa | Mocanal, Erese, Guarazoca, Isora |
| *Valverde* | 9.00 | So | Tamaduste, La Caleta |
| *La Caleta* | 18.00 Winter/ | So | Valverde |
| | 19.00 Sommer | So | Valverde |
| *Valverde* | 8.15 | Mo – Sa | Flughafen und zurück |
| *Valverde* | 13.30 | Mo – Sa | Puerto de la Estaca und zurück |
| *Tigaday* | 7.30 | Mo – Fr | Las Puntas, Mocanal |
| *Valverde* | 14.00 | Mo – Fr | Mocanal, Las Puntas, Tigaday |
| *La Restinga* | 8.00 | Mo – Sa | Frontera, Sabinosa, Pozo de la Salud |
| *Pozo de la Salud* | 13.00 | Mo – Sa | Sabinosa, Frontera, La Restinga |

motorisiert von einem Ort zum anderen zu bewegen, ist das **Taxi.** Für die An- oder Rückfahrt bei vielen Wanderungen ist das Taxi die günstigere Alternative zum Mietwagen. Die herrenischen Taxifahrer sind sehr hilfsbereit und zeigen fremden Gästen gern die Schönheiten ihrer Insel. Die Taxis fahren mit Taxameter. Die folgenden Preise sind als Richtwerte zu verstehen. Vom Flughafen nach:

- Valverde 8 €
- Frontera 32 €
- Las Playas/Parador 15 €
- Eine eintägige Inselrundfahrt per Taxi kostet 80 – 100 €.

Wenn Sie sich mit dem Fahrrad von einem Taxi abholen lassen möchten, fragen Sie nach einem Großraumtaxi *(taxi grande).* Die Fahrt ist nicht teurer als mit einem normalen Taxi. Lassen Sie sich dies vorher bestätigen.

***Sociedad Cooperativa Transporte de Viajeros,*** Calle San Francisco 4, Valverde, ✆ 922-550729, -551175, Fax -551496. Calle El Molino 4, Frontera, ✆ 922-559129.

## Mietwagen

Gleich am Flughafen oder in Valverde können Sie ein Auto mieten, auch in Frontera gibt es Filialen einiger Autovermietungen.

Die **Preise** der heimischen Autovermietungen unterscheiden sich nur minimal voneinander, sie richten sich nach Wagentyp und Mietdauer (ab 16 € pro Tag), hinzu kommen die Kosten für eine in jedem Fall empfehlenswerte Vollkaskoversicherung (ab 7 €/Tag, mit geringer Selbstbeteiligung). Während der spanischen Ferienzeit oder an Feier- bzw. sogenannten Brückentagen wie zu Weihnachten oder Ostern kommt es regelmäßig zu Engpässen; wer dann nicht lange vorher ein Auto reserviert hat, muß laufen.

Um einen Wagen zu mieten, darf der Fahrer nicht jünger als 21 Jahre und sein Führerschein nicht weniger als 1 Jahr alt sein (der nationale genügt). Die Kilometerzahl ist unbegrenzt, das Auto wird mit vollem Tank gemietet und vollgetankt wieder zurückgegeben.

**Tankstellen** gibt es nur in Valverde, El Pinar und Frontera. Nur die Tankstellen in Valverde und in Frontera haben sonntags ganztägig geöffnet. Zum Tanken ohne Selfservice (*autoservicio*) bleiben Sie im Wagen sitzen, reichen dem Tankwart den Schlüssel durchs Autofenster und sagen *lleno por favor* (Volltanken bitte). Benzin ist auf den Kanarischen Inseln billig: Bleifreies Normalbenzin kostete im Sommer 2004 0,60 €, Super 0,63 € und Diesel 0,45 € pro Liter.

Die **Verkehrsregeln** werden auch auf El Hierro streng überprüft, und Verstöße kommen teuer zu stehen. Wer zum Beispiel ohne Gurt fährt, riskiert ein Bußgeld von 90 – 120 €! Auch die Mißachtung von Überholverboten, das Überschreiten der Höchstgeschwindigkeit und Falschparken werden streng geahndet. In geschlossenen Ortschaften darf höchstens 50 km/h, auf Landstraßen 90 km/h gefahren werden, doch das ist auf El Hierro ohnehin zu schnell. Parkverbotszonen sind an gelben Bordsteinmarkierungen zu erkennen; an blau markierten Straßenrändern darf geparkt werden.

Privates Abschleppen ist verboten; wenn etwas passiert ist oder der Wagen liegenbleibt, benachrichtigen Sie am besten sofort die Guardia Civil sowie die Autovermietung.

Autofahren auf El Hierro kann anstrengend und abenteuerlich sein: Sie müssen mit erheblichem Gefälle, schmalen Straßen oder holperigen Pisten, engen Serpentinen, außerdem mit plötzlich hereinbrechendem Nebel und schlechter Sicht rechnen. Zum Trost: Das Verkehrsaufkommen ist noch gering, bisher gibt es auf der ganzen Insel nur eine einzige Ampel (vor dem Tunnel nach Las Playas).

# VALVERDE & DER NORDEN

# VALVERDE, DIE BESCHEIDENE HAUPTSTADT

**El Hierros Hauptstadt ist mehr Dorf als Stadt. Zwar findet sich hier alles, was eine Inselhauptstadt braucht: sämtliche Verwaltungsgebäude vom Rathaus bis zum Gericht, Geschäfte und Supermärkte – doch abseits der zwei Straßen, durch die der meiste Verkehr rollt, herrscht beschauliches Landleben. Manche Häuser sind nur über steile, grob gepflasterte Zugänge zu erreichen und die meisten Straßen eher Gäßchen. Gemüsegärten, Ziegen und Hühner prägen das »Stadtbild« immer noch weit mehr als die wenigen modernen Gebäude.**

Mit seinen 1800 Einwohnern ist Valverde ein idyllischer, ruhiger Flecken hoch über dem Meer – die einzige Hauptstadt der Kanaren, die nicht direkt an einem Hafen liegt. Sie hat zwei Gesichter: lacht die Sonne unverhüllt, scheint der Ort aufzuleben, herrscht eine fröhliche, südländische Atmosphäre. Von ferne grüßen das Meer und bei klarer Sicht die drei nahen Inseln, zwischen den blendend weißen Häusern leuchten die Blumen, die Luft ist klar und frisch.

Oft hängt jedoch dichter Passatnebel über der 600 m hoch gelegenen Stadt und hüllt sie in einen feuchtkühlen Grauschleier. Er dämpft die Geräusche, läßt die Menschen frösteln und sich in ihre Häuser verkriechen oder Zuflucht in den Bars suchen. Von einem Moment auf den anderen kann sich das freundliche Valverde in einen unwirtlichen Ort verwandeln. Wenn dazu der Wind pfeift, machen die stillen Straßen plötzlich einen trostlosen Eindruck. Doch hat auch die *bruma,* die Passatwolke, ihren Reiz – vorausgesetzt, man ist nicht zu dünn bekleidet: wenn alles still wie in Watte gepackt daliegt, wenn sich die Nebelschleier immer wieder lichten und neue Ausblicke freigeben oder sich am Abend im matten Schein der Straßenlaternen zu verdichten scheinen. Und schließlich mag auch der Gedanke beruhigen, daß schon einige Höhenmeter weiter unten wieder die Sonne scheint, die Flucht aus dem Naßkalten ins Warme also nicht weiter schwierig ist.

**Sie wenigstens gibt sich hauptstädtisch: Santa María de la Concepción**

Valverde ist für Urlauber wegen seiner feuchtkühlen Witterung besonders im Winter sicher nur für ein paar Tage reizvoll. Von hier aus kann man jedoch viele wunderbare Wanderungen starten und den Norden der Insel bestens erkunden. Mit warmem Pullover und Windjacke gerüstet, läßt es sich hier auch in den Wintermonaten aushalten, wenn man tagsüber aktiv ist und die Umgebung durchstreift. Das Meer und sein warmes Küstenklima ist nah: In zehn bis zwanzig Autominuten ist man an den Badeplätzen des Nordens, und auch zu Fuß dauert es nur eine Stunde (↗ Wanderungen 1 – 3).

Das Angebot an Restaurants und Bars ist für El Hierros Verhältnisse

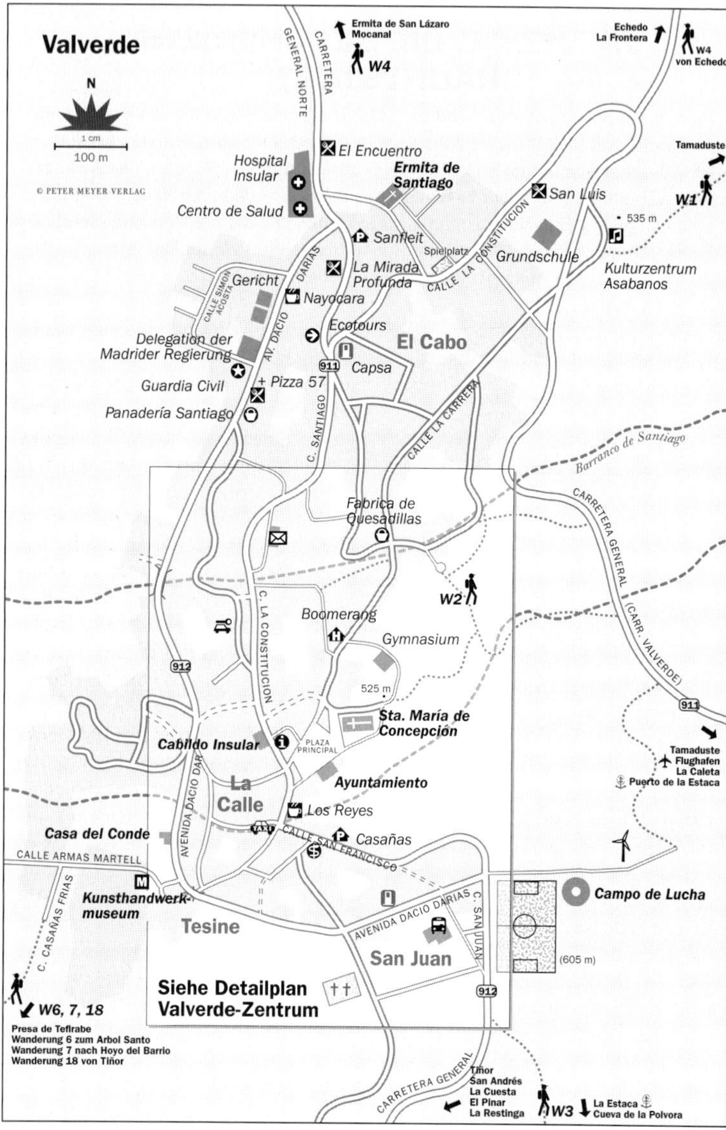
Valverde
N
1 cm
100 m
© PETER MEYER VERLAG
Ermita de San Lázaro
Mocanal
W4
Echedo
La Frontera
W4
von Echedo
GENERAL NORTE
CARRETERA
El Encuentro
Hospital Insular
Ermita de Santiago
Centro de Salud
San Luis
Tamaduste
W1
535 m
Sanfleit
Spielplatz
Grundschule
Kulturzentrum Asabanos
CALLE LA CONSTITUCION
La Mirada Profunda
Gericht
CALLE SIMON ACOSTA
AV. DACIO DARIAS
Nayocara
Ecotours
El Cabo
Delegation der Madrider Regierung
911
Capsa
Guardia Civil
+ Pizza 57
Panadería Santiago
C. SANTIAGO
CALLE LA CARRERA
Barranco de Santiago
Fabrica de Quesadillas
CARRETERA GENERAL (CARR. VALVERDE)
W2
C. LA CONSTITUCION
Boomerang
Gymnasium
912
525 m
Sta. María de Concepción
Cabildo Insular
PLAZA PRINCIPAL
Tamaduste
Flughafen
La Caleta
Puerto de la Estaca
La Calle
Ayuntamiento
Los Reyes
Casa del Conde
CALLE SAN FRANCISCO
Casañas
CALLE ARMAS MARTELL
AVENIDA DACIO DARIAS
Campo de Lucha
Kunsthandwerk-museum
C. SAN JUAN
Tesine
San Juan
(605 m)
C. CASAÑAS FRIAS
Siehe Detailplan Valverde-Zentrum
W6, 7, 18
Presa de Tefirabe
Wanderung 6 zum Arbol Santo
Wanderung 7 nach Hoyo del Barrio
Wanderung 18 von Tiñor
CARRETERA GENERAL
Tiñor
San Andrés
La Cuesta
El Pinar
La Restinga
W3
La Estaca
Cueva de la Polvora

gut, samstags kann man sich sogar ins Nachtleben stürzen – besonders lohnend, wenn eine Fiesta angesagt ist oder zum Beispiel während des Karnevals. An klassischen Sehenswürdigkeiten hat Valverde nicht viel zu bieten, doch gibt es durchaus Einiges, das näher zu betrachten lohnt.

Der Name »Valverde« – grünes Tal – trifft auf die Umgebung zwar zumindest im Frühjahr zu, doch ist es ebenso wahrscheinlich, daß die ersten spanischen Siedler das ursprüngliche Bimbachen-Dorf *Amoco* zur Erinnerung an Siedlungen in ihrer Heimat umtauften, denn auf dem spanischen Festland gibt es nicht wenige Orte namens Valverde. Die Herreños nennen ihre Hauptstadt schlicht *La Villa* (soviel wie Kleinstadt). Das erste Rathaus der Insel nach der Eroberung soll in Las Montañetas gestanden haben (↗ Erese und Guarazoca).

Valverde wurde erst Ende des 15. Jahrhunderts Hauptstadt und Sitz des gräflichen Verwalters, blieb jedoch lange ein ländlicher Ort, dessen Einwohner sich vor allem von der Weidewirtschaft ernährten. Doch in einer Hauptstadt, und sei sie noch so bescheiden, siedelt die politische, kirchliche und militärische Macht und läßt eine Bevölkerungsschicht entstehen, die direkt von den Privilegien dieser Macht profitiert. Auf El Hierro bzw. in Valverde war dies nur eine kleine Gruppe reicher Familien, die die Geschicke der Insel und der großen Mehrheit der ländlichen, armen Bevölkerung bestimmten.

Heute ist Valverde der Ort, an dem am wenigsten Landwirtschaft betrieben wird und die meisten Einwohner im tertiären Sektor – hier Verwaltung, Handel und Dienstleistungen sowie Tourismus – arbeiten. Er ist der Verkehrsknotenpunkt zum Hafen und zum Flughafen. Wer etwas Behördliches zu erledigen hat oder größere Einkäufe tätigen will, kommt an Valverde nicht vorbei. So ist der Ort besonders vormittags an Werktagen quirlig und belebt auch von vielen Herreños aus anderen Orten der Insel.

In den letzten Jahren hat die Gemeinde La Frontera in der Inselmitte zwar einen mächtigen Aufschwung genommen und konkurriert mit der Hauptstadt, doch solange Valverde Sitz der Inselregierung bleibt, wird es ihm nicht den Rang ablaufen können. Auch kulturell hat Valverde traditionell die Nase vorn: Hier gibt es Erwachsenenbildungseinrichtungen und eine Musikschule, es wird Theater gespielt und es werden Konzerte gegeben.

Valverde hat **drei Stadtteile:** den unteren, *El Cabo,* die Ortsmitte, *La Calle,* und die Oberstadt *Tesine.* Zusammen erstrecken sie sich in einem Halbrund über die Hänge vierer Berge. Die Gipfelregion oberhalb Valverdes ist fruchtbar und grün, obwohl nur noch spärlich bewaldet.

## Rundgang durch den Ort

In Valverde fällt die Orientierung leicht. Den besten Überblick bekommt man bei einer Spazierrunde entlang der beiden Hauptstraßen. In den kleinen Gassen herumzuklettern, sollte man jedoch keinesfalls versäumen. Die steilen Sträßchen der Oberstadt Tesine gehen ohnehin in wunderschöne Spazierwege zum grünen »Dach« Valverdes über.

### El Cabo

Als Neuankömmling bekommt man Valverde zuerst »von unten« zu Gesicht: Nach vielen Kurven hält die Straße aus Richtung Hafen oder Flughafen direkt auf den Ort zu, macht noch einen letzten Bogen nach rechts und mündet schließlich nach links in die **Calle la Constitución** ein, die untere der beiden parallel zueinander verlaufenden Hauptstraßen Valverdes.

Bald ist der Ausgangspunkt des Stadtspaziergangs erreicht: die Kreuzung im Herzen des Ortsteils El Cabo. Hier zweigt gegenüber der größten Tankstelle Valverdes die Straße nach Mocanal ab. Die Hauptstraße gibt bald den Blick frei auf das untere Valverde, ganz unten am Meer sieht man von hier sogar den Flughafen. Nach oben und unten, rechts und links führen immer wieder kleine grobgepflasterte Gassen und Treppen. Zwischen die alten, meist kleinen Häuser in traditioneller Bauweise schieben sich neue mehr oder weniger gesichtslose Betonklötze.

Hundert Meter weiter zweigt die Sackgasse **Calle de Correos** nach links zur Post ab, bald darauf überquert die Straße einen Barranco, wieder mit schönem Blick: Aus nicht allzu großer Ferne grüßen die Kirche, das Rathaus, die Oberstadt Tesine und die Berglandschaft über dem Ort. Kurz darauf weitet sich die Straße zu einem hübschen terrassenartigen Platz, bevor sie zur schmalen Einbahnstraße *Calle Doctor Quintero* wird. Im modernen Gebäude auf der rechten Straßenseite, dem **Cabildo Insular,** wird die Inselpolitik gemacht. Ansonsten stammen hier noch die meisten Häuser aus dem letzten Jahrhundert; die auf der rechten Seite sind schlicht und einfach, sie bergen kleine Geschäfte, die in der Mittagszeit hinter den geschlossenen Fensterläden kaum erkennbar sind. Die linke Häuserzeile, durchbrochen von Treppen, die zur **Plaza Principal** führen, hat ein prächtiges mehrstöckiges Gebäude mit Balkonen und Türmchen zu bieten sowie das alte Kino (heute Discothek). Ein schön renoviertes *traditionelles Haus* am Ende der Straße, früher Sitz des Cabildo, beherbergt einen Ausstellungsraum, in dem sich Kunsthandwerk von der Insel und kanarische Malerei (wechselnde Ausstellungen) bewundern und auch kaufen lassen.

### La Calle

Hier ist schon das **Zentrum des Ortes erreicht:** Nach links geht es steil hinunter zum Rathaus und zur Kirche, nach rechts zum Mittelpunkt des öffentlichen Lebens an der Ecke *Calle Licenciado Bueno* und *Calle San Francisco*. Hier ist der zentrale Taxistandplatz, befinden sich zahlreiche Geschäfte, Banken und das öffentliche Wohnzimmer der Herreños, die Bar *Los Reyes,* wo fast jeder, der in Valverde zu tun hat, wenigstens auf einen kurzen Schwatz hereinschaut. Hier gehen die Teenies auf und ab,

Aloe und Echium begrünen die Hauptstadt als sei sie irgendeine nette Vorstadtsiedlung

hocken die Alten in den Hauseingängen, werden Nachrichten ausgetauscht, ist die kurze Meile des Sehen- und Gesehenwerdens. Verpassen kann man sich kaum. Auch für rucksackbeschwerte Touristen ist dies die erste Anlaufstelle: die nahe Touristeninformation, Reisebüro und Taxifahrer helfen weiter bei der Suche nach Unterkunft und bei Fragen zum Weiterkommen.

An der **Calle San Francisco,** die nach links abgeht, liegen weitere Geschäfte und Bars sowie die Apotheke im Gebäude des *Casino.* Zwei große Baulücken, seit Jahrzehnten unverändert häßlich, prägen das Straßenbild, linker Hand eine sinnlose Mauer mit schon verblichenen Graffiti. Auf der rechten Seite stand noch Anfang der 60er Jahre das historische Gebäude eines Franziskanerkonvents. Es wurde seit dessen Auflösung am Ende des 18. Jahrhunderts als Gefängnis genutzt.

## San Juan & Tesine

Die Calle San Francisco geht über in die **Calle San Juan,** die in einem Bogen nach rechts um einen Hügel herumführt (Fußgänger gehen weiter auf der steil hinaufführenden Gasse). Das geschäftige Viertel am südöstlichen Ortsende wird auch **San Juan** genannt. Hier liegen die Busstation, Supermärkte, Kfz-Werkstätten, der Fußballplatz und die Ringkampfarena *(Campo de Lucha).*

Die **Avenida Dacio Darias** führt in das Oberdorf **Tesine.** Wer die Straße entlangspaziert, hat einen wunderschönen Blick über die Stadt und das

Meer tief unten, bei Fernsicht bis hin zu den Nachbarinseln.

Kurz bevor die Avenida Dacio Darias eine Rechtskurve macht, sehen Sie oberhalb der Straße das **Museum für Kunsthandwerk.** Das altkanarische Haus beherbergt alte und neue herrenische Keramik, eine alte Schmiede, Webstühle u.v.m. Die Dauerausstellung gibt einen guten Überblick über die traditionelle Handwerkskunst.

*Museo de Artesanía,* Calle Armas Martell 1. Mo – Sa 14 Uhr, im Sommer auch nachmittags und So geöffnet.

Ein Stück weiter ist links der Hauptstraße ein schön bepflanzter Garten mit einem der seltenen älteren Drachenbäume El Hierros zu sehen und ganz in der Nähe die historische **Casa del Conde** mit ihrer Holzveranda und den kanarischen Schiebefenstern. In dem Haus soll früher der Stellvertreter des gräflichen Feudalherren La Gomeras gewohnt haben. Ein Abstecher nach oben in die steilen Sträßchen Tesines lohnt sich nicht nur wegen der Aussicht – dort oben stehen viele alte Häuser, sind einige malerische Winkel zu entdecken.

Archaisch: Drago

Weiter auf der Hauptstraße tauchen nach etwa 500 m linker Hand nebeneinander aufgereiht die Gebäude der *Guardia Civil,* der *Madrider Delegation,* der *Landwirtschaftsbehörde* und des *Gerichts* auf, dahinter eine Neubausiedlung. Kurz darauf ist der Ortsausgang erreicht, die Avenida Dacio Darias stößt auf die **Carretera General,** die nach links in Richtung Mocanal führt und nach rechts wieder hinunter in den Ortsteil El Cabo. Linker Hand liegt das Krankenhaus der Insel. Schräg gegenüber sieht man auf einem kleinen Hügel die für eine Kapelle recht große **Ermita de Santiago,** den ältesten Kirchenbau El Hierros. Bevor diese erste Kirche errichtet war, wurde der heilige Santiago in einer Höhle verehrt, der *Cueva de la Polvora* in der Nähe des alten Verbindungsweges zum Hafen La Estaca (↗ »Spaziergänge«).

## Rathausplatz & Festungskirche

Der schöne stille Hauptplatz vor dem Rathaus heißt offiziell **Plaza Virrey de Manila.** Er ist nach einem Herreño benannt, der es auf den Philippinen zu Ruhm und Ehre gebracht hat. Mit ihren weißen Geländern wirkt die

Schlichte Grafenresidenz: Casa del Conde

Plaza wie ein Balkon über dem Meer. Sie ist kaum belebt, genauso wie die lauschigen Terrassen um die Kirche herum – wahrscheinlich liegt das am oft ungemütlichen Wetter des Ortes. Noch in den 50er Jahren waren diese Terrassen Ackerfläche, und auf dem Kirchplatz vor dem Pfarrhaus wurden Ringkämpfe ausgetragen.

Zu Volksfesten bekommt der Platz ein Dach: Gegen Wind und Nebel wird ein Zelt hochgezogen, das die ganze Plaza überspannt. Die Treppe nach unten zum Kirchplatz wird mit einer Bühne überbaut, und fertig ist das Festzelt, in dem bis zum Morgengrauen geschwoft wird.

Das **Rathaus** *(Ayuntamiento)* ist ein prächtiges Gebäude in altkanarischem Stil, wurde aber erst in den dreißiger Jahren des 20. Jahrhunderts erbaut, ebenso wie das gegenüberliegende mehrstöckige Gebäude.

Über die Treppe hinab erreicht man die Hauptkirche der Insel, **Santa María de la Concepción** aus dem 18. Jahrhundert, deren Grundmauern auf die Mitte des 16. Jahrhunderts zurückgehen. In den unsicheren alten Zeiten diente sie den Bürgern Valverdes auch als Festung und Zufluchtsort gegen Piratenangriffe. Zur Bajada 1997 wurde sie restauriert, ebenso wie das gegenüberliegende *Pfarrhaus*. Ihre wuchtige Fassade wird über dem Hauptportal von einem Glockentürmchen mit Holzbalkon gekrönt, das von den Proportionen her zu klein geraten ist für den massiven, dreischiffigen Kirchenbau. Ein heftiger Sturm fegte im Januar 1999 die ursprünglich hölzerne Madonnenfigur von der Kirchturmspitze. Sie wurde durch einen Bronzeabguß ersetzt.

Der prächtige Innenraum ist von toskanischen Säulen unterteilt, auf denen die wunderschöne holzgetäfelte Decke im traditionellen kanarischen Mudéjarstil ruht. Der barocke Altar mit der schlanken Statue der *Nuestra Señora de la Concepción* aus mehrfarbigem Holz und die anderen Heiligenbilder und -figuren erreichen nicht die Wirkung des weiten, großzügigen Kirchenraums. Die ältesten Figuren datieren aus dem Barock, darunter ein kanarisches Bildnis der trauernden Maria und der *Christo de la Columna,* ein genuesisches Werk aus dem 18. Jahrhundert. Eine kleine ausdrucksstarke Skulptur aus der gleichen Zeit, genannt *Señor de los Grillos,* zeigt Jesus mit der Dornenkrone und Handgelenkfesseln *(grilletes).* Sie war 2004 in der Sakristei aufgestellt.

Während des größten Inselfestes, der **Bajada** zu Ehren der ***Virgen de Los Reyes*** (↗ La Bajada de la Virgen), sind hier in der Hauptkirche alle Heiligen und Schutzpatrone der verschiedenen Dörfer versammelt. Zusammen mit der Virgen werden sie während der **Fiesta Real** am Sonntag nach der Bajada in einer großen, feierlichen Prozession durch Valverde getragen.

Die Kinder tragen nicht schwer am kleinsten Inselheiligen, San Salvador

## Archäologie und Käsetörtchen

An der Calle Doctor Juan Ramón, gegenüber Kirche und Pfarrhaus, liegt das Gebäude des (2004 noch im Bau befindlichen) **Museums für Archäologie.** Kern der zukünftig hier ausgestellten Sammlung sollen Teile des sensationellen Fundes aus der *Cueva de los Huesos* bei La Restinga sein. 1998 stießen Archäologen dort während Straßenverbreiterungsarbeiten auf die *Knochenhöhle*, eine große Grabstätte der Bimbaches mit an die 60 Skeletten von Männern, Frauen und Kindern jeden Alters. Analysen haben eine Unmenge interessanter Hinweise auf das harte Leben der Ureinwohner ergeben. (Sie brauchen übrigens nicht nach der Höhle zu suchen: Nach den Ausgrabungen bzw. dem Bergen des Fundes verschwand sie mitsamt dem Fels, der der Straßenbegradigung nach La Restinga im Wege stand).

An der nahen **Calle Doctor Gost** liegt das *Hotel Boomerang,* gegenüber an der Calle Republica de Venezuela das *Gymnasium* Valverdes. Das andere große Gebäude ist ein **Altersheim;** liebevoll angelegt mit kleinen Terrassen und in weiße Mäuerchen eingefaßten Beeten aus schwarzem *jable* (Lavakies). Diese Gärten sind öffentlich zugänglich und bei sonnigem Wetter ein schöner stiller Platz zum Lesen und Träumen.

Weiter die Calle Doctor Gost entlang kann man kurz nach der Barranco-Brücke in der **Fabrica de Quesadillas** frisch gebackene Quesadillas (kleine würzige Käsetörtchen, eine Inselspezialität) erstehen. In den ländlichen Gassen El Cabos unterhalb der Hauptstraße finden sich noch viele alte kanarische Häuser und malerische Winkel. Immer geradeaus weiter auf der **Calle La Carrera,** noch einen Barranco querend, gelangt man schließlich zum nordöstlichen Ortsausgang. Kurz vor der Landstraße in Richtung Flughafen und Hafen sehen Sie links die Grundschule des Orts, etwas versetzt hinter der Landstraße geradeaus das rosagestrichene, langgestreckte Gebäude des **Kulturzentrums Asabanos**, einer ehemaligen Kaserne.

## Spaziergänge

Schöne Spaziergänge bei klarem Wetter lassen sich besonders vom oberen Ortsteil **Tesine** aus machen. Die Gegend oberhalb Valverdes ist durchzogen von vielen alten Wegen sowie Pisten neueren Datums, die immer wieder herrliche Ausblicke bieten. Man wandelt gemütlich zwischen Weiden und Fincas, auch waldigen Flecken und kleinen Eukalyptushainen. Von hier aus läßt sich in einer Dreiviertelstunde *Mocanal* erreichen (↗ Wanderung 7), oder in südlicher Richtung das Dorf *Tiñor* (↗ Wanderung 18).

Vom südlichen Ortsausgang Valverdes in Richtung San Andrés geht es gleich hinter dem Sportplatz zum Wanderweg in Richtung **Hafen** (↗ Wanderung 3). Unterhalb der neuen Piste, die vom Weg zum Hafen aus in südliche Richtung geschoben wurde, befindet sich auf Privatgelände die **Cueva de la Polvora,** die als erste Kirche Valverdes diente. Später wurde hier einmal Schießpulver gelagert, daher ihr Name. Leider hat sie der Pistenbau ruiniert; infolge der Erschütterungen löste sich ein großer Brocken von der Decke und begrub die alten Malereien auf der hinteren Felswand unter sich.

## Unterkunft

Valverde hat nur 3 Unterkünfte zu bieten; die Pensionen unterscheiden sich in Komfort und Preis kaum, nur in der Lage, ↗ Karte Valverde Übersicht.

***Hotel Boomerang,*** Calle Doctor Gost 1, ✆ 922-550200. Die beste Wahl am Ort, schon allein wegen der kleinen Heizung in jedem Zimmer. 17 freundliche Zimmer mit Bad, sauber und hell. Ruhige Lage in der Nähe des Kirchplatzes, nach vorn mit Blick auf den Bolzplatz des Gymnasiums, nur in der oberen Etage nach vorn mit Meerblick. Mit Restaurant/Bar durchschnittlicher Qualität. DZ 49,50 €, EZ 37 €.

***Pensión Casañas,*** Calle San Francisco 9, ✆ 922-550254. 17 saubere Zimmer, unterschiedlich in Größe und Helligkeit. Die Zimmer nach hinten haben Meerblick, die zur Straße hin sind laut. DZ 30 €, EZ 24 €.

***Pensión Sanfleit,*** Calle Santiago 18, ✆ 922-550857. 15 einfache saubere Zimmer, die nach hinten mit Blick auf das Meer. Restaurant nebenan. DZ mit Bad 27 €, EZ ohne Bad 22 bzw. 18 €.

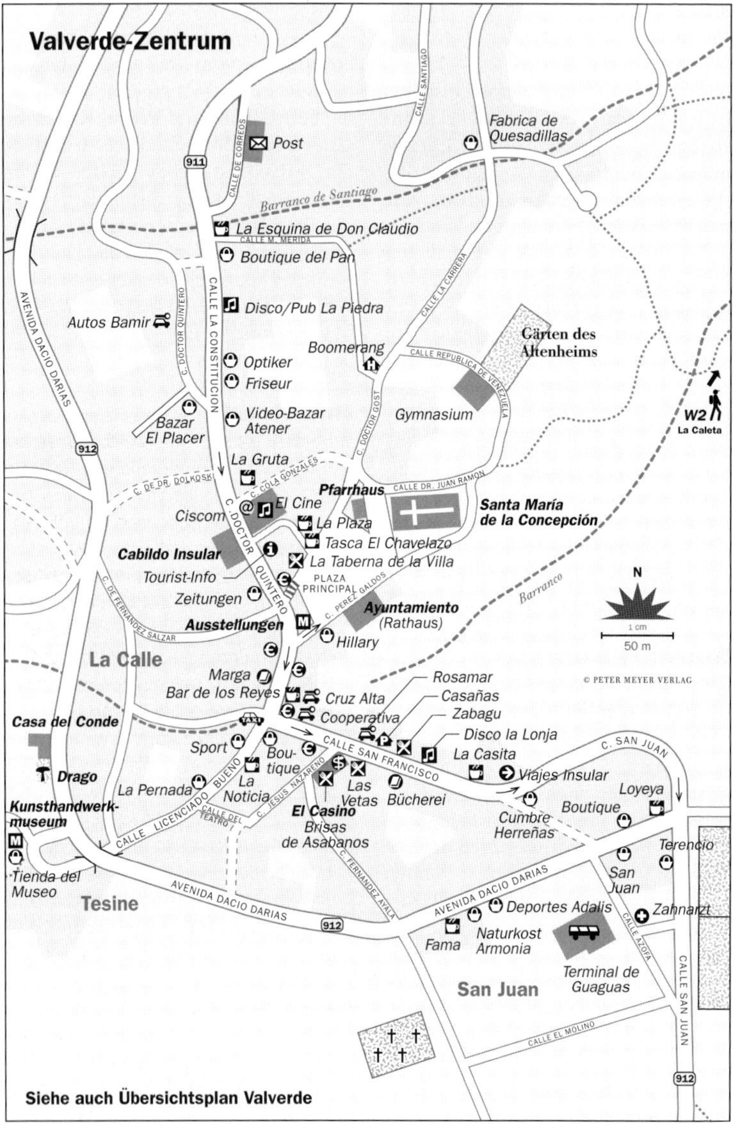
Valverde-Zentrum
Post
Calle de Correos
911
Calle Santiago
Fabrica de Quesadillas
Barranco de Santiago
La Esquina de Don Claudio
Calle M. Merida
Boutique del Pan
Calle La Constitucion
Disco/Pub La Piedra
Autos Bamir
C. Doctor Quintero
Avenida Dacio Darias
Calle La Carrera
Gärten des Altenheims
Boomerang
Optiker
Friseur
Calle Republica de Venezuela
Video-Bazar Atener
Bazar El Placer
C. Doctor Gost
Gymnasium
W2
La Caleta
912
La Gruta
C. Cola Gonzales
C. de Dr. Dolkoski
Pfarrhaus
Calle Dr. Juan Ramon
Ciscom
El Cine
Santa María de la Concepción
La Plaza
C. Doctor Quintero
Tasca El Chavelazo
Cabildo Insular
La Taberna de la Villa
Tourist-Info
Plaza Principal
C. Perez Galdos
Zeitungen
C. de Fernandez Salzar
Barranco
N
Ayuntamiento (Rathaus)
Ausstellungen
1 cm
50 m
Hillary
La Calle
Marga
Rosamar
© PETER MEYER VERLAG
Bar de los Reyes
Cruz Alta
Casañas
Casa del Conde
Cooperativa
Zabagu
Disco la Lonja
Sport
Calle San Francisco
C. San Juan
Boutique
La Casita
Drago
La Pernada
La Noticia
Las Vetas
Bücherei
Viajes Insular
Loyeya
Calle Licenciado Bueno
C. Jesus Nazareno
Kunsthandwerk-museum
Calle del Teatro
El Casino
Brisas de Asabanos
Cumbre Herreñas
Boutique
Terencio
Tienda del Museo
C. Fernandez Ayala
San Juan
Tesine
Avenida Dacio Darias
Deportes Adalis
Zahnarzt
Fama
Naturkost Armonia
C. Azofa
Terminal de Guaguas
San Juan
Calle San Juan
Calle El Molino
Siehe auch Übersichtsplan Valverde

## Essen & Trinken

Die Restaurants in Valverde bieten, bis auf das an der Plaza und das im Casino, mehr oder weniger dasselbe: solide kanarische Küche, Fisch oder Fleisch mit Kartoffeln und pikanter Soße. Auch die Preise unterscheiden sich kaum. Fast alle Bars bieten leckere Tapas für den kleinen Hunger zwischendurch.

***La Taberna de la Villa,*** Plaza Principal. Erste Wahl in Valverde: hervorragendes Essen, kanarisch mit italienischen Auflockerungen, faire Preise. Schlichte, stilvolle Einrichtung. Oben wird gespeist, unten trifft man sich zu Tapas, Vino und Cerveza.

***Bar La Plaza,*** im Durchgang von der Plaza zur Discothek El Cine, von der Calle Doctor Quintero treppabwärts neben dem Patronato de Turismo. Schöner Blick auf die Plaza.

***Bar La Gruta,*** Calle Lola Gonzalez 10 (gleich um die Ecke vom PSOE-Büro). Snacks und Hamburger.

***Bar Restaurante Brisas de Asabanos,*** Calle Jesús de Nazareno 1, im Casino-Gebäude. Gute Küche, auch international angehauchte Gerichte; nicht billig.

***Bar Restaurante La Mirada Profunda,*** Calle Santiago 24. Kanarisches mit chinesischen Tupfern, Tapas.

***Bar Restaurante San Luis,*** Calle La Constitución s/n, am nördlichen Ortsende. Beliebt für Tapas ebenso wie für Hauptgerichte; preisgünstig und empfehlenswert.

***Bar Restaurante Los Reyes,*** Calle Licenciado Bueno s/n. Traditioneller »Marktplatz« Valverdes für Jung und Alt, an Werktagen herrscht tagsüber Hochbetrieb. Geräumig und laut, wegen der guten Akustik brüllt es sich nochmal so gern, dazu quakt der Fernseher. Leckere Tapas, preiswertes Essen.

***Bar Restaurante Las Vetas,*** Calle San Francisco s/n, Snack-Bar mit Pizzen, Hamburgern, Bocadillos und Pepitos, frischgepreßten Säften und Drinks. Abends vor allem von jungen Leuten bevölkert, auch samstags nachts ein beliebter Stärkungsort.

***Bar Restaurante Zabagu,*** Calle San Francisco 9, gleich neben der Pensión Casañas. Kanarische Küche und Pizza, große Portionen, mäßig teuer.

***Bar La Noticia,*** Calle Licenciado Bueno 11. Zum Kaffee oder Wein kann man sich hier durch ein reiches Angebot an Zeitungen und Zeitschriften lesen, die neuesten Nachrichten werden gleich lautstark am Tresen kommentiert. Auch deutsche Zeitungen (vom Vortag) erhältlich.

***Bar Loyeya,*** Avenida Dacio Darias 2. Kleine Bar am südlichen Ortsende, von Einheimischen gern frequentiert nach einem anstrengenden Großeinkauf in den nahen Supermärkten oder beim Warten auf die Autoreparatur.

***Cafetería Fama,*** Avenida Dacio Darias 19. Kuchen, Hamburger, Pizza.

***+Pizza 57,*** Avenida Dacio Darias 60. Empfehlenswerte Pizzen, auch andere italienische Tagesgerichte, zum Mitnehmen.

***Café Nayocara,*** Avenida Dacio Darias 62, gegenüber vom Gerichtsgebäude. Kleine Kaffeebar mit großem Angebot an süßen Törtchen und Teilchen, auch zum Mitnehmen.

***Bar Restaurante El Encuentro,*** Calle Los Barriales 4, schräg gegenüber dem Krankenhaus, auch deshalb belebt und beliebt. Tapas und kanarische Küche.

## Nachtleben

In Valverde lebt die Nacht nur am Samstag oder bei Fiestas – dann aber richtig. Hier reisen samstags auch Herreños von den anderen Dörfern an. Wer mitmachen will, muß wissen, daß vor Mitternacht nichts los ist, dann aber von ein Uhr bis in die frühen Morgenstunden. Besonders bei Fiestas, wenn die Plaza zum Festzelt wird, herrscht ein ständiges Hin und Her zwischen den Discotheken, wird das Zentrum Valverdes zur »Piste«. Die Beliebtheit der Discos hängt von den Launen der einheimischen Kids ab – je nachdem kann's voll oder gähnend leer sein. Selten sind alle drei Discotheken geöffnet.

***El Cine,*** Discothek, La Plaza. Stilvoll eingerichtet im alten Kino Valverdes, bestückt mit museumsreifen Vorführmaschinen, alten Filmrollen und Plakaten. Großer hoher Saal mit langem Tresen, die Leinwand an der Stirnseite wird immer noch genutzt für Videoclips oder auch Inseldias.

***La Piedra,*** Calle La Constitución 4. Schlichte Halle, Bar und große Tanzfläche, buntes Licht und laute Dröhnung.

***La Lonja,*** Calle San Francisco 9, Eingang rechts unten neben Zabagu-Bar. Große, mit Lavasteinen und viel Holz sehr schön gestaltete Disco. Mit separaten Barräumen und sogar einem kleinen Innenhof.

***Bar Tasca El Chavelazo,*** Plaza Principal, direkt unterhalb der Bar Plaza. Beliebte Bar zum Aufwärmen vor dem Abtanzen. Laut. Ab 22 Uhr.

***Bar La Esquina de Don Claudio,*** Calle La Constitución s/n. Wem es in der nahen Disco »La Piedra« zu laut wird, erholt sich hier bei einem ruhigen Drink.

***Pub La Casita,*** Calle San Francisco 17. Kleine, erst ab 22.30 Uhr geöffnete Bar mit großem Videoschirm. Für discomüde Nachtschwärmer.

### Kulturelle Einrichtungen

Informationen zu Veranstaltungen, Konzerten, Filmvorführungen usw. erhalten Sie in der Touristeninformation.

***Centro Cultural Asabanos,*** am Ortsausgang Richtung Hafen. Im Asabanos finden kulturelle Veranstaltungen, politische Versammlungen, Konzerte und Theateraufführungen statt. Außerdem wird der Saal regelmäßig für Kinovorführungen genutzt.

***Casino,*** Calle Jesús Nazareno. Theateraufführungen und Filme, von wohlhabenen Kulturinteressierten in der Tradition des alten Theaters Valverdes privat organisiert.

## Einkaufen

Shopping ist in Valverde kein Thema, doch für den täglichen Bedarf bekommt man hier alles. In den Lebensmittelläden geht es gemütlich zu; selbst bei großem Andrang haben die Verkäuferinnen viel Zeit, und die Kundinnen und Kunden ein bewundernswertes Maß an Gelassenheit. Einen Markt gibt es nicht, Obst und Gemüse sind nur in den Supermärkten zu bekommen.

**Supermärkte:** ***Supermercado Terencio,*** Calle San Juan 16. Gut sortierter Supermarkt mit kleiner Bar am Ausgang, wo man sich mit bestem Kaffee und ofenfrischen Leckereien stärken kann.

***Supermercado San Juan,*** Avenida Dacio Darias 7. Mittlerweile fast einzige Alternative zum Insel-Monopolisten »Terencio«.

**Fleisch:** ***Charcutería Cumbres Herreñas,*** Calle San Juan 4, eine unbedingt sehenswerte Metzgerei: ein Fleischertraum in rosa, von den Gardinen bis zu den Fliesen. Alles frisch und von guter Qualität.

***Carniceria Charcutería La Pernada,*** Calle Licenciado Bueno 20. Ebenfalls gute Qualität.

**Bäcker:** ***Panadería Santiago,*** Avenida Dacio Darias 56. Frisches Brot, Croissants und Süßes Mo – Sa von 7 – 13 Uhr, So von 7 – 11 Uhr.

***Boutique del Pan,*** Calle La Constitución 4. Brot, Quesadillas und andere süße Spezialitäten; kleines Stehcafé.

**Naturkost:** ***Armonia***, ein kleiner, esoterisch angehauchter Laden an der Avenida Dacio Darias 17. Außerdem Naturkosmetik, Qi-Gong-Kugeln, Schmuck, Bücher u.v.a.m.

**Zeitschriften und Zeitungen:** (auch deutschsprachige), Land- und Postkarten sowie einige Buchtitel über El Hierro gibt es im kleinen ***Laden*** an der Calle Doctor Quintero 7.

***Bar La Noticia,*** Calle Licenciado Bueno 11.

***Librería/Papelería Marga,*** gegenüber Bar Los Reyes. U.a. Titel über El Hierro und die Schwesterinseln, auch pmv-Reiseführer; ansonsten Landkarten, Schreibwaren, Fotokopien und Zeitschriften.

**Filme & Fotos:** ***Video-Bazar Atener,*** Calle Doctor Quintero 16. Filme sind hier teurer als in Deutschland, die Entwicklungsqualität läßt zu wünschen übrig. Besser zu Hause entwickeln lassen.

**Frißt nur Briefe: Der Hauptpostlöwe**

**Kleidung:** Wenn das letzte Hemd zerrissen ist, kann man ein neues in den Läden an der Avenida Dacio Darias neben der Bar Loyeya und im No-name-Laden in der Calle San Francisco 2 erstehen, allerdings nicht gerade billig. Letzterer ist ein Kuriosum: vollgehängt mit allem Möglichen und Unmöglichen, nach Muff und Mottenpulver riechend.

***Hillary,*** Calle Pérez Galdos 2, an der Plaza Principal findet sich diese kleine Boutique mit dem bemerkenswerten Namen.

**Optiker:** Calle Doctor Quintero s/n.

**Sportgeschäft:** Calle Licenciado Bueno 12, u.a. Rucksäcke, Angler- und Tauchgerät.

***Deportes Adalis,*** Avenida Dacio Darias 17, Sport- und Kinderbekleidung.

**Souvenirs:** ***Tajaraste,*** Calle San Francisco 16.

***Bazar El Placer,*** Calle Doctor Quintero 23; dort gibt es neben Kitsch und Postkarten auch Briefmarken.

***Tienda de Artesanía,*** Calle Doctor Quintero 2, inseltypisches Kunsthandwerk.

***Tienda del Museo,*** Calle Armas Martell 1. Auch hier ein schönes Angebot an Keramik, gewebten Taschen und Teppichen, Stickereien und Gebrauchskunst aus duftendem Holz.

## Verkehr

**Busstation:** *Terminal de Guaguas,* San Juan (↗ Reisepraxis, Rumkommen).

**Taxizentrale:** *Cooperativa de Transportes,* Calle San Francisco 4, ✆ 922-550729.

**Autovermietungen:** *Autos Bamir,* am Flughafen ✆ & Fax 922-551291, Calle Doctor Quintero 27, ✆ & Fax 922-550183. Sehr freundlicher Service, den Wagen kann man auch in Frontera mieten bzw. dort abgeben.

*Autos Cruz Alta,* Calle San Francisco 1, ✆ 922-550004.

*Auto Cooperativa,* Calle San Francisco 4, ✆ 922-551175.

*Autos Rosamar,* ✆ 922-550422, Calle San Francisco 9.

*Autos Cicar,* Flughafen, ✆ 922-551395.

*Betacar, Flughafen,* ✆ 922-550530.

*Union Rent,* Flughafen, ✆ 922-552014.

**Tankstelle:** *Cepsa,* Calle La Constitución, auch So ganztägig.

**Reisebüros:** *Ecotours,* Calle Licenciado Bueno s/n.

*Viajes Insular,* Calle San Juan 1.

*Iberia,* im Flughafen: ✆ 922-5508-78/-79. Tickets am Flughafen und in den Reisebüros.

## Nützliche Adressen

**Touristeninformation:** *Patronato de Turismo,* Calle Doctor Quintero 4, ✆ 922-5503-02/-26, Fax -551052, turismo@el-hierro.org, Öffnungszeiten Mo – Fr 8.30 – 14.30 Uhr, Sa 9 – 13 Uhr. Freundliche Auskunft bei allen Fragen rund um die Inselferien; allerdings besser auf Englisch als auf Deutsch.

**Post:** In der Calle de Correos, unterhalb der Calle La Constitución. Ein großes Gebäude in kanarischem Stil; Mo bis Fr 9 – 14 Uhr, Sa 9 – 12.30 Uhr. Hier wirft man seine Briefe in den offenen Rachen eines Löwenkopfes; der Schlund wird regelmäßig geleert. Einen Briefkasten finden Sie auch bei den Telefonzellen am Taxistand »La Calle«.

**Internet:** *Ciscom,* Calle Doctor Quintero 6. Hier kann man surfen, faxen und Telefonkarten kaufen: Mo – Fr 11 – 14 und 17 – 22 Uhr, Sa 11 – 14 und 18 – 22 Uhr sowie So 18 – 22 Uhr.

**Banken:** Alle Banken und Geldautomaten sind um die berühmte Straßenecke La Calle herum zu finden und Mo – Sa 9 – 14 Uhr geöffnet:

*Banco Central Hispano (BCH),* Calle Doctor Quintero 4;

*BBV,* Calle Licenciado Bueno s/n;

*Caja Canarias,* Calle San Francisco 1;

*Caixa,* Calle San Francisco 6.

**Rathaus:** *Ayuntamiento,* Calle Pérez Galdos, ✆ 922-550025, geöffnet Mo – Fr 9 – 14.30 Uhr.

**Polizei:** *Guardia Civil,* Avenida Dacio Darias s/n, ✆ 550105.

**Medizinische Hilfe:** *Centro de Salud,* im Krankenhaus links neben dem Haupteingang, ✆ 922-553590 (↗ Sicher und gesund).

*Hospital Insular,* Calle Los Barriales 1, ✆ 922-553500.

*Zahnarzt (Dentista),* Calle Azofa 1; ✆ 922-551633.

*Apotheke (Farmacía),* Calle San Francisco s/n, ✆ 922-550907.

*Physiotherapie und Massage,* Sabine Rahtjen, Praxis im Casino, Calle Jesús Nazareno s/n, Mo – Fr 9 – 13, 16 – 20 Uhr. Termine nur nach Vereinbarung: Mobiltelefon 660/883374.

# SONNIGE ORTE AM MEER & STILLE WEILER IM PASSATNEBEL

**Die Küstenzone im Nordosten El Hierros, von Echedo bis zur Bucht von Las Playas, gehört wie die westlich von Valverde gelegenen Dörfer zum Verwaltungsbezirk Valverde. Diese Dörfer im hochgelegenen Hinterland werden »Barrios« genannt. An der Küste wohnen viele Menschen, die in der Hauptstadt arbeiten, es aber vorziehen, im milden Meeresklima zu leben. Nicht wenige Bewohner Valverdes haben in den Küstenorten ihre Ferienhäuschen, und auch für Touristen gibt es hier inzwischen einige Wohnmöglichkeiten.**

## DIE NORDOSTKÜSTE VON OBEN NACH UNTEN

### Echedo

Echedo, 3 km nördlich von Valverde, hat sich in den letzten Jahren immer mehr zu einem beliebten Wohnsitz im Norden der Insel entwickelt. Das Klima hier ist angenehmer als in der 200 m höher gelegenen Hauptstadt. Über das ganze Tal verstreut sind viele neue Häuser, z.T. zwischen Ruinen schon lange verlassener Fincas, emporgewachsen. Die Bewohner Echedos arbeiten größtenteils in Valverde, einige bestellen daneben ihre kleinen Felder, ziehen ihr Gemüse und Obst selbst und halten ein paar Ziegen. Noch gar nicht so alt ist in dieser Gegend die Weinbautradition, die heute das Ortsbild prägt – die schwarzen Lavahänge ringsum sind im Sommer grüngefleckt vom Weinlaub.

Der untere Ortsteil *Gualisancho* ist eine Mischung aus uralt und ganz neu: Richtung Küste sieht man zahlreiche alte, verlassene Häuser mit *aljibe* (Zisterne), teilweise in Ruinen, teilweise auch sehr schön wiederhergerichtet. Ein schon fast aufgegebener Ort also, der kurz vor dem endgültigen Aus wiederbelebt wurde. An der Küste der *Punta Norte* sammelten die Einwohner Echedos früher Salz aus natürlichen Salinen, bzw. flachen Lavabecken, in denen die Spritzer der Gischt eine Salzkruste hinterließen; noch heute heißt diese Gegend *Las Salinas*.

Derzeit gibt es in Echedo keine Unterkunftsmöglichkeit, und nur ein Restaurant. Vor der kleinen Plaza – die Ermita heißt nach ihrem Heiligen *San Lorenzo* – führt eine Straße in westlicher Richtung aus dem Ort heraus in Richtung Mocanal und Pozo de las Calcosas.

#### Unterkunft & Restaurant

***Casa Candy,*** schönes Natursteinhaus für 2 bis 3 Personen, mit Terrasse und Meerblick. Das große Grundstück liegt absolut ruhig im Ortsteil Gualisancho. Ab 45 €/Tag. Vermittlung: Fincaferien (↗ Reisepraxis).

***Casa Loly,*** geräumiges, zweistöckiges Holzhaus für 2 bis 5 Personen, gemütlich und gut ausgestattet, zwei Schlafzimmer für 2 Personen, eins mit Balkon, ein Zimmer mit Schlafcouch, Wohnraum mit Küche, kleine Terrasse. Ab 43 €/Tag; Vermittlung: Sabina Tour Service (↗ Reisepraxis).

Wellen hereinspaziert: Felsentor am Charco Manso

**Bar Restaurante:** ***La Higuera de Abuela,*** Carretera General s/n, ✆ 922-551026. Liebevoll gestaltetes Restaurant mit kleinem Patio zum Draußensitzen; gute Küche, empfehlenswert, aber teuer. Di geschlossen.

## Charco Manso: Baden im Lavapool

Von Echedo aus geht es über eine kurvenreiche asphaltierte Piste oder über einen steilen Wanderweg (↗ Wanderung 5) hinunter zum *Charco Manso*, einem der schönsten Badeplätze des Nordens inmitten noch fast unberührter Natur. Der Charco ist Teil der wild zerklüfteten Lavaküste der Punta Norte. Das Becken ist sehr schön angelegt mit Stegen, Treppen und Schatten- sowie Grillplätzen, teilweise höhlenartig unten am Wasser. Das Wasser ist herrlich klar, bei ruhiger See lohnt es sich, in der Grotte am linken Rand des Charcos zu schnorcheln (Vorsicht Seeigel; Badeschuhe tragen). Für kleine Kinder ist das Baden und Herumlaufen am Charco wegen der Unfallgefahr in den Felsen und auf den Treppen nur unter ständiger Aufsicht möglich. Im Winter ist es bei rauher See manchmal zu gefährlich, hier zu baden, dann ist das Becken selbst aufgewühlt und man läuft Gefahr, von der Wucht der Brandung an die Felsen geschleudert zu werden. Es empfiehlt sich, vor dem Baden eine Viertelstunde das Meer zu beobachten und im Zweifel auf ein Bad zu verzichten.

Das Umfeld lohnt Erkundungstouren: Rechts vom Becken finden sich Höhlen und Felstore, in denen man bei Ebbe und ruhiger See (!) herumklettern kann. Seien Sie vorsichtig, steigen Sie keinesfalls bei steigender Flut in die Höhlen und Lavabecken, das Meer ist hier unberechenbar. Es ist schon mehr als einmal passiert, daß plötzlich und unerwartet riesige Brecher aus einem scheinbar ruhigen Meer auftauchten und arglose Klippenangler mitrissen.

Auch links des Beckens kann man grandiose Lavaschluchten und Felslöcher bestaunen; hier spritzt manchmal das Wasser aus unterirdischen Höhlen herauf, durch die Felsspalten prustet und schnaubt das Meer wie ein tobendes Tier.

## Tamaduste

Der kleine Ort in Flughafennähe ist traditionell die Sommer- und Wochenendsiedlung betuchter Bürger aus Valverde, doch wohnen hier immer mehr Menschen auch dauerhaft. Seine weißen Häuser sind auf die nackte schwarze Lava gebaut, zu Füßen des rötlich schimmernden Vulkans *Cancela,* aus dessen Krater vor nicht allzu langer Zeit der Stoff floß, der die Plattform Tamadustes schuf. Die Umgebung aus spitzzackigem schwarzen *malpaís* wirkt auf den ersten Blick unwirtlich, die Steilküste schroff und unzugänglich. Doch die Kultivierung des Tals hat es freundlicher gemacht, die meisten Grundstücke sind liebevoll bepflanzt, und weiter oben am Berg ziehen sich gar einige grüne Terrassen den Hang hinauf; auf dieser großen bewässerten Finca gedeihen Zitrusfrüchte, Papayas, Mangos und Avocados.

Der Ort wächst derzeit stark; hinter dem schon bebauten Gelände ist fast noch einmal so viel Malpaís planiert worden, sind Straßen angelegt, warten schon Wasser- und Stromanschlüsse. Einige Parzellen sind bereits verkauft und neue Häuschen im Bau – es sieht so aus, als würde Tamaduste in ein paar Jahren fast doppelt so groß sein wie heute.

Die **Hauptstraße** aus Valverde umkurvt zunächst einen stattlichen Basaltfelsen und beschreibt einen großen Bogen durch das Tal, vorbei an

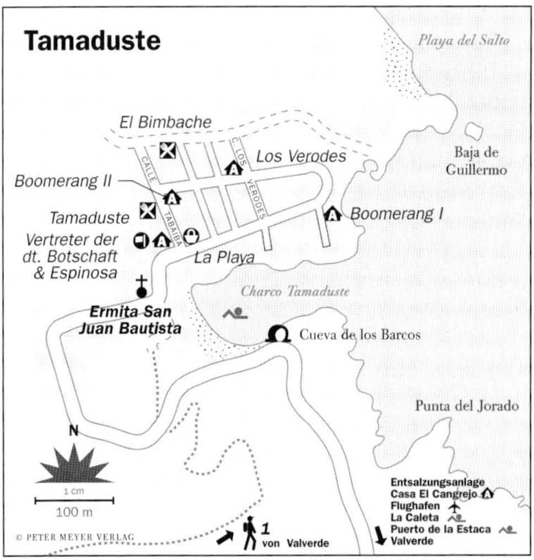

Typisch spanisch: Zweibogiger Glockengiebel überm Portal der Ermita San Juan Bautista in Tamaduste

abseits gelegenen Häusern mit Obst- und Gemüsegärten aus schwarzem Jable. Bevor die Straße schließlich in den eigentlichen Ort hineinschwenkt, steht auf der linken Seite die schöne kleine **Ermita San Juan Bautista,** beschattet von einem stattlichen Viñatigo-Exemplar (Indischer Lorbeerbaum). Die Architektur des Dorfes ist ein kurioses Sammelsurium aus neu und alt, klotzig und verspielt. Hier paßt kaum etwas zusammen – das Ganze ist so bunt zusammengewürfelt, daß es schon wieder originell wirkt.

Den Anziehungspunkt Tamadustes bildet ein großes **Naturschwimmbecken**, in dem ganzjährig gefahrlos geschwommen werden kann. Der schön gestaltete und windgeschützte Badeplatz ist sehr beliebt. Durch Treppen verbundene kleine Terrassen und Stege bieten viele Plätze für Sonnenanbeter, der Einstieg in den Charco ist leicht und von mehreren Stellen aus möglich, sogar ein Sprungbrett gibt es hier. Eine Promenade aus Lavasteinen führt ganz um das große Becken herum, in das bei Flut immer wieder frisches Wasser strömt. An Wochenenden, Feiertagen und während der spanischen Sommerferien herrscht hier reger Badebetrieb. Bei lohnender Brandung tummeln sich weiter vorn im Meer jugendliche Wellenreiter, die vorgelagerten Klippen sind beliebte Angelplätze.

An der Südseite des Charco lagern Boote in einer großen Höhle mit mächtigen Basaltwänden, die denn auch **Cueva de los Barcos** heißt. Sie erinnert an die Zeiten, als hier weniger Freizeitvergnügen als Fischeralltag vorherrschte. Heute wird die Höhle, wenn eine Fiesta gefeiert wird, schon mal zur bunt beleuchteten Disco umfunktioniert. In den Sommermonaten finden in ihr auch manchmal Konzerte statt.

Tamaduste liegt fünf Autominuten vom Flughafen entfernt, von der Badebucht aus sieht man das nördliche Ende des Rollfelds, doch die drei bis vier Maschinen pro Tag sind eher ein Ereignis, bei dem sich die Köpfe neugierig nach oben recken, denn Ruhestörung.

Von Tamaduste aus führt ein alter Verbindungsweg in einer guten Stunde über weinbewachsene Hänge aus schwarzem Lavakies nach Valverde (↗ Wanderung 1).

### Unterkunft

*Apartamentos Boomerang I und II*, ✆ 922-550254. Boomerang I direkt am Meer, alle Apartments mit Balkon über der Brandung, Meerblick pur. Salon mit TV und Klappsofa, Schlafzimmer, Küche und Bad. Boomerang II im Ort (Calle Tabaiba), ebenfalls geräumig und gut ausgestattet, aber ohne Meeresrauschen. 2 Personen zahlen 54, 4 Personen 60 €.

*Apartamentos Los Verodes*, Calle Los Verodes, ✆ 922-550159. Geräumige, gut eingerichtete Aptos. für 2 – 4 Personen mit Balkon und Meerblick à 42 €.

*Apartamentos Espinosa*, Calle Tabaiba 1, ✆ 922-551295. Freundliche kleine Apartment-Anlage, die von Luis Espinosa, Vertrauensmann des deutschen Konsulates und früherer Leiter des Patronato de Turismo, betrieben wird. Am schönsten ist das Apto. im Obergeschoß für bis zu drei Personen, mit großer Sonnenterrasse und Meerblick. Ein uriges Häuschen mit kleiner Garten-Terrasse an der Straße und zwei einfache Studios im Hof (mit Terrasse) bzw. Obergeschoß (mit Balkon) bieten Platz für jeweils 2 Personen. Apto. und Casita kosten 40 €, die beiden Studios 30 und 36 € pro Tag. Bei mehrwöchigem Aufenthalt wird's billiger. Fotos und weitere Informationen unter www.ueberwintern-kanaren.de.

*Casa El Cangrejo*, rustikales Natursteinhaus für 2 bis 5 Personen, abseits des Ortes inmitten der Vulkanlandschaft gelegen. Geräumig, zwei Schlafzimmer, gut ausgestattet. Große, von Natursteinmauern geschützte Südterrasse mit Meerblick. Ab 60 €/Tag. Vermittlung: Karin Pflieger (↗ Reisepraxis).

### Praktisches

**Essen & Trinken:** *Bar Restaurante Tamaduste*, Calle Tabaiba 7. Einfache kanarische Küche, sehr gute Tapas. Kleine Terrasse zum Draußensitzen, leider versperrt die Mauer zum Nachbarn jeden Ausblick.

**Lebensmittel:** *Autoservicio La Playa*, Calle Tabaiba s/n.

**Vertretung der Deutschen Botschaft:** Calle Tabaiba 1, ✆ & Fax 922-551295. Bürozeiten: Di und Do 10.30 – 14.30 Uhr. Luis Espinosa berät kompetent und freundlich (in fließendem Deutsch) und hilft bei allen Schwierigkeiten weiter.

## La Caleta

Auch La Caleta ist ein sonniger Ort am Meer, der seit ein paar Jahren kräftig wächst. Das Dorf liegt südlich des Flughafens und der Kaserne; von beiden ist jedoch nichts zu merken.

La Caleta hat eine ähnliche Einwohnerstruktur wie Tamaduste: Hier leben viele Menschen, die in Valverde oder am Flughafen arbeiten, dazwischen stehen zahlreiche Wochenend- und Sommerdomizile. Die Häuser von La Caleta stehen nicht so eng beieinander wie die von Tamaduste, sie verteilen sich großzügig über die dicht mit Tabaiben (Wolfsmilchgewächsen) bewachsene Landzunge. Seit Mitte der 90er Jahre sind die meisten der Dorfpisten und -wege verbreitert und asphaltiert worden; noch wirken sie in diesem besonders im Winter idyllisch verschlafenen Ort überdimensioniert.

Die **Bucht von La Caleta** ist ein wunderbarer Badeplatz, wenn auch nicht von Felsriffen geschützt und deshalb besonders im Winter oft nur zum Sonnenbaden geeignet. Dafür bietet sie einen offenen Blick aufs Meer und entlang der Ostküste der Insel. In die Nähe der Bucht verirrt sich schon mal ein Schwarm Delphine, und auch kleinere Fische tummeln sich in großer Zahl: Angeln und Schnorcheln gut.

Einen Strand gibt es nicht, aber eine sehr schön gestaltete, weitläufige **Badeanlage aus Lavastein,** mit Felsstegen, die bis zum äußersten Ende der Bucht reichen, mit Treppen und kleinen Terrassen, einem Grillplatz, einer Wasserstelle mit Dusche, zwei Meerwasser-Pools und einem Planschbecken für Kinder.

Wenn Sie von der Wendeplattform an der Kapelle vorbei die Treppen zum Meer hinuntersteigen und den Steg links entlanglaufen, können Sie kurz hinter dem am Hang gelegenen Haus auf einem der Basaltfelsen **Schriftzeichen aus der Bimbachen-Zeit** ausmachen. Die wenigen hier eingravierten *Letreros* sollen alphabetische Zeichen darstellen; ihre Bedeutung wird wohl ewig ein Rätsel bleiben (↗ Sprache und Kunst). Kritzeleien aus neuerer Zeit finden sich gleich daneben. Man fragt sich, ob die sagenhaften Zeichen der Bimbaches vielleicht auch nichts anderes waren als Botschaften wie »Susi ist doof« oder »ich liebe dich« …

### Unterkunft & Restaurant

***Apartamentos Cruz Alta,*** Calle Amadeo Ayala 1 (Sackgasse, die nach rechts von der Hauptstraße abgeht), ✆ 922-550378. Geräumige, zweckmäßig ausgestattete Apartments für bis zu vier Personen. Ab 38 €.

***Bar Restaurante Yesimar,*** direkt an der Hauptstraße Calle Los Letreros. Drinks, Tapas, bodenständige Küche.

## Puerto de La Estaca – der Inselhafen

Der Hafen El Hierros ist Anlegeplatz für die Fähren, für Transportschiffe und Segelboote. Vor dem Hafenausbau war er auch ein beliebter **Badeplatz** – denn das Wasser ist trotz des Schiffsverkehrs klar und sauber, und im Schutz der Hafenmole kann man das ganze Jahr über gefahrlos schwimmen. Im Sommer 2004 trübte allerdings die Großbaustelle der neuen Mole das Vergnügen.

Für die **Fähren** ist der Hafen nicht ganz unproblematisch. Wenn es stürmisch ist und das Meer sehr aufgewühlt, kommt es schon mal vor, daß große Schiffe nicht in das Becken hineinkommen und kehrt machen müssen. Deshalb wird der Hafen ausgebaut. Von Sommer 2005 an soll die verlängerte Mole zwei Anlegestellen für Fähren bieten, geplant ist außerdem ein Yachthafen – und natürlich die Verbreiterung der engen Zufahrtsstraße.

Die heutige **Mole** wurde erst 1960 eingeweiht, vorher konnten Men-

Da kann nichts dazwischenkommen: Unverbaubarer Meerblick über Puerto de la Estaca

schen und Waren in Puerto de la Estaca nicht direkt anlanden. Die alte Mole, auch erst in den 20er Jahren fertiggestellt, war zu kurz, die Schiffe mußten weiter draußen ankern, und alle Lasten mit kleinen Booten an Land transportiert werden. Aus dieser Zeit stammt auch der Name des Hafens: »estaca« bedeutet Eisenstange. Eine solche war vor dem Molenbau an einem Felsvorsprung verankert und diente zum Vertäuen der Segelschiffe.

Bis in die 60er Jahre verkehrte nur ein- bis zweimal die Woche ein Postschiff, das auch Reisende an Bord aufnahm, später abgelöst von kleineren Passagierschiffen und schließlich einer Autofähre, die El Hierro zuerst nur einmal wöchentlich ansteuerte. Ab 1991 nahm die Fähre dreimal die Woche den Weg von Santa Cruz de Teneriffe über La Palma. Erst seit 1996 besteht eine tägliche Fährverbindung direkt von Teneriffas Südhafen Los Cristianos. Seit 1999 gibt es zwei Fährverbindungen täglich, ab 2005 sogar ein Schnellboot (↗ Reisepraxis).

Früher zogen sich oberhalb des Hafenbeckens kleine **alte Häuser** den steilen Hang hinauf, in denen Fischer und Hafenarbeiter wohnten. Mitte der 80er Jahre wurden sie wegen der Steinschlaggefahr in eine Neubauzeile südlich des Hafens umgesiedelt. An die historischen Häuser erinnern nur noch Mauerreste. Heute schmiegen sich etwas weiter unten wieder einige neue Häuser an den Hang. An der Straße sind Höhlen zu sehen, die vor ein paar Jahrzehnten noch bewohnt waren und heute als Lagerschuppen dienen.

Auch oberhalb der Mole kleben ein paar Häuser an den Felsen, eine Treppe führt hinauf zur **Kapelle San Telmo.** Von dort oben hat man einen schönen Blick über den Hafen; für Schwindelfreie bietet sich ein kleines Stück hinter der Kapelle die Aussicht auf eine unzugängliche Felsbucht, deren in verschiedenen Erdtönen leuchtende Wände einen wunderbaren Kontrast zum tiefblauen Wasser bilden.

### Praktisches

**Essen & Trinken:** ***Cafetería El Muelle,*** an der Mole neben den Fährbüros. Wenn die Fähre im Hafen liegt, ist hier Hochbetrieb; ansonsten eine beliebte Erfrischungsstation für Badende. Ein paar Tische und Stühle stehen draußen, hier kann bei der Ankunft der Fähre der Abschiedsschmerz hinuntergespült bzw. die Wiedersehensfreude begossen werden.

**Fähre:** Gleich neben der Cafeteria liegen die Büros der *Naviera Armas* und *Lineas Fred Olsen* sowie ein *Souvenirladen;* beide sind nur geöffnet, wenn eine Fähre anlegt.

## Timijiraque

Der ruhige kleine Ort, der nur zum Teil ganzjährig bewohnt ist, hat bei Ebbe sogar einen bescheidenen **Sandstrand** zu bieten, der je nach Brandung allerdings von groben Steinen durchsetzt sein kann. Hier gilt wie überall: Bei wildbewegter See muß aufs erfrischende Bad verzichtet werden. Wegen der unberechenbaren Strömungen sollte man auch bei ruhigem Wetter nicht aus der Bucht hinausschwimmen. Ansonsten ist die kleine Playa ein guter Platz fürs Badevergnügen und zum Schnorcheln an den Felsen. Allerdings ist Timijiraque besonders im Sommer oft heftigem Wind ausgesetzt. Direkt am Strand gibt es eine schattige Hütte mit Grillplatz und Wasserstelle.

Auf der flachen Landzunge südlich der Playa sind viele neue Häuschen gebaut worden, ein paar davon werden auch als Ferienwohnungen an Touristen vermietet. An der **Hauptstraße** gibt es ein Lebensmittelgeschäft.

Auf Timijiraque warten gleich zwei große Bauprojekte: Zum einen soll die bei Regen nicht ganz ungefährliche Straßenführung am Ortseingang zwischen Meer und Fels durch einen Tunnel ersetzt werden. Zum anderen ist eine Straße nach Isora geplant. Im Sommer 2004 verschandelte schon mal der Steinbruch für die neue Hafenmole das Gelände südlich des Ortsausgangs. Dafür wurde aber auch der schwarze Sandstrand vergrößert und verschönert.

### Unterkunft & Restaurants

***Pensión Guayana,*** ✆ 922-551082, über dem gleichnamigen Restaurante gelegene, sehr einfache Zimmer. DZ 24 €, EZ 12 €.

***Bar Restaurante Guayana,*** an der Carretera General in der Ortsmitte. Auch hier kann man sich mit Tapas stärken oder ein vollständiges kanarisches Essen bestellen, solide und preisgünstig.

***Bar Restaurante Merendero Bahía,*** Carretera General s/n. Direkt an der hübschen kleinen Plaza, am Ortsanfang gleich gegenüber dem Strand. Das übliche kulinarische Angebot, empfehlenswert sind die delikat zubereiteten Lapas.

## Tauchen in Las Playecillas

Zwei km südlich von Timijiraque führt eine steile Piste links hinunter zum **Tauchclub Hierro Sub.** Er ist El Hierros einziger Tauchclub außerhalb La Restingas, einsam gelegen in der Nähe eines winzigen Kiesstrands.

***Club de Buceo »Hierro Sub«,*** Carretera Las Playas 5, Las Playecillas, ✆ 922-550482. Der Tauchclub ist ganzjährig geöffnet, das Tauchrevier im Osten der Insel bietet auch im Winter viele lohnende und interessante Möglichkeiten (↗ Tauchen in La Restinga). Die Tauchgänge konzentrieren sich auf das Gebiet zwischen dem Hafen Puerto de la Estaca und der Bucht von Las Playas, im Sommer geht es hoch bis zum Charco Manso und weiter westlich bis zu den Roques de Salmor. Getaucht wird in Gruppen mit maximal 8 Teilnehmern. Ein Tauchgang inklusive Ausfahrt per Motor- oder Segelboot, erfahrenem Führer, Flasche und Blei kostet 24 € pro Person; bei Buchung von 10 Tauchgängen gibt es einen gratis dazu. Die Ausrüstung kann komplett gemietet werden. Die Besitzer sprechen nur spanisch, doch wenn sich eine Tauchergruppe mit Dolmetscher anmeldet, darf dieser umsonst mittauchen.

**Unterkunft:** Der Club vermietet schlichte *Apartamentos,* mit Küche, Bad und TV, komplett ausgestattet für 2 Personen. DZ 36 €.

## Las Playas

Die Bucht von Las Playas ist geologisch so etwas wie die kleine Schwester des großen Golftals auf der anderen Seite der Insel. Mächtige Steilwände bilden hier ein Halbrund, an dessen Fuß sich allerdings kaum flaches Land erstreckt. Entsprechend wenig Menschen wohnen hier, zumal die Bucht lediglich über den Norden der Insel zu erreichen ist. Nach Süden zu besteht die Küste nur aus schroffer und unzugänglicher Steilwand. Die in Luftlinie nächsten Dörfer sind Isora und El Pinar 800 bzw. 700 m hoch über der Felswand; doch direkt

Wahrzeichen von Las Playas: Roque de la Bonanza

kommt man nur zu Fuß auf alten Verbindungswegen dorthin (↗ Wanderung 10). Motorisierte müssen jedesmal den ganzen Weg über Valverde fahren (bis dorthin sind es allein schon 19 km), um an irgendeinen anderen Ort der Insel zu gelangen.

So ist Las Playas denn fast ausschließlich ein **Ort der Erholung,** ob am Wochenende oder in den Ferien. Bei ruhigem Meer kann man am Nordende, nahe dem Felswahrzeichen **Roque de la Bonanza** *(bonanza* bedeutet übrigens »Meeresstille«) ins Meer springen oder zumindest ein Sonnenbad am Steinstrand nehmen. Vorsicht Strömungen – nicht zu weit hinausschwimmen, die Küste fällt hier schnell in große Tiefen ab! Die Südseite der abgelegenen Bucht mit dem dramatischen Felspanorama ist beherrscht vom schönsten Hotel der Insel, dem komfortablen *Parador Nacional.*

### Der Parador Nacional

Die Hotels der staatlichen Parador-Kette sind meistens an landschaftlich besonders schönen und oft auch abgeschiedenen Plätzen erbaut. Der Bauort des herrenischen Parador wurde Anfang der 70er Jahre vom damaligen Tourismusminister aus Madrid vom Hubschrauber aus bestimmt. Hätte der Minister seinen Erkundungsflug an einem Winternachmittag angetreten, hätte sein Zeigefinger höchstwahrscheinlich auf eine Stelle 100 m weiter nördlich gedeutet – denn dann wäre ihm nicht entgangen, daß just hinter dem Parador die Sonne im Winter schon gegen 16 Uhr hinter der Felswand verschwindet.

Die Baugeschichte des Parador ist ohnehin ein Kuriosum: Nachdem das Hotel 1976 nach vier Jahren Bauzeit endlich fertig war, stand es noch einmal bis 1981 leer – so lange dauerte es, bis die Straße nach Las Playas mit halbwegs gutem Gewissen freigegeben werden konnte. Gefährlich war der Weg in die Bucht noch bis 1995, als der einspurige Tunnel eröffnet wurde. Vorher umkurvte die Straße die äußerst bröckelige Felswand mit vor allem bei Regen häufigem Steinschlag.

Im Januar 1999 wurde der Parador während eines schweren Unwetters auch noch von den Flutwellen eines Meerbebens weitgehend zerstört: In der Sturmnacht schlugen die Wellen hoch und höher und schließlich die Fenster des unteren Stockwerks ein. Durch die Geistesgegenwart des Nachtportiers waren mit Glück eine halbe Stunde vorher sämtliche Hotelgäste evakuiert worden. In den Zimmern schwammen am nächsten Tag die Palmen des einst schön bepflanzten Gartens, das Mobiliar dafür draußen in der Bucht. Der Swimmingpool war fortgerissen, das ganze Grundstück bot ein Bild des Jammers. Zwei Jahre dauerte der Wiederaufbau an gleicher Stelle; selbst der Pool wurde am selben Platz neu angelegt. Offenbar vertraut man auf die statistische Unwahrscheinlichkeit der Wiederholung einer solchen Unglücks-Konstellation.

***Parador Nacional,*** ✆ 922-558036, Fax -558086. 47 elegant eingerichtete Zimmer mit TV, Telefon und Minibar, die Hälfte davon mit Holzbalkons zum Meer. Restaurant, 2 Bars, Swimmingpool, Salon, große Terrasse und Garten. Sehr gepflegte Atmosphäre, Inneneinrichtung in altspanischem Stil. Das 4-Sterne-Hotel ist ein wunderbarer Platz für einen Erholungsurlaub in absoluter Ruhe und Abgeschiedenheit, genau das Richtige für Gestreßte oder Verliebte, die sich hier rundum verwöhnen lassen können. Der stilvolle Komfort hat natürlich seinen Preis. Ein Mietwagen ist unabdingbar, es sei denn, man will überhaupt nicht weg aus der stillen Bucht. DZ 120 €, eine Person zahlt 95 € (ohne Frühstück). Von Zeit zu Zeit gibt es Sondertarife für ein Wochenende oder 7 Tage. Bei längerem Aufenthalt ist die wesentlich kostengünstigere Buchung über einen Reiseveranstalter empfehlenswert.

**Essen & Trinken:** *Bar Restaurante Bohemia,* Carretera General 36, ✆ 922-558380. Die einzige Alternative zum kostspieligen Parador, mit dem durchschnittlichen Angebot an kanarischer Küche, Tapas und Bocadillos.

## ALTE DÖRFER IN NEUER EINHEIT: DIE BARRIOS

In früheren Zeiten hieß die gesamte besiedelte Region westlich von Valverde »Barlovento« oder »San Pedro«, nach dem Heiligen des Kirchleins von Mocanal. Schon die Bimbaches siedelten hier; Zeugnis davon legen in der Nähe Guarazocas entdeckte Wohn- und Grabhöhlen ab.

Alle **Orte** – *Mocanal, Erese, Guarazoca* und ihre höhergelegenen Viertel *Tesbabo, Betenama, Casas del Monte* und *Jarales* – liegen etwa auf gleicher Höhe, 500 bis 700 m über dem Meeresspiegel und im direkten Einflußbereich des nebelfeuchten Nordostpassats. Sie bildeten schon immer, trotz ihrer zerstreuten Lage über etwa 12 km, eine geographische und administrative Einheit. Erst im 20. Jahrhundert sind sie entlang der Hauptstraße *Calle Barlovento* fast zusammengewachsen, obwohl sie insgesamt nur etwas mehr als 1300 Einwohner zählen.

Das Gebiet unterhalb der Straße, bis zur Küste, dient heute vorwiegend als Weidegebiet. Wenn man hier spazierengeht, hört man überall die Ziegenglöckchen bimmeln. Viele alte Wege durchziehen die früher auch landwirtschaftlich genutzte Gegend. Von Mocanal aus zerschneidet seit September 2003 die Straße nach La Frontera das stille Hochplateau. Es reicht bis unterhalb des *Mirador de la Peña,* wo es steil zum Golf hin abfällt.

Die **Bewohner der Barrios** zogen noch bis in die dreißiger Jahre des 20. Jahrhunderts Ende Oktober, nachdem sie ihre Felder im Hochland bestellt hatten, mit Hausrat und Vieh in den Golf, wo sie im wärmeren Meeresklima überwinterten und die dort angelegten Äcker bearbeiteten. Auch der Weinanbau war in »oben« und »unten« geteilt. So machten die Herreños früherer Generationen das Beste aus ihren knappen Ressourcen, indem sie die Klimavarianten nutzten und jeweils dorthin zogen, wo gerade die günstigsten Bedingungen herrschten. Heute sind saisonale Umzüge nur noch ferienbedingt, entsprechend zieht es nun viele nicht mehr im Winter, sondern im Sommer ans Meer in ihre Ferienhäuschen, zum Beispiel nach Pozo de las Calcosas unterhalb von Mocanal.

## Mocanal

Mocanal ist die zweitgrößte Siedlung des Nordens, ein Straßendorf, das sich über etwa 1,5 km entlang der Hauptstraße und einer unterhalb parallel dazu verlaufenden Dorfstraße erstreckt. Die stille Straße des unteren Ortsteils mit ihren alten, weißgetünchten Häusern, ihren Gemüsegärten und Kartoffelfeldern lohnt einen Spaziergang. Früher wurde in der Gegend auch Wein angebaut, heute ziehen noch viele der etwa 600 bis 700 Einwohner Mocanals ihr Gemüse für den Eigenbedarf.

In vorspanischen Zeiten muß hier einmal ein großer »Mocán«-Wald gestanden haben, bis die fruchtbare Gegend von den neuen Siedlern als Ackerland kultiviert wurde. Seither ist der Norden von Mocanal bis Guarazoca ein wichtiges Gemüse- und Obstanbaugebiet. Früher wurde auch in Küstennähe um den Vulkan *Tancajote* Getreideanbau betrieben; heute sind die Äcker aufgegeben, die Steinmauern überwuchert. Das Land ist den Ziegen überlassen, die jedes Grün vertilgen, das da noch wachsen will.

Das Oberdorf **Hoyo del Barrio,** über ein extrem steiles Sträßchen zu erreichen, ist ebenfalls einen Abstecher wert. Von dort aus kann man nach Valverde spazieren, oder aber Richtung Westen über einen mittlerweile asphaltierten alten Verbindungsweg, der die höhergelegenen Barrios von Mocanal bis Guarazoca streift (↗ Wanderung 7).

Schräg gegenüber der Abzweigung ins Oberdorf ist rechts der Hauptstraße ein kleiner ummauerter, meist verlassener **Spielplatz** angelegt. Hier können Sie schon bei niedrigen Windstärken den Wind durch ein gelbgestrichenes Blechgestänge von zweifelhafter Ästhetik orgeln hören und sich fragen, ob dieser Effekt wohl zufällig oder beabsichtigt ist – die Einwohner von Mocanal jedenfalls stellen sich diese Frage nicht (mehr).

Weiter dorfeinwärts passieren Sie die bescheidene Infrastruktur des Ortes, nach 1,5 km trifft die untere Dorfstraße wieder auf die Hauptstraße; gegenüber liegt die Grundschule. Von hier ist es nur noch ein Katzensprung bis zur **Ermita San Pedro.** Die schöne alte Kirche liegt seit der Eröffnung der Haupstraße und des Tunnels nach La Frontera direkt am neuen Verteilerkreisel. Der Durchgangsverkehr hat enorm zugenommen, und nicht nur Mocanals Schutzheiliger San Pedro im Kircheninneren muß sich zu den Hauptverkehrszeiten die Ohren zuhalten.

### Unterkünfte

***Hotel Villaflor,*** Calle Barlovento 18, ✆ 922-550373, Fax 550523. Im Frühjahr 2004 eröffnetes, zu Recht mit drei Sternen dekoriertes Hotel an der Hauptstraße, neben dem Kulturzentrum. Die 15 sehr schönen und bestens ausgestatteten Zimmer (TV, Internet-Anschluss usw.) sind alle nach hinten gelegen, mit Aussicht auf Landschaft und Meer. Kleiner Pool, hübscher Garten in Hanglage. DZ 60 €.

***Casa Tesbabo,*** traditionelles Steinhaus für 2 bis 4 Personen, oberhalb von Mocanal im ländlichen Ortsteil Tesbabo. Zwei Schlafzimmer mit je 2 Einzelbetten, stilvolle Inneneinrichtung, gepflasterter Patio, schöner Garten mit Weinreben und Obstbäumen. Ab 55 €/Tag; Vermittlung: Meridiano 0 (↗ Reisepraxis)

***Casa Las Guindas,*** schönes, zweistöckiges Natursteinhaus für 2 bis 3 Personen, oberhalb von Mocanal (San Pedro) gelegen. Umgeben von Gärten, kleine Terrasse mit Blick auf die Berge. Gemütliche Einrichtung mit viel Holz, Schlafzimmer mit zwei Einzelbetten und Meerblick. Ab 55 €/Tag; Vermittlung: Cotur (↗ Reisepraxis).

## Essen & Trinken

***Bar La Penúltima,*** Calle Barlovento 33. Heißt »die Vorletzte«, liegt aber mitten im Ort und ist für viele Einheimische durchaus die »Erste«. Sie bietet eine große Auswahl an leckeren Tapas. Auf der gegenüberliegenden Straßenseite läßt es sich sogar draußen sitzen, wenn Wind und Nebel sich zurückhalten.

***Bar Restaurante El Parlamento,*** C. San Pedro 7, an der unteren Dorfstraße direkt am Abzweig nach Pozo de las Calcosas. Klein und urig; während an der Bar die Inselpolitik lautstark diskutiert wird, ißt sich's ganz vorzüglich im kleinen Speiseraum nebenan. Spezialität ist hier Ziegenfleisch.

## Einkaufen & Gleitschirmfliegen

***Supermercado Mariely,*** Calle Barlovento 41. Hier gibt's auch Informationen über

**Aus ist's mit der früheren Ruhe: An San Pedro de Mocanal führt der Verkehr vorbei**

das Gleitschirmfliegen (»Club Parapente Guelillas«, ↗ Sportlich und aktiv auf El Hierro).

***Supermercado Terencio,*** ein paar Häuser weiter.

***Casa de Artesanía,*** Calle Barlovento 17. Kunsthandwerk aus geschnitztem Holz; der Laden ist selten geöffnet, aber Sie können bei Interesse bei den Besitzern klingeln.

**Öko-Gemüse:** Von Valverde kommend, liegt kurz vor Mocanal rechter Hand das schöne Pinto-Tal. Auf einer kleinen Finca zieht hier die Schweizerin ***Denise*** ökologisch angebautes Gemüse und Obst, das sie Mo – Fr 9 – 13 Uhr frisch vom Beet weg verkauft. Camino Pinto 1, ✆ 6901/26828.

## Pozo de las Calcosas: Sommerdorf auf Lavagrund

Ungefähr 5 km von Mocanal entfernt liegt Pozo de las Calcosas am Fuß der Steilküste. Es dient den Einwohnern der Barrios traditionell als Sommerfrische, findet sich doch hier eins der Naturschwimmbecken des Nordens. Erst seit ein paar Jahren beginnt auch die Siedlung oberhalb der Steilküste zu wachsen.

Sie erreichen Pozo de las Calcosas über eine serpentinenreiche Straße, die von der unteren Dorfstraße Mocanals abzweigt (Hinweisschild). Die *Calle Tancajote* endet an einem kleinen, von ein paar neuen Häusern und der winzigen **Ermita San Lorenzo** gesäumten Platz. Von hier aus geht es in zehn Minuten über eine steile Treppe hinunter ins **alte Sommerdorf.** Seine Häuser sind auf eine Lavazunge gebaut, die aussieht, als habe sie sich vor kurzem erst ins Meer geschoben. Sie hat zwei Badebecken gebildet: ein flaches zum Planschen, mit Beton verstärkt, und ein von natürlichen Felsriffen geschütztes für Schwimmer, das im Winter oft von wilder Brandung überspült wird. Im Sommer kann man bei ruhigem Meer auch an anderen Stellen der Bucht ins Wasser gelangen.

Viele der von ihren Besitzern renovierten Häuser sind strohgedeckt und aus Trockenmauern (↗ Kunst & Kultur, Architektur) errichtet – in der typischen Bauweise aus der ersten Zeit nach der spanischen Eroberung. Wahrscheinlich lebten schon damals hier ein paar Fischerfamilien. Die wenigen neuen Häuser, Ferien- bzw. Wochenendwohnungen allesamt, springen durch ihre Häßlichkeit ins Auge. Da hilft es auch nichts, daß versucht wurde, das graue Flachdach des größten grauen Kastens mit einer Malerei – Motiv: Lavafelsen – aufzupeppen. Die echten Lavafelsen, die den kleinen Ort im Halbkreis umschließen, sind um so beeindruckender: Senkrecht ragen die von vielfarbigen Tuffschichten durchzogenen Basaltwände empor, der Weg hinunter ist direkt in den Fels gehauen; unwillkürlich zieht man an einigen Stellen den Kopf ein und hofft, daß sich kein Stein löst.

**Nicht von ungefähr:** Mitten im Dorf erinnert ein mit einem Kreuz gekrönter Felsbrocken daran, daß an dieser Stelle im September 1973 ein Ehepaar in seinem Haus durch Steinschlag getötet wurde. Der Felsblock hatte sich von der Steilwand gelöst, war genau auf das Haus gestürzt und hatte das schlafende Paar unter sich begraben. – Die Steinschlaggefahr und natürlich die steilen Treppen als einziger Zugang sind wohl der Grund dafür, daß nicht einmal eine Handvoll der Häuser über längere Zeit im Jahr bewohnt ist.

### Unterkunft

*Casa La Soñada,* schönes Natursteinhaus für 2 bis 4 Personen, zwischen Echedo und Pozo de las Calcosas mitten in der Landschaft gelegen. Zwei Schlafzimmer, Terrasse mit Traumblick aufs Meer. Ab 55 €/Tag; Vermittlung: Fincaferien (↗ Reisepraxis).

### Essen & Trinken

*Kiosco Tancajote,* Essen, Trinken und Draußensitzen, gut und günstig. An der Straße oberhalb des Wendeplatzes.

*Casa Carlos,* kleines Bar-Restaurante am Wendeplatz oberhalb der Steilküste mit herrlichem Ausblick auf die Bucht, die Felsen und das Meer. Geöffnet ab der Osterwoche bis Ende Oktober. Es gibt fangfrischen Fisch – der Ehemann fischt selbst – und Tapas; nicht billig, aber gut. Die Besitzer vermieten auch 4 freundliche Apartments im gleichen Haus, mit der gleichen, bestechenden Aussicht. ✆ 922-551153, 2 Personen zahlen 36 €, 4 Personen 60 €.

*Bar-Restaurante La Barca,* ebenfalls Fischspezialitäten.

## Erese und Guarazoca

Das nächste Dorf nach Mocanal an der Straße in Richtung La Peña heißt **Erese,** eine stille kleine Siedlung. Hier gibt es weder Bar noch Kirche, nicht einmal einen Laden, aber hübsche kleine Häuschen mit gepflegten, blumengeschmückten Gärten.

Ähnlich ruhig geht es in **Guarazoca** zu, dessen Bewohner wie die von Erese vielfach auf eigenen kleinen Fincas ihr Gemüse und ihre Kartoffeln für den Eigenbedarf ziehen und daneben ein paar Ziegen und Hühner halten. In der ganzen Region wurde früher auch Wein angebaut, heute noch sieht man viele alte Weinpressen. Guarazoca kann mit einem wichtigen sozialen Treffpunkt aufwarten: einer großen überdachten Ringkampf-Arena *(Campo de Lucha),* Austragungsort vieler bedeutender Kämpfe. Hier und in *Jarales,* der nächsten Siedlung etwas oberhalb Guarazocas, leben auch einige Kunsthandwerker, die weben, Körbe flechten oder töpfern. Fragen Sie in Guarazocas kleinem Lebensmittelladen an der Hauptstraße nach den *artesanías*.

Die Siedlungen des Nordens ziehen sich entlang der Straße den Berg hinauf bzw. hinab. In den oberhalb gelegenen Barrios (von Osten nach Westen: *Tesbabo, Betenama, Casas del Monte* und *Jarales*) sieht man viele aufgegebene und schon verfallene Häuser, dazwischen aber auch immer mehr wieder instandgesetzte. Selbst der ländliche Tourismus *(turismo rural)* faßt hier Fuß.

Die Hauptstraße macht hinter Guarazoca einen Bogen nach links in Richtung San Andrés, kurz darauf erreicht sie die Häuser von Jarales. Noch 1,5 km weiter landeinwärts liegt **Las Montañetas**, ein zum großen Teil verfallenes, da schon vor langer Zeit wegen des unwirtlichen Klimas aufgegebenes Dorf aus der ersten Kolonialzeit. Eine zweistöckige **Casa Blanca** (weißes Haus) genannte Ruine direkt an der Straße soll gar das allererste »Rathaus« der Insel beherbergt haben. Heute sind ein paar der kleinen Häuser wiederaufgebaut und bewohnt, zwischen den moosbewachsenen alten Mauern lugt das frische Grün neu angelegter Gemüsegärten hervor. Das Klima hat sich zwar nicht verändert, doch läßt sich ihm heute mit guter Heizung und Isolierung trotzen, außerdem ist der Ort durch die Straßenverbindung nicht mehr so abgeschieden.

Daß die ersten festen Siedlungen der Insel ausgerechnet in der feuchtkalten Zone des Hochlands errichtet wurden, liegt neben der segensreichen Wirkung der Passatnebelwolken auf die Landwirtschaft vor allem an der historischen Bedrohung durch Piraten. Las Montañetas lag – wie *La Albarrada* nahe San Andrés (↗ Wanderung 8) – weit vom Meer entfernt, an einem für Fremde schwer auszumachenden, unzugänglichen Ort. Hier oben, noch dazu oft verhüllt vom dichten Nebel, vermutete niemand so leicht eine menschliche Siedlung, die einen Raubzug lohnte.

### Zu Besuch im Esel-Refugium

Am Ortsausgang Guarazocas ist »das einzige Esel-Refugium der Kanaren« zu besichtigen. Ein deutsch-englisches Ehepaar kümmert sich hier liebevoll um herrenlose, vernachlässigte und ausgediente, weil betagte Esel. Bei einem Besuch erfährt man alles über die treuen, gutmütigen Tiere, deren artgerechte Haltung – und die auf den Kanaren leider sehr alltägliche Tierquälerei.

Das Projekt ist ausschließlich privat und durch Spenden finanziert. Wer helfen möchte, kann dies außer durch Einzelspenden auch durch die Übernahme einer Patenschaft tun.

**Los Burros Felices,** Calle General, letztes Haus auf der rechten Seite, ✆ 922-551511, Fax -551324, burros@arrakis.es, www.burrosfelices.com. So, Mi und Fr 11 – 16 Uhr geöffnet.

***Unterkunft:*** Die Townsends vermieten außerdem drei hübsche, gut ausgestattete Ferienhäuser auf dem Refugio-Gelände; je nach Größe und Komfort 36 – 50 € für 2 Personen.

### Unterkunft in Fincas

Vermittlung der folgenden Casas rurales durch ***Pablo*** und ***Meridiano 0,*** ↗ Reisepraxis:

***Casa La Asomada,*** wunderschön restauriertes Natursteinhaus für 2 bis 4 Personen, unterhalb von Guarazoca an einem Steilhang erbaut. Großzügige, sehr geschmackvoll eingerichtete Räume über zwei Etagen, Holzböden, Holzdecke. Zwei große Terrassen, Panoramablick über die Vulkanlandschaft und das Meer. Ab 48 €/Tag.

***Casa Tía Lucila,*** liebevoll restauriertes, traditionelles Haus für 2 Personen, oberhalb des Örtchens Erese gelegen, umgeben von einer kleinen Finca mit Obstbäumen. Mit viel Holz gestaltete Räume, Terrasse mit Brunnen, altem Waschstein und schönem Weitblick. Ab 55 €/Tag.

Zwei Glückliche: Tierschützer Philip Townsend knutscht einen seiner »Burros Felices«

**Praktisches**

**Essen & Trinken:** *Bar Restaurante La Pasada*, Carrretera General Guarazoca 4. Spezialität ist Kaninchen, empfehlenswerte Gerichte vom Holzkohlegrill. Man sitzt sehr schön mit Weitblick aufs Meer; im Sommer auch draußen.

**Souvenirs:** *Artesanía y Suenos*, Carretera General zwischen Mirador de la Peña und Jarales. Der kleine Laden bietet inseltypisches Kunsthandwerk und Souvenirs von der Postkarte bis zum Porzellan-Fingerhut mit dem Bildnis der Virgen de los Reyes, made in Taiwan.

## Speisen mit Aussicht: Mirador de la Peña

Einen halben Kilometer hinter Guarazoca – dort, wo die Hauptstraße nach links landeinwärts schwenkt – zweigt eine breite rötliche Kiespiste ab. Sie endet nach 100 m auf dem Parkplatz des **Aussichtsrestaurants Mirador de la Peña,** in phantastischer Lage direkt über dem nordwestlichen Steilabfall zum Golftal gebaut. Die eigenwillige Schönheit der Anlage aus Lavastein, Holz und Glas verrät gleich ihren Schöpfer, den herausragenden Architekten *César Manrique* (1919 – 1992) aus Lanzarote. Wie so viele einzigartige Bauwerke auf seiner Heimatinsel hat er auch dieses perfekt in die Landschaft eingepaßt, denn kein Haus solle »höher als ein Palme sein«. Das Gebäude ist von großen und kleinen Aussichtsterrassen mit Treppen, Holzgeländern und lauschigen Winkeln mit Steinbänken umgeben, die einen großartigen Blick über das gewaltige Halbrund des Golftals und die Roques de Salmor bieten.

Auch von innen ist der Mirador ein Kunstwerk. Vom reich mit Pflanzen bewachsenen Eingangsbereich führen mit Holz getäfelte Treppen hinunter in den weiten, geschmackvoll eingerichteten Saal des Restaurants, dessen großzügige Glasfront den Blick ins Tal vollkommen frei läßt. Hier bei einem Glas Wein den Sonnenuntergang zu erleben, ist ein ganz besonderer Genuß.

Nach fast zehnjähriger Bauzeit wurde das Restaurant 1989 eröffnet. Man ißt sehr gut und in gediegenem Ambiente, die Speisekarte enthält vielfältige inseltypische Spezialitäten. Sie können aber auch einfach einen Kaffee trinken oder die Aussicht bei einem Drink genießen.

***Öffnungszeiten:*** Di bis Sa 11 – 22, So 11 – 15.30 Uhr. Mo geschlossen. ***Küche:*** Di – Sa 12 – 15.30, 19 – 22 Uhr. So 12 – 15.30 Uhr.

Typisch Manrique: Ein Gebäude, das sich in Farben und Formen seiner Umgebung anpaßt, sich einfügt, statt zu zerstören; die Phantasie anregt, statt mit Beton zu ersticken

# VALLE DEL GOLFO

NATUR & UMWELT

GESTERN & HEUTE

MENSCHEN & KULTUR

REISEPRAXIS

VALVERDE & DER NORDEN

VALLE DEL GOLFO

HOCHEBENE & EL PINAR

LA RESTINGA & SÜDWESTEN

AUSFLÜGE & WANDERTOUREN

KARTENATLAS

# WOHLGEFORMT UND FRUCHTBAR: DAS GOLFTAL

**Das große, wie herausgebissen wirkende Valle del Golfo auf der Westseite El Hierros zieht sich in einem weiten Bogen von den Roques de Salmor im Norden bis zur Punta Arenas Blancas im Süden. Die Hauptorte heißen Las Puntas, Frontera/Tigaday – Verwaltungszentrum und Mittelpunkt der Region – und Sabinosa mit dem Kurort Pozo de la Salud. Hier unten im landschaftlich reizvollen Golftal ist das Klima ganzjährig mild und ausgeglichen. Doch nicht nur klimatisch ist hier manches anders als in der Hauptstadt auf der anderen Inselseite.**

Die Bewohner des Golftals fühlen sich als deutlich anderer Zweig der herrenischen Inselfamilie als die Bewohner Valverdes. Es herrscht durchaus Konkurrenz zur Hauptstadt, und wie in jedem Ort der kleinen Insel auch Lokalpatriotismus.

Die Leute vom Golf haben aber auch allen Grund, auf ihre aufstrebende Region stolz zu sein: Wo sich noch in den 60er Jahren lediglich ein Häuflein ärmlicher Häuser am Fuß des Steilhangs duckte und sich meerabwärts nur Malpaís erstreckte, ist eine blühende Landschaft voller Obstkulturen und Weinfelder entstanden. Die Orte *Frontera* und *Tigaday* zusammen haben heute Valverde an Größe und Einwohnerzahl überrundet. Auch der Tourismus hat im Tal Fuß gefaßt, überall zwischen Las Puntas und Pozo de la Salud bieten sich Urlaubern inzwischen viele angenehme Wohnmöglichkeiten. Es wird weiter rege gebaut. Und der 2003 eröffnete Tunnel durch die Steilwand bei Las Puntas wird die Entwicklung des Golfo noch beschleunigen.

**Auf der Finca Experimental des Cabildo gedeihen Öko-Ananas und -Mangos**

## BLÜHENDE GEMEINDE IM TALRUND: LA FRONTERA

Fast alle Orte im Golf – bis auf die entlegeneren wie Las Puntas und Sabinosa – sind inzwischen zur großen *Gemeinde La Frontera* zusammengewachsen. In früheren Zeiten lagen die einzelnen Siedlungen und Häuser weit verstreut, die meisten jedoch am Fuß des Steilhangs, entlang der Linie Guinea – Las Lapas – Frontera – Tigaday – Los Llanillos – Sabinosa. Mit der Urbarmachung der sich zum Meer hin erstreckenden Lavafelder dehnte sich auch die Besiedlung weiter zur Küste hin aus. Heute ist nur noch relativ wenig Land ungenutzt, durchkreuzen viele neue Pisten und Straßen das einst unwegsame Gelände in Meeresnähe. Zwischen den Plantagen lassen sich immer mehr Herreños auch zum Wohnen nieder. Die abgelegenen Grundstücke direkt an der Küste sind besonders bei ausländischen Investoren und Häuslebauern sehr beliebt.

Der Golf ist heute das landwirtschaftliche Zentrum El Hierros mit Obstplantagen und Weinanbau. Hier haben die **Landwirtschafts- und die Winzerkooperative** ihren Sitz. Zu-

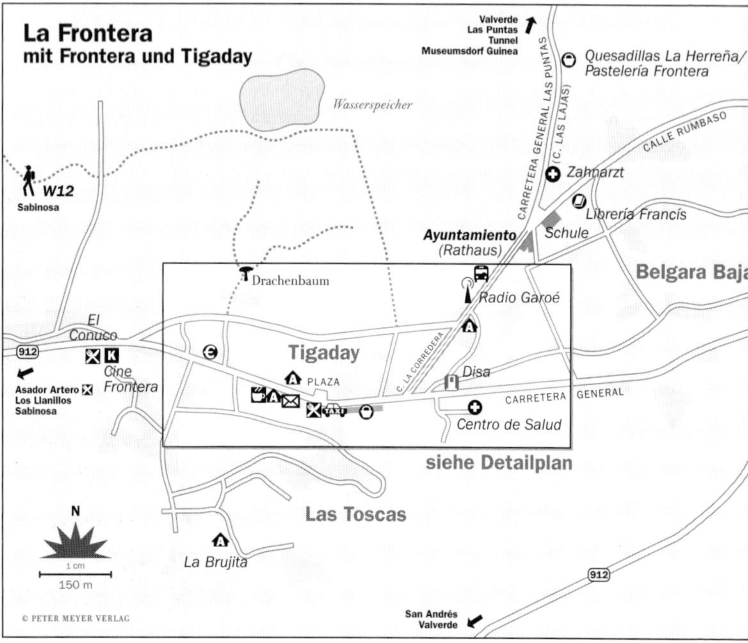


künftig soll von hier aus die ganze Insel mit Wasser versorgt werden (↗ Klima und Wasserhaushalt).

Auch kulturell tut sich in den letzten Jahren immer mehr. Es gibt drei große **Folkloregruppen** im Golf, in denen viele auch junge Leute die alten Tänze und Lieder pflegen und bei den großen Fiestas auftreten: die Gruppen *Tejeguate, Joapira* und *Sabinosa.* Seit 1995 sendet von Tigaday aus *Radio Garoé,* ein politisch-kulturelles Programm »von Herreños für Herreños«, und alle zwei Monate wird die Inselzeitschrift *La Voz del Hierro* produziert.

## Die Ortsteile Frontera & Tigaday

Bis 2003 führte nur eine einzige Straße in den Golf hinein – die *Carretera General,* die sich in kühnen Serpentinen durch den Monteverde windet und an klaren Tagen immer wieder atemberaubende Ausblicke über das Tal bietet (↗ El Túnel). Sie erreicht **Frontera** an der *Plaza de Candelaria* mit der schönen alten Kirche *Nuestra Señora de la Candelaria.* Ihr vom Kirchenschiff getrennter Glockenturm krönt den Gipfel des Lavakegels in ihrem Rücken und ist fast im ganzen Tal zu sehen. Auf der Terrasse der *Bar Joapira,* auch Erfrischungsstation für

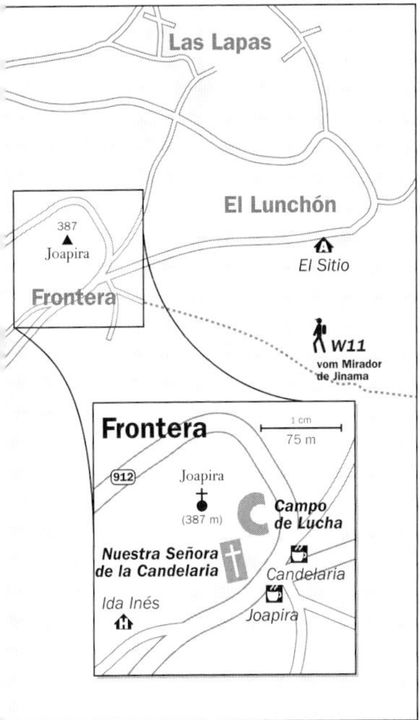


Wanderer, die gerade den Weg von Jinama hinuntergelaufen sind (↗ Wanderung 11), läßt es sich gemütlich sitzen und das Bild genießen – getrübt nur durch einen unvollendeten mehrstöckigen Rohbau an der Ostseite des Platzes.

Direkt neben der Kirche liegt wie ein Amphitheater der schönste *Campo de Lucha* El Hierros; hier werden im Sommer die Ringkämpfer unter freiem Himmel angefeuert. An der *Bar Candelaria* geht ein steiles Sträßchen hinunter in den stillen Ortsteil *El Lunchón* und weiter talwärts ins malerische *Las Lapas.*

Die Carretera General umrundet den Kirchberg *Joapira* und führt dann geradeaus nach **Tigaday** hinunter. Noch bevor der Ortskern erreicht ist, zweigt nach rechts die *Rambla* mit hübscher Promenade in Richtung Meer, Las Puntas und zum Tunnel nach Valverde ab. Im **Zentrum von Tigaday** befinden sich die meisten Apartmenthäuser und Pensionen, die Restaurants und Bars, Banken und Geschäfte. Gegenüber des Taxistands liegt rechter Hand wie eine Terrasse mit Meerblick die baumbestandene *Plaza Tigadays,* die bei den großen Volksfesten zur Bühne und zum Tanzboden wird. Das *Rathaus* von Tigaday ist seit 1912 zuständig für die

**Hier wird mit höchstem Segen gekämpft: Fronteras Campo de Lucha**

Verwaltung der gesamten Golfregion, für El Pinar und La Restinga.

Oberhalb Tigadays ziehen sich die hübschen Häuser von **Las Toscas** den Steilhang hinauf, ortsauswärts Richtung Sabinosa sind bald die ersten Häuser des stillen Dörfchens **Los Llanillos** mit seinen üppigen Blumengärten erreicht.

### Plantagenlandschaft am Meer

Unterhalb La Fronteras führen etliche kleine Straßen und Pisten durchs Gelände, auf denen Sie wunderbar spazierengehen und lohnende Streifzüge entlang der Obstplantagen machen können. Sie werden dabei auf viele neue Häuser und erschlossene Grundstücke stoßen, aber auch auf sich selbst überlassene Fincas und noch unberührtes Malpaís. In den teils hoch ummauerten oder mit Plastik überdachten Plantagen reifen neben Bananen und Ananas auch jede Menge Zitrusfrüchte, Aprikosen, Pfirsiche, Kiwis, Mangos, Papayas und Avocados. Im Frühling ist die Luft geschwängert vom Duft der Orangenblüten.

✷ **Achtung:** Vor Obstklau sei gewarnt, auch wenn es noch so in den Fingern juckt: Die Obstbauern finden Urlaubs-Langfinger aus verständlichen Gründen gar nicht spaßig. Außerdem steckt der ökologische Anbau noch in den Anfängen, so daß konventionell nicht gerade wenig gespritzt wird.

Parallel zur Küste verläuft eine schnurgerade asphaltierte **Küstenstraße** zwischen den großen Planta-

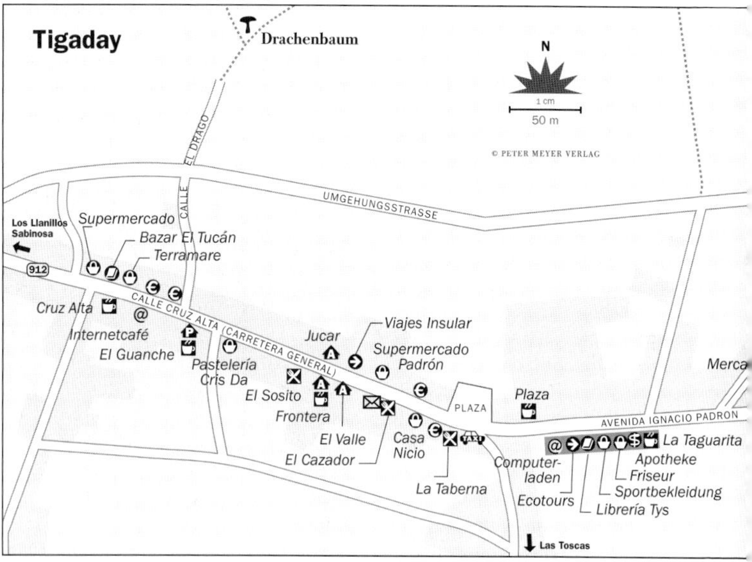

gen *(Carretera El Matorral)*, an ihr liegen unübersehbar die Gebäude der *Landwirtschafts- und der Winzerkooperative.* Hier befindet sich auch ein Supermarkt. Wenn das Tor der Landwirtschaftskooperative geöffnet ist, können Sie einen Blick auf die Bananenpackanlage werfen und sehen, wie die grünen Stauden in »Hände« zerteilt, dann auf dem Band gereinigt und gespritzt werden, um schließlich in den Bananenkartons zu landen, auf Paletten geladen zu werden und im Lkw auf den Abtransport zu warten.

## Praktische Informationen

### Unterkunft

In Frontera und Tigaday wohnt man direkt im Ort mit der gesamten Infrastruktur an Geschäften und Restaurants vor der Haustür, ideal als Ausgangspunkt für Erkundungs- und Wandertouren; von den Badeplätzen am Meer etwa 5 km entfernt.

***Hotelito Ida Inés,*** Frontera, Camino del Hoyo 2, ruhig gelegen unterhalb der Plaza Candelaria am Hang des Kirchturm-Bergs, ✆ 922-559445, Fax -556088. Infos: www.hotelitoidaines.com. 12 schöne, gepflegte DZ, alle mit Bad und TV, 3 mit Terrasse, 2 mit Balkon. Außerdem ein Appartment mit 2 Zimmern, Küche und Terrasse. Dachterrasse mit Liegestühlen, winzigem Pool zum Erfrischen und Blick über das gesamte Golftal. Anheimelnde Atmosphäre, allerdings sehr teuer. DZ mit Frühstück 76 €; EZ mit Frühstück 63 €. Kinder 2 – 12 Jahre zahlen 50 %.

Im Golftal gedeihen auch Bananen

Siehe auch Übersichtsplan La Frontera

***Casitas El Sitio,*** El Lunchón, Carrera 26, Nähe Plaza Candelaria, ✆ 922-559843. Info in Deutschland: ✆ & Fax 040/5367603, www.el-sitio.de. Apartmenthäuschen in altkanarischem Stil in einer Gartenanlage am Hang, jedes mit Terrasse und Meerblick. Schlicht, aber schön eingerichtet, mit Duschbad und Kitchenette, für bis zu 3 Personen. Preise je nach Apartmentgröße 40 bis 56 €. Auch für Gruppen geeignet; im Haupthaus Gemeinschaftsküche und kleiner Veranstaltungssaal; dort finden ab und zu Ausstellungen, Musikabende, Yogakurse u.a. statt.

***Apartamentos El Valle,*** Tigaday, Carretera General s/n, ✆ 922-559471. Fünf riesige Apartments mit 3 oder 4 Schlafräumen (nach hinten gelegen), 2 Bädern, einem großzügigen Wohnraum, Küche und Terrasse (zur Straße). Preise für 2 bis 5 Personen 36 bis 45 €; in der Saison werden jeweils 6 € draufgeschlagen.

***Apartamentos Frontera,*** Tigaday, Carretera General s/n, ✆ & Fax 922-559246. Im Vorderhaus zur Straße schöne große Apartments für 4 Personen, alle mit 2 Schlafzimmern (nach hinten gelegen), Wohnraum, Küche, Bad und Balkon (zur Straße). 2 Personen zahlen 36 €, 4 Personen 50 €.
Im neu erbauten Hinterhaus weitere einfache freundliche Studios für 2 Personen mit je einem großen Zimmer, Kitchenette, Bad und Balkon mit Blick auf einen Garten; DZ 36 €.

***Apartamentos Jucar,*** Tigaday, Carretera General s/n, ✆ & Fax 922-559301. Protzig wirkender Neubau, 14 sehr gepflegte, geräumige Apartments, davon 7 nach hinten gelegen, mit Meerblick und großer Terrasse; die anderen nach vorn zur Straße. Alle mit Schlaf- und Wohnraum (mit Doppelbettsofa), Balkon, Bad und Küche. Ab 38 € für 2 Personen.

***Pensión El Guanche,*** Tigaday, Calle Cruz Alta 1, ✆ 922-559065. Sieben kleine, sehr spartanische Zimmer mit Duschbad, davon 6 nach vorn zur Straße; laut, aber billig: DZ 21 €, EZ 15 €. Bar Restaurante im Haus.

***La Brujita,*** Las Toscas, s/n, ✆ 922-556000. Steil oberhalb Tigadays am Hang gelegen. Sehr schöne Anlage mit Panoramablick über das Tal, hübsch eingerichtete Apartments für 2 bis 4 Personen mit Terrasse. Mini-Pool mit Aussicht, Tennisplatz. Preis für 2 Personen ab 50 €.

***Casas Guillermo*** und ***Pilar II,*** schön restaurierte, in warmem Gelb gestrichene Häuser für je 2 Personen. Sehr ruhig auf einem großen Grundstück in Las Toscas hoch über Tigaday gelegen, vom Sträßchen aus über einen steingepflasterten Pfad zu erreichen. Beide Häuser sind sehr geschmackvoll eingerichtet und haben eine Terrasse mit herrlichem Panoramablick über das Golftal und die Roques de Salmor, an klaren Tagen bis La Palma. Ab 45 €/Tag; Vermittlung: Pablo (↗ Reisepraxis).

***Casa Los Llanillos,*** typisches altkanarisches Haus für 2 bis 3 Personen, unweit der Hauptstraße nach Sabinosa, aber dennoch ruhig gelegen. Gut ausgestattet, mit Patio, Garten mit Zisterne und Obstbäumen. Ab 55 €/Tag; Vermittlung: Meridiano 0 (↗ Reisepraxis).

***Casa de la Abuela María,*** ebenfalls typisches altes Steinhaus im Dörfchen Los Llanillos für 2 bis 4 Personen. Sehr

Trotzig: Glockenturm der Iglesia Nuestra Señora de Candelaria vor Fronteras Steilwand

schöne Holzböden, -decken und -fenster, stilvoll eingerichtet. Garten mit Gemüsebeeten, Sonnenterrasse mit prächtigem Blick aufs Meer und das Golftal. Ab 55 €/Tag; Vermittlung: Sabina Tour Service, Meridiano 0 (↗ Reisepraxis).

*Apartamentos Godehardt,* Los Llanillos, Calle El Canal, ✆ 922-558201. Hübsches Haus mit 2 voneinander unabhängigen Studios für 2 Personen. Geräumig und gut ausgestattet, gemütliche Holzmöbel. Terrasse und Garten, schöne Sicht auf Tal und Meer. DZ ab 33 €.

*Casa El Lagar,* schön renoviertes Kanarenhäuschen für 2 Personen in Los Mocanes (Nähe Museumsdorf Guinea), umgeben von Weinhängen, Bananen- und Ananasplantagen. Einfach, aber geschmackvoll eingerichtet, große Terrasse, alte Weinpresse am Haus. Ab 50 €/Tag; Vermittlung: Karin Pflieger, Meridiano 0 (↗ Reisepraxis).

## Essen & Trinken

Kulinarisch bieten Frontera und Tigaday fast ausschließlich Kanarisches, d.h. Fisch oder Fleisch, gekocht oder gegrillt, mit *Papas fritas* oder *arrugadas*. In den meisten Bars kann man sich zwischendurch mit einer soliden Tapa stärken. Die Reihenfolge der hier aufgezählten Bars entspricht ihrer Lage entlang der Hauptstraße, von der Plaza Candelaria in Richtung Los Llanillos.

*Bar Joapira,* direkt an der Plaza Candelaria. Kleine Terrasse zum Draußensitzen; leckere Tapas, Bocadillos und hausgemachte Quesadilla.

*Bar Restaurante Candelaria,* Seite an Seite mit Bar Joapira. Kleines, aber emp-

## El Túnel – Vom Traum zur Wirklichkeit

Jahrzehntelang hatten die Herreños davon geträumt, einen Tunnel in die Steilwand *Risco de Tibataje* bei Las Puntas zu bohren, um eine schnelle Verbindung zwischen den beiden Hauptorten der Insel, ***Valverde*** und ***Frontera,*** zu schaffen. Nach vielen Anläufen gab Madrid schließlich Geld und grünes Licht für das ehrgeizige Projekt: Anfang 2000 war Baubeginn, und bereits im September 2003 konnten Tunnel und Schnellstraße vorzeitig eröffnet werden. Für die meisten Herreños ein Wunder, denn bis dahin hat noch jedes größere Bauprojekt auf ihrer Insel viele Jahre bis zu seiner Vollendung gebraucht.

**Die Eröffnung des Túnel de Los Roquillos** bedeutet eine historische Zäsur für die Insel. Unter den Inselbewohnern brach eine regelrechte Tunneleuphorie aus, die monatelang anhielt. Verständlich, denn so kühn und romantisch die alte Serpentinenstraße mit ihren fantastischen Fernblicken auch ist, so zeitraubend, mühsam zu fahren und gefährlich war sie als Hauptverkehrsstraße. Um ins Golftal zu gelangen, mußten sich Autos wie schwere Lkw in der Vor-Tunnel-Zeit zunächst bis auf 1300 m hinaufquälen, um dann ab dem höchsten Punkt der Steilwand bis hinab nach La Frontera ihre Bremsen zu strapazieren, oft genug begleitet von dichten Nebelschwaden. Die Fahrzeit von Valverde nach Frontera dauerte eine Stunde; der Tunnel hat sie auf eine Viertelstunde verkürzt.

Tunnel und Schnellstraße haben die Koordinaten der Insel verändert. Wie bei jeder größeren Veränderung gibt es Gewinner und Verlierer: So hat der Verkehr logischerweise zugenommen – früher ist kein Bewohner von Valverde oder Mocanal »einfach mal schnell« nach Frontera gefahren, und kaum ein Golfbewohner kam auf die Idee, abends noch in die Hauptstadt aufzubrechen, um dort ins Kino zu gehen. Das einst stille Straßendorf Mocanal hat es jetzt mit einem Durchgangsverkehr zu tun, der den Charakter des Dorfes verändert.

Die Ökologie läßt sich insgesamt jedoch zu den Gewinnern der Entwicklung zählen, auch wenn die neue Straße die einst weitgehend unberührte Landschaft unterhalb von Mocanal und Guarazoca zerschneidet. Denn nun zieht sich der Verkehr größtenteils durch die ohnehin bewohnten Zonen der Insel, anstatt den Nebelwald der Gipfelregion zu beeinträchtigen. Die alte Straße wird fast nur noch von den Mietwagen der Touristen befahren, die jetzt ungestört vom Schwerverkehr oder von eiligen Einheimischen gemächlich-genüßlich ins Tal hinabrollen können. Biker erobern die Serpentinenstrecke, und selbst für Wanderer stellt sie kein Hindernis mehr da. Weniger Abgase, weniger Lärm: Flora und Fauna freut's. ◂

fehlenswertes Lokal. Spezialitäten vom Grill, venezolanische Arepas.

***Bar La Taguarita,*** an der Ecke Avda. Ignacio Padrón/Calle M. C. Padrón, unter den Arkaden. Geräumige Bar, vor der es sich auch draußen gut sitzen läßt; deshalb bei Touristen sehr beliebt. Bocadillos, Hamburger und Sandwiches, Säfte und Milchshakes.

***Bar Plaza,*** Tigaday, Avenida Ignacio Padrón 14 (ohne Schild). Tapas etc., Billardtische, hallenartig, besonders abends beträchtlicher Lärmpegel.

***Bar La Taberna,*** an der Straßenecke gegenüber der Plaza; Tapas, Drinks.

***Bar Restaurante El Cazador,*** Carretera General 5, üppig mit Jagd-Utensilien und Trophäen geschmückt. Das übliche Angebot, außerdem Hähnchen und Pizza zum Mitnehmen.

***Bar Restaurante Frontera,*** Carretera General 19, ist dem gleichnamigen ↗ Apartment-Haus angeschlossen. Typische kanarische Küche, gut und preiswert.

***Bar Restaurante El Sosito,*** ein Haus weiter, kanarische Küche, etwas teurer.

***Bar Restaurante El Guanche,*** Calle Cruz Alta, leckere Tapas und gute Küche, freundliche Bedienung, preiswert.

***Cafetería Cruz Alta,*** Calle Cruz Alta s/n, Tapas und Bocadillos.

***Brasero El Conuco,*** Carretera Merese 45, Nähe Cine. Fisch und Fleisch vom Holzkohlengrill, für die vergleichsweise variantenreiche Küche zahlt man etwas mehr, sitzt und ißt aber sehr gut.

***Asador Artero,*** Carretera General 20 (in Richtung Los Llanillos). Ebenfalls Grillspezialitäten; empfehlenswert. So abend und Mo geschlossen.

## Einkaufen & Kulturelles

**Lebensmittel:** ***Supermercado Padrón,*** Carretera General s/n, gegenüber Bar El Cazador; großes Angebot an frischem Gemüse und Fleisch.

***Autoservicio Terencio II,*** Supermarkt in der Calle La Corredera 6.

***Supermercado,*** Calle Cruz Alta, neben Bazar El Tucán.

***Supermercado,*** Carr. El Matorral s/n, im Gebäude der Landwirtschaftskooperative, hinter der Packhalle.

***Quesadillas La Herreña – Pastelería Frontera,*** Calle Las Lajas 4 (Hauptstraße nach Las Puntas); großes Angebot an frischen süßen Leckereien.

***Mercadillo,*** kleiner Markt jeden Sonntagvormittag an der Ecke Rambla/Carretera General, v.a. Obst, Gemüse und Kunsthandwerk.

**Bücher und Zeitschriften:** ***Bazar El Tucán,*** Calle Cruz Alta 12. Größte Auswahl an Buchtiteln (u.a. auch dieser Reiseführer) über El Hierro und den Archipel auf der ganzen Insel; außerdem Schmuck, Taschen und Koffer, Kunsthandwerk, CDs, Postkarten, Briefmarken und Souvenirs. Faxen kann man hier auch.

***Librería Francis,*** Calle Rumbaso 8. Bücher, auch deutsche Zeitungen und Zeitschriften, Kopien und Schreibwaren.

***Librería Tys,*** Avda. Ignacio Padrón, unter den Arkaden. Bücher, Zeitschriften und Zeitungen (auch deutsche).

**Kunsthandwerk:** ***Casa Nicio,*** Carretera General 3. Sehr schöne, schlichte Gebrauchskunst aus duftendem Holz: Becher, Karaffen, Schalen und vieles mehr aus schwerem, dunklem Kiefern- und Maulbeerholz, aber auch Leichtgewichtiges aus Agaven-Stämmen. Die Stücke sind in tagelanger Arbeit geschnitzt, deshalb nicht billig – aber ein besonderes Souvenir.

***Terramare,*** Calle Cruz Alta 10. Naturprodukte, Kleider, Kräuter, Kunsthandwerk – »Ökologisches und Solidarisches«.

**Kino:** ***Cine Frontera,*** Carretera Merese s/n, ortsauswärts in Richtung Los Llanillos.

**Radio:** ***Radio Garoé,*** La Corredera 5, ✆ 922-556031. Im Vorraum des kleinen Sendestudios werden während der Sendezeiten (variabel, während der Woche ist meist vormittags jemand da) auch Zeitschriften wie »La Voz de El Hierro« verkauft, außerdem finden Spanischkundige hier eine kleine Bibliothek mit inselrelevanter Literatur.

### Nützliche Adressen & Verkehr

**Banken:** ***Caja Canarias,*** Calle Cruz Alta 10 (EC-Automat).

***Caja Rural,*** Calle Cruz Alta 2, EC-Automat.

***BBV,*** Carretera General s/n.

***Banco Central Hispano (BCH),*** Carretera General 1.

**Post:** Carretera General 11. Geöffnet Mo bis Fr von 9 – 14 Uhr, Sa von 9 – 12.30 Uhr.

**Internet:** Avda. Ignacio Padrón, unter den Arkaden. Hier bieten sowohl die *Librería Tys* als auch der *Computerladen* neben dem Reisebüro ein paar Plätze zum Surfen und eMails schreiben.

**Medizinische Versorgung:** ***Centro de Salud,*** Calle El Pozo 1 (gegenüber der Tankstelle), ✆ 922-559004; geöffnet Mo – Fr 8 – 21 Uhr, während des ganzen Wochenendes rund um die Uhr.

***Farmacía,*** Avda. Ignacio Padrón s/n, unter den Arkaden.

*Zahnärzte: Dr. Francisco E. Mini,* ✆ 922-555042; *Dr. Javier A. López-Samaniego,* ✆ 922-550342.

**Rathaus:** ***Ayuntamiento de La Frontera,*** Calle La Corredera 10, ✆ 922-556000; geöffnet Mo – Fr 8 – 14.30 Uhr.

**Taxi:** ***Cooperativa de Transportes,*** Carretera General, an der Straßenecke gegenüber der Plaza; ✆ 922-559129.

**Busstation:** Calle La Corredera s/n, kurz hinter Radio Garoe.

**Autovermietungen:** ***Autos Bamir,*** Calle Corredera 6, ✆ 922-559077.

***Cooperativa de Transportes,*** ✆ 922-559129.

**Tankstelle:** ***Disa,*** Carretera General s/n, an der Kreuzung nach Las Puntas, 7 – 21.30, So 8 – 20 Uhr.

**Reisebüros:** ***Viajes Insular,*** Carretera General s/n, neben Aptos. Jucar.

***Ecotours,*** Avda. Ignacio Padrón s/n, unter den Arkaden.

## Das Museumsdorf Guinea

… liegt etwa auf der Hälfte der Strecke Frontera – Las Puntas. Die Häuser von Guinea am Fuß des mächtigen Steilhangs *Risco de Tibataje* waren im 15. Jahrhundert eine der ersten europäischen Ansiedlungen nach der Eroberung El Hierros. Lange davor lebten hier schon die Bimbaches, zum Teil in den zahlreichen Höhlen. Die einst als Behausung genutzten Vulkantunnel verlaufen vom Fuß der Steilwand in Richtung Meer. Sie alle sind Abzweigungen des längsten *tubo volcanico* der Gegend, der parallel zum Risco de Tibataje verläuft; dieser war wegen hoher Innentemperaturen nicht zum Wohnen geeignet. Teile eines einst bewohnten

Vulkantunnels kann man heute im Museumsdorf besichtigen; er ist allerdings bis auf ein kleines Stück, das eine *bodega* (Weinkeller) birgt, leer.

In Guinea lebten zahlreiche Familien das ganze Jahr über, doch auch hier waren viele Häuser nur Saisonwohnung von Familien aus dem Norden – aus den Dörfern von Guarazoca bis Mocanal –, die mit Vieh und Hausrat den steilen *Camino de la Peña* (↗ Wanderung 8) herunterkletterten. Sie überwinterten hier im milden Meeresklima, während oben auf den Feldern der Hochebene die Wintersaat dem Frühling entgegenreifte.

Noch nicht vor so langer Zeit aufgegeben wie die anderen beiden Kolonialdörfer Las Montañetas und La Albarrada auf der Hochebene Meseta de Nisdafe, waren die Häuser vor ihrer Rekonstruktion auch nicht so zerstört wie die der Bergdörfer. Verwaisten die einen wahrscheinlich nach und nach des strengen Klimas wegen, hat hier unten am Fuß der Steilwand der Steinschlag eine Rolle gespielt; das ist unmittelbar einleuchtend, wenn man sich den gewaltigen Geröllberg betrachtet, der sich hinter Guinea auftürmt.

Die Anlage des Museumsdorfs ist sehr gelungen und lohnt auf alle Fälle einen Besuch. Die kleinen Häuser sind allesamt, wie zu Kolonialzeiten üblich, aus aufeinandergeschichteten Lesesteinen errichtet und mit Stroh abgedeckt. Ihre Böden sind aus Stein oder einer festgestampften Mischung aus Asche und Kuhdung. Meist beste-

**Kaum zu erkennen: Die Lavasteinhäuser Guineas ducken sich an die Steilwand Fuga de la Gorreta**

Stilleben im Museumsdorf Guinea

aus seinem Stall, Hühner laufen über den Weg, Trockengemüse ziert die Hauswände und allerlei Alltagsutensilien liegen dekorativ in den Patios.

Besucher werden in Gruppen durch das Dorf geführt; dann werden auch die sonst abgeschlossenen Häuser geöffnet, und Sie können sich anhand des typischen Hausrats der verschiedenen Jahrhunderte ein Bild vom Leben der Herreños in vergangenen Zeiten machen. Das jüngste Haus liefert einen Eindruck davon, wie einfach noch vor drei Jahrzehnten etliche weniger betuchte Menschen auf El Hierro gelebt haben.

***Öffnungszeiten:*** Di – Sa 10 – 14 und 16 – 18 Uhr, Sa/So 11 – 14 Uhr. Mo geschlossen. Eintritt 4,20 €.

hen sie aus einem Raum mit höchstens einem winzigen Fenster, bei den »moderneren« ist die Kochstelle abgetrennt. Jedes Haus hat seinen Aljibe (Zisterne), viele einen Unterstand oder Stall für das Vieh. Wenn man über die grob gepflasterten Wege läuft, kann man sich leicht in frühere Zeiten zurückversetzen, denn alles ist sehr lebensnah gestaltet: Zwischen den Mauern finden sich Gemüsegärtchen und Obstbäume; ein Esel lugt

## Lagartario: Das Dorf der Riesenechsen

Direkt nördlich an die Häuser Guineas schließen sich die Gebäude des *Lagartario* an. Seit die *Lagartos gigantes*, die großen Echsen El Hierros, durch Zufall in den 70er Jahren von einem Hirten in der unzugänglichen Steilwand *Fuga de la Gorreta* wiederentdeckt wurden, stehen sie unter besonderem Schutz (↗ Riesenechse aus grauer Vorzeit). Am Fuße der Steilwand, ihres derzeit einzigen natürlichen Lebensraums, ist seit 1996 ein Terrarium öffentlich zugänglich, in dem einige der Echsen in drei kleinen Gehegen zu sehen sind. Die Lagartos lassen sich dankenswerterweise vom Publikum wenig stören. Sie schmiegen sich gern an die Steine nahe der Glasabtrennung und können so ganz aus der Nähe betrachtet werden.

Das Terrarium ist nur ein kleiner Teil der Anlage des Lagartario, zu dem Labors und noch andere Gehege gehören. Das Lagartario widmet sich als *Centro de Recuperación* der Aufzucht der Tiere in Gefangenschaft, um sie dann später auch in anderen Zonen der Insel wiederanzusiedeln. 1999 gelang ein erster Versuch, seither lebt wieder eine kleine Echsenkolonie auf dem *Roque Chico,* dem kleineren der beiden Felsen von Salmor. Auch im Gebiet des Sabina-Walds in La Dehesa und in El Julán werden Echsen ausgesetzt, weil die Tiere dort günstige Nahrungsbedingungen und genug Schlupfwinkel vorfinden. Das größte Problem für in freier Wildbahn lebende Jungtiere sind die wilden Katzen.

Die Arbeit des Lagartarios wird von der *Medio Ambiente,* der Umweltbehörde der kanarischen Regierung, finanziert, unterstützt vom »Life«-Programm der EU. Bisher ist die Arbeit der Biologen erfolgreich: Offenbar fühlen sich die Echsen unter Aufsicht nicht unwohl und vermehren sich zur Freude ihrer Züchter.

***Lagatario:*** Di, Do und Sa 10 – 14 und 16 – 18 Uhr. Eintritt 4,20 €, Museums- und Echsendorf zusammen 7,20 €.

**Die Biologen des Lagartario freuen sich: Die Urechsen fühlen sich bei ihnen wohl**

Im Sommer bei ruhiger See ist der Einstieg ins Meer an vielen Stellen der Steilküste im Golf möglich, wie zum Beispiel an der Anlegestelle Punta Grande oder der Playa del Cantadal.

## »Charcos« – Badestellen im Fels

Doch auch im Winter, wenn das Meer meist rauh ist, gibt es einige Bademöglichkeiten in von Felsriffen geschützten natürlichen Becken. Dennoch Vorsicht: Bei aufgewühlter See werden die Becken oft überspült, dann ist es zum Baden zu gefährlich.

▶ Die am besten ausgebaute – und am meisten frequentierte – Anlage ist **La Maceta** bei *Las Puntas.* Sie bietet drei Badebecken, das größte ist zum Schwimmen geeignet, die kleinen bieten Bade- und Planschvergnügen für Kinder.

Zum Sonnenbaden dienen zementierte Plattformen, oberhalb davon liegen schön gestaltete schattige Terrassen mit Grillstellen und großen runden Holztischen zum Picknick, jeweils ausreichend für eine Großfamilie. Der Blick hinüber zu den vorgelagerten Felsen *Roque del Pozo* und den *Roques de Salmor* ist phantastisch. Es gibt Trinkwasser und sogar eine Dusche; oberhalb der Anlage am Parkplatz befindet sich ein empfehlenswertes *Restaurant* (↗ Essen & Trinken).

▶ Eine Viertelstunde Fußweg (der Weg beginnt hinter dem Restaurant) entfernt in südwestlicher Richtung liegt eine andere, mit viel Mühe begehbar gemachte, wildromantische Anlage: **Los Sargos.** Sie bietet weniger Komfort und kaum Möglichkeiten zum Schwimmen, lohnt den Besuch aber in jedem Fall wegen ihrer Lage inmitten wilder Lavaformationen. Wer hier ein bißchen herumklettert, entdeckt schroffe Abstürze, Höhlen, Felstore und bizarr geformte Kissenlava. Sonnen läßt es sich hier überall auf den Felsen, die viele windgeschützte Winkel bieten. Gefahrlos baden kann man bei ruhiger See in einem kleinen natürlichen Becken, oder besser: einer großen Meeresbadewanne. Plastikbadeschuhe sind ange-

**Bietet Abwechslung: Charco La Maceta**

**Geheimnisvoll: Die Höhle vom Charco Azul**

bracht, oft sitzen Seeigel an den Felsen. Im Sommer ist oberhalb der Steilküste am Parkplatz eine palmwedelgedeckte Bar geöffnet.

▶ Ein weiterer felsgeschützter Badeplatz nennt sich **Charco Azul** (Blauer Teich), auch wenn sein Wasser eher flaschengrün schimmert. Er liegt unterhalb ***Los Llanillos;*** kurz vor dem Ortsausgang in Richtung Sabinosa weist ein Holzschild meerwärts zu ihm hin. Die Straße kreuzt kurz vor der Küste die breite Küstenstraße zwischen den Plantagen, die ab hier bis nach Pozo de la Salud weiterführt; sie endet an einem Wendeplatz vor der Felsküste. Von dort aus geht es dann auf einem gewundenen steilen Pfad treppabwärts zum Meer hinunter – auch dies ein schön angelegter Platz mit Wasserstelle, Grillrosten, kleinen Sonnenterrassen und Planschbecken in Felswannen. Das Becken des Charco Azul selbst ist halb von einer *Höhle* überdacht: Man kann es über einen Zugang von unten erreichen oder von oben über die Felsplatten hineinrutschen.

▶ Und noch eine vierte Stelle bietet ähnliche Badefreuden: der **Charco Azul de Sabinosa,** ebenfalls mit einer Grotte, der *Cueva La Laja.* Sie erreichen ihn von der Straße Sabinosa – Pozo de la Salud aus: In der letzten Kurve vor Pozo de la Salud biegen Sie nach rechts in die Straße ein, die ab hier immer parallel zum Meer bis nach El Matorral und Las Puntas führt. Nach hundert Metern zweigt nach links eine rötliche Piste Richtung Meer ab, die kurz darauf an einem Wendeplatz endet. Treppabwärts erreichen Sie rechts hinter dem Fels den Badeplatz.

## LAS PUNTAS, IDYLLE ZWISCHEN FELS UND MEER

Las Puntas hat sich in den 90er Jahren zum zweiten Touristenort der Insel (nach La Restinga) entwickelt. Am äußersten nördlichen Ende des Golftals schmiegt sich hier eine Reihe hübscher Bungalows an den Hang, die teilweise an Touristen vermietet werden.

Unbestrittener Mittelpunkt des kleinen Ortes mit dem schönsten Sonnenuntergang des Tals ist sein exponierter Endpunkt im Meer: die ehemalige Anlegestelle **Punta Grande,** ein kleines wellenumspültes Felsplateau. Das frühere Lagerhaus des *Embarcadero* ist Mitte der 80er Jahre zu einem bemerkenswerten Hotel ausgebaut worden – laut Guinness-Buch der Rekorde ist es mit seinen vier Zimmern das kleinste der Welt. Von hier aus hat man den besten Blick auf die *Roques de Salmor*.

Punta Grande ist ein schöner Ferienplatz, von dem aus sich das Golftal bestens erkunden läßt – zu Fuß, per Fahrrad und natürlich im Mietwagen. Nach Tigaday sind es von hier aus 6 km, zum Badeplatz La Maceta 4 km.

Seit Jahren wird an dem kleinen Küstenstreifen an einer für diesen Ort überdimensioniert wirkenden und architektonisch unpassenden Schwimmbadanlage gebaut – der Eröffnungstermin der **Cascadas del Mar** schien im Sommer 2004 in greifbare Nähe gerückt.

Ein kleines **natürliches Planschbecken** im Meer ist unterhalb des Schwimmbads über eine Steintreppe zu erreichen. Der kleine Trampelpfad, der in entgegengesetzter Richtung auf die Felsküste zuführt, endet vor einer mit ein paar Steinen ausgemauerten Höhle, in den Felsgrotten darunter zischt und gurgelt die Brandung.

Im Sommer kann man bei ruhiger See direkt am **alten Anlegeplatz** beim Hotel Punta Grande über eine Leiter ins Meer steigen, wo kleine Fischerboote ankern. Die Boote werden hier samt Fischer und Fang über eine Art Flaschenzug auf die Plattform gehievt. Die kleine Felszunge des *Embarcadero* ist auch ein beliebter Platz für Angler. Im Winter ist das Meer oft wildbewegt und der Wind heftig, Fischen wie Baden ist dann unmöglich. Mitunter prallen die Brecher mit solcher Wucht auf die Felsen, daß die halbe Landzunge überspült wird und die Hotelgäste schon vom Zusehen seekrank werden.

✸ **Vorsicht:** Besonders im Dunkeln ist die Anlegestelle kein geeigneter Ort für romantisch-verträumte Spaziergänge – hier hat es bereits tragische Unfälle mit tödlichen Stürzen ins Meer gegeben. Betreten Sie vor allem nicht die rutschige, schräg abfallende Bootslände.

An der Landstraße weiter taleinwärts **Richtung Frontera** endet die fast reine Touristenzone von Las Puntas, hier stehen vorwiegend Wohnhäuser von Herreños, aber auch eine Reihe von Anwesen ausländischer Einwanderer. Der Ort wächst unablässig.

An der Straße nach Frontera (hinter der Abzweigung nach El Matorral, kurz vor der Pensión Salmor) steht rechter Hand ein großes Haus mit

Gegensätze ziehen sich an: Das kleinste Hotel auf der großen Landspitze

grünen Fenstern und Holzbalkonen – hinter der Fassade birgt es den **Pozo de los Padrones,** den großen Tiefbrunnen El Hierros (↗ Wasserhaushalt).

## Spaziergang zu den Salinen

Kurz vor dem Rondell an der Punta Grande zweigt von einer Erdplattform nach rechts eine (nicht befahrbare) Piste ab. Nach ein paar hundert Metern erreichen Sie auf diesem Weg die 2004 instand gesetzte Salinenanlage aus dem 17. Jahrhundert. Hier wurde noch bis etwa 1920 Salz gewonnen. An der steinigen **Playa del Cantadal** kann man im Sommer baden. Der Spaziergang hierher lohnt sich auch wegen der Einblicke in die zerklüftete Küste mit ihren Felstoren und -grotten.

## Unterkunft

***Hotel Punta Grande,*** ✆ 922-559081, sehr stilvolles Hotel »im« Meer, guinnessamtlich das kleinste der Welt. 4 geschmackvoll eingerichtete Doppelzimmer, auf dem »Oberdeck« ein sehr schöner Aufenthaltsraum und zwei Sonnenterrassen. Im Erdgeschoß Restaurant und Bar, dekoriert mit Schiffsgerät und -lampen sowie einer Sammlung von Schiffsmotoren-Schildern aus aller Welt; aus der Ecke glotzt eine Tauchermontur von 1906 auf die Teller der Gäste. Nicht unerwähnt bleiben soll die Damentoilette im Zwischengeschoß, die mit derjenigen im Mirador de la Peña um den Titel der schönsten Aussichtstoilette der Welt konkurrieren kann. DZ 60 € mit Frühstück, EZ 47 €.

***Apartamentos Noemi,*** Las Puntas, ✆ 922-559081, sehr schöne und individuelle Apartments, die meisten mit liebevoll bepflanzter Terrasse. Doña Noemi vermietet ihre eigenen Häuschen und verwaltet das Hotel sowie die Apartments direkt vor der Zufahrt. DZ ab 40 €.

*Apartamentos Los Roques de Salmor,* am Wendeplatz Punta Grande, ✆ 922-559016. Fünf großzügige Apartmenthäuser, im Halbkreis um einen kleinen Swimmingpool gruppiert, alle mit Terrasse und Garten. Je 2 Schlafzimmer, Wohnraum, Küche und Bad, genug Platz für die ganze Kleinfamilie. Wirkt etwas steril. Nebensaison 48 €, Hochsaison 60 €, keine Ermäßigung für Einzelpersonen.

*Apartamentos y Pensión Caribe,* hinter »Roques de Salmor«, ✆ 922-559221. Kleine, einfache, aber schön möblierte Räume, die sich an einem Durchgang gegenüberliegen. Gemeinschafts-Sonnenterrasse auf dem Dach. DZ mit Bad 24 €, Aptos. für 2 Personen 36, von Juli bis September 42 €.

*Casa Celeste,* komfortables natursteinverkleidetes Haus für 2 Personen in Meernähe. Große, lichtdurchflutete Räume, einfach eingerichtet, mit großer Terrasse und weitem Meerblick. Ab 42 €/Tag; Vermittlung: Pablo (↗ Reisepraxis).

*Pensión y Apartamentos Salmor,* in El Matorral, Calle Los Polvillos 3, (Hinweisschild Abzweig an der Carretera General Nähe Pozo de los Padrones), ✆ 922-559329. Hübsche Apartmenthäuschen in einer kleinen Gartenanlage, zweckmäßige Ausstattung. DZ 20, Aptos. 25 – 30 €, Frühstück 4,50 €.

*Finca Wapa,* Calle El Matorral 33, ✆ 922-559482. Gemütlich eingerichtete Ferienhäuschen, Apartments und Zimmer für 1 bis 4 Personen, auf dem weitläufigen Grundstück eines burgartigen Privathauses inmitten von Obstplantagen. Preise je nach Objekt und Personenzahl 25 bis 65 €.

### Essen & Trinken

*Bar Restaurante Punta Grande,* ✆ 922-559081 (↗ Unterkunft), 19 – 23 Uhr, So geschlossen. Gute kanarische Küche. Die Bar ist in den frühen Abendstunden auch bei Herreños beliebt, daneben kann man an rustikalen Holztischen seinen Wein trinken.

*Bar Restaurante El Tejerde,* Cascadas del Mar 3, am Wendeplatz. Übliches herrenisches Angebot, durchaus empfehlenswert. Di geschlossen.

*Bar Restaurante Las Puntas,* Carretera Las Puntas 58. Große, gemütlich eingerichtete Halle mit abgeteilter Bar. Empfehlenswertes italienisches Restaurant; Herreños tun sich hier gern an den Pizzen gütlich.

*Bar Restaurante La Maceta,* Charco La Maceta, am Parkplatz. Im Restaurant läßt es sich gepflegt speisen (Spezialitäten: Fisch, Meeresfrüchte, Paella), an der Bar draußen auf der Terrasse Tapas verzehren und bei einem Drink den Sonnenuntergang bewundern. Meerblick pur; empfehlenswert.

## An den Steilhang geschmiegt: Sabinosa

Sabinosa am westlichen Ende des Golfs ist das abgelegenste Dörfchen der Insel, 300 m hoch über dem Meer gelegen, inmitten von mühsam dem Berg abgerungenen kleinen Terrassen, auf denen Wein, Gemüse und Obst

**Wanderwege führen über Sabinosa hoch hinaus**

angebaut wird. Unten an der Küste liegt der Badeort *Pozo de la Salud* mit seinem berühmten Thermalbrunnen.

Oft senkt sich die Bruma von der Steilwand auf Sabinosa herab, doch ist das ausgeglichene Klima des Dörfchens berühmt für seine günstigen Wirkungen auf das Wohlbefinden: Zumindest sollen sich die Bewohner Sabinosas, den Chronisten zufolge, schon immer einer guten Gesundheit und eines langen Lebens erfreut haben. Seinen Namen hat der Ort von den Sabina-Bäumen, die hier noch heute zahlreich an der Steilwand wachsen.

Sabinosa war früher der einzige Ort im Golf, der das ganze Jahr über bewohnt war. Die Menschen hier hatten keinen Grund zum saisonalen Umzug, denn sie konnten sowohl die kommunalen Weidegebiete der nahen Dehesa als auch die Terrassenfelder rund um den Ort stets landwirtschaftlich nutzen. Weder unwirtliches Winterklima noch sommerliche Trockenheit zwangen sie zum Umzug.

Doch die zwei Stunden Fußmarsch über den Kamm zu den Weiden und Feldern in teils extremer Schräglage am Steilhang hielten die Leute von Sabinosa auch ohne Umzug übers ganze Jahr mobil. Oben am Hang sind die Esel als Lasttiere in der Feldarbeit noch heute unverzichtbar – mit Jeeps läßt sich hier nichts ausrichten. Traditionell wird in der Gegend um Sabinosa viel Wein angebaut, der an den Lavahängen besonders gut gedeiht und zu den besten der Insel gehört.

Die Gassen des hübschen Ortes mit vielen alten, weißgekalkten Häusern ziehen sich steil den Hang hinauf. So klein Sabinosa ist, hat es doch zwei Ortsteile, deren Bewohner sich früher gar nicht grün gewesen sein sollen, und zwei Plazas: die im östlichen Ortsteil *Rosa Cabrera* beansprucht den Titel »Plaza Principal«, die im westlichen Ortsteil *El Lugar* ist nach dem Ingenieur *José Vallabriga y Brito* benannt, der sich in den 40er Jahren erfolgreich dafür eingesetzt hatte, daß die Einwohner Sabinosas Ackerfläche im Gebiet der Dehesa erhielten (↗ Weideland La Dehesa).

Es gibt einen Supermarkt, eine Bar und sogar eine kleine Pension. Die Traditionen werden in Sabinosa in Ehren gehalten: Eine eigene Folkloregruppe pflegt die alten Tänze und Lieder, im Dorf arbeiten mehrere Kunsthandwerker, die Holz bearbeiten, weben oder Korbwaren herstellen.

Von Sabinosa aus lassen sich einige schöne **Wanderungen** und Spaziergänge unternehmen: über den Kamm hoch zur Dehesa oder zum Malpaso (↗ Wanderungen 14, 16), auf einem steilen Pfad hinunter zum Meer, zum Baden im Charco Azul de Sabinosa, zum Pozo de la Salud oder weiter in Richtung Arenas Blancas und zur Playa del Verodal (↗ Wanderung 13).

### Unterkunft und Essen

***Pensión Sabinosa,*** ✆ 922-559355, Hinweisschild bald nach Ortseingang, steiles Sträßchen talabwärts. Einziges noch erhaltenes altes Gasthaus *(Casa de Huespedes)* El Hierros, sauber und freundlich. Als Stützpunkt für Wanderungen rund um Sabinosa gut geeignet. Schönstes Zimmer ist eine winzige Kabine auf der Dachterrasse, die zu 2/3 von einem geschnitzten alten Doppelbett ausgefüllt wird. Herrlicher Blick zum Meer. DZ 22 €, EZ 15 €.

***Bar Restaurante Sabinosa,*** Carretera General 21, freundliche Bar mit guten Tapas und hausgemachten Magdalenas, in der es sich auch hervorragend und preiswert speisen läßt. Dazu kann man Landwein aus Sabinosa ordern.

## Mini-Kurort: Pozo de la Salud

Aus Sabinosa heraus führt die Hauptstraße in sehr steilen Kehren einen schwarzroten Aschekegel hinunter zum berühmten »Gesundheitsbrunnen« Pozo de la Salud. Noch bis vor wenigen Jahren machte die Häuseransammlung an der Steilküste einen skurrilen, auf nüchterne Gemüter vielleicht auch etwas verwahrlosten Eindruck. Seitdem 1996 das moderne **Kurhotel** *(Balneario)* seinen Betrieb aufgenommen hat, hat sich die Atmosphäre hier zum Gediegenen hin verändert.

Am neuen Balneario hat auch eine Bar ihre Pforten geöffnet, die Umgebung des Brunnens ist schön gestaltet worden, eine neue Aussichtsterrasse am Meer ist entstanden. Die wenigen Häuser, die hinter der alten, 2004 leerstehenden Casa Rosa (↗ Pozo de la Salud – ein Gesundbrunnen?) noch stehen, sind als Sommerdomizile von Familien aus Frontera meist unbewohnt. Die Ruine eines alten Lagerhauses erhebt sich auf einer kleinen Felszunge im Meer, die ähnlich wie die Anlegestelle Punta Grande im

Nordosten des Golfs einmal als Bootsanlegestelle gedient hat.

Der berühmte Gesundheitsbrunnen am Meer ist vom Parkplatz aus über ein paar Treppen sofort erreicht. Früher konnte jeder Gast mit einem Eimer selbst das sagenhafte Naß aus 12 m Tiefe schöpfen, wohltemperiert mit etwa 26 °C. Da es immer wieder zu Verunreinigungen kam, soll in Zukunft eine Pumpe den offenen Brunnen ersetzen.

### Unterkunft & Restaurants

***Hotel Balneario del Pozo de la Salud,*** ✆ 922-559561 oder -559465. Komfortables Hotel mit Restaurant, Swimmingpool und gut ausgestattetem Fitnessraum. Die Zimmer sind auf zwei Stockwerke um eine mit riesigen Farnen bepflanzte Halle gruppiert. Daß das Hotel auch als Kurhaus dient, macht das in Grüntönen gehaltene Kachel-Design deutlich: Man kommt sich vor wie im Hallenbad, daran ändern auch die wuchtigen Ledersitzgarnituren nichts. Die Kacheln setzen sich bis in die etwas eng und düster wirkenden Zimmer fort. Dominant sind die riesigen Badezimmer, die nur durch Glas abgetrennt sind. In ihnen werden auch viele der Massagen und Anwendungen verabreicht. Alle Zimmer mit TV, Telefon und Minibar, die Hälfte mit Meerblick. DZ 65 €, HP 100 €, VP 125 €. EZ 52 €, HP 58 €, VP 85 €. Das kleine Restaurant bietet gute Küche, auch Diätküche; nicht gerade billig.

***Preise für medizinische Anwendungen*** zum Beispiel: Ärztliche Untersuchung 26 €, Heilbad 26 €, Fangoanwendung 11 €, halbstündige therapeutische Massage 18 €, Krankengymnastik 1 Stunde 36 €. Für 3,50 € Eintritt können auch Gäste, die nicht im Hotel wohnen, das Schwimmbad und den Fitnessraum nutzen.

***Bar Restaurante Pozo de la Salud,*** direkt am Parkplatz. Tapas und solide kanarische Küche mit venezolanischen Elementen.

## Arenas Blancas und Playa del Verodal

Hinter Pozo de la Salud führt die Straße weiter am Meer entlang gen Westen in immer wilderes Gebiet. Bald ist zwischen Berg und Küste nur noch Platz für die Straße, bevor sie ei-

Stille Einsamkeit: Arenas Blancas

VALLE DEL GOLFO

## Pozo de la Salud – ein Gesundbrunnen?

Der Pozo de la Salud wurde Anfang des 18. Jahrhunderts als ganz normaler Brunnen gebohrt. Sein Wasser war schon immer salzhaltig, konnte aber gerade eben noch den Durst von Vieh und Mensch stillen.

Im Jahre 1830 hatte der Arzt und Pharmazeut *Dr. Leandro Pérez* die Heilkraft des Wassers entdeckt: Bei einer Epidemie in Sabinosa blieben diejenigen verschont, die ihr Wasser aus dem meernahen Brunnen holten. Über die Insel hinaus bekannt wurde das Brunnenwasser wenig später, als *Graf de la Vega* aus Gran Canaria durch eine Kur am Pozo de la Salud Linderung von einem langjährigen Leiden fand. Er war der erste, der eine Wasserprobe zur Analyse in ein ausländisches Labor schickte, und zwar nach Paris, wo es sowohl chemisch als auch medizinisch untersucht wurde.

**Im 20. Jahrhundert** wurde das Wasser noch einige Male analysiert; jedesmal ergab sich ein hoher Gehalt an Bikarbonaten und diversen Mineralien. 1949 erklärte es auch die spanische Regierung offiziell zum Heilwasser. Als radioaktive Strahlung in der Medizin noch einen positiven Ruf hatte, hieß es gar, das Wasser sei schwach radioaktiv – heute hört man davon nichts mehr. Aufgrund welcher Eigenschaften das Wasser nun tatsächlich heilend wirkt, ist bis heute nicht geklärt.

**Erstaunlicherweise** wird das Heilwasser aus dem Brunnen jedoch nicht wie gewöhnliches Trinkwasser regelmäßig auf Sauberkeit geprüft, obwohl es in der Vergangenheit mit anderen, ähnlich gebohrten Brunnen im Golf durchaus schon Hygieneprobleme gegeben hat. Doch fester Glaube macht immun: Für die meisten Herreños ist das Wasser aus dem Pozo das Gesundheitselixier schlechthin; gut für die Seele und gegen alle nur erdenklichen Krankheiten und Zipperlein. Sie

ne breite, flache Lavazunge (*Isla Baja*, ↗ Landschaftsformen) erreicht. Große schwarze Felsbrocken liegen verstreut im Gelände, als hätten Riesen vom Rand der Steilwand aus mit Steinchen geworfen. Dazwischen wachsen Wermutsträucher und Veroden. Pisten zweigen nach rechts ab Richtung Meer; das westliche Ende der Golfbucht bildet ein flacher heller Strand aus zerriebenen Muschelschalen, **Arenas Blancas** genannt. Leider ist er zum Baden nicht geeignet, denn die Strömung ist hier gefährlich, und es wird viel Zivilisationsmüll angeschwemmt.

Nach etwa 1 km hinter Arenas Blancas sehen Sie links am Hang ein schwarzes Lavafeld, den Vulkan **Montaña de los Guirres**. Gegenüber sehen Sie rechts an der Straße ein verlassenes Steinhäuschen an einer Piste. Nehmen Sie nicht diese, sondern die nächste Piste meerwärts, an einer aufnehmen es zu sich, wann immer sie sich nicht wohl fühlen, und sind vollkommen von seiner Heilkraft überzeugt. Selbst Magenkranke schlucken das Salzwasser literweise – obwohl salzhaltiges Wasser angegriffenen Schleimhäuten erwiesenermaßen nicht gut tut. Immerhin fördert es die Verdauung; viele glauben, daß es deshalb »entgiftend« wirke.

**Auf diesen Effekt** baute auch die Kurmethode der ***Doña Rosa,*** mit der sie in ihrer Pension »Casa Rosa« nach eigener Aussage Hunderte von Leidenden erfolgreich behandelte. Diese mußten morgens früh als erstes mehrere Gläser des lauwarmen Brunnenwassers zu sich nehmen, bis sie ein menschliches Rühren verspürten. Wenn der Darm vollständig entleert war, ging's ab in die Wanne voll erhitzten Heilwassers, das über Rohrleitungen direkt in die Casa Rosa gelangte. Anschließend gab es heiße Gemüsebrühe oder Früchtetee, danach wurde im Bett geschwitzt. Nach langsamer Abkühlung durfte gefrühstückt werden. Die morgendliche Roßkur wiederholte sich je nach Krankheit über mehrere Tage. Doña Rosa behandelte Rheumatiker, Magen- und Darmleidende, Haut- und Geschlechtskranke unterschiedslos. Dankesschreiben aus aller Welt erinnerten an die besten Tage ihrer Kurpension, die sie inzwischen aus Altersgründen aufgegeben hat.

**Im neuen Balneario** gegenüber der Casa Rosa wird ebenfalls mit dem Wasser gekurt, obwohl auch der moderne Badebetrieb die Rätsel um dessen Eigenschaften bisher nicht hat lösen können. Hier wird es vor allem zur äußerlichen Anwendung empfohlen: bei Hautkrankheiten und Ekzemen, auch bei Schuppenflechte und Gürtelrose; außerdem zur Behandlung von Arthroseleiden und rheumatischen Beschwerden, in Kombination mit physiotherapeutischen Maßnahmen. Wer nicht krank, aber gut bei Kasse ist, kann einen Aufenthalt hier auch einfach zur Entspannung und Erholung nutzen. ◀

gegebenen Finca vorbei. Wenn Sie am Ende der Piste dem Fußpfad in westliche Richtung direkt auf die Steilküste zu folgen, erreichen Sie das große Felstor **Arco de la Tosca**. Es ist etwa 25 m hoch und bildet einen perfekt geformten Bogen über dem Meer. Der Arco de la Tosca ist das wohl beeindruckendste Lavagebilde dieser insgesamt atemberaubenden Küstenlandschaft. Es lohnt sich, hier ein wenig herumzustreifen.

Aber auch von der Straße aus wirkt die vulkanische Landschaft großartig; die steilen Felsen leuchten in allen erdenklichen Farben. Hier ganz in der Nähe hat 1793 der **jüngste Vulkanausbruch** auf El Hierro stattgefunden. Die schwarzen Lavafelder unterhalb der Straße wirken wie eben erst erkaltet – hier wächst noch kaum eine Flechte oder sonstiges Grün. Von der Steilwand lösen sich immer wieder große und kleine Brocken, neben hervorspringenden Felsnasen türmen sich Berge aus abgerutschtem Lavaschutt. Unvermittelt taucht ein gigantischer gelber Felsvorsprung aus Tuff auf und verleiht der Gegend endgültig etwas Unwirkliches – als befände man sich auf einem anderen Stern.

Nach etwa 5 km ab Pozo de la Salud gabelt sich die Straße; nach links hoch geht es in abenteuerlichen Serpentinen zur Dehesa (↗ Weideland La Dehesa), halbrechts in Richtung Meer durch die Lavafelder zum Verodal. An diesem abgelegenen Ende der Insel ist offensichtlich einmal versucht worden, eine große Finca anzulegen. Das nötige Wasser sollte aus einem in die Felswand gebohrten Stollen gewonnen werden; ein paar verrostete Schienen und Loren sind sogar noch zu erkennen. Aus den Plantagenplänen wurde nichts, zumal hier fast immer ein heftiger Wind bläst. Das planierte Gelände liegt verwaist und öde da.

Um seine Mauern herum führt die Piste zur **Playa del Verodal,** einem rötlich-schwarzen Strand aus feinem Kies. Er ist erst durch einen Erdabrutsch beim Bau der Piste in Richtung Dehesa entstanden, die ursprünglich direkt entlang der Küstenfelsen verlaufen sollte. Der Plan scheiterte, und so zieht sich die inzwischen asphaltierte Strecke in engen Kehren weiter oben den Berg hinauf. Der Strand wäre einer der besten der Insel, wäre der Wind an dieser Stelle nicht so heftig und das Meer nicht so tückisch. Hohe Brandung und unberechenbare Strömungen, die schon nach wenigen Metern ins Wasser hinein an den Schwimmern zerren, machen das Baden hier meistens zu gefährlich. Trotzdem ist der einsame Strand ein schöner Platz zumindest zum Sonnenbaden und Erfrischen. Auch hier sind schattige Terrassen mit Picknicktischen, Wasserstelle und Grillplatz angelegt.

# HOCHEBENE & EL PINAR

# GRÜNES LAND ÜBER DEM MEER

**Die grüne Hochebene Meseta de Nisdafe mit ihren Wiesen und Weiden grenzt an die Region von Azofa, die zum Meer hin abfallende Kulturlandschaft um das weit auseinandergezogene Dorf Isora. Der Hauptort des fruchtbaren Landes hoch über dem Meer ist San Andrés, Zentrum der Viehwirtschaft und Durchgangsort in den Süden der Insel.**

## Tiñor

Das Dörfchen 3 km südlich von Valverde ist 900 m hoch über dem Meer gelegen und zählt gerade noch zwei Dutzend ständige Einwohner, überwiegend alte Leute. Es hat mit das ungemütlichste Klima der ganzen Insel, deshalb will hier kaum noch jemand wohnen. Nur im Sommer füllen sich einige der sonst leerstehenden Häuser mit Leben; dann kommen ein paar auf die Nachbarinseln emigrierte Herreños, um in ihrer alten Heimat ihre Ferien zu verbringen. Früher wohnten in Tiñor viele Familien, die hier in der feuchten Passatnebelzone den fruchtbaren Boden bestellten und ihr Vieh weiden ließen. Noch heute ist die bergige Gegend Kulturgebiet; Kartoffeln, Gemüse und Obst gedeihen prächtig. Einen besonders guten Ruf haben die Feigen und die Eßkastanien aus Tiñor.

Bis 1995 war Tiñor nur über eine kleine Stichstraße zu erreichen; seit der Verkehr auf der Schnellstraße Valverde – San Andrés dicht oberhalb des Dörfchens vorbeirollt, ist es mit seiner verträumten Atmosphäre vorbei. Die Straße zerschneidet mehrmals den historischen Weg der Bajada (↗ Wanderung 18), der an der kleinen Plaza mit der *Ermita de la Sagrada Familia* vorbei durch Tiñor führt – früher einer der schönsten Wanderwege der Region um Valverde. Von Tiñor aus führt auch ein Weg in Richtung **Arbol Santo,** dem heiligen Baum El Hierros. In der Gegend oberhalb von Tiñor finden sich viele kleine **Wassertümpel** – natürliche Becken aus undurchlässigem Basalt, *charcas* oder *albercas* genannt –, die bei großer Trockenheit den Bewohnern der ganzen Region als Wasserreserve dienten.

Tiñor ist, wenn auch schon im Niedergang, das **einzige noch erhaltene Dorf** aus der Zeit, in der die Menschen das feuchtkalte Klima in Kauf nahmen, weil sie hier oben genug Wasser fanden und vor Piratenangriffen einigermaßen geschützt waren. Zu den aufgegebenen Dörfern rund um die Zone der Charcas gehört neben dem weiter westlich gelegenen *Las Montañetas* (↗ Erese und Guarazoca) auch das Mitte des vorletzten Jahrhunderts verlassene *La Albarrada,* von Tiñor aus über den alten Verbindungsweg nach *San Andrés* zu erreichen (↗ Wanderung 8). La Albarrada besteht vollkommen aus Ruinen, ist nur noch an seinen Grundmauern aus Lesestein und gepflasterten Wegen als Dorf erkennbar.

**Bläser begleiten den Zug der Bajada, die über die Hochebene und El Pinar führt**

## El Garoé, der heilige Baum der Herreños

Das Wappen El Hierros zeigt einen tropfenden Baum, in dessen Krone drei Wolken hängen. Neben der knorrigen alten Sabina ist er der zweite Baum, der zum Symbol und Wahrzeichen der kargen Insel fast ohne natürliche Quellen wurde.

Dieser Baum war den Bimbaches heilig; sie nannten ihn Garoé. Er soll sehr hoch gewesen sein, mit einer gigantischen Krone voll dichten Laubes; nach alten Stichen, die Blätter und Früchte des Garoé zeigen, war es ein Exemplar des tilo, einer Lorbeerbaumart. Er hat den Ur-Herreños das Überleben gesichert, weil er selbst in Dürrezeiten noch Wasser lieferte. Wie alle anderen Bäume El Hierros molk er das Wasser aus den Wolken; doch durch seine besondere Größe und Lage an einem Ort, der sich besonders häufig in Passatnebel hüllt, tat er dies ganz besonders ergiebig: Angeblich waren es Hunderte von Litern Wasser, die am Garoé pro Tag abregneten. Der Überlieferung nach soll der Baum in einem von ihm selbst geschaffenen Tümpel gestanden haben. Mit Lederschläuchen kamen die Bimbaches selbst von weit her, um sich aus dieser »Quelle« mit dem lebenswichtigen Naß zu versorgen.

**Um diesen Baum** rankt sich auch die Legende um eine schöne Bimbachen-Prinzessin, in die sich kurz nach der Eroberung ein spanischer Soldat verliebt haben soll. Es gibt verschiedene Versionen der Geschichte, in denen die Protagonisten jeweils andere Namen tragen. Der Inselchronist Padrón Machín nennt sie »Teseida« und »Fernando«, und so sollen sie auch hier heißen. Fernandos Werben war nicht erfolglos, doch mußten sich die Liebenden heimlich treffen, weil ihre Verbindung den Überlebenden von Teseidas Volk ganz und gar nicht recht war – am allerwenigsten dem jungen Bimbachen Tabaldón, dem Teseida als Ehefrau zugedacht war. Eines Tages lauerte er dem Paar auf und tötete seinen Rivalen mit einem Steinwurf. Teseida, außer sich vor Trauer, folgte ihrem geliebten Fernando in den Tod, indem sie sich von einem hohen Felsen stürzte. Bald nach dieser Tragödie zogen über dem Meer dicke schwarze Wolken auf, die sich schließlich in einem gewaltigen Gewitter über der Insel entluden. Ein wütender Wirbelsturm entwurzelte den heiligen Garoé und besiegelte so endgültig das Schicksal der Bimbaches, deren Kultur nur allzu schnell in der der Eroberer unterging.

**In einer anderen Variante** der Geschichte verrät die schöne Bimbachin ihrem spanischen Geliebten den geheimgehaltenen Ort des heiligen Garoé, um sich dort unentdeckt mit ihm treffen zu können. Man findet sie jedoch; das Liebespaar findet zur Strafe für Verrat und Blutschande den Tod. Die Spanier kommen so der geheimen Wasserquelle der Bimbaches auf die Spur, haben aber nichts mehr davon: Der Baum macht nicht länger mit, er läßt sich von einem Unwetter fällen.

**Nach den Berichten** der spanischen Chronisten fiel der Baum tatsächlich erst im Jahre 1610 einem Wirbelsturm zum Opfer – der Mönch Abreu y Galindo will ihn noch mit eigenen Augen gesehen haben und beschreibt ihn in seiner Chronik der Conquista. Wie und wann auch immer sich das Ende des Garoé oder Arbol Santo, wie ihn die Herreños später nannten, zugetragen haben mag – der heilige Baum blieb als wundersame Quelle und Symbol der Rettung vor dem Verdursten im Gedächtnis der Inselbewohner lebendig.

**1957,** im Jahr der 54. Bajada de la Virgen, wurde an derselben Stelle, an der nach den alten Erzählungen der Garoé gestanden haben soll, wieder ein Lorbeerbaum gepflanzt. Heute kann man sich an Ort und Stelle ein Bild davon machen, wie die Wasserproduktion des Arbol Santo funktioniert. Der inzwischen fast 50 Jahre alte Baum ist dicht mit Moos und Flechten bewachsen, ebenso wie die ausgemauerte Felsnische, in der er wächst. Der Boden um den Baumstamm herum ist feucht und grün, und die kleinen Höhlen und Senken in der unmittelbaren Umgebung stehen selbst im Sommer voller Wasser. Wenn der Ort vom Nebel eingehüllt ist, scheint der Baum in der Felsnische tatsächlich einen feinen Sprühregen abzusondern. ◀

✹ **Tip:** Zum ***Arbol Santo*** gelangen Sie über einen schönen Kammweg (↗ Wanderung 6) oder über eine Piste, die von San Andrés aus in die Berge führt (↗ Wanderung 8).

## San Andrés: Viehzucht auf Wolkenhöhe

San Andrés ist das Zentrum der Viehwirtschaft El Hierros; ein Ort der Schäfer und Ziegenhirten, der Rinder- und Schweinezüchter, in jüngster Zeit auch der Pferdeliebhaber. Doch auch der Ackerbau spielt noch eine große Rolle; auf den fruchtbaren Böden rings um den Ort werden Getreide, Obst und Kartoffeln angebaut.

San Andrés liegt auf fast 1100 m Höhe und ist flankiert von sanft gerundeten, noch kaum bewachsenen Aschekegeln. Im Winter ist es hier oben meist kalt und neblig-feucht, im Sommer dagegen knallt die Sonne oft erbarmungslos auf die hier beginnende *Meseta de Nisdafe*. Dann verwandelt sich das üppige Grün der Weiden und Wiesen schnell in ausgedörrtes Braun und Ocker.

Die Bruma prägt das Dorfbild aber auch im Sommer sehr oft; sie kann ganz abrupt die Stimmung verändern. Werden die Häuser von den Nebelschwaden geschluckt, mutet der Ort gespenstisch an wie eine Geisterstadt im wilden Westen. Kommt die Sonne durch, erwacht das Dorf zum Leben, blinken die weißgetünchten Häuser im klaren Licht, wird die Kulisse der sanft gewellten, von Vulkanen gesäumten Meseta de Nisdafe sichtbar.

San Andrés ist Durchgangsort für den Verkehr, der von Valverde in Richtung Süden rollt. Entlang der Hauptstraße spielt sich denn auch das Dorfleben ab. In den Bars treffen sich neben den Einwohnern viele Herreños aus anderen Orten der Insel, die auf den Weiden der Hochebene ihr Vieh versorgt haben oder auf der Durchreise sind.

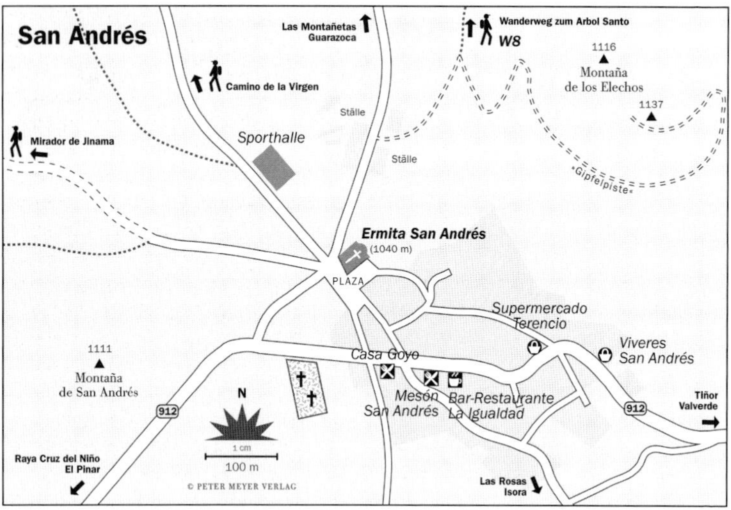

Von Valverde aus gesehen links der Hauptstraße geht es hinunter in den etwas niedriger gelegenen Ortsteil *Las Rosas* mit vielen verlassenen alten Häusern. Unterhalb von Las Rosas kann man schon die ersten Häuser von La Cuesta, dem nördlichen Ortsteil von Isora erkennen.

Rechts der Hauptstraße zweigen schmale Sträßchen ab, die bald auf einen weiten Durchgangsplatz stoßen. An ihm steht die **Ermita San Andrés,** die den gleichnamigen Dorfheiligen beherbergt; daneben liegt die eigentliche Plaza des Ortes, mauergesäumt und von Eukalyptusbäumen umstanden. Wie in vielen anderen Dörfern der Insel treffen sich hier die Kinder zum Ballspielen.

**Tipp:** Rund um den weiten, meist verlassen wirkenden Straßenplatz findet an jedem ersten Junisonntag eins der wenigen ganz profanen Feste El Hierros statt: die **Fiesta de Apañada,** ein großer Viehmarkt mit Pferderennen, Prämierung der schönsten Tiere und nicht zuletzt mit zahlreichen Buden mit Leckereien fürs leibliche Wohl. Das Fest ist ein beliebter Treffpunkt der Herreños: Der Inselwein fließt in Strömen, es wird getanzt, und natürlich fehlt auch die Lucha Canaria nicht.

Vom Platz führt eine Landstraße in nördlicher Richtung aus dem Ort hinaus, nach *Las Montañetas* und *Guarazoca.* Rechts und links säumen Schafställe die Straße; kurz vor den letzten Gebäuden zweigt nach rechts eine breite Piste ab, die an den Vulkanbergen von San Andrés vorbei zum **Arbol Santo** führt.

Von San Andrés ist es nicht weit bis zum Aussichtspunkt *Mirador de Jinama,* zugleich der Anfang des alten Verbindungswegs **Camino de Jinama** (↗ Wanderung 11) hinunter in den Golf. Dorthin machten sich die Bewohner von San Andrés früher mit Sack und Pack auf, um eine bestimmte Zeit des Jahres im milden Klima des Valle del Golfo zu verbringen – traditionell in *Los Llanillos,* westlich von Tigaday. Von San Andrés Straßenplatz zweigt nach Westen ein 2,9 km langer Fußweg in Richtung Jinama ab (Hinweisschild): ein Spaziergang von einer Dreiviertelstunde auf einer mauergesäumten Piste quer über die Meseta de Nisdafe.

## Unterkunft

***Casas Tesón I und II,*** beide Natursteinhäuser liegen in einem großen Garten mit Obstbäumen, sind mit viel Holz und Antiquitäten liebevoll eingerichtet und verfügen über Holzöfen. Tesón I für zwei Personen, Tesón II für 2 bis 4 Personen. Ab 55 €/Tag; Vermittlung: Karin Pflieger, Meridiano 0 (↗ Reisepraxis).

***Casa El Valle,*** schönes, mit antiken Möbeln eingerichtetes Natursteinhaus für 2 bis 4 Personen. Ein Schlafzimmer mit Doppelbett, im Wohnzimmer ein Schlafsofa für zwei Personen. Große Terrasse mit Fernblick zum Meer und (bei klarem Wetter) auf die Inseln Teneriffa und Gomera, Garten mit Obstbäumen. Ab 55 €/Tag; Vermittlung: Meridiano 0 (↗ Reisepraxis).

***Casa Antonio,*** zweistöckiges, sehr schönes altes Steinhaus für 2 bis 4 Personen. Ein Schlafzimmer mit Doppelbett, ein weiteres mit zwei Einzelbetten. Stilvolle Inneneinrichtung mit viel Holz, Holzofen, hochgelegene Terrasse mit schönem Blick. Ab 55 €/Tag; Vermittlung: Cotur (↗ Reisepraxis).

*Casa Febles,* kanarisches Steinhaus für 2 bis 3 Personen, im unteren Ortsteil gelegen, gut ausgestattet, mit Holzofen. Windgeschützte Terrasse mit Grillmöglichkeit. Ab 50 €/Tag; Vermittlung: Sabina Tour Service (↗ Reisepraxis).

### Essen & Trinken

*La Igualdad,* Carretera General 7. Beliebte Tapa-Bar; das Restaurant ist auf Fleischgerichte spezialisiert.

*Mesón San Andrés,* Carretera General 9, ähnlich wie La Igualdad.

*Casa Goyo,* Carretera General 11. Empfehlenswertes Restaurant mit guter Küche und soliden Preisen. Man sitzt in kleinen, mit Farnen geschmückten Räumen in altkanarischem Stil.

**Lebensmittel:** *Viveres San Andrés,* Carretera General 2, am Ortseingang aus Richtung Valverde.

*Supermercado Terencio,* 100 m weiter auf der rechten Straßenseite.

## Das ruhige Leben von Isora

Isora ist ein stiller, abseits der Hauptstraße gelegener Ort, in dem das Leben im beschaulichen Rhythmus vergangener Jahrzehnte dahinfließt. Außer den Einwohnern von Isora fahren nur ein paar Touristen und Ausflügler durch das Dorf hindurch zum Aussichtspunkt *Mirador de Isora,* 800 m über der Bucht von Las Playas.

Isora besteht aus vier Ortsteilen – *La Cuesta, Los Llanos, La Torre* und dem eigentlichen Ortskern von Isora –, die sich über mehr als 2 km längs der Landstraße erstrecken. Seine Häuser und Gärten sind weit verstreut über die zum Steilhang zur Ostküste hin abfallende *Ebene von Azofa.* Der Bimbachen-Name Azofa bedeutet soviel wie Wasserloch und meinte eine Quelle unterhalb Isoras, die früher für die Einwohner der gesamten Umgebung von Bedeutung war.

Wie die Leute von San Andrés leben auch die von Isora hauptsächlich von der Viehzucht und bestellen daneben ihre Obst- und Gemüsefincas. Das Obst aus Isora wird auf der Insel sehr geschätzt, vor allem die Pflaumen, Pfirsiche und Aprikosen.

Viele Einwohner Isoras und San Andrés arbeiten in der nahen **Milchwirtschafts-Genossenschaft**. In die *Central Quesera* oder *Lechera* bringen alle Viehzüchter ihre erzeugte Milch. Die hier produzierten Käsesorten sind eine wohlschmeckende Mischung aus Kuh-, Schafs- und Ziegenmilch. Seit 1998 liefert die Genossenschaft auch Frischmilch. Vorher gab es in den Läden der Insel ausschließlich importierte H-Milch zu kaufen. Die Gebäude der Central Lechera befinden sich, von Valverde oder San Andrés aus, links der Hauptstraße nach Isora, noch vor dem Ortsteil La Cuesta.

Noch Mitte der 1990er Jahre war diese Straße der einzige befahrbare Zugang nach Isora; aus den unteren Ortsteilen heraus führten nur Pisten und steingesäumte Hirtenwege. Heute sind die meisten Wege asphaltiert,

Im Frühjahr: Saftige Wiesen bilden die Grundlage für die Milchwirtschaft

und eine Straße verläßt Isora auch in südlicher Richtung. Sie trifft später auf die Hauptstraße nach El Pinar.

## Essen & Trinken

*Bar Restaurante El Pueblo,* Calle Ferinto 34, an der Hauptstraße kurz nach der Kirche und der Plaza in Isora. Kleines, einfaches Lokal mit bescheidener Auswahl.

*Bar Restaurante Isora,* Calle Ferinto 58, kurz vor dem Ortsausgang in Richtung Mirador. Von ähnlicher Qualität wie El Pueblo.

**Lebensmittel:** in La Torre, Ecke Carretera General, Camino de Nstra. Señora de Fatima.

*Central Quesera,* El Majano, Mo – Fr 9 – 14, Sa 9 – 13 Uhr, Verkauf von Käse und Frischmilch.

## Unterkunft

*Casa Estebana,* liebevoll restauriertes altes Haus im oberen Ortsteil von Isora für 2 bis 4 Personen, umgeben von Obstbäumen und Äckern. Schlafzimmer mit zwei Einzelbetten, im Wohnraum Schlafsofa für 2 Personen. Terrasse und Heizung. Ab 55 €/Tag; Vermittlung: Karin Pflieger, Meridiano 0 (↗ Reisepraxis).

*Casa Faustina,* schön restauriertes Steinhaus für 2 bis 4 Personen, absolut ruhig am Rande Isoras und etwa 300 m vom Mirador de las Playas gelegen. Zwei Schlafzimmer, Garten, große Terrasse, herrlicher Blick auf Meer und Berge. Ab 55 €/Tag; Vermittlung: Meridiano 0 (↗ Reisepraxis).

*Casa Elba,* typisches kanarisches Steinhaus für 2 bis 4 Personen. Schöne Inneneinrichtung; Schlafzimmer mit zwei

Einzelbetten und Schlafsofa im Wohnraum. Überdachte Terrasse mit Meer- und Bergblick, Garten, im Außenbereich eine Bodega, ein Bunnen und ein alter Dreschplatz. Ab 55 €/Tag; Vermittlung: Sabina Tour Service, Meridiano 0 (↗ Reisepraxis).

***Casas Perenquén*** und ***Alacrán***, sehr schöne und gut ausgestattete Ferienhäuser mit Aussichtsterrasse und Garten. Vermietung direkt durch die Besitzer Heller-Schiller, Calle Tompérez 11, ✆ 922-550649. Ab 44 €/Tag; Details und Information: www.awama.com.

## Miradores de Isora y Las Playas

Etwa 800 m südlich von Isora gelangen Sie auf einer asphaltierten Piste zum Aussichtspunkt **Mirador de Isora.** Vom Parkplatz (mit Toilettenhäuschen und Wasserstelle) führt eine Treppe hinunter zu den verschieden hoch gelegenen Aussichtsterrassen des Miradors, einer schön gestalteten Anlage aus Naturstein, deren viele stille Winkel zur Rast einladen.

Von hier bietet sich ein großartiger Blick über die Bucht von Las Playas und das mächtige Halbrund der schroffen Felswände, die hier unterhalb der Terrassen des Mirador fast senkrecht abfallen. Kaum vorstellbar, daß ausgerechnet von hier oben ein alter Hirtenweg in die Bucht hinunter führt (↗ Wanderung 10). Tief unten erhebt sich der *Roque de la Bonanza* aus dem Meer, aus der Vogelschau wirkt er klein wie ein ins Wasser geworfenes Steinchen. Am anderen Ende der Bucht ist die Hotelanlage des Parador Nacional erkennbar, dahinter reicht die Aussicht entlang der Steilküste bis zur Südspitze der Insel.

Eine andere Perspektive auf dieses Amphitheater aus zerklüfteten Steilhängen bietet der **Mirador de las Playas,** erreichbar über eine Asphaltpiste, die nach links von der Hauptstraße in Richtung El Pinar abzweigt: Hier schweift der Blick von etwa der Mitte des Halbrunds aus über die Bucht. Auch dieser Mirador ist ein wunderschöner Platz direkt am Abhang, mit Holzgeländern und Sitzbänken, beschattet von großen alten Pinien, deren Nadeln leise im Wind rauschen – eine Melodie, die sich mit der der Brandung tief unten am Kiesstrand vermischt.

# EL PINAR: PINIENWALD UND MANDELBÄUME

**El Pinar wird das südliche Hochland El Hierros mit seinem prächtigen Pinienwald und den beiden freundlichen Dörfern Taibique und Las Casas genannt. Sie liegen inmitten einer sanft hügeligen, mit ihrem sonnigen Klima und ihren vielen Obstgärten mediterran anmutenden Landschaft. Nach Süden schließen sich, bis zum Landende bei La Restinga, ausgebrannte Lavafelder und Vulkanberge an.**

Der **Ort El Pinar** ist eine der ältesten Siedlungen El Hierros. Es heißt, die Piñeros seien die typischsten Vertreter des Inselvolks: großzügig, freiheitsliebend und solidarisch, dabei durchaus stur und konservativ; eher abwartend, bauernschlau, zäh – und im Ganzen liebenswert.

Die Zentren der beiden Ortsteile El Pinars liegen gut einen Kilometer auseinander: *Taibique* mit gut 1000, nördlich davon *Las Casas* mit 400 Einwohnern. Das Klima hier oben auf 800 m über dem Meer ist überwiegend sonnig und trocken, im Winter kann es allerdings auch empfindlich kalt werden.

El Pinar war früher als Zentrum der Landwirtschaft nach Valverde als Verwaltungszentrum der wichtigste Ort El Hierros, und noch immer herrscht eine gewisse Konkurrenz zwischen beiden Orten. Die stolzen Piñeros waren herb enttäuscht, als

Omen est nomen: Der Kiefernwald von El Pinar

HOCHEBENE & EL PINAR

1911 das zweite Rathaus der Insel nicht in ihrem Dorf, sondern im Golf eingerichtet wurde. Und immer noch ist der Wunsch nach einem eigenen Rathaus für den Süden der Insel, der jetzt von La Frontera aus verwaltet wird, lebendig. Tatsächlich ist nicht auszuschließen, daß irgendwann auf El Hierro ein dritter Verwaltungsbezirk eingerichtet wird – zusammen mit dem aufblühenden La Restinga hat El Pinar derzeit immerhin gut 1500 Einwohner.

Die Politik spielte in El Pinar stets eine Rolle, und seit die große Mehrheit der Piñeros in der Zweiten Republik von 1931 bis 1936 sozialistisch oder kommunistisch wählte, hat El Pinar den Ruf des *pueblo rojo* (rotes Dorf) weg.

Der allseits geehrte, Anfang 1997 verstorbene Publizist und Inselchronist *José Padrón Machín* ist 1905 in Taibique geboren (↗ Poesie und Literatur). Ein anderer berühmt gewordener Sohn El Pinars ist der sozialistische Politiker *Eligio Hernández*, Mitte der 90er Jahre Generalstaatsanwalt von Spanien.

Viele herrliche **Wanderrouten** führen von El Pinar aus in jede Richtung – Spazierwege im Pinienwald oder die alten Verbindungswege nach El Julán, hinunter nach Las Playas, in den Süden nach La Restinga, nach Norden Richtung Mirador de Las Playas und Isora. El Pinar ist damit ein hervorragender Ausgangspunkt für Wanderungen; und auch zur Bucht von Tacorón, einem der besten Naturschwimmbecken der Insel, ist es nicht weit.

## Wirtschaft in Wald & Wasser

In früheren Zeiten lebten die meisten Piñeros von der **Weidewirtschaft**; erst an zweiter Stelle vom Ackerbau, der sich vor allem auf den Anbau von Getreide, Kartoffeln, Kichererbsen und Bohnen konzentrierte. Damals zogen die Hirten von El Pinar mit ihren Herden über El Julán nach La Dehesa, um dort die Weidesaison zu verbringen. Diese traditionelle Nutzung des kommunalen Weidelandes im entlegenen Westen der Insel verbindet sie mit den Einwohnern Sabinosas.

Auch der nahe **Pinienwald** spielte früher eine Rolle in der Wirtschaft des Dorfes. Die für die Gewinnung von Ackerland geschlagenen Bäume waren begehrtes Bauholz, daneben wurde Feuerholz im Wald gesammelt. Die langen feinen Nadeln der Pinien eigneten sich als dämmende und »atmende« Transportverpackung für das Obst, später auch für die Bananen aus dem Golf. In der Landwirtschaft wurden sie zum Abdecken der Pflanzen genutzt, um die Feuchtigkeit zu halten; im Viehstall dienten sie als Streu, und für die genügsamen Ziegen waren sie sogar als Futter zu gebrauchen.

Die vielfältige Wirtschaft der Region wurde vom **Fischfang** ergänzt; dazu nutzten die Bewohner El Pinars einen steilen Weg hinunter in die Bucht von *Las Playas* oder zogen weiter in den Süden, nach *Tacorón* und *La Restinga.*

Ein zentrales Problem war stets das **Wasser:** Die feuchten Passatnebelwolken reichen selten bis hierher, und die nächsten Brunnen gab es erst wieder in der Gegend um Isora, weiter oben

Bauersleut: Für einen Schwatz über die Lesesteinmauer hinweg ist immer Zeit

in El Julán oder unten in der Bucht von Las Playas. Die Piñeros waren an weite Wege gewöhnt, um an das kostbare Naß zu gelangen. Sie nutzten auch das Abtropfwasser der großen Pinien und legten Zisternen an.

Heute hat sich die Landwirtschaft sehr verändert. Der **Anbau von Obst und Gemüse** ist inzwischen der wichtigste Wirtschaftszweig; es gibt nur noch relativ wenige Hirten. Der Ort ist durchzogen und umgeben von Gärten und Wiesen voller Obstbäume; köstliche Feigen und Mandeln gedeihen hier, aber auch Pfirsiche, Aprikosen und Pflaumen. Ein Gutteil der Ernte wird als Dörrobst exportiert; die herrenischen Trockenfrüchte sind auf dem ganzen Archipel berühmt.

Ende Januar ist die Zeit der **Mandelblüte**, dann ist die ganze Umgebung El Pinars ein weißes Blütenmeer. An den Obstblüten und am Nektar der Wildpflanzen und Kräuter in La Dehesa laben sich auch die Bienenvölker. Die Imkerei hat ebenfalls Tradition in El Pinar, dagegen ist der Weinbau erst jüngeren Datums.

## Bräuche und Feste

Die **alten Bräuche,** die Handwerkskunst, die Tänze und Lieder werden in Taibique und Las Casas besonders gepflegt. Die *bailarínes* (Tänzer) von El Pinar sind als die besten und ausdauerndsten der ganzen Insel bekannt. Während der Bajada haben sie ihren glanzvollsten Auftritt, daneben aber auch bei den lokalen religiösen Festen.

**Fiesta de la Cruz:** Bei diesem größten Fest El Pinars am 3. Mai werden die zuvor reich mit Schmuck und kostbaren Stoffen verzierten Kreuze der beiden Kirchen Ermita del Cristo in Las Casas und San Antonio Abad in Taibique in einer großen Prozession durch ganz El Pinar getragen, begleitet von den Musikanten und Bailarínes.

**Fiesta de San Antonio Abad:** Das andere große Fest El Pinars am 17. Januar ist dem Schutzheiligen San Antonio Abad gewidmet; es ist gleichzeitig das *Fest der Mandelblüte.*

## Spaziergang durch den Ort

Von Valverde aus erreicht man über die Hauptstraße zunächst **Las Casas.** Die Straße macht, unten im Ort angelangt, einen deutlichen Bogen nach rechts; zum Zentrum von Las Casas zweigt in der Kurve eine Straße nach links ab (die Hauptstraße heißt hier treffend »Calle La Curva«). Las Casas mit seinen blumengeschmückten alten Häusern und Gärten ist ein stiller, ländlicher Ort.

Die Hauptstraße führt weiter Richtung Süden nach *Taibique*, gesäumt von Häusern, die auf einen bescheidenen Wohlstand schließen lassen. Zwischen Las Casas und Taibique geht es geradeaus – die Hauptstraße schwenkt hier nach links – zum modernen **Kulturzentrum** von El Pinar: zur *Schule,* zur überdachten *Lucha Canaria-Arena* und einem angeschlossenen *Mehrzweckgebäude*, das ein Fitness-Studio, eine Postfiliale und Veranstaltungsräume beherbergt. Auf dem weiten Platz davor wird bei Fiestas getanzt.

Weiter auf der Hauptstraße erreichen Sie nach etwa 700 m den Kern von **Taibique** mit seinen Bars und Geschäften. Links und rechts zweigen sehr schmale und steile (Einbahn-) Straßen ab. Weiter auf der Hauptstraße geht es zum Ortsausgang Richtung La Restinga, links hinunter in das **Unterdorf Taibiques** mit der Kirche *San Antonio Abad.* Das schöne alte Kirchlein mit dem trutzigen Glockenturm erreichen Sie über die schmale Gasse, die kurz vor der Plaza nach links unten führt (Calle La Paz; Motorisierte müssen in die nächste Straße, Calle Chamorro, einbiegen und gelangen über eine Spitzkehre wieder nach oben und zur Kirche).

Ins **Oberdorf,** auch **Busano** genannt, führt vor der Plaza eine sehr steile Gasse nach rechts. Vorbei an einem winzigen dreieckigen Platz, trifft sie nach 300 m auf eine Kreuzung; von hier geht es nach rechts wieder zur Hauptstraße nach Valverde und Frontera, nach links zum Aussichtspunkt auf dem Vulkankegel *Tanajara* (Hinweisschild). Die schmale Einbahnstraße nach links führt, an der **Keramikwerkstatt Caracol** vorbei, wieder nach Taibique zurück.

Gleich daneben können Sie das kuriose private **Museo Panchillo** besichtigen. Es besteht aus einem mit Kunsthandwerk, wie gewebten Umhängen und Taschen, Körben und Geschnitztem, Kitsch und mehr oder weniger antikem Gerät aus El Hierro vollgestopften Raum.

### Zum Mirador de Tanajara

Den Aschekegel *Montaña Tanajara* krönt ein kleiner Aussichtsturm mit Holztreppe. Von hier oben haben Sie

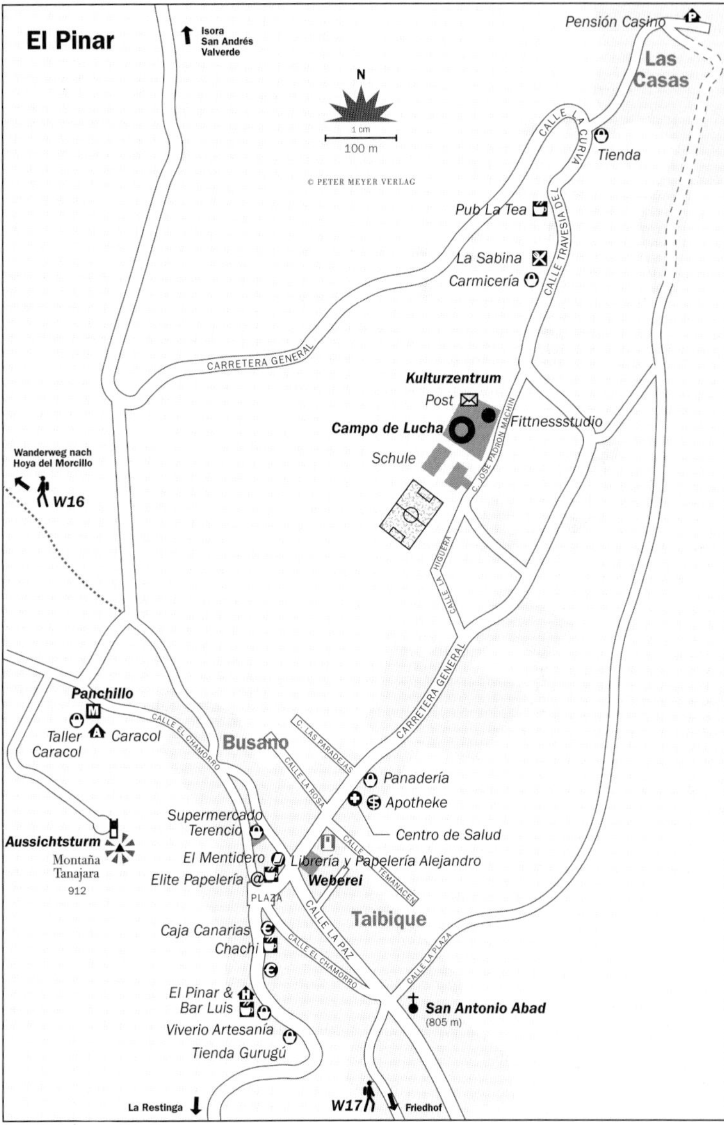


HOCHEBENE & EL PINAR

einen phantastischen Rundblick (seit 2000 etwas durch Sendemasten gestört): nach Süden über die karge Vulkanlandschaft bis nach La Restinga, nach Westen auf den prächtigen Pinienwald, dahinter bis zu den Hängen El Juláns; nach Norden breitet sich El Pinar zu Ihren Füßen aus, in der Ferne grüßt ringsum das Meer. Im Winter präsentiert sich hier oft und eindrucksvoll die Wetterscheide: Der Süden und El Pinar strahlen in der Sonne, Richtung Norden und über der Gipfellinie dräuen dicke Wolken. Besonders schön läßt sich von hier aus der Sonnenuntergang betrachten. Bei klarem Wetter tauchen die letzten Sonnenstrahlen die Lavaberge des Südens in rötlich-goldenes Licht.

## Praktische Informationen

### Unterkunft

***Hotel Pinar,*** Carretera General 64, oberhalb der Bar Luis, ✆ 922-558008. Zehn DZ à 42 € und 3 EZ à 35 € mit moderner Ausstattung, TV und Telefon. Mit Frühstück und Halbpension möglich, da Restaurant im Haus.

***Apartamentos Caracol,*** Calle El Chamorro 55, ✆ & Fax 922-558143. Direkt unterhalb des Miradors de Tanajara gelegen, vermietet die Töpferin Brigitte Hoyer 4 hübsch eingerichtete Apartments. Mit Terrasse und Meerblick. 2 Personen zahlen 30 bis 35 €.

***Pensión Casino,*** Las Casas, Calle La Dolores 1, ✆ 922-558041, -557176, Mobil 699/403989. Drei gemütliche DZ 24 €, bei längeren Aufenthalten auch ab 20 €. Gemeinsamer Wohnraum mit Bibliothek, kleiner Küche und Bad. Besitzerin Andrea ist Vollkornbäckerin und versorgt neben ihren Gästen auch die Läden El Pinars mit würzigem dunklen Brot aus ihrem Ofen im Patio des alten Dorf-Casino.

***El Lagar,*** sehr schönes Steinhaus für 2 bis 4 Personen, 2 km unterhalb von El Pinar in Richtung La Restinga gelegen, umgeben von Weinfeldern (der Besitzer lässt seine Gäste gern vom ökologischen Wein probieren). Große überdachte Terrasse mit traumhaftem Meerblick, auch im Winter angenehm warmes Klima. Ab 44 €/Tag; Vermittlung: Pablo (↗ Reisepraxis).

***La Jarita,*** sehr liebevoll restauriertes, 200 Jahre altes Natursteinhaus für 2 bis 3 Personen, im oberen Teil von Las Casas nahe am Kiefernwald gelegen, von Gärten und Obstbäumen umgeben. Geräumig, sehr geschmackvoll mit antiken Möbeln ausgestattet. Terrasse mit herrlichem Rundblick über Las Casas und das Meer. Ab 44 €/Tag; Vermittlung: Pablo, Meridiano 0 (↗ Reisepraxis).

***Casa Nicolas,*** schönes und sehr komfortables kanarisches Haus für 2 bis 5 Personen im Ortsteil Las Casas. Stilvoll eingerichtet, sehr geräumig, schöner Patio und Terrasse mit Aussicht. Ab 53 €/Tag; Vermittlung: Pablo (↗ Reisepraxis).

***Pajero Nicolas,*** zwei freundliche Apartments für je 2 Personen in kleinem Haus, im unteren Teil von Taibique ruhig gelegen; einfach, aber gut ausgestattet. Kleine Terrasse mit tollem Blick auf die Berge. 36 €/Tag; Vermittlung: Pablo (↗ Reisepraxis).

***Casa La Togla,*** typisches herrenisches Landhaus für 2 bis 4 Personen, ruhige Lage am Ortsrand von Taibique. Sehr

Kunsthandwerk aus El Pinar: Keramik, Schnitzereien und Korbwaren

geschmackvolle Ausstattung, 2 Schlafzimmer mit je 2 Einzelbetten, Patio mit Grillmöglichkeit und herrlichem Ausblick. Ab 54 €/Tag; Vermittlung: Sabina Tour Service (↗ Reisepraxis).

*Casa María,* schön renoviertes und gemütlich eingerichtetes kleines Steinhaus für 2 Personen, im ländlichen unteren Teil von Taibique. Vom Schlafzimmer, der kleinen verglasten Veranda und der Terrasse aus herrlicher Blick aufs Meer und die umliegenden Felder. Hier dürfen Sie sich fühlen wie ein Dichter: Einst wohnte hier der Chronist José Padrón Machín. Ab 55 €/Tag; Vermittlung: Sabina Tour Service, Meridiano 0 (↗ Reisepraxis).

*Finca El Matel,* ein Urlaubsdomizil der besonderen Art: wunderschön restaurierte alte Finca für 2 bis 5 Personen, in einem Vulkantal in unberührter Natur, etwa zehn Autominuten von El Pinar entfernt (Zufahrt mit normalem Pkw nur bis 100 m vor dem Haus möglich). Zwei Schlafzimmer, eins davon in einem turmartigen Gebäudeteil oberhalb eines Patios mit Zisterne. Schön-schlichte Inneneinrichtung mit alten Gerätschaften und viel Holz, moderner Komfort. Riesiges Grundstück mit Feigen- und Mandelbäumen; überdachte, weinberankte Terrasse in geschützter Südlage mit Traumblick über die idyllische Landschaft bis weit über das Meer. Etwa 65 €/Tag; Vermittlung: Karin Pflieger (↗ Reisepraxis).

## Essen & Trinken

*Bar El Mentidero,* Carretera General 50. Die bevorzugte Bar der alten Herren von El Pinar. Abends sitzen sie auch auf der Plaza gegenüber und halten ihr

Schwätzchen. Vor der Verbreiterung der Hauptstraße war der *mentidero* (Klatschecke) ein kleines Mäuerchen, auf dem die Alten hockten.

***Bar Chachi,*** Carretera General 61. Bocadillos und leckere Pepitos, mit Fleisch belegte Brötchen.

***Bar Restaurante Luis,*** Carretera General 64. Sehr gute Tapas, solide kanarische Küche mit wechselnden Tagesspezialitäten; preiswert.

***Bar Restaurante La Sabina,*** Travesía del Pino 20. Spezialität: Ziegenfleischgerichte.

***Pub La Tea,*** Travesía del Pino 16, Di – So ab 20 Uhr. Fr und Sa Disco, Treff des Jungvolks von El Pinar.

## Einkaufen

**Lebensmittel:** ***Supermercado Terencio,*** zwischen Calle La Paz und Calle El Chamarro (oberhalb der Plaza).

***Tienda,*** Tante-Emma-Laden ohne Schild, erstes Haus rechts Calle Las Casas, auch So geöffnet.

***Tienda Gurugú,*** Lebensmittel, Kurzwaren u. a., Carretera General, am Ortsausgang Richtung La Restinga.

**Schreibwaren, Zeitschriften:** ***Librería y Papelería Alejandro,*** Carretera General Taibique, rechts neben der Bar El Mentidero.

***Elite Papelería,*** Internet, links neben El Mentidero.

**Kunsthandwerk:** ***Taller Caracol,*** Calle El Chamorro 55, ✆ 922-558143. Die deutsche Töpferin Brigitte Hoyer verkauft hier in ihrer Werkstatt formschöne und eigenwillige Keramik; daneben Schmuck, Bücher (u.a. auch diesen Reiseführer) und Postkarten. Sie hilft auch mit Informationen weiter und kann Auskunft über die Weberinnen, Holzschnitzer und Korbmacher im Ort geben.

***Vivero Artesanía,*** Carretera General neben Hotel Pinar. Hier gibt es Kunsthandwerk aus El Pinar, außerdem Wein und Käse.

***Ceramicería El Pinar:*** Travesía del Pino, neben dem Restaurant La Sabina.

## Nützliche Adressen

**Apotheke:** ***Farmacía,*** Carretera General s/n, Taibique, in der Nähe der Tankstelle.

**Centro de Salud:** ✆ 922-558076, geöffnet Mo – Fr 8 – 15 Uhr und während des ganzen Wochenendes. Carretera General s/n, in Taibique zwischen Bäckerei und Tankstelle.

**Tankstelle:** ***Cepsa,*** Carretera General s/n, Taibique, So geschlossen.

**Banken/Geldautomaten:** ***Caja Canarias,*** Carretera General 57.

***Caja Rural,*** Carretera General s/n, beide Taibique.

**Post:** Calle José Padrón Machín s/n, Mo – Sa 9 – 12.30 Uhr.

## Picknick unter Baumriesen auf der Hoya del Morcillo

Nicht weit von El Pinar liegt mitten im lichten Pinienwald die wunderschöne Freizeitanlage Hoya del Morcillo. Ein weitläufiger Campingplatz mit einfachen sanitären Anlagen in Holzhütten, viele schattige Picknickplätze an rustikalen Tischen und Bänken aus Pinienholz, Grill- und Was-

**Siesta unter Pinien: Die Hoya del Morcillo bietet genug Schatten für Schläfer**

HOCHEBENE & EL PINAR

serstellen, ein großer Spielplatz für Kinder, Lucha-Sandplatz, Boule-Bahnen und ein Fußballplatz laden ein zum Freizeitvergnügen. Die Herreños lieben diesen Ort und nutzen ihn ausgiebig. Hierher pilgern am Wochenende Groß- und Kleinfamilien, ausgerüstet mit Decken und Picknickkörben, um es sich wohl sein zu lassen. Hier steigen Fiestas und finden politische Versammlungen unter freiem Himmel statt. Im Sommer und zu Feiertagen ist der Zeltplatz belebt – noch ist es der einzige Ort auf der Insel, an dem **Camping** offiziell erlaubt ist (für 4,50 € pro Person, zu zahlen beim Wächter vorn an der Infohütte). Während der Feriensaison trifft man hier oft auf Jugendliche vom Festland oder den anderen kanarischen Inseln, die hier ihr Zeltlager aufgeschlagen haben.

Vom Eingang am Parkplatz aus gleich links sehen Sie eine Fläche aus schwarzem Lavakies: eine **Landkarte** El Hierros, die Umrisse der Insel und die Hauptstraßen sind mit dünnen Baumstämmen markiert, jeder Ort mit einem Holzschild.

Auf dem Morcillo-Gelände stehen ein paar riesige uralte **Pinienbäume**; das beeindruckendste Exemplar, von Bänken umstanden, hat einen Stammesdurchmesser von gut zwei Metern. Der herrliche Wald spendet Schatten, bedeckt den Boden mit einem weichen Nadelteppich, erfüllt die Luft mit würzigem Duft und dem sanften Rauschen der langen feinen Nadeln im Wind. Nur manchmal fährt ein Poltergeist durch die Idylle und läßt dicke Zapfen aus den Baumkronen plumpsen – Gefahr droht für Köpfe, Weinkrüge und Käsekuchen.

# LA RESTINGA & SÜDWESTEN

# FISCHER, TAUCHER & TOURISTEN: LA RESTINGA

**La Restinga ist der südlichste Zipfel der Insel; ein Fischer- und Touristendorf mit dem Gesicht zum Meer – genau dort auf die Felsen gesetzt, wo einst glühende Lavamassen zischend in den Ozean strömten. Hier gibt es kein bißchen Grün, nur rotschwarze Lava, Sonne, Meer und Wind.**

Selbst das zu schnell gewachsene und noch unfertige Dorf ist kaum mit Blumen geschmückt, auch hier dominiert der nackte Stein. Und doch zieht es viele Fremde hierher – schließlich ist an diesem exponierten Ort das Klima das ganze Jahr über sommerlich. Wanderer, die der feuchten Kühle des Nordens getrotzt haben, legen hier gern ein paar Tage Badeurlaub ein, und für Taucher ist das kleine La Restinga ein Dorado.

La Restinga ist das jüngste Dorf der Insel; noch Anfang der 50er Jahre bestand es lediglich aus einem kurzen Strand mit ein paar Fischerhütten als Unterständen. Geräte und Boote lagerten in nahen Höhlen, auch die Fische wurden dort zwischengelagert. Die ersten Wohnhäuser bauten am Ende der 50er Jahre Fischer aus La Gomera, die auf ihrer Heimatinsel kein Auskommen mehr fanden. Die Familienbande zwischen La Restinga und La Gomeras Valle Gran Rey sind noch immer eng. Auch Familien aus El Pinar, die nach der großen Dürre 1968/69 die Landwirtschaft aufgegeben und auf die Fischerei umgesattelt hatten, waren an der Gründung des Fischerortes beteiligt.

**Friedliches Miteinander: Abend im Hafen von La Restinga**

In den Anfangszeiten war La Restinga nur per Boot, zu Fuß oder mi dem Maulesel zu erreichen; erst 1962 wurde eine Piste zum äußersten Süden angelegt. Inzwischen ist sie längst zur Straße ausgebaut, und der kleine ungeschützte Hafen, der die Fischer zwang, ihre Boote nach dem Fang stets an Land zu ziehen, damit sie nicht durch eine große Welle fortgerissen und alsdann in Richtung Südamerika getrieben wurden, ist seit '78 durch eine 8 m hohe Mole ersetzt worden, hinter der die Fischerboote ruhig und sicher dümpeln. Hier wird der Fisch an Land gezogen und wenn nicht gleich verkauft, sofort tiefgefroren, hier hat die Genossenschaft der Fischer ihren Sitz.

In den 80er Jahren hielt auch der Tourismus Einzug in La Restinga. Von Sonne und Meer pur angezogen, verbrachten immer mehr Fremde ihren Urlaub an diesem abgelegenen Ort, und viele Einheimische entdeckten eine neue Einnnahmequelle. Seitdem wuchert das Fischerdorf konzeptlos vor sich hin. Viele klotzige Apartmentbauten – fernab kanarischen Stils – sind entstanden, das Innere des Ortes ist eine Betonwüste aus halbfertigen oder noch unverputzten Kästen aus Hohlblocksteinen. Inzwischen ist aber zumindest die Promenade am Meer ansehnlich geworden; von der Hafenmole aus gesehen, mit der Avenida Marítima und den Fischerbooten im Vordergrund vor der Kulisse der Vulkanberge, taugt La Restinga sogar zum Postkartenmotiv.

Den touristischen Auswüchsen zum Trotz ist der Ort immer noch deutlich von der Fischerei geprägt, das Ortsleben noch intakt. Abends hocken alte und junge Leute schwatzend am *mentidero,* dem steingeplättelten Eck vor der Hafenpromenade und kommentieren den Fang des Tages und den Lauf der Dinge.

Die **Promenade am Hafenbecken** ist mit Palmen und ein paar Tischen zum Draußensitzen bestückt. Von hier läßt sich bei einem Kaffee oder Drink das Treiben im Hafen beobachten. Bei einem Spaziergang an der Mole kann man den Fischern bei ihrer »Landarbeit« und den Tauchern beim Hantieren mit ihrer Ausrüstung zusehen. Am Kai macht so manches schöne Segelboot fest, das sich auf Kanaren-Kreuzfahrt befindet oder nach Südamerika unterwegs ist. Viele Segler gehen vor der großen Überfahrt zuletzt auf El Hierro an Land, und manch einer soll schon als »Anhalter« auf dem Weg zum anderen Kontinent hier Glück gehabt haben.

Das Hafenbecken bietet einen wellengeschützten **Badeplatz** und, eingerahmt von einem mächtigen Felshalbrund, sogar einen winzigen schwarzen Sandstrand. Im Sommer kommt man auch westlich vom Ort, im Gebiet von *Arenas Blancas* (siehe unten) an einigen Stellen ins Wasser, doch sind

La Restingas Schokoladenseite: Blick von der Mole aufs Städtchen

die Strömungen dort tückisch und größte Vorsicht ist geboten.

La Restinga hat zwar kaum Nachtleben, aber ein paar ansprechende Bars und Restaurants zu bieten. Selbstversorger finden in den Supermärkten alles, was sie zum Brutzeln im Ferienapartment brauchen – und schließlich ist man hier dem frischen Fisch am nächsten.

## Hier haben die Fische ihre Ruhe: Reserva Marina

Im Winter ist die See für die Fischkutter manchmal zu rauh, um auszulaufen – dann war traditionell das westlich von La Restinga gelegene *Mar de las Calmas* mit seinen fast immer ruhigen Gewässern die einzige Möglichkeit, doch noch etwas zu fangen.

Deshalb war dieses Gebiet ziemlich leergefischt, und aus diesem Grund hat die Fischereigenossenschaft Mitte der 1990er Jahre eine Initiative zur Regenerierung des Mar de las Calmas gestartet. Seit 1996 existiert – bisher auf den Kanaren einmalig – das **Schutzgebiet Reserva Marina,** das sich zwischen *La Restinga* und der *Bahía de Tacorón* erstreckt, mit der *Bahía de Naos* als Zentrum. In dieser absoluten Schutzzone *(reserva integral)* darf nur zu wissenschaftlichen Zwecken getaucht werden, und die Fischer dürfen allenfalls einen Thunfischschwarm verfolgen, der sich hierher verirrt (Thunfische schwimmen nahe an der Oberfläche). In den äußeren Zonen der Reserva Marina ist das Fischen und Tauchen eingeschränkt möglich. Die Tauchzentren La Restingas müssen sich an die Auflagen halten bzw. sich die Anzahl der möglichen Tauchgänge teilen. Sportfischen ist in der Reserva verboten. Mittlerweile ist die Reserva zur fruchtbaren Kinderstube geworden. Der Nachwuchs schwärmt aus und füllt weiter draußen bereits wieder die Fischernetze.

Gestützt und subventioniert wird diese ökologisch-ökonomische Initiative der Fischer von seiten des Cabildo und der seit 1989 existierenden *Associación para la Defensa de la Naturaleza y la Identidad de El Hierro* (A.DE.N.I.H), die sich dem Schutz der Natur und der kulturellen Identität der Insel verschrieben hat.

**Info:** Auf dem Hafengelände kann man sich Mo – Fr von 8.30 – 14.30 Uhr im ***Besucherzentrum*** rund um die Reserva die Flora und Fauna des Meeresgebiets informieren.

## Unterkunft

La Restinga hat zwei Pensionen und diverse Apartmenthäuser zu bieten, inzwischen auch den ersten touristischen Großkomplex El Hierros. Die Apartments in der »ersten Reihe« an der Avenida Marítima mit Meerblick sind zwar teurer als die weiter hinten im Ort, aber unbedingt vorzuziehen, will man nicht zwischen Rohbauten oder gar neben einer lärmenden Baustelle nächtigen. Außer den hier angeführten Adressen vermieten manche Hausbesitzer privat eine Wohnung oder ein Zimmer; am besten in den Bars fragen, zum Beispiel in *El Bar* oder im *Restaurant Refugio.* In der HS erhöhen sich die Preise meist um 3 bis 6 €.

***Pensión Kai Marino,*** Punta La Restinga, ✆ 922-557034, Fax -557030. Das Hamburger Ehepaar Fiesenig baute

La Restinga
W17
N
1 cm
50 m
© PETER MEYER VERLAG
El Pinar
Tacorón
Cueva de Don Justo
41
50
(29 m)
Supermercado Terencio
CALLE GUTIERREZ MONTEVERDE
Pub Canario
Casa Matias
Buceo El Tamboril
CALLE EL LAJIAL
CALLE EL PARRAL
41
Febles
Peyca
CALLE SAN JUAN
44
Supermerc.
La Restinga
Centro de Buceo
Arrecifal
CALLE LA ORCHILLA
PLAZA
C. EL HORNO
Meridiano 0
Zumería de
la Restinga
C. EL RANCHO
Casa Juan
Principal
SALTOS
Post
La Restinga
Supermerc.
Los Saltos
25
Tanajara
El Lajial
C. LOS
Isamar
El Refugio
Tasca La Laja
Besucherzentrum
Reserva Marina
25
Mobula Buceo
El Submarino
Tere
C. LA LAPA
C. EL REMO
Marina
Bahía
Arenas
Blancas
El Ancla
Kai Marino
Fan
Diving
Mareas Brujas
Tasca La Avenida
Centro de Buceo
Souvenirs
AVENIDA MARITIMA
El Tagoror
Meerwasser
entsalzungs
anlage
Tourist-Info
Rocamar
Avenida
Los Saltos
Bazar Yaiza
Fischerei-
genossenschaft
Schiffsbedarf
Punta de los Frailes
Bahía de Naos
Fischverkauf
Kühlhalle
Hafen
Bahía de
Los Saltos
Punta de
La Restinga
Océano Atlántico

1960 eines der ersten Häuser in La Restinga. Die bei weitem älteste Herberge am Ort führt inzwischen Sohn Kai Marino, der sich allerdings mit Verkaufsabsichten trägt. Im Sommer 2004 war jedoch noch alles beim Alten, im Speiseraum konnte man im Gästebuch blättern und aktuelle wie 40 Jahre alte Danksagungen bewundern, außerdem die Pokalsammlung, die die Söhne der Fiesenigs als erfolgreiche Lucha-Canaria-Kämpfer errangen. Einfache Zimmer im Stil der 60er, teils mit Blick auf den Hafen. Familiäre Atmosphäre, Sonnenterrasse. Direkt an der Mole und am kleinen Sandstrand. Bei deutschen Gästen beliebt, vorherige Reservierung daher zu empfehlen. 6 DZ mit Bad 22 – 23 €, 1 EZ ohne Bad 6 €, ÜF und HP möglich.

***Casa Matias,*** Calle El Parral 2, ✆ 922-557019. Traditionelle Pension, im Ort gelegen, einfach und familiär. Die schlichten Zimmer im Erdgeschoß (Bad auf dem Gang) kosten DZ 20 €, EZ 10 €. Mit Küchenbenutzung. Im Dachgeschoss ein geräumiges Apartment für 2 – 4 Personen ab 30 €.

**Apartments an der Avenida Marítima mit Meerblick** (rechtzeitige Reservierung in der Hochsaison nötig):

***Aptos. Marina,*** Avenida Marítima 8, ✆ 922-559016, Fax -559401. Große, sehr gut ausgestattete Apartments mit je 2 Schlafzimmern und Zusatz-Klappsofa, mit Bad, Balkon und riesiger Wohnküche, TV. Im Dachgeschoß zwei etwas kleinere »Atticos« (mit Dachterrasse). 2 Personen zahlen 38 €.

***Aptos. Bahía,*** Avenida Marítima 14, ✆ 922-557070. 3 Schöne, gut ausgestattete Apartments für 2 Personen à 42 €. Gemeinschaftsterrasse auf dem Dach.

***Apto. Avenida,*** Avenida Marítima 18, ✆ 922-557125. Die freundlichen Besitzer, die im Haus wohnen, vermieten auf dem Dach eine schöne Atticowohnung, mit Küche, Bad, Wohn- und Schlafzimmer, für 2 Personen 30 € ab einer Woche, 1 – 2 Tage 36 €.

***Aptos. Rocamar,*** Avenida Marítima 19, ✆ 922-557083. 4 große, schöne Wohnungen mit je 2 Schlafzimmern (plus Klappsofa) für bis zu 6 Personen, Wohnküche, TV und Balkon. Im Dachgeschoß zwei herrliche »Atticos« für 2 bis 3 Personen. Im Winter zahlen 2 Personen 33 €.

***Aptos. Los Saltos,*** Avenida Marítima 20, ✆ 922-557110, Fax -550071. Einfache Apartments mit 1 – 2 Schlafzimmern, Küche, Bad und Balkon, auf dem Dach ein schöner Attico. Je nach Größe und Personenzahl zwischen 22 und 30 €.

***Aptos. Mareas Brujas,*** Av. Marítima 24, ✆ 922-557141, Fax -210884. Gut eingerichtete Apartments. 2 Personen zahlen 35 €.

***Aptos. Arenas Blancas,*** Avenida Marítima 34, Information unter ✆ 922-557176 oder in »El Bar«. Der erste und hoffentlich noch lange einzige größere Touristenkomplex El Hierros, hochgezogen von Investoren aus Teneriffa. Am Rande des Dorfs gelegen. Die 60 großzügigen und gut ausgestatteten Apartments für bis zu 6 Personen (1 – 2 Schlafzimmer, Salon mit Schlafcouch, TV, Bad, Terrasse mit Meerblick) sind auf 3 Stockwerke verteilt und in einem weiten Halbkreis um einen Swimmingpool herum gruppiert. Büros und Geschäfte befinden sich im Unterbau der Anlage. Für El Hierro erscheint das alles drei Nummern zu groß; steht man am Swimmingpool und blickt in die Runde, glaubt man sich eher auf Gran Canaria. Individualtouristen zahlen für ein Apto. mit einem Schlafzimmer ab 50 €.

**Apartments im Ort:** ***Aptos. Tere,*** Calle El Remo 6, ✆ 922-557161. Nett eingerichtete Apartments in der zweiten Reihe. 2 Personen zahlen 30 €.

***Aptos. Tanajara,*** Calle El Remo 12, ✆ 922-557099. Zweckmäßig ausgestattete Apartments mit kleinen Balkonen. Aptos. für 2 bis 4 Personen zwischen 24 und 30 €.

***Aptos. El Lajial,*** Calle El Horno 7, ✆ 922-557067, an der gleichen Straßenecke wie Aptos. Tanajara, ähnliche Ausstattung, teilweise mit Balkon oder Terrasse, ab 24 €.

***Aptos. Isamar,*** Calle El Remo 8, ✆ 922-550072, große zweckmäßige Ferienwohnungen für bis zu 4 Personen, ab 36 €.

***Aptos. La Restinga,*** Calle Los Saltos 12, ✆ 922-558170. Betonkasten, Apartments für 2 – 6 Personen, teils ohne Balkon, zweckmäßig ausgestattet. Ab 30 €.

***Aptos. Peyca,*** Calle San Juan 4, ✆ 922-557021, ebenfalls kastenförmig und ohne Balkons, Ausstattung und Preise ähnlich wie »La Restinga«.

***Aptos. Febles,*** direkt neben Peyca, ✆ 922-558192; innen schöner als außen. Ab 30 €.

## Essen & Trinken

In La Restinga läßt sich natürlich am besten Fisch essen, der vom Kutter gleich ins Restaurant geliefert wird. Die Speisekarten (hier in spanisch und deutsch) offerieren meist alle möglichen Angebote; tatsächlich gibt es das, was am Tage frisch gefangen wurde, und das ist dann auch am besten. Die Preise unterscheiden sich kaum: Wie in den anderen Orten der Insel muß für ein Essen für zwei Personen mit 21 bis 24 € gerechnet werden, je nachdem, wie die Bestellung in puncto Vorspeise, Salat, Hauptgericht, Wein, Nachtisch, Kaffee usw. ausfällt.

***Bar Restaurante Casa Juan,*** an La Restingas »Hauptstraße«, Calle Gutierrez Monteverde 23. Spezialität ist die Fischsuppe, außerdem frischer Fisch, Meeresfrüchte und an der Bar gute Tapas. Zwei freundliche, ruhige Eßräume getrennt von der Bar. Mi geschlossen, im Januar Betriebsferien.

***Bar Restaurante El Refugio,*** Calle La Lapa, in einem kleinen Durchgang gelegen. Fangfrische Fische, Garnelen und andere Meeresfrüchte, zu den Kartoffeln gibt es hausgemachte Mojo. Der nette Wirt fühlt sich am wohlsten, wenn sein Haus knallvoll ist, auch wenn er dann rennen muß – was seiner guten Laune keinen Abbruch tut. Von der Decke hängen zwei Schwertfisch-Prachtexemplare, das gemütliche Lokal und die Bar sind auch bei Einheimischen sehr beliebt. Ein echter Familienbetrieb: Vater fischt, Mutter kocht, die Söhne kümmern sich um die Gäste und das Geschäft. Mo geschlossen, Mitte Januar bis Mitte Februar macht die Familie Erholungspause.

***Bar Restaurante El Ancla,*** Calle El Rancho/Avenida Marítima. Das übliche Angebot an frischem Fisch und Fleisch sowie verschiedene Sorten Paella.

Fetter Fang: Für den Abtransport steht die Schubkarre schon bereit

***Pizzeria Italiana La Restinga,*** Ableger des »Ancla« im Nebengebäude, Eingang in der Calle El Remo. Leckere Pizzen, u.a. mit frischen Meeresfrüchten.

***Bar Zumería de la Restinga,*** Calle Gutierrez Monteverde 32. Hier kann man frühstücken, Tapas, Hamburger und *perros calientes* (Hot Dogs) essen und außerdem zwischen verschiedenen frischgepreßten Fruchtsäften wählen. Di geschlossen.

***Bar Principal,*** Calle Gutierrez Monteverde 25. Tapa-Bar mit der üblichen Geräuschkulisse aus TV und Spielautomat.

***Bar Tasca La Laja,*** urige, mit viel Holz und Schiffstau ausgestattete Bar mit Blick auf den Hafen.

***Bar Tasca La Avenida,*** Avenida Marítima 14, Mit Getränk und Tapa kann man auch nach draußen ziehen und es sich an einem der Promenaden-Tische wohlsein lassen.

***Bar Restaurante Tagoror,*** Avenida Marítima 17/18, großes, originell mit Steinbänken eingerichtetes Lokal, in oder vor dem sich frühstücken, einen Imbiss nehmen, einfach speisen und auch abends etwas trinken läßt.

**Tanz:** ***Disco Pub Canario,*** Calle El Lajial 6. Hier ist am Wochenende spätabends manchmal so etwas wie Nachtleben zu erkennen.

## Einkaufen & Nützliches

**Touristeninformation:** Apartmentkomplex Arenas Blancas, Mo – Fr 9 – 14 Uhr.

**Bank:** In La Restingas Hauptstraße Calle Gutierrez Monteverde, oberhalb der Plaza, gibt es eine kleine Vertretung der ***Caja Canarias,*** die nur Di und Do 10 – 11 Uhr öffnet. EC-Automat.

**Supermärkte:** ***La Restinga*** in der Calle La Orchilla;

***Terencio,*** am Ortsausgang.

**Fisch:** nachmittags in der Kühlhalle der Cofradía an der Mole oder direkt vom Fischerboot (siehe Essay-Kasten).

**Apotheke:** Avenida Marítima 38, im Apartmentkomplex Arenas Blancas.

**Souvenirs & Zeitungen:** ***Bazar Yaiza,*** Avenida Marítima 18, 16 – 19 Uhr. Hier gibt es neben allerlei Geschenkartikeln und Plastikspielzeug auch Telefonkar-

## Die engagierten Fischer von La Restinga

Die Fischer von La Restinga sind nach guter herrenischer Tradition in einer Genossenschaft zusammengeschlossen, der ***Cofradía de Pescadores.*** Sie sind die einzigen Fischer des Archipels, die ihre Erzeugnisse ohne Zwischenhändler selbst vermarkten: in der ***Pesca Restinga Cooperativa El Mar,*** der die meisten Mitglieder der Cofradía angehören. Die Fänge wandern vom Boot direkt in die Kühlhalle der Genossenschaft, dem großen Gebäude vorn an der Mole. Hier wird auch frischer Fisch zu günstigen Preisen direkt verkauft – meist ist am Nachmittag geöffnet. Ein Fischwagen beliefert die anderen Orte El Hierros.

**Die Fischer arbeiten** an einer von Subventionen unabhängigen Existenz und der Sicherung der Arbeitsplätze in der Fischerei. Ihre Politik war bisher erfolgreich: Heute leben über 60 Familien in La Restinga vom Fischfang, darunter sind viele junge Leute. Hierin unterscheidet sich El Hierro ganz erheblich von den anderen Inseln, wo die Fischerei in Händen großer Firmen liegt oder drastisch zurückgegangen ist, wie zum Beispiel auf La Gomera, wo von einstmals rund 300 Fischerfamilien nur noch ein Dutzend übriggeblieben ist und es kaum noch Nachwuchs gibt.

20 Fischkutter zwischen 5 und 15 Tonnen sowie an die 40 kleinere Boote bis 5 m Länge zählt die Flotte der Cofradía. Die Hälfte des Fangs wird nach Teneriffa verfrachtet, ein Gutteil also auf El Hierro konsumiert. Die Hochsaison der Fischerei sind die Monate März bis August, dann hat vor allem der Thunfisch Konjunktur. Die Arbeitszeit und das Fanggebiet der Fischer richtet sich ganz nach den Launen der Fischschwärme und natürlich denen des Meeres.

**Das Büro der Cofradía,** bisher noch eine unscheinbare Hohlblocksteinhütte auf dem Hafengelände, ist zugleich ein kleiner Laden für alles, was die Fischer benötigen. Auch Segler können hier Geräte und Zubehör erstehen und bekommen Hilfe bei Reparaturen. Die Genossenschaft schmiedet große Pläne für die Zukunft: Ihr Vorsitzender *Fernando Gutierrez,* ein engagierter

ten, Filme und Zeitschriften, auf Deutsch z.B. Stern und Spiegel.

*Souvenirs Arenas Blancas,* Av. Marítima 34. Inseltypisches und Kunsthandwerk.

**Wäscherei:** *Lavandería La Ola,* ebenfalls in der Ladenzeile Arenas Blancas. Mo – Sa 9 – 13 Uhr können hier auch Touristen ihr Wäschebündel abgeben.

**Tankstelle:** Die nächste Tankstelle (So geschlossen) befindet sich in El Pinar.

Ökologe, der auch die *Reserva Marina* vorangetrieben hat, hat zusammen mit der Landwirtschaftsabteilung des Cabildo einen Plan ausgearbeitet, der für die Fischer und La Restinga Arbeitsplätze und einen weiteren Schritt zur ökonomischen Unabhängigkeit bedeuten kann. Auf dem Genossenschaftsgelände am Hafen soll einmal ein Dienstleistungszentrum und sogar eine kleine Fischverarbeitungsfabrik entstehen. Zu den Zukunftsträumen gehören außerdem ein genossenschaftseigenes Fischrestaurant, eine gut ausgestattete Werkstatt für Fischer und Segler mit einem Laden für Schiffsbedarf und sogar eine eigene Tauchschule. Bereits fertiggestellt ist das Centro de Visitantes (Besucherzentrum), wo man sich über die Reserva Marina sowie die Meeresfauna und -ökologie informieren kann.

**Organisiert und erfolgreich: Restingas Fischer**

**Die Cofradía arbeitet** auch an der Verbesserung der Fangmethoden, um Fische und Umwelt zu schonen – zum Beispiel setzt sie sich für ein Verbot bestimmter Fallennetze ein, die leicht verlorengehen und in denen die Fische dann elend verenden, oder für die Einschränkung des Fischens per Harpune. Die Fischer suchen nach Wegen, ihre Arbeit so schonend wie möglich durchzuführen, um die Fischgründe nicht zu zerstören und so auch ihre zukünftige Existenzgrundlage zu sichern, Ökologie und Ökonomie also in Einklang zu bringen.

## Zu Gast bei den Fischen: Tauchen in La Restinga

Das Tauchrevier um El Hierro gilt unter Insidern als das schönste und interessanteste Europas und zählt mit zu den besten der Welt. Noch ist es zudem wenig bekannt, und deshalb nicht überlaufen. Hier gibt es zwar keine Korallenriffe, doch das, was die vulkanischen Gestade unter der Meeresoberfläche zu bieten haben, ist ebenso spektakulär: bizarre Felsformationen, Grotten, von Meeresgetier dicht besiedelte Höhlen und tief abfallende Schluchten. Der Meeresgrund um El Hierro fällt steil in große Tiefen ab, und da die Insel am äußersten Rand des Archipels liegt, tummeln sich auch in Küstennähe große Tiefseefische. Die Meeresfauna ist hier aufgrund des relativ warmen Wassers besonders vielfältig und faszinierend, das Wasser des Atlantiks ist zudem kristallklar und läßt die Taucher bis zu 50 m weit blicken.

Untermeerische Vulkangrotten voller Langusten, große Muränen, die sich aus ihren Nischenverstecken herausschlängeln, um die Taucher zu beglotzen, riesige Kugelfische, Meeresschildkröten, Tintenfische, Krabben und Krebse, bunte Papageienfische, Schwertfische, Thunfische und Delphine sind nur ein kleiner Teil des farbenprächtigen Spektrums. Begegnungen mit Rochen bis zu 2,50 m Spannweite und sogar mit Raubfischen wie Barracudas und Haien (zum Beispiel dem seltsamen Hammerhai) sorgen für Nervenkitzel.

Getaucht werden kann das ganze Jahr über, im Winter konzentrieren sich die Tauchclubs in Restinga wegen der oft stürmischen See jedoch auf die südwestlichen Küsten der Insel. Dort gibt es sehr viele hervorragende Tauchplätze – ein paar davon zum Ärger einiger Taucher mitten in der Tabuzone der Schutzzone Reserva Marina. Jedes Jahr findet Ende Oktober der internationale **Fotowettbewerb** »Open Fotosub Isla de El Hierro« statt, zu dem sich viele hervorragende Spezialisten der Unterwasserfotografie in La Restinga einfinden.

### Tauchstationen

Es gibt sieben Tauchclubs am Ort, die je nach Nachfrage mehrmals täglich Tauchgänge anbieten. Eine komplette Ausrüstung kann man vor Ort leihen (etwa 9 bis 12 € pro Tauchgang), Fotoausrüstung muß selbst mitgebracht werden. Es gibt auch Anfängerkurse, doch erfahrungsgemäß sind 90 % der Tauchklientel in La Restinga bereits Fortgeschrittene – nur diese können die Möglichkeiten des Tauchgebiets wirklich ausschöpfen.

***Fan Diving El Hierro,*** Calle El Varadero, hinter Pension Kai Marino, ✆ & Fax 922-557085. Deutsch-österreichisch geführte Tauchbasis. Organisation von Transfer und Unterkunft, Mietwagen bei Bedarf. Nette Betreuung, fachkundige Anleitung. Getaucht wird in Gruppen bis maximal 6 Personen. Aktuelle Infos: www.el-hierro-tauchen.de. Für Neulinge gibt es ein Schnupper-Angebot: Nach etwas Theorie darf der Tauchunkundige unter professioneller Aufsicht im Hafen ausprobieren, ob er sich zu mehr entschließen will.

***El Submarino – Base de Buceo,*** Avda. Marítima 2, ✆ & Fax 922-557075. Tau-

Phantastisches Erlebnis: Tauchen

chen im Sommer rund um die ganze Insel, auch Nachttauchgänge weiter draußen. Getaucht wird in kleinen Gruppen bis maximal 8 Personen, unter erfahrener Anleitung und mit bester technischer Ausrüstung. Einwöchige Anfängerkurse mit »open water«-Zertifikat. Auch Kurse in Meeresbiologie. Aktuelle Infos: www.elsubmarinobuceo.com.

*Centro de Buceo El Hierro,* Avda. Marítima 18, ✆ & Fax 922-557023. Ältestes Tauchcenter in La Restinga, Anfang der 80er Jahre gegründet. Tauchgänge vorwiegend im Süden bzw. Südwesten, Nachttauchgänge und Anfängerkurse im Hafen. Getaucht wird in kleinen Gruppen, bei festen Gruppen ausnahmsweise bis zu maximal 10 Teilnehmern. Aktuelle Infos: www.centrobuceoelhierro.com.

*Meridiano 0,* Calle La Ola 6, ✆ 922-557076, Fax -557159. Angebote ähnlich wie Centro de Buceo.

*Centro de Buceo Arrecifal,* Calle La Orchilla 30, ✆ 922-557171, www.arrecifal.com.

*Mobula Buceo,* Calle La Lapa. ✆ 922-558164. www.mobulabuceo. Die Besitzer vermieten an Tauchgäste auch 4 originelle DZ in ihrerm großzügigen Anwesen in El Golfo, Calle Matorral s/n. Geöffnet Juni – November.

*Centro de Buceo El Tamboril,* Calle el Lajial, ✆ 922-557184

## Zwei Spaziergänge

### La Restinga → Punta de los Frailes

**2 Stunden hin und zurück**

Hinter dem Apartmentkomplex am Ende der Avenida Marítima führt die Piste noch ein kurzes Stück hinunter an die flache Lavaküste **Arenas Blancas,** so genannt, weil hier an manchen Stellen weißer Sand aus Muschelschalen zwischen die Lavaplatten geweht ist. Manche dieser windgeschützten Sandmulden werden schon mal als Herberge unter dem Sternenzelt genutzt. Trampelpfade durchziehen das Gebiet, man kann aber genausogut quer über das flache Lavafeld laufen. Die Landschaft ist großartig, die zerklüftete Steilküste am Meer ebenso wie die bizarren Lavaformationen weiter oberhalb. Es lohnt sich, dieses Gebiet mit der Kamera zu durchstreifen: Verschiedene Schichten dünnflüssiger Lava haben sich hier über- und ineinandergeschoben, besonders auffällig sind die wohlgeformten, großen Stricklavastränge und die flachen Lavaplatten *(lajas).*

Auf halbem Weg liegt oberhalb einer kleinen Bucht direkt am Meer ein *Conchero* (antiker Müllhaufen), dessen Muschelschalen aus Bimbachen-Zeiten über ein kleines Halbrund mit flachen Höhlen verstreut sind. Nach etwa einer Stunde Weg sind Sie am Ende der ebenen Lavazunge angelangt, an der **Punta de los Frailes,** von der aus Sie die geschichtsträchtige *Bahía de Naos* überblicken können. Falls Sie ans Wasser klettern, achten Sie unbedingt auf die Flut.

## Zur Cueva de Don Justo

### 45 Minuten hin und zurück

Sie verlassen La Restinga auf der Straße Richtung El Pinar; nach einer weiten Schleife nach rechts steuert sie auf den roten, nach einer Seite hin steil abfallenden Aschekegel *Montaña de Prim* zu. Am Fuß des Berges sehen Sie linker Hand eine kurze Fahrspur (Parkplatz). Folgen Sie von hier aus querfeldein den undeutlichen Trittspuren und achten Sie auf vereinzelte weiße Farbkleckse auf den Lavasteinen. Der **Höhleneingang** liegt nur etwa zwei Minuten von der Straße entfernt, ist aber erst zu erkennen, wenn man direkt davor steht; in Gehrichtung sieht man zuerst nur einen größeren Calcosa-Busch, dann erneut eine weiße Farbmarkierung und einen kleinen Lavahügel, der auf seiner anderen Seite den Einstieg birgt. Dieser ist durch ein niedriges Gitter gesichert, zum Schutz vor Vandalismus und aus Vorsichtsgründen: Denn die

Umgeben von Lavalandschaft:
Eingang zur Don-Justo-Höhle

Höhlenerkundung ist ohne einen erfahrenen Führer zu gefährlich. Allzu leicht würde man sich hoffnungslos im Gängelabyrinth verirren, außerdem tun sich an mehreren Stellen (auch schon gleich zu Anfang der begehbaren Strecke) unvermutet tiefe Löcher neben dem Weg auf.

Auch ein **geführter Rundgang** durch einen Teil der Höhle ist ein äußerst anstrengendes Unternehmen; die geringe Höhe zwingt zu ständig gebückter Haltung, außerdem herrschen im Höhleninneren Temperaturen um die 30 °C. Passionierte Hobby-Speläologen können sich in La Restinga in einer Bar, der Touristeninformation oder im Büro der Cofradía de Pescadores nach einem Führer erkundigen.

Die Höhle, einer der **längsten Lavatunnel der Welt,** ist noch längst nicht in ihrem gesamten Ausmaß erforscht. Bis jetzt weiß man von etwa 6 km Gesamtlänge der verschiedenen Tunnel. Sie liegen allesamt nur ein paar Meter unter der Oberfläche, an manchen Stellen bilden die niedrigen Röhren jedoch verschiedene Etagen. Früher waren die zugänglichen Galerien reich bestückt mit Stalaktiten – heute sind viele, besonders im Eingangsbereich, verschwunden: Ignorante Höhlenbesucher haben sie abgebrochen und als Souvenir mitgehen lassen. In der absoluten Dunkelheit der Höhle lebt eine endemische Insektenart, die blinde Wanze *Collartida anophtalma.* Pflanzen sind hier nur von unten zu betrachten: Da die Höhlendecke der Oberfläche sehr nahe kommt, ist sie stellenweise von Sukkulentenwurzeln durchzogen. Im Cabildo El Hierros hat man schon vor Jahren über eine Erschließung der Höhle für den Tourismus nachgedacht; einige von Biologen der Universität La Laguna ausgearbeitete Vorschläge liegen seither in der Behördenschublade.

## Die Badebucht von Tacorón

Die Bucht ist einer der schönsten Badeplätze der Insel, einsam gelegen am Rande der Lavafelder *Los Lajiales* und am Fuße El Juláns, vor hoch aufragenden, vielfarbigen Vulkanklippen. Schwarze Lava hat hier eine Reihe von Felsriffen mit einem natürlichen Badebecken geschaffen, in dem es sich meistens gefahrlos schwimmen und schnorcheln läßt. Wie an jedem der beliebten Badeplätze El Hierros gibt es Hütten, die unter Palmwedeldächern Schatten bieten, schön angelegte Grillplätze und Trinkwasser. Zwischen den spitzen Felsen gibt es Plattformen und viele Nischen zum Sonnenbaden (eine Isomatte ist hier sehr nützlich), dazwischen kleine Tümpel, die die Flut immer wieder neu auffüllt und in denen sich Krebsfamilien und kleine Fische tummeln.

Das Schnorcheln (zur Not tut es auch eine fest sitzende Schwimmbrille) ist lohnend – um so mehr, je weniger Badegäste da sind: Im klaren Wasser leicht auszumachen sind leuchtend bunte Fische und eine Vielzahl von so nahe unter der Wasseroberfläche nicht vermuteten anderen Meeresbewohnern, die zwischen den Felsen siedeln und selbst die Badebucht bevölkern.

✱ **Vorsicht:** Wenn sich – meist schon von oben erkennbare – weiße Schaumlinien auf dem Meer und in der Bucht sehen lassen, ist das Baden zu gefährlich. Hohe Brecher überfluten dann in Abständen immer wieder das Becken. Wer sich bei solch aufgewühltem Meer ins Wasser wagt, riskiert, mit Wucht an die Felsen geschleudert zu werden. Die Wogen und ihre Rückströmung sind dann so stark, daß man, selbst wenn man auf der Einstiegsleiter nur knietief im Wasser steht und sich mit aller Kraft an die Leiter klammert, Mühe hat, nicht fortgerissen zu werden.

Kurz vor dem Parkplatz bei Tacorón zweigt rechts von der Straße eine rotsandige Piste ab. Sie führt bis zu einer mächtigen **Steilwand,** an deren Fuß eine kleine (nicht zugängliche) Bucht mit leuchtend rotem Strand überrascht.

### Essen & Trinken

*Kiosco*, direkt an der Badebucht, unregelmäßig geöffnet, Mo Ruhetag. Im Sommer 2004 war das Essen nur mäßig, dafür teuer. Trotzdem ein schöner Platz für einen Drink zum Sonnenuntergang.

## Cueva del Diablo

Etwa 20 Minuten Fußweg von Tacorón entfernt liegt die **Teufelshöhle,** so genannt wegen ihrer feuerroten Farbe. Sie erreichen sie auf einem schmalen Pfad über die Felsen; am Parkplatz von Tacorón weist ein Holzschild auf den Einstieg hin. Die Wanderung lohnt sich vor allem am Nachmittag, denn vormittags liegt die Höhle im Schatten. Vorsicht: Abschnitte des Weges sind abgerutscht, so daß Sie sich auf eine Kletterpartie einstellen und keinesfalls in Sandalen gehen sollten. Der Weg entlang des zerklüfteten Steilhangs lohnt allein schon die Mühe, doch die Höhle selbst ist ein kleines Wunder: Stellen Sie sich eine große, leuchtend rote Felsgrotte mit einem gleichfarbigen feinen Sandstrand im Inneren vor, in die die Wellen leise hineinplätschern und deren flache Steine so glatt wie Kacheln sind. Das Meer erreicht die Cueva del Diablo über einen schmalen Zulauf; wenn die Sonne auf dem türkisblauen, kristallklaren Wasser schimmert, kann man sehen, wie tief es hier kurz vor dem Höhleneingang an den senkrechten Felswänden hinuntergeht.

Wenn das Meer sehr ruhig ist, lockt dieser wunderschöne Platz zum Baden – aber die Stille ist trügerisch. Häufig bilden sich Strudel, und wegen der Enge des Beckens ist dann vor den Felswänden kaum ein Entrinnen. Hier hat es schon mehrere tragische Unfälle gegeben. Verzichten Sie also unbedingt auf ein Bad, und seien Sie bei Flut auch vorsichtig, wenn Sie in die Höhe klettern wollen.

# AM ENDE DER WELT

**Der Südwesten El Hierros ist eine urtümliche Landschaft aus gewaltigen Lavahängen, Vulkanen und Viehweiden. Die einzige Bewohnerin dieses weiten, stillen Raumes ist nicht von Fleisch und Blut – es ist die Schutzheilige der Insel, die Virgen de Los Reyes. Fern von jeglicher festen menschlichen Behausung bedeutet ihre kleine Kapelle für viele Herreños dennoch das Zentrum der Insel.**

## El Julán – Land der Bimbaches

Die gewaltige Schräge El Juláns präsentiert sich am eindrucksvollsten von der Straße nach Tacorón aus. Von hier sieht man die gesamte Landmasse bis hin zum fernen Landende am Leuchtturm von Orchilla, vom schimmernden Meer zu ihren Füßen bis zu den Bergrücken, der Linie der *cumbre* (Gipfelregion), wo sich häufig der Passatnebel niederläßt. Zu Bimbachen-Zeiten war die heute nur noch in der Cumbre-Zone bewaldete Gegend dichter bewachsen. Hier finden sich zahlreiche Zeugnisse der Steinzeitkultur der Ureinwohner. Hier war auch ihr großer Versammlungsplatz, der *Tagoror,* auf dem ihr König und die Ältesten des Stammes Rat hielten. An den auf steilen Pfaden zugänglichen Buchten am Meer (zum Beispiel an der heutigen *Playa de las Alcusas* unterhalb des Tagoror) sammelten sie Lapas von den Felsen ab. Reste ihrer Mahlzeiten, die leeren Schneckenschalen, finden sich heute noch in den Concheros unweit des Tagoror. Schließlich ritzten sie hier die *Letreros,* ihre bis heute rätselhaft gebliebenen Schriftzeichen und Botschaften, auf flache Lavaplatten.

Letreros: Briefe aus der herrenischen Vergangenheit

Heute ist die gesamte Gegend menschenleer; an der nur mit einem Jeep befahrbaren Piste Richtung *Playa de las Alcusas* (sie zweigt rechts an einem Hügel von der Straße nach Tacorón ab, kurz bevor diese in Serpentinen zur Bucht hinunterführt) gibt es nur ein paar verlassene Häuser in Meernähe; ansonsten trifft man höchstens auf den Wächter der Letreros.

Nach El Julán und in Richtung Leuchtturm geht der Weg vom Süden aus immer zuerst über El Pinar. Vom Ausflugsplatz *Hoya del Morcillo* führt eine asphaltierte Piste durch den Wald zum Wanderweg zum Tagoror und den Letreros, und weiter bis zur Dehesa der Ermita de la Virgen und schließlich zum Faro de Orchilla.

## Weideland La Dehesa

Das Gebiet der Dehesa ist kommunales Weideland seit Jahrhunderten und war schon zu Zeiten der Bimbaches saisonweise Wohnstätte der Hirten. Früher weideten hier nur Schafe und Ziegen, heute sind es auch viele Kühe.

Allein unter Schafen: Hirtenunterstand auf der Dehesa

Die Weidesaison ist die Zeit von Anfang Dezember bis April, wenn sich die sanft gewellte schräge Ebene grün färbt und sich im Frühjahr auf den höhergelegenen Wiesen ein leuchtender Blumenteppich ausbreitet. Im Sommer verdorrt die Vegetation, La Dehesa färbt sich braun. Hier fällt kaum Regen, der ständige starke Wind tut sein übriges, und wenn die Bruma ausbleibt, gibt es hier fürs Vieh bald kein Hälmchen Gras mehr.

In früheren Zeiten war auch dieses weite Land bewaldet; vor allem mit Faya (Gagelbaum), deren Früchte von den Hirten in Notzeiten zu Gofio zermahlen wurden. Sie nannten sie *Cres* – ein Name, der auf die Bimbaches zurückgeht, und so heißt auch heute noch ein Teil der Dehesa. *El Cres* ist inzwischen teilweise Ackerland, bebaut von Leuten aus Sabinosa, die dieses Land in den 40er Jahren zugesprochen bekamen, weil sie um ihr Dorf herum so wenig bebaubare Fläche zur Verfügung hatten. Die Schenkung geht auf ein Dekret des Generals Serrador, des damaligen Befehlshabers der Kanarischen Inseln, zurück; an ihn erinnert ein Gedenkstein.

Die einzigen Bäume, die hier heute noch wachsen, sind die legendären, windgebeugten Sabinas – auch sie haben früher einen stattlichen Wald gebildet, bevor sie dem Kahlschlag nach der spanischen Eroberung zum Opfer fielen. In der Nähe der Montaña de la Virgen wird jedoch wiederaufgeforstet; ein kleiner Pinienhain ist schon entstanden.

Das Hügelland ist mit einem Muster aus Lesesteinmauern überzogen, am unteren Rand begrenzt durch eine Reihe von Vulkankegeln wie aus dem geologischen Bilderbuch. Wenn Sie die asphaltierten Pisten befahren, geraten Sie immer wieder an Viehgatter, die Sie nach Durchfahren wieder schließen müssen.

Früher, als es noch keine befahrbaren Pisten und noch keine Jeeps gab, blieben die Hirten während der Weidesaison in der Dehesa. Sie wohnten in Höhlen, ihr Lebensrhythmus richtete sich ganz nach den Tieren, die frei umherstreifen konnten. Jeder Hirte kennzeichnete seine Tiere durch bestimmte Schnitte in die Ohrmuscheln; diese Ohrmarken waren über Generationen hinweg festgelegt. Die Weiden gehörten den Hirten der ganzen Insel, doch traditionell zogen hierhin vor allem Schäfer aus Sabinosa und El Pinar, den Dörfern, die der Dehesa am nächsten liegen.

## Das Heiligtum der Schutzpatronin

In dieser entlegenen, aber für die Herreños immer schon sehr bedeutsamen Gegend ist die Schutzpatronin der Insel in ihrer strahlend weiß getünchten Einsiedelei zu Hause, dem **Santuario** (Heiligtum) **de la Virgen de Los Reyes.** Die Hirten waren es, die die Madonnenfigur vor Jahrhunderten in ihre Obhut nahmen, und auch heute noch hat sie ihren Platz draußen bei ihnen im Weideland. Sie verläßt ihre Kapelle nur zu den Festen der Hirten und alle vier Jahre zur Bajada (↗ La Bajada de la Virgen), wo sie einen ganzen Monat lang den Dörfern der Insel die Ehre gibt. Jeden ersten Sonntag im Monat wird hier um 12 Uhr 30 eine Messe abgehalten.

Die mit einer niedrigen Mauer umgebenen Gebäude des Santuario bestehen aus der Ermita und ein paar Nebenräumen, die früher manchmal Pilgern als Schlafstätte dienten. Das

Pilgeroase: Santuario de la Virgen de Los Reyes

Innere der Kapelle ist sehr schlicht; es dominiert die kleine Madonnenfigur auf ihrem barocken Altar, ihr beigestellt sind die Figuren der Heiligen Drei Könige. Das Santuario ist ein wunderschöner Platz und das religiöse Zentrum El Hierros – auch Besucher von außerhalb spüren die ganz besondere Atmosphäre dieses stillen Ortes, wenn sie für ein Weilchen hier Rast machen.

**Info:** Die Ermita ist täglich 9 – 18 Uhr geöffnet, ebenso ein kleiner Laden mit Virgen-Souvenirs.

### Feste der Hirten

Die Feste der Hirten sind ihrer Madonna gewidmet. Der 25. April, der Tag der **Fiesta de los Pastores** (Hirtenfest), war ursprünglich der Tag des Abschieds der Hirten von der Dehesa nach der winterlichen Weidesaison. Zum Abschluß dankten sie ihrer Virgen, in deren Nähe sie die grünen Monate mit ihren Herden verbracht hatten. Noch heute führen sie die Madonnenfigur in einer Prozession rund um die Ermita, und es wird eine Messe gelesen. Zur anschließenden Feier muß so manches Schaf sein Leben lassen – ursprünglich waren es jene, die wild auf den Weiden geboren worden waren und keinem Hirten zugeordnet werden konnten.

Die **Fiesta de Los Reyes** am 24. September feiert ebenfalls die Schutzpatronin und ihre Schäfchen.

Am Vorabend findet eine nächtliche Laternenprozession statt, die **Fiesta de los Faroles.** Am Tag darauf wird eine Messe zelebriert, und schließlich darf bei Speis' und Trank gefeiert werden.

### Der Berg der Höhlen

Vor dem Santuario stehend, führt nach links um den Berg herum eine Piste zur **Montaña de las Cuevas** – wie der Name schon verrät, ein Berg mit zahlreichen Höhlen, die bereits den Hirten der Bimbaches als Unterstand und Quartier gedient haben und auch heute noch genutzt werden, zum Beispiel, um die Nacht vor der Bajada oder die der Laternenprozession hier zu verbringen. Eine der Höhlen, ein kurzer Lavatunnel mit »Hinterausgang«, ist die **Cueva del Caracol** – sie hatte als erste Kapelle der Virgen de Los Reyes gedient, bevor das Santuario gebaut wurde.

## Der Wacholderwald El Sabinar

Folgt man der asphaltierten Piste, die links neben dem Santuario aufwärts und um den kleinen Vulkankegel Montaña de la Virgen herum führt, gelangt man bald an eine Stelle, an der sich ein breiter, von Lesesteinen gesäumter Weg rechts den Berg hinauf zieht – dies ist der Beginn des *Camino de la Virgen* (↗ Wanderung 18). Der große Steinquader linker Hand, die *Piedra del Regidor,* ist während der alle vier Jahre stattfindenden Bajada de la Virgen der erste Platz, an dem der Madonna außerhalb ihrer Kapelle gehuldigt wird. Die Piste führt geradeaus weiter in Richtung El Sabinar. Nach etwa einem Kilometer gelangen Sie an ein Viehgatter, das Sie öffnen und wieder hinter sich schließen müssen, weiter geht es an dem kleinen wiederaufgeforsteten Pinienhain vorüber. Bald darauf zweigt die Piste

Die eigenwilligen Formen der Sabinas scheinen der Vulkanlandschaft abgeguckt

zum Sabinar-Wald links ab, und Sie erreichen die ersten Exemplare der vom Wind gekrümmten, uralten Wacholderbäume – der prächtige Baum gleich vorn an der Piste ist eines der Wahrzeichen El Hierros und unzählige Male fotografiertes Postkartenmotiv. Weiter unten am Wendeplatz haben Sie eine herrliche Aussicht auf den Sabinar, der sich den gesamten Hang, über etwa 4 km², hinabzieht. Die knorrigen Bäume mit ihren teils grotesk verdrehten Stämmen erreichen hier stattliche Ausmaße, ebenso wie die riesigen Exemplare der Tabaiba dulce, die zwischen ihnen wuchern.

Sabina-Holz ist hart und schwer, es war deshalb von den spanischen Siedlern geschätztes Bauholz; auch zur Holzkohlegewinnung mußten viele Bäume dran glauben. Der Sabinar der Dehesa ist der einzige noch existierende zusammenhängende Wacholderwald. Hier scheint die Zeit stehengeblieben; nirgends sonst auf der Welt gibt es so alte und große Sabina-Exemplare. Sie sind berühmt vor allem wegen ihrer Formen: Es scheint, als sei ihr Wachstum ein beständiger Kampf mit dem ewigen Wind, dem sie auszuweichen versuchten. Ihre Kronen neigen sich erdwärts, als wollten sie dort Schutz suchen. Weiter unten, in kleinen Barrancos und an windgeschützten Stellen, wachsen die Wacholderbäume übrigens ganz normal in die Höhe. Die Samen der Sabinas werden von Kolkraben verbreitet; einmal verdaut und wieder ausgeschieden, sind sie reif zum Aufgehen in der Erde. Die Kolkraben der Dehesa sind damit sehr wichtig für die Entstehung des einmaligen Waldes. Auch die *Lagartos gigantes,* die großen Echsen El Hierros, sollen die Samen der Sabinas als Leckerbissen schätzen. Eine ausgewilderte Population der Urtiere lebt auf der Dehesa.

Sabinas wachsen zwar vereinzelt auf der gesamten Insel, doch nirgends, außer hier im äußersten Westen El Hierros, steht ein vergleichbarer – obwohl auch hier schon sehr dezimierter – zusammenhängender Wald dieser mythischen Bäume. Das Alter der größten Sabinas wird auf mehrere hundert Jahre geschätzt – nicht ganz so alt also, wie verschiedene Chronisten immer wieder mutmaßten, die von über tausendjährigen Methusalemen berichteten. Dem kanarischen Baumwacholder haftet wohl ebenso wie den Drachenbäumen (↗ Der Drachenbaum) etwas Märchenhaftes an, das die Phantasie immer wieder herausfordert – leicht nachvollziehbar, wenn man an diesem Ort die Nebel wallen sieht und den ewigen Wind pfeifen hört, der die Stämme der Bäume zu Boden zwingt.

### Mirador de Bascos

Zurück auf der Hauptpiste, geht es nach links zum abgeschiedensten Aussichtspunkt El Hierros, dem Mirador de Bascos, 650 m hoch gelegen. Die steingefaßte Anlage hat einen Aussichts- und einen Picknickplatz, am Parkplatz finden Sie eine Wasserstelle.

Die Lage des Miradors ist dramatisch, hoch oben über einer unüberwindbaren Steilwand. Wenn Sie Glück haben und die Sicht klar ist, bietet sich Ihnen ein grandioser Blick über das Golftal bis hin zu den Roques de Salmor und hinauf zur Linie der Cumbres. Zu Füßen des Miradors, weit unten am Meer, ist die kleine Siedlung um den Pozo de la Salud erkennbar, an den Hang geschmiegt das weiße Dorf Sabinosa. Von oben sind auch die in Jahrhunderten mühevoll angelegten Terrassen gut zu sehen, die die Leute von Sabinosa dem Berg für ihre Äcker abgerungen haben.

Normalerweise ist dieser extreme Platz jedoch von Wolken eingehüllt, die der kräftige Wind den Steilhang hinauf- und bis in die Dehesa hinuntertreibt, und die allenfalls für ein paar Minuten klare Sicht gestatten.

### Faro de Orchilla

Den Leuchtturm (*faro*) am südwestlichsten Punkt Europas, dem antiken Ende der Welt, erreicht man über eine (2004 noch nicht asphaltierte) Piste, die von der Küstenstraße La Dehesa – Sabinosa abzweigt (↗ Tour A1). Der Stille und Ursprünglichkeit der grandiosen Vulkanlandschaft, die sich hier präsentiert, kann man sich nicht entziehen. Dieser Ort hat etwas Magisches; man meint, die Kräfte aus dem Erdinneren körperlich zu spüren. Einen faszinierenden Anblick bieten die schwarzen und roten Vulkankegel und schroffen Lavaformationen vor dem tiefen Blau des Himmels und des Meeres.

Der Leuchtturm am Ende des Weges hat etwas Rührendes: Als einziges Zeichen von Zivilisation unter-

Leuchtturm am Ende der Welt

streicht er noch die Einsamkeit dieses Ortes; die Vorstellung vom Weltende fällt hier nicht schwer. Ausgerechnet in dieser Gegend sollte nach Plänen des Nationalen Raumfahrtzentrums eine Satellitenabschußrampe gebaut werden (↗ ¿Lanzadera? ¡Biosfera!).

Am Anfang des Weges trifft man noch auf weidende Ziegen und Schafe, die sich an den Calcosas und Tabaiben gütlich tun; auch Rebhühner sind hier nicht selten. Weiter unten ist die Vegetation zu spärlich, hier hört man nur noch vereinzeltes Möwengeschrei und das Rauschen des Meeres.

Der Faro de Orchilla wurde 1930 fertiggestellt, seither ist er Orientierungspunkt für die Schiffe nach und von Südamerika. Das Gebäude ist heute verschlossen, es beherbergt nur noch die Technik, seitdem der Leuchtturm vollautomatisch funktioniert. Nach Plänen der Inselregierung soll es in naher Zukunft restauriert werden und einen Ausstellungsraum beherbergen. Beeindruckend ist der große, im Sonnenlicht schimmernde Kristall in der Turmspitze.

Bis 1994 lebte hier noch der Leuchtturmwärter; mal allein, in früheren Zeiten auch mit Familie. Den Job am Ende der Welt teilten sich zuletzt drei Leuchtturmwärter, die hier jeweils vier Monate verbrachten und danach ein halbes Jahr frei hatten. Padrón Machín berichtet aus den 50er Jahren von einem Leuchtturmwärter, dessen Familie in Sabinosa lebte. Er hielt sich Brieftauben, die er dann und wann mit einem Gruß an seine Frau über die Vulkanberge schickte.

### Höhle zum Abhang: Cueva del Acantilado

Vor dem Wendeplatz am Leuchtturm führt links ein Pfad zu einem kleinen Hügel; folgt man ihm, steht man bald vor dem Einstieg in den Vulkantunnel *Cueva del Acantilado.* Die Höhle, in die Treppen hinunterführen, wurde in den 80er Jahren durchgängig begehbar gemacht. Wenn Sie eine gute Taschenlampe dabei haben, können Sie sie gefahrlos und bequem durchstreifen. Sie endet nach etwa 300 m auf einem kleinen Balkon über einem steilen Absturz zum Meer (Vorsicht!).

Achten Sie beim Gehen nicht nur auf den steinigen Boden, sondern auch auf die an manchen Stellen etwas niedrige Decke, damit Sie sich nicht den Kopf stoßen.

### Einsamer Badeplatz: Laja de Orchilla

Kurz bevor die Piste nach rechts zum Faro einbiegt, geht die Piste zur alten Anlegestelle Laja de Orchilla nach links ab. Von hier sind es noch etwa 1,5 km bis zu dem kleinen ausbetonierten Felsplateau im Meer. Sie ist ein guter Badeplatz; über eine Steintreppe gelangt man hier leicht ins Meer, das selbst im Winter oft gefahrloses Baden erlaubt. Schwimmen Sie jedoch nicht zu weit hinaus, um nicht in gefährliche Strömungen zu geraten. Außerdem sind hier schon öfter Haifischflossen gesichtet worden. Am Parkplatz oberhalb der Anlegestelle finden Sie einen schattigen Grillplatz mit Wasserstelle.

# AUSFLÜGE & WANDERTOUREN

NATUR & UMWELT

GESTERN & HEUTE

MENSCHEN & KULTUR

REISEPRAXIS

VALVERDE & DER NORDEN

VALLE DEL GOLFO

HOCHEBENE & EL PINAR

LA RESTINGA & SÜDWESTEN

AUSFLÜGE & WANDERTOUREN

KARTENATLAS

# AUSFLÜGE & AKTIVITÄTEN

**Das Wandern ist sicher die größte Lust für El Hierro-Urlauber. Begeisterte Spaziergänger wie passionierte Langstreckenwanderer kommen hier voll auf ihre Kosten. Doch auch Radler und Taucher werden von den Möglichkeiten der kleinen Insel begeistert sein. Und schließlich lassen sich auch per Mietwagen wunderbare Rundtouren unternehmen, die alle vor tollen Ausblicken nur so strotzen.**

## SPORTLICH & AKTIV
### Am, im und unter Wasser

Einen reinen Strandurlaub sollte man zwar besser woanders verbringen, doch für ein paar erholsame Sonnentage am Meer finden sich allemal schöne **Bade**plätze und Naturschwimmbecken an geschützten Buchten aus Lavastein (↗ »Charcos« – Badestellen im Fels).

El Hierros reiche **Unterwasserfauna** läßt sich schon direkt am Felsstrand leicht mit Taucherbrille und Schnorchel bestaunen. Doch Vorsicht: Der Atlantik ist schon vielen, auch hervorragenden Schwimmern zum Verhängnis geworden, und selbst Sonnenanbeter hat er bereits des öfteren von sicher geglaubten Liegeplätzen am Wasser fortgespült. Besonders in den Wintermonaten ist der Ozean unberechenbar. Bei aufgewühlter See – erkennbar an weißen Schaumkronen oder weißen Linien auf dem Wasser – sollten Sie keinesfalls ins Wasser gehen! Selbst an ruhig wirkenden Tagen ist es vor einem erfrischenden Bad nötig, das Meer mindestens eine Viertelstunde lang zu beobachten. Es kommt nicht selten vor, daß sich aus scheinbar stillen Wassern plötzlich riesige Wellen auftürmen und unglaublich weit über die Felsen klatschen. Hinzu kommt, daß Ihnen im Ernstfall niemand wird helfen können. Es gibt keine Rettungsboote oder -schwimmer, und gegen die Wucht der Brecher ist kaum etwas auszurichten.

**Picknick einpacken und ab ins Grüne: Rast im Pinienwald**

Auch im Sommer bei ruhiger See sollten Sie nie aus den Buchten herausschwimmen. Da die Insel steil aus dem Meer herausragt, lauern weiter draußen gefährliche Strömungen – und nicht allzu weit von der Küste entfernt beginnt das Revier der großen Fische.

Weiter hinaus wagen sich nur **Taucher** mit professioneller Begleitung. Diese finden auf El Hierro ein faszinierendes Unterwasserrevier und das Angebot vieler guter *Tauchclubs* (↗ Tauchen in *Las Playecillas* und *La Restinga*).

**Angler** werden an den Küsten der Insel für ihre Geduld reichlich belohnt: neben dem Fang fürs Abendessen mit dem unendlichen Genuß, das Wellenspiel des Atlantik zu betrachten und dabei den Angelhaken wie die Seele baumeln zu lassen. Doch Vorsicht: Wagen Sie sich nicht zu weit auf exponierte Felsen vor, die Gefahr durch unvorhersehbare Riesenbrecher ist groß. Hobbyangler brauchen

# Tips für Umwelt-Freunde

Sich auf der Insel umweltschonend zu bewegen, trägt erheblich zum Erhalt ihrer Schönheit und Stille bei. Wenn Sie Umweltsünden anderer am Straßenrand oder in der Landschaft entdecken, kann das nur Grund sein, es persönlich besser zu machen – denn es kommt auf das Verhalten jedes Einzelnen an, ob Einheimischer oder Feriengast. Die Inselregierung unternimmt große Anstrengungen für eine ökologisch verträgliche Entwicklung der Insel. Derzeit liegt zwar noch Vieles im argen, doch das Umweltbewußtsein der Herreños wächst. Bei den Einheimischen sind jedenfalls Ausflügler höchst unbeliebt, die zu Ferienzeiten auf der Insel ausschwärmen und überall ihren Müll hinterlassen.

- Sie können schon viel tun, wenn Sie zum Beispiel mehr wandern oder radeln als ständig mit dem Mietauto unterwegs zu sein. Viele Ausflüge sind auch zu Fuß machbar, und die ganze Faszination der Landschaft erschließt sich ohnehin nur denen, die sie langsam durchstreifen.
- Tragen Sie auf Wanderungen Ihren Picknick-Abfall wieder mit zurück. Im Wald müssen Sie wegen der Brandgefahr besonders vorsichtig sein; Feuer zu machen, ist außer an vorhandenen Grillplätzen verboten; von weggeworfenen Zigarettenkippen zu schweigen. Hinterlassen Sie auf keinen Fall leere Flaschen oder Glasscherben: bei Sonneneinstrahlung wirken sie wie Brenngläser!
- Zur Reduzierung des Müllproblems können Sie als Reisende ganz konkret beitragen, indem Sie zum Beispiel verbrauchte Batterien und Medikamentenreste wieder mit nach Hause nehmen und sie dort entsorgen.
- Nehmen Sie zum Einkaufen eine Tasche mit und vermeiden Sie allgemein Verpackungsmüll, wo immer es geht.
- Gehen Sie sparsam mit dem Wasser um, das auf El Hierro nach wie vor ein knappes Gut ist.
- Gehen, radeln oder fahren Sie nicht querfeldein durch die Landschaft. Die Bodenerosion ist auf El Hierro ein großes Problem, und die Flora und Fauna der Insel ist sehr empfindlich.
- Begeisterte Hobby-Botaniker zeigen ihre Liebe zu den Pflanzen, indem sie sie in Ruhe lassen. Endemische Pflanzen sind seltene und kostbare Gewächse, die auf Verschleppung mit Absterben reagieren – und selbst die überall wuchernden Sukkulenten verkümmern im heimischen Blumentopf.

✷ **Tip:** Weitere Tips zum sanften Reisen hat der *Peter Meyer Verlag* übersichtlich und kompakt in einem Merkblatt zusammengestellt. Es ist unter dem Titel **»Urlaub? Natürlich!** Umwelt- und Naturschutztips für Urlaub & Freizeit« kostenlos beim Verlag erhältlich.

eine offizielle Angelerlaubnis. Sie ist aber in Valverde in der Landwirtschaftsbehörde (*extensión agraria*, ↗ Karte Valverde) für 13,50 € zu bekommen. Sie gilt 5 Jahre auf dem gesamten Archipel. Das Touristenbüro in Valverde hilft Ihnen dabei.

Schließlich ist El Hierros Fischer- und Urlaubsort *La Restinga* ein beliebter Ankerplatz für **Segler,** die im Gebiet des Archipels kreuzen oder sich auf größerer Fahrt befinden.

Wenn Sie gern einmal eine **Bootstour** an den Küsten entlang unternehmen oder sich zum Beispiel von einer Wanderung per Fischerboot abholen lassen möchten, können Sie in La Restinga im Büro der Fischereigenossenschaft (↗ Die engagierten Fischer von La Restinga) oder in einer Bar nach einer Möglichkeit fragen. Es findet sich bestimmt jemand, der Sie – natürlich gegen vereinbarte Bezahlung – abholt oder eine Tour für Sie organisiert.

## Sonstige Sportarten

Der Tourismus ist auf El Hierro noch recht jung, entsprechend dünn gesät sind organisierte Angebote. Doch wenn Sie ein wenig Spanisch sprechen, können Sie versuchen, auf eigene Faust Kontakte zu knüpfen.

**Aktiv-Veranstalter:** *Tiempo Sur,* Calle La Candia 2, Valverde, ✆ 922-551168, tiemposur@arrakis.es. Vielfältiges Angebot, allerdings nur für Gruppen. Neben wandern und biken warb Tiempo Sur 2004 auch mit gleitschirmfliegen und reiten; die aktuellen Möglichkeiten und die Preise am besten rechtzeitig vorher erfragen bzw. vereinbaren.

**Tennis:** Für Tennisfans sind die Apartments La Brujita (in Tigaday/Las Toscas) mit hauseigenem Tennisplatz ein Tip.

**Reiten:** Pferdefreunde kommen am besten in San Andrés mit privaten Pferdehaltern in Kontakt; fragen Sie in einer der Bars am Ort.

**Gleitschirmfliegen:** Seit 1994 begeistert sich eine Gruppe schwindelfreier Herreños für den waghalsigen Sport. Bei geeignetem Wetter schwingen sie sich von einem steilen Lavakiesfeld oberhalb der Steilwand des Golfo aus in die Lüfte. Bei Interesse können Sie sich mit dem Club in Verbindung setzen, der manchmal auch Flüge für Touristen anbietet:

*Club Parapente Guelillas,* ✆ 922-550896 (Oscar).

## RUNDFAHRTEN PER MIETWAGEN

Die **Autotouren** sind so zusammengestellt, daß Sie jeweils einen oder mehrere Bade- oder Ausflugsorte besuchen, die einen längeren Aufenthalt lohnen, so daß die jeweilige Tour auch ohne viele Fahrtkilometer leicht zur Tagestour werden kann.

Die Autotouren können Sie leicht miteinander verbinden. Die Insel ist klein und läßt sich, wenn man ihre Schönheiten lediglich streift, notfalls in zwei Tagen per Auto erkunden. Doch Sie sollten einkalkulieren, daß das Autofahren auf El Hierro anstrengend sein kann: Schmale Straßen oder Pisten, enge Serpentinen, eventuell Nebel und schlechte Sicht verhindern sehr oft ein zügiges und entspanntes Fahren.

Die Touren eignen sich teilweise auch zum **Radeln**. Steile An- oder Rückfahrten lassen sich per Taxi zurücklegen (nach einem *taxi grande* fragen, in das bis zu zwei Räder passen). Drei Tourvarianten für Radler sind als »Tips für Radfahrer« den Autotouren angehängt; drei weitere Touren für Pedaleure folgen weiter unten.

## A1 Durch die Dörfer des Nordens

| | | |
|---|---|---|
| km | 0 | Valverde/El Cabo |
| km | 4 | Mocanal |
| km | 7,5 | Guarazoca |
| km | 8 | Mirador de la Peña |
| km | 17 | Pozo de las Calcosas |
| km | 22 | Echedo, Charco Manso |
| km | 25 | Mirador del Tamaduste/ Valverde |

**Durch die stillen Straßendörfer westlich Valverdes fahren Sie bis zum Aussichtsrestaurant Mirador de la Peña, von dort mit einem Abstecher über das Badeörtchen Pozo de las Calcosas nach Echedo, der nördlichsten Siedlung der Insel, deren Küste ebenfalls Bademöglichkeiten bietet.**

▶ Die Straße nach Mocanal zweigt in **Valverdes** unterem Ortsteil **El Cabo** von der Calle de la Constitución bei der Tankstelle nach oben und in nördliche Richtung ab. Wenn Sie aus Richtung Hafen oder Flughafen kommen, nehmen Sie die Ortsumgehung (neue Straße nach La Frontera). Ein km ab Ortsausgang schwenkt die Straße nach Westen; in der Kurve fahren Sie an einem Holzkreuz vorbei (↗ Wanderung 4), kurz darauf können Sie unten im Tal den kleinen Ort *Echedo* erkennen. Die Hauptstraße führt von hier aus geradewegs durch die Dörfer **Mocanal** (hier zweigt beim Kreisverkehr am Ortsausgang die Straße nach La Frontera ab), *Erese* und **Guarazoca** bis zum Mirador de la Peña.

Während der ganzen Strecke haben Sie rechter Hand einen wunderbaren Ausblick über die nördliche Küstenzone mit ihren sanften Vulkanhügeln und das Meer. Bei klarem Wetter kann man sehr schön La Palma sehen. 500 m nach Guarazoca führt die Straße nach links in Richtung Hochebene; Sie folgen jedoch der breiten rötlichen Piste nach rechts bis zum **Mirador de la Peña,** wo Sie Ihr Auto bequem parken können.

Zurück geht es die gleiche Strecke bis nach **Mocanal**. Kurz nach dem Kreisverkehr und der weiß getünchten *Kapelle San Pedro* zweigt nach links unten eine schmale Straße ins Unterdorf ab, in die Sie einbiegen. Nach etwa 1 km nehmen Sie die Straße nach links hinunter nach **Pozo de las Calcosas.** Sie führt in weiten Kurven hinunter bis zur Steilküste oberhalb der kleinen Ferienhaus-Siedlung.

Auf dem **Rückweg** nehmen Sie die auf etwa der Hälfte der Strecke nach Mocanal gelegene Straße nach links, die nach 2 km in **Echedo** endet und bei der kleinen Plaza mit der *Ermita de San Lorenzo* auf die Hauptstraße stößt. Wenn Sie ihr nach links folgen, gelangen Sie am Ortsausgang auf die asphaltierte Piste zum **Charco Manso** (Hinweisschild; etwa 4 km), dem wohl schönsten Naturschwimmbecken des Nordens (↗ Echedo).

Von der Plaza aus nach rechts geht es in südöstlicher Richtung auf der

Hauptstraße wieder zurück nach **Valverde**, das Sie auf der Umgehungsstraße am unteren Ortsausgang erreichen. Etwa 100 Meter, bevor die Straße auf die Calle de la Constitución trifft, befindet sich linker Hand der **Mirador del Tamaduste.** Von hier oben haben Sie einen sehr schönen Blick auf das weite Lavatal hinunter bis zum Badeort Tamaduste mit seinem Naturschwimmbecken – und an klaren Tagen bis zu den drei Nachbarinseln.

✷ **Verlängerung:** An diese Tour können Sie, falls Sie keine längeren Zwischenstops planen (was bei Badewetter schade wäre!), unmittelbar die Autotour 2 anschließen, indem Sie oben an der Kreuzung in Valverde nach links hinunter in Richtung Hafen abbiegen.

### Tips für Radfahrer

▶ Die Strecke von **Valverde** (570 m) bis zum **Mirador de la Peña** (640 m) ist relativ eben; der Höhenunterschied verteilt sich auf 8 km. Zurück bis **Mocanal** geht es zunächst sanft, dann in Serpentinen bis **Pozo de las Calcosas** (50 m) rasant bergab. Wenn Sie sich das Bergaufradeln zurück von Pozo de las Calcosas ersparen wollen, lassen Sie das Meer Meer sein und nehmen gleich die Straße nach **Echedo** (Abzweigung auf 280 m Höhe, nach rechts in östliche Richtung). Eine weitere asphaltierte Piste nach Echedo zweigt schon weiter oben bei einem neuen Haus an der Straße ab. Die knapp 2 km bis Echedo (350 m) auf der unteren Piste sind leicht ansteigend. Von dort bis Valverde wird es schon steiler – doch die stille Straße durch das schöne Tal lohnt die Mühe.

Macht Esel glücklich: Das Mulipensionat Los Burros Felices bei Guarazoca

## A2 Entlang der Ostküste

| | | |
|---|---|---|
| km | 0 | Valverde/El Cabo |
| km | 9 | Tamaduste |
| km | 12 | La Caleta, Badebucht |
| km | 20 | Puerto de la Estaca |
| km | 22 | Timijiraque |
| km | 30 | Bucht von Las Playas |
| km | 48 | Valverde/El Cabo |

**Ein Ausflug zu den Badeorten der Ostküste, zum Hafen und bis zur Bucht von Las Playas.**

▶ Aus **Valverde** fahren Sie über die Calle de la Constitución zum unteren Ortsausgang und nehmen die Hauptstraße Richtung Hafen. Sie führt in großzügigen Kurven den Abhang hinunter; unten am Meer ist La Caleta zu erkennen, später auch der Flughafen. Die Anlage und Pflege der hübschen kleinen Beete am Straßenrand sind übrigens das Hobby eines Angestellten aus Valverde.

Nach 5 km erreichen Sie am *Barranco de Tejeleita* eine Kreuzung, wo Sie nach links Richtung Flughafen, Tamaduste und La Caleta abbiegen. Nach 2,5 km nehmen Sie erneut die Abzweigung nach links Richtung **Tamaduste.** Die Straße quert den *Barranco de Santiago;* rechter Hand sehen Sie hinter dem Flughafengelände die wie eine Kapelle aussehende Meerwasser-Entsalzungsanlage.

Zurück aus Tamaduste, fahren Sie an derselben Kreuzung nach links und parallel zur Landebahn weiter bis zur Abzweigung nach **La Caleta**. Auf der Strecke dorthin passieren Sie das Militärgelände der kleinen Kaserne El Hierros. In La Caleta können Sie direkt oberhalb der Badebucht am Wendeplatz parken. In der **Bucht von La Caleta** können Sie baden.

Von La Caleta aus fahren Sie 4 km wieder zurück bis zur Kreuzung an der Hauptstraße zum Hafen, von hier aus sind es noch 3 km bis **Puerto de la Estaca.** Die Straße oberhalb des Hafens ist vor kurzem verbreitert worden; die enge Haarnadel-Zufahrt in die Hafenbucht hinein wartet noch darauf.

Zurück auf der Hauptstraße, vorbei an einer kleinen Reihenhaussiedlung und kurz darauf der Stromfabrik *(Central Electrica)* der Insel, sehen Sie geradeaus auf einer Landzunge schon die Häuser von **Timijiraque.** Die Straße führt zuerst an einer kleinen Bucht mit Sandstrand vorbei und läßt dann die meisten Häuser des Ortes links liegen. Von hier aus sind es noch 8 km bis Las Playas. Die Berge rechts der Straße sind von tiefen Barrancos zerschnitten; die Landschaft *(Ladera de Azofa)* wird immer wilder und ursprünglicher. Ein Zwischenstop lohnt sich, um die deutlich erkennbaren, mit Tabaiben bewachsenen Lavaströme und die vielen Höhlen weiter oben im Vulkangestein zu betrachten.

Zur **Bucht von Las Playas** geht es durch einen knapp 1 km langen, einspurigen *Tunnel* mit Ampelschaltung. Am Ende des Tunnels bietet sich ein großartiger Blick über die halbkreisförmige, von bis zu 1000 m hohen Steilwänden umrahmte Bucht. Gleich vorn links ragt der *Roque de la Bonanza* aus dem tiefblauen Wasser. Am gegenüberliegenden Ende der Bucht können Sie die schöne Hotelanlage des *Parador Nacional* erkennen.

### Tips für Radfahrer

▶ Die Tour empfiehlt sich, will man nicht gerade ein Bergtraining absolvieren, als One-way-Abfahrt hinunter nach **Las Playas.** Von dort können Sie sich von einem Taxi wieder zurück nach **Valverde** bringen lassen. Wer auf Steigungen ganz verzichten möchte, läßt die Abstecher nach Tamaduste und La Caleta aus und rollt direkt von Valverde bis zum Hafen durch. Die Entfernung bis Las Playas verringert sich dadurch um 12 auf 18 km. Für die **Tunneldurchfahrt** zur Bucht von Las Playas benötigen Sie unbedingt eine funktionierende Beleuchtung!

## A3 Fahrt von Nord nach Süd

| | | |
|---|---|---|
| km | 0 | Valverde/San Juan |
| km | 7 | San Andrés, Abstecher zum Mirador de las Playas |
| km | 18 | El Pinar, Mirador de Tanajara |
| km | 31 | Bahía de Tacorón |
| km | 40 | La Restinga |
| km | 72 | Valverde |

**Vom kühlen Norden in den sonnigen Süden, über die Hochebene, durch Pinienwald und karge Lavafelder führt Sie diese Tour zum Fischerort La Restinga.**

▶ Vom südlichen Ortsausgang **Valverdes** (*San Juan*, oben beim Sportplatz) führt die Straße in Richtung *El Pinar* und *La Restinga.* Nach 3 km zweigt die breite Hauptstraße nach rechts oben ab und führt in großem Bogen um das Dörfchen *Tiñor* herum. Nach etwa einer Viertelstunde Fahrt ab Valverde erreichen Sie die Kreuzung, an der die neue wieder auf die alte Straße trifft. Rechts geht es weiter, durch den Schäferort **San Andrés** hindurch bis zur Abzweigung nach El

Blick auf Valverde, Ausgangspunkt vieler Ausflüge

Pinar, der Sie in südlicher Richtung folgen. Hier oben erreichen Sie bald die Wetterscheide: Sind Sie bis hierhin vielleicht in dichtem Nebel gefahren, ist es auf einmal, als würde eine gute Fee die Schleier fortziehen; der Himmel wechselt seine Farbe von Grau in lichtes, strahlendes Blau. Bald darauf sehen Sie die ersten großen, noch vereinzelt stehenden Pinien, die sich bald zum Wald zusammenschließen. Kurz nach einer Linkskurve zweigt nach links die Stichstraße zum **Mirador de las Playas** ab; der grandiose Ausblick über die Bucht von Las Playas lohnt den kleinen Abstecher (bis zum Mirador und zurück 2 km).

Zurück fahren Sie die Hauptstraße weiter bis **El Pinar**, dessen höhergelegenen Ortsteil *Gusano* Sie bald darauf an einer Kreuzung erreichen. Auch hier lohnt sich ein Aussichts-Abstecher: Geradeaus geht es zum **Mirador de Tanajara** auf dem gleichnamigen Vulkankegel, die Zufahrt hinauf zweigt kurz vor dem Berg nach rechts ab. Hier oben können Sie die karge Landschaft aus Lavafeldern und Vulkankratern aus der Vogelperspektive betrachten, die Sie auf dem Weg nach Tacorón und La Restinga durchfahren werden.

Die Hauptstraße macht einen großen Bogen durch den Ortsteil *Las Casas,* bis sie **Taibique** und den Ortsausgang Richtung *La Restinga* erreicht. Das steile Sträßchen am Fuß des Berges Tanajara führt, vorbei an der *Keramikwerkstatt Caracol,* direkt hinunter nach Taibique.

Die Straße nach La Restinga windet sich in vielen Schleifen bis zur Südspitze hinunter; die Vegetation wird nach jeder Kurve spärlicher. Nach 9 km ab Taibique ist die Abzweigung zur **Bahía de Tacorón** erreicht; Sie durchfahren ein beeindruckendes Feld aus bizarr geformter Strick- und Fladenlava. Die 4 km bis zur schönen *Playa de Tacorón* ziehen sich zunächst durch ein weites, einsames Tal mit herrlicher Sicht auf den gewaltigen Hang von El Julán im Westen. Unten am Meer erstreckt sich das Lavafeld *Los Lajiales.* Kurz bevor die asphaltierte Piste an einem Hügel vorbei in engen Serpentinen aufs Meer zuhält, sehen Sie tief unten eine große Plantage. Es wird gemunkelt, daß die Anlage der Finca – mit Wasserzuleitung, Pistenbau usw. – nur ein Vorwand ist, um Tatsachen zu schaffen für eine spätere Hotelanlage. Auch für das Projekt einer Satellitenabschußrampe war dieses flache Lavafeld im Gespräch (↗ Das Zukunftsmodell El Hierro), doch wurde dieses Projekt nicht zuletzt wegen der massiven Bürgerproteste ad acta gelegt.

Zurück auf der Hauptstraße, sind es noch 5 km bis **La Restinga,** vorbei an eindrucksvollen Vulkanbergen aus Lockergestein, wie der roten *Montaña de Prim.* Durch dieses Gebiet ziehen sich unterirdisch die kilometerlangen Lavatunnel der ↗ *Cueva de Don Justo.*

### Tips für Radfahrer

▶ Die Tour in den Süden ist eine landschaftlich sehr reizvolle Radstrecke ohne größere Anstrengungen, wenn Sie sie vom 1050 m hoch gelegenen **San Andrés** starten und den Abstecher nach Tacorón auslassen. Die Strecke auf der Hauptstraße von **Valverde** bis San Andrés ist steil und nicht ungefährlich, da die Autofahrer hier leicht zu schnell fahren und nicht mit Radlern rechnen. Alternative ist die kurvige alte Landstraße, die bei der Kreuzung nach Isora wieder auf die Hauptstraße trifft. Bis **El Pinar** (800 m) geht es über 11 km meist leicht abwärts über die **Meseta de Nisdafe** und später durch Pinienwald; ab El Pinar haben Sie eine 14 km lange Abfahrt bis **La Restinga** vor sich. Zurück empfiehlt sich ein Taxi zumindest bis El Pinar.

## A4 Vom Golftal zur Meseta de Nisdafe

| | | |
|---|---|---|
| km | 0 | La Frontera/Frontera |
| km | 21 | Hoya del Morcillo |
| km | 32 | Isora, Mirador de Isora |
| km | 37 | San Andrés |
| km | 42 | Las Montañetas |
| km | 48 | Mirador de Jinama |
| km | 69 | La Frontera/Frontera |

**Die Tour führt Sie aus dem Golftal heraus auf die Hochebene Meseta de Nisdafe, mit Stops auf dem Waldspielplatz Hoya del Morcillo und den spektakulären Aussichtspunkten über die beiden halbkreisförmigen Steilabbrüche im Nordwesten und Südosten der Insel, El Golfo und Las Playas.**

▶ Startpunkt ist **Fronteras** Kirchplatz *Plaza de Candelaria;* von hier zieht sich die, seit Eröffnung des Tunnels nach Valverde verkehrsarme, ehemalige Hauptstraße durch den Nebelwald bis zur Gipfelregion der Insel auf 1300 m hinauf – bei klarem Wetter mit prächtigem Panoramablick über den ganzen *Valle del Golfo.* Nach 16 km oben angelangt, zweigt nach rechts in südwestliche Richtung die asphaltierte Piste Richtung *Cruz de Los Reyes* und *La Dehesa* ab (↗ A5). Zum Morcillo hinunter nehmen Sie die nach 500 m folgende Abzweigung nach Südost durch den Wald. Nach knapp 4 km folgen Sie an einer Kreuzung im Pinienwald der auf dem Wegweiser angezeigten Richtung und erreichen bald darauf die großzügige Freizeitanlage **Hoya del Morcillo.** Von hier aus führt Richtung Westen eine asphaltierte Piste am Waldrand oberhalb des Steilhangs von *El Julán* entlang zum Wanderweg zu den Letreros und weiter bis nach La Dehesa.

Zurück am Wegweiser, folgen Sie der Straße Richtung Westen und fahren nach 1,5 km auf der Hauptstraße Richtung Valverde weiter. Nach weiteren 3 km zweigt kurz nach dem Pinienwald eine schmale Straße in östliche Richtung ab, die hinunter nach **Isora** führt. In sanftem Auf und Ab, vorbei am roten Aschekegel *Bermeja,* fahren Sie in den weitläufigen Ort hinein. Im Ortsteil *La Torre* erreichen Sie die Hauptstraße Isoras (Calle Ferinto). Wenn Sie ihr nach rechts folgen, gelangen Sie, vorbei an der Plaza Isoras und dem Fußballplatz am Ortsausgang, zum **Mirador de Isora** hoch über dem Nordhang der Bucht von Las Playas.

Zurück folgen Sie immer der Hauptstraße in nördliche Richtung, durch die Ortsteile *La Torre, Los Llanos* und *La Cuesta.* Kurz bevor Sie auf die Hauptstraße Valverde – Frontera treffen, sehen Sie rechter Hand die Gebäude der *Central Quesera.* An der Kreuzung fahren Sie nach links, nach 1 km erreichen Sie **San Andrés** und nehmen in Höhe der Bar Igualdad eine Abzweigung nach rechts; vorbei am Kirchplatz und Schafställen gelangen Sie auf die Landstraße in Richtung Norden.

Nach 1 km kreuzt an einem wiederaufgeforsteten Pinienwald der alte Weg der Bajada, der *Camino de la Virgen* (↗ Wanderung 18); nach rechts gelangt man auf ihm auch zum *Arbol Santo* (↗ El Garoé, Wanderung 6).

Nach weiteren gut 3 km, vorbei an Eukalyptuswäldchen und mit Blick über die nordöstlich der Hochebene gelegenen Berge erreichen Sie **Las Montañetas,** das heute fast verlassene Dorf aus der Kolonialzeit. Am Straßenrand sieht man einen kubischen Bau, der einst das erste *Rathaus* El Hierros berherbergt haben soll.

700 m nach den letzten Häusern verläßt unmittelbar nach einer Kurve eine asphaltierte Piste die Landstraße wieder nach Süden; durch die von Lesesteinmauern gesäumten Weiden der westlichen Meseta de Nisdafe führt sie, parallel zum Abhang ins Golftal, bis zum 1230 m hoch gelegenen **Mirador de Jinama.** Dieser wohl am meisten besuchte Aussichtspunkt El Hierros, zugleich die älteste touristische Anlage der Insel, bietet einen großartigen Blick hinunter in den Golf – es sei denn, das Wolkenmeer *(mar de nubes)* verhüllt die Sicht. Hinter der kleinen Kapelle beginnt der Wanderweg *Camino de Jinama* hinunter bis zur Plaza de Candelaria in Frontera (↗ Wanderung 11).

Vom Mirador aus erreichen Sie nach 500 m die alte Hauptstraße zu-

Stattliche Ruine: Casa Blanca, das angeblich erste Rathaus der Insel

rück nach **Frontera.** Alternativ können sie über den *Mirador de la Peña* (mit Restaurant), *Mocanal* und durch den Tunnel nach Frontera zurückfahren.

## A5 Aufs Dach und zum Heiligtum der Insel

| | | |
|---|---|---|
| km | 0 | La Frontera/Frontera |
| km | 19 | Cruz de Los Reyes |
| km | 34 | Santuario de la Virgen |
| km | 37 | El Sabinar |
| km | 40 | Mirador de Bascos |
| km | 78 | La Frontera/Frontera |

**Über den höchsten Punkt der Insel fahren Sie ins weite Hochland der Dehesa, besuchen die Schutzpatronin El Hierros in ihrer abgelegenen Kapelle und machen einen Abstecher zu den uralten Wacholderbäumen des Sabinar.**

▶ Sie fahren von **Fronteras** Kirchplatz *Plaza de Candelaria* 16 km hinauf bis zur Kreuzung im Nebelwald; hier biegen Sie in die asphaltierte Piste zum Cruz de Los Reyes Richtung Südwesten ein. Der Weg der *Bajada*, der *Camino de la Virgen*, verläuft teilweise entlang dieser Straße. Kurz vor dem 1416 m hohen Vulkan *Pico de Tenerife* weitet sich der Blick hinunter ins Golftal.

Nach etwa 2,5 km, vorbei am großen Lavakiesfeld *Jable de Mequena,* mit Blick auf El Pinar und den pinienbestandenen Gipfel des *Mercader,* führt nach links eine Abzweigung zu den *Fuentes de Los Reyes.* Geradeaus erreichen Sie nach weiteren 500 m den weiten Platz am **Cruz de Los Reyes,** einem großen Holzkreuz über einem steinernen Altar. Von hier aus sind es noch knapp 2 km bis zur Piste hinauf zum *Malpaso,* der mit 1500 m höchsten Erhebung El Hierros. In dieser Gegend fallen einige legendäre, von Waldbränden schwer gezeichnete, teils abgestorbene Pinienriesen auf. Die Piste umfährt (zunächst in Gegenrichtung) den östlichen Hang des Berges bis zum Gipfel, einer weiten kahlen Fläche aus Lavakies. Sie ist allerdings in schlechtem Zustand. Der Gipfel läßt sich besser in einem halbstündigen Spaziergang vom Cruz de los Reyes aus erreichen (↗ W16) Bei schönem Wetter und guter Fernsicht bietet sich Ihnen von hier oben der prächtigste Rundblick der Insel; ganz El Hierro liegt Ihnen zu Füßen, und in der Ferne sind die drei Nachbarinseln auszumachen.

Zurück auf der **Hauptpiste** geht es weiter in Richtung Westen, immer parallel zur Gipfellinie und zum 100 m oberhalb verlaufenden Camino de la Virgen. Etwa 6 km nach dem Malpaso schwingt sich die Piste in Serpentinen durch den Pinienwald hinunter bis zu einer Kreuzung mit Wegweiser in Richtung *Santuario de la Virgen.* Die asphaltierte Piste, die hier aus östlicher Richtung kommend kreuzt, führt über El Julán nach El Pinar. Von der Kreuzung aus sind es noch einmal rund 6 km nach rechts bis zum **Santuario de la Virgen.** Vergessen Sie nicht, die Viehgatter hinter sich wieder zu schließen, gleich nachdem Sie sie durchfahren haben. Am Heiligtum der Schutzpatronin der Insel angekommen, geht es nach links unterhalb des Santuario zu Fuß in wenigen Minuten zur *Montaña de las Cuevas;* die Piste zum Sabinar und

**1500 m überm Meer: Der Malpaso ist El Hierros höchster Punkt – doch oft versperrt die Bruma jede Sicht nach unten**

zum **Mirador de Bascos** führt links oberhalb am Santuario vorbei (↗ Wacholderwald El Sabinar).

## A6 Vom Golftal zum Faro de Orchilla

| | | |
|---|---|---|
| km | 0 | La Frontera/Tigaday |
| km | 8 | Sabinosa |
| km | 11 | Pozo de la Salud |
| km | 16 | Abzweig zur Playa del Verodal |
| km | 22 | Abzweig zum Leuchtturm |
| km | 26,5 | Faro de Orchilla |
| km | 53 | La Frontera/Tigaday |

**Über eine abenteuerliche Straße durch bizarre Vulkanlandschaft erreichen Sie das Ende der alten Welt, das Kap von Orchilla.**

▶ Ausgangspunkt ist der Ortskern von **Tigaday** in der Gemeinde *La Frontera*. Auf der Hauptstraße fahren Sie von hier aus bis **Sabinosa** und von dort in steilen Serpentinen hinunter nach **Pozo de la Salud,** dem Kurbadeort an der Steilküste. Weiter in Richtung Westen führt die wildromantische Strecke quer durch das Lavatal von *Arenas Blancas* und **Verodal** (↗ Arenas Blancas und Playa del Verodal). Nach 5 km windet sich die Straße in engen und steilen Haarnadelkurven, neben denen es teilweise senkrecht hinuntergeht, hinauf bis zum Rand von *La Dehesa.* Fahren Sie langsam und vorsichtig, diese Strecke hat es in sich! Um die atemberaubende Landschaft zu genießen, sollten Sie lieber einmal öfter anhalten als einmal zuwenig auf die Straße achten.

Oben angekommen, schlängelt sich die Piste am unteren Rand des versprengten *Sabina-Walds* entlang, stets mit Blick auf die von Vulkankuppen gesäumte Küste. Diese Landschaft ist in ihrer wilden Ursprünglichkeit eine der schönsten der Insel. Von der Hauptpiste – die weiter hoch zur Dehesa führt – zweigt in südliche Richtung eine nicht asphaltierte Piste zum **Faro de Orchilla** ab; von hier sind es noch 4,5 km bis zum Leuchtturm. Von dort lohnt sich ein Bade-Abstecher zur 1,5 km entfernten *Laja de Orchilla* (↗ Faro de Orchilla).

## 3 EXTRA RADTOUREN

Radeln auf einer so steilen Insel? Der erste Eindruck täuscht: El Hierro eignet sich zum Fahrradfahren sehr gut, denn immerhin hat die Insel im Gegensatz zu ihren Nachbarinnen La Gomera und La Palma zwei relativ große Ebenen aufzuweisen: eine oben *(Meseta de Nisdafe)*, eine unten *(Valle del Golfo)*. Geübten Bergfahrern graut es ohnehin vor nichts, aber auf El Hierro finden sich auch genügend Strecken für normal Sterbliche, die Vergnügen daran haben, ganz locker durch die schöne Landschaft zu gondeln.

Der Autoverkehr hält sich auf El Hierro noch in erträglichen Grenzen, und auch abseits der Straßen finden sich viele asphaltierte Pisten, die sich hervorragend zum Radeln eignen. Ein Hinweis für Mountainbike-Fans: Sie sollten sich das Querfeldeinfahren absolut verkneifen, denn die Flora und Fauna ist äußerst empfindlich. Plattgefahrene und -getretene Pflanzen brauchen Jahre, um sich wieder zu erholen. Alles zur Fahrradmitnahme und zur geeigneten Ausrüstung ↗ »Reisepraxis«.

Die folgenden Vorschläge für **Radtouren** (R1 – R3) sind so zusammengestellt, daß Sie jeweils einen oder mehrere Bade- oder Ausflugsorte besuchen, die einen längeren Aufenthalt lohnen. So können Sie die Touren gemächlich zu Tagesausflügen ausdehnen. Nehmen Sie außer Badezeug auf jeden Fall auch Trinkwasser mit!

### R1 Rund um die Hochebene

| | | |
|---|---|---|
| km | 0 | Valverde (570 m) |
| km | 7,5 | Guarazoca (600 m) |
| km | 15 | Mirador de Jinama (1230 m) |
| km | 23 | Hoya del Morcillo (1000 m) |
| km | 31 | Mirador de Isora (800 m) |
| km | 44 | Valverde (570 m) |

**Anspruchsvolle, sehr abwechslungsreiche Tour rund um die nördliche Hochebene. Die Strecke beinhaltet eine Steigung über ca. 12 km von 600 auf 1350 m. Von dieser Höhe aus geht es dann – bis auf das Straßenstück zwischen Isora und San Andrés – meist nur noch abwärts.**

▶ Von **Valverde** bis **Guarazoca** ↗ Autotour 1. 500 m nach Guarazoca schwenkt die Hauptstraße nach links in östliche Richtung, hier beginnt die lange Steigungsstrecke. Kurz darauf radeln Sie durch die kleine Siedlung *Jarales* (700 m). 2,5 km nach Guarazoca zweigt eine asphaltierte Piste in einer Kurve (770 m) scharf nach rechts in südliche Richtung ab – von hier bis zum **Mirador de Jinama** ↗ A4. Eine Verschnaufpause und der herrliche Blick ins Golftal machen wieder fit für den Rest der Steigung, die Sie kurz nach dem Hinweisschild *Hoya de Fileba* (1330 m) geschafft haben. Von der Hauptstraße Richtung Frontera geht es jetzt in Richtung Südost zur **Hoya del Morcillo** hinunter – eine sanft geschwungene Strecke durch zunächst Fayal-Brezal, dann herrlichen Pinienwald (ab hier ↗ Autotour 4).

An der **Hauptstraße** Valverde – El Pinar angelangt, fahren Sie nach links in nördliche Richtung; kurz darauf biegen Sie nach rechts in die Stichstraße zum Mirador de las Playas ein. Nach 500 m kreuzt eine schmale asphaltierte Piste zwischen Lesesteinmauern (sie kommt von Süden aus Las Casas); auf dieser radeln Sie in nördliche Richtung weiter. Sie mündet auf eine Straße, die von der Hauptstraße aus Richtung Isora führt. Fahren Sie diese Straße weiter, am Vulkankegel *Bermeja* vorbei, bis kurz nach den ersten Häusern die schmale Calle El Valle nach rechts abbiegt. Wenn Sie dieser folgen, kommen Sie bei einer Telefonzelle direkt in Isora (800 m) heraus und halten sich dann auf der Hauptstraße Calle Ferinto wieder rechts. Vorbei an Kirch- und Fußballplatz gelangen Sie zum **Mirador de Isora.**

Von hier bis zur Kreuzung an der Hauptstraße San Andrés – Valverde ↗ A4. An der Kreuzung (1030 m) wählen Sie nicht die neue Hauptstraße, sondern die nach unten führende alte Landstraße nach **Valverde**. Sie ist zwar sehr kurvenreich, aber dafür können Sie die Abfahrt von hier

Landkarte: Aus hellem Lavakies ist am Hoya del Morcillo-Picknickplatz der Umriß El Hierros abgebildet

bis kurz vor Valverde fast ohne Autoverkehr genießen.

## R2 Zwischen Felsstrand und Obstplantagen

| | | |
|---|---|---|
| km | 0 | La Frontera/Tigaday (300 m) |
| km | 6 | Las Puntas (50 m) |
| km | 10 | La Maceta (0 m) |
| km | 10,5 | Los Sargos (0 m) |
| km | 15 | Charco Azul (0 m) |
| km | 29 | La Frontera/Tigaday (300 m) |

**Auf dieser Badetour ohne nennenswerte Höhenunterschiede – bis auf den Rückweg vom Charco Azul – erradeln Sie entlang der schnurgeraden Küstenstraße zwischen den Plantagen die drei schönsten Naturschwimmbecken des Golftals (↗ »Charcos« – Badestellen im Fels).**

▶ Startpunkt ist die Kreuzung der Hauptstraße in **Tigaday** mit der Calle La Corredera. Sie führt über den Ortsteil *Los Mocanes* in nördliche Richtung immer geradeaus nach **Las Puntas.** Nach etwa 3 km passieren Sie rechter Hand das *Museumsdorf Guinea* am Fuß des mächtigen Felsvorsprungs *Fuga de la Gorreta*.

Zurück aus Las Puntas, biegen Sie nach etwa 1,5 km nach dem Wendeplatz beim Hotel Punta Grande nach rechts in die Küstenstraße ein (Hinweisschild »El Matorral«). Nach weiteren 1,5 km kreuzt eine Straße aus Richtung Frontera, der Sie jetzt nach rechts zum Meer folgen. Bald haben Sie den Parkplatz oberhalb des schönen Badeplatzes **La Maceta** erreicht. Von hier führt eine neue Piste beim Restaurant zum nahen **Los Sargos.**

Von dort geht es über eine asphaltierte Piste wieder zurück zur Küstenstraße, auf die sie nach rechts in westliche Richtung einbiegen. Nach etwa 4 km auf der wie mit dem Lineal gezogenen, von Obstplantagen gesäumten Straße kreuzt die Straße aus Los Llanillos, der Sie in Serpentinen meerwärts zum **Charco Azul** folgen – diese Serpentinen müssen Sie auf dem Rückweg über *Los Llanillos* leider wieder hinaufradeln.

## R3 Westwärts zum Verodal

| | | |
|---|---|---|
| km | 0 | La Frontera/Tigaday (300 m) |
| km | 8 | Sabinosa (300 m) |
| km | 11 | Pozo de la Salud (0 m) |
| km | 17 | Playa del Verodal (0 m) |
| km | 33 | La Frontera/Tigaday (300 m) |

**Durch vulkanische Mondlandschaft zum roten Strand von Verodal.**

▶ Von **Tigaday** bis zur Abzweigung Richtung *Faro de Orchilla* bzw. *La Dehesa* ↗ A6. Von hier ist es noch gut 1 km meerwärts, vorbei an einer aufgegebenen Finca, bis zur **Playa del Verodal**.

Auf dem Rückweg können Sie die steile Hauptstraße hinauf nach Sabinosa vermeiden, indem Sie die breite, 2004 asphaltierte Piste nehmen, die kurz vor dem Berg nach links gen Osten abzweigt. Wenn Sie noch einen Abstecher zum **Charco Azul de Sabinosa** machen wollen: Die meerwärts führende Piste dorthin zweigt nach dem kurzen Anstieg nach links ab.

Immer geradeaus radeln Sie auf der Pistenstraße parallel zur Küste, bis Sie nach etwa 6 km auf die Straße nach *Los Llanillos* stoßen. Von hier geht es etwa 1 km aufwärts bis zur Hauptstraße zurück nach **Tigaday**.

# 18 SCHÖNE WANDERTOUREN

**El Hierros Schönheiten können Sie am besten genießen, wenn Sie die Insel wandernd durchstreifen. Zu Fuß entdecken Sie die wunderbare Landschaft, erschließen sich Ihnen die Dimensionen der Insel erst richtig. Lassen Sie sich von den kleinen Dingen am Wegesrand wie von den immer wieder großartigen Aussichten in die Ferne überraschen. El Hierro ist kreuz und quer mit einem Netz aus alten Verbindungswegen durchzogen, die aus der Insel ein Wanderparadies machen.**

## Wann wandern?

Beim Wandern spielt das **Wetter** immer eine Hauptrolle, und auf El Hierro wegen der häufig wabernden Bruma, der Passatnebelwolke, erst recht. Fast alle Wanderstrecken bieten prächtige Panoramablicke, die Sie aber nur an einigermaßen klaren Tagen genießen können. Und natürlich macht die Bruma es nicht gerade einfacher, sich zu orientieren.

Die Nebel sind nur wenig berechenbar, deshalb müssen Sie immer darauf vorbereitet sein, daß aus heiterem Himmel plötzlich dicke Watte aufsteigt, Sie binnen kurzem in feuchte Kühle hüllt und Ihnen die Sicht raubt. Die Passatwolken verdichten sich meist erst gegen Mittag, um sich am späten Nachmittag allmählich wieder aufzulösen – also haben Sie am meisten von einem Wandertag, wenn Sie ihn möglichst früh beginnen.

Generell ist das Wetter von April bis Oktober stabiler als in den Wintermonaten, doch Ausnahmen bestätigen die Regel: so waren während der Bajada im Juli 1993 und 1997 sämtliche Höhen der Insel vollständig von Wolken eingeschlossen; die Prozessionsteilnehmer tappten den ganzen langen Tag im naßkalten Nebel herum, und manch einer gab zwischendurch nicht aus Erschöpfung, sondern aus Angst vor einer dicken Erkältung auf. Umgekehrt kann auch im Februar wochenlang die Sonne scheinen und alle nur denkbaren Wanderungen ganz ohne Bruma möglich machen.

Das **Frühjahr** ist wahrscheinlich die schönste Wanderzeit: Das Wetter ist meist nicht mehr ganz so launisch wie im Winter, vor allem aber grünt und blüht es überall, die Flora zeigt sich von ihrer üppigsten Seite.

Im **Sommer** kann die Vegetation schnell ausdörren, die Landschaft bekommt dann einen kargen Braunton und die Wege werden sehr staubig. Dafür sind auch Wanderungen auf der sonst oft vernebelten Hochebene meist kein Problem. Vor übergroßer Hitze in den Sommermonaten brauchen Sie sich nicht zu fürchten; lediglich die schattenlosen Lavafelder des Südens sollten Sie dann meiden.

Im **Spätherbst** und **Winter** empfehlen sich vor allem die Touren im Süden und im Golftal, sowie die im Norden hinunter an die Küste. Im Hochland müssen Sie mit dichtem Nebel und sehr ungemütlichen Temperaturen rechnen. Doch es gibt auch

Aktivitäten und Wanderungen
1:150.000
Höhenschichten
1400 m
1200 m
1000 m
800 m
600 m
400 m
200 m
100 m
Küste
Wanderung
mit Nummern wie in Inhaltsverzeichnis, Text und Kartenatlas
Radtour
mit Nummern wie in Text und Inhaltsverzeichnis
Auto-Ausflug
mit Nummern wie in Text und Inhaltsverzeichnis
A5
El Golfo
Punta de la Sal
Puntas de Gutiérrez
Punta Arenas Blancas
308/09
Arco de la Tosca
Pozo de la Salud
Mirador de Bascos
Charco Azul de Sabinosa
Sabinosa
Playa del Verodal
M. de los Guirres
El Sabinar
El Grees
La Dehesa
Punta de los Reyes
M. Tenaca
Santuario de la Virgen de Los Reyes
Camino de la Virgen
Tanganasoga
Malpaso
Cruz de los Reyes
Montaña Quemada
Montaña Asomada Alta
El Julán
Punta del Barbudo
Faro de Orchilla
Laja de Orchilla
Punta de los Mozos
Los Letreros
Tagoror
310/11
Playa de las Alcusas
Montaña de los Hibron
Punta Lajas del Lance
Playa de Tacorón
Cueva del Diablo
Reserva Marina Mar de las Calmas
Océano Atlántico
Charco Azul
La Fr
Tigaday
Los Llanillos
Las Tosca
A4/5
912
A4
Mercad
Charco La
Charco Los Sa
Punta de Tejeg
Koope
Punta de

304/05
306/07
312/13
Punta Norte
Charco Manso
Bahía de las Calcosas
Bahía del Negro
Pozo de las Calcosas
Gualisancho
Echedo
Malpaís
Punta de Amacas
Tamaduste
Charco del Tamaduste
Volcán Cancela
Mirador del Tamaduste
Aeropuerto de El Hierro
Punta de Agache
M. Bermeja
Mocanal
Tesbabo
Erese
Guarazoca
Betenama
Hoyo del Barrio
Montaña Afoba
VALVERDE
Casas del Monte
Mirador de la Peña
Jarales
Las Montañetas
Arbos Santos
La Caleta
Playa de La Caleta
Montaña Rivera
Punta y Roque del Palo
Puntas
Montaña de la Fara
Tiñor
Puerto de la Estaca
El Matorral
Risco de Tibataje
Montaña del Tagasaste
La Albarrada
San Sebastián (La Gomera)
Los Cristianos (Teneriffa)
Lagartario
Casas Guinea
Izique
San Andrés
Playa de Timijiraque
Timijiraque
Mirador de Jinama
Las Rosas
M. d. l. Rosas
La Cuesta
Las Lapas
Los Llanos
Ladera de Azofa
Frontera
Timbarombo
La Torre
Punta del Fardón
Isora
Las Playecillas
Asomadas
Tajace de Abajo
Mirador del Golfo
Bermeja
Mirador de Isora
Punta de Ajones
M. del Gajo
Punta de la Bonanza
Mirador de las Playas
Playa de las Almorranas
Playa de la Arena
Las Casas
Parador Nacional
Hoya del Morcillo
El Pinar
Las Playas
Mirador de Tanajara
Taibique
Punta de Miguel
Tembargena
El Río
M. de Julán
Roques de la Piedra Bermeja
Lajiales
Cueva de Don Justo
Punta del Miradero
Arenas Blancas
La Restinga
Punta de los Saltos
N
1 cm
1,5 km
© PETER MEYER VERLAG

im Winter immer wieder herrliche Tage, die eine Höhenwanderung erlauben. Planen Sie Ihre Touren deshalb nicht lange im voraus, sondern beobachten Sie die Wetterlage genau und nutzen Sie die schönen Tage, sobald sie sich bieten.

Der Wind pfeift generell in den Wintermonaten stärker und kann schon mal zum Sturm werden. Mit heftigen Regenfällen ist fast nur im Winter zu rechnen. Dann sollten Sie das Wandern sein lassen: Die Wege werden schnell schlammig und vor allem gefährlich rutschig, und an den Berghängen besteht Steinschlaggefahr.

## Gut ausgerüstet ...

Schusters Rappen sind des Wanderers wichtigste Ausrüstungsstücke, und auf diese kommt es auf El Hierro ganz besonders an: Die alten Wege sind immer steinig, oft auch mit Geröll durchsetzt, der Lavagrund kann spitz und scharfkantig sein. Wenn Sie nicht gerade einen Spaziergang auf einer relativ ebenen Strecke, auf einer Piste oder Straße machen wollen, empfehlen sich auch für kürzere Touren gute Wanderschuhe mit griffigem Profil. Sie sollten nicht zu schwer sein, bis über die Knöchel reichen und gut eingelaufen sein, aber festen Halt bieten.

Dicke Baumwollsocken mit verstärkter Sohle eignen sich zum Wandern am besten; nehmen Sie auf eine längere Tour am besten noch ein Reservepaar mit sowie einfaches Heftpflaster, falls Sie sich Blasen laufen.

Kleiden Sie sich bequem, luftdurchlässig und nach dem Zwiebelprinzip – lieber mehr dünne Schichten zum »Entblättern« als ein zu dicker Pullover. Einen Pullover sollten Sie allerdings vor allem bei Höhenwanderungen immer dabei haben, selbst wenn Sie bei strahlendem Sonnenschein loslaufen. Plötzlich heraufziehende Nebelwolken können die Temperaturen so jäh abstürzen lassen, daß Sie dankbar auch noch die Wind- und Regenjacke aus dem Rucksack holen.

Genauso wichtig wie der Schutz gegen Nässe, Wind und Kälte ist ein ausreichender **Sonnenschutz**, vor allem wenn Sie eine lange Tour vorhaben, auf der weder Nebel noch Baumschatten die Sonneneinstrahlung mildern. Eine helle leichte Baumwollkappe (Baseballmützen sind prima wegen ihres Schirms) oder zumindest ein Tuch auf dem Kopf schützt vor Sonnenstich, ein leichtes langärmeliges Baumwollhemd oder T-Shirt und ein Nackentuch vor Verbrennungen. Bequeme lange Hosen sind auch für Wanderungen auf Waldwegen zu empfehlen, da diese streckenweise zugewuchert sind und das Gestrüpp mit Disteln und Brennesseln durchsetzt sein kann.

Da Sie während der meisten Wanderungen unterwegs nicht in einer Bar einkehren können, müssen Sie an ausreichend **Proviant** und vor allem an genügend Wasser denken (pro Person je nach Tourenlänge 2 – 3 l). Pflaster, eine Wundsalbe und elastische Binde für den **Notfall** machen den Rucksack kaum schwerer. **Sonstiges:** Je nach Vorliebe kommt noch Fotoausrüstung, Fernglas, ein Kompaß, eine Taschenlampe zur Höhlenerkundung, Badezeug und ein Buch dazu – für alle nötigen Utensilien ist also ein nahe am Rücken sitzender, bequem zu tragender Tagesrucksack wichtig.

## ... und bestens orientiert

Die in diesem Buch beschriebenen Wege sind nicht schwierig zu finden; doch kann es immer wieder passieren, daß man sich verläuft, zumal wenn man sich plötzlich vom Nebel eingeschlossen sieht. Wichtig ist vor allem, daß Sie die eingeschlagene Richtung beibehalten und sich nicht von Abzweigungen ver(w)irren lassen. Die Wegelandschaft El Hierros ist durchaus in Bewegung, **Wegmarkierungen** sind jedoch (noch) selten: Alte Wanderwege werden zu Pisten, manche gar asphaltiert; neue Pisten schieben sich durch den Wald, selten begangene Pfade wuchern zu und werden langsam unkenntlich.

Wenn Sie die Sonne nicht mehr sehen und nicht mehr wissen, wo's lang geht, können Sie die Richtung auch **ohne Kompaß** zum Beispiel daran erkennen, daß Mauern und Felswände für gewöhnlich an ihrer Südseite trocken, an ihrer Nordseite dagegen feucht sind. Auch der Moosbewuchs an Bäumen deutet stets nach Norden.

Noch ein Tip aus persönlicher Erfahrung: Die Suche nach **Abkürzungen** endet meist damit, daß Sie nach langem Umherirren dann irgendwo vor einem steilen Felsabsturz stehen und wieder zurück müssen. Der kürzer scheinende Weg ist meist nicht der schnellere; die alten Wegführungen haben durchaus ihren Sinn. Aber schon im Interesse der empfindlichen Flora und Fauna sollten Sie auf den Wegen bleiben und nicht querfeldein abkürzen.

Einige der schönsten Touren führen durch Gegenden, in denen Sie kaum einem Menschen begegnen werden. Diese Wanderungen sollten Sie **nicht allein** unternehmen oder wenn doch, unbedingt jemandem Bescheid sagen, welche Strecke Sie laufen und wann Sie in etwa wieder zurück sein wollen. Denn Sie brauchen sich nur den Fuß zu verknacksen und sitzen schon in der Patsche: Wo niemand vorbeikommt, kann Sie auch niemand finden – und wer nicht vermißt wird, den sucht keiner. Sich auf ein Handy zu verlassen, reicht nicht, denn es gibt zu viele Funklöcher.

## Aufbau der Wanderrouten

Höhenunterschiede, Gehzeiten, Kilometerangaben, Anforderungen an Kondition und Orientierungssinn sowie Tips zur Anfahrt sind den Streckenbeschreibungen jeweils vorangestellt. Sie können die vorgeschlagenen Routen natürlich auch als Teilstrecke oder in Kombination mit anderen Wegen machen. Zum Beispiel eignen sich manche der als Radtouren beschriebenen Strecken auch zum Wandern, und noch sind viele Straßen ohne große Belästigung durch Autoverkehr genießbar. Oder Sie laufen nur den Hinweg und fahren per Taxi oder Anhalter zurück. Jedoch sind selbst die langen Wanderungen so angelegt, daß sie bei guter Kondition und Wanderlust an einem Tag zu schaffen sind, wenn Sie morgens einigermaßen früh aus den Federn kommen. Ausnahme ist die Wanderung 18, der Prozessionsweg *Camino de la Virgen,* dessen 28 km quer über die Insel zwar alle vier Jahre während der Bajada tatsächlich an einem Tag zurückgelegt werden – doch profane Wanderer teilen sich den Weg besser in genießbare Abschnitte auf.

✷ **Wichtiger Hinweis:** Die angegebenen Gehzeiten sind lediglich als Anhaltspunkte zu verstehen! Auf ebener Strecke erwandern Sie wahrscheinlich durchschnittlich 4 km, Pausen nicht eingerechnet. Durch bergige Strecken, kleine Abstecher, die begeisterte Suche nach dem besten Fotomotiv und Picknicks kann sich die veranschlagte Zeit schnell verdoppeln.

## Hin- und wegkommen

Einige der 18 beschriebenen Touren sind als Rundwanderwege angelegt oder können leicht zum Ausgangspunkt zurückgelaufen werden. Wenn Sie Ihr Ferienquartier nicht in der Nähe des Ausgangspunkts der Wanderung haben, empfiehlt sich die Anfahrt per Mietauto oder – auf El Hierro bisher noch problemlos möglich – per Anhalter. Ein Mietauto lohnt sich jedoch nicht, wenn die geplante Tour an einem anderen Ort endet als sie beginnt; dann ist die An- oder Rückfahrt per Taxi günstiger. Sie können mit einem Taxifahrer auch verabreden, Sie zu einer bestimmten Zeit an einem anderen Ort wieder abzuholen.

Leider ist der Fahrplan der wenigen öffentlichen **Busverbindungen** (↗ Reisepraxis, Busfahrplan) nur wenig wanderfreundlich; von den einzelnen Orten aus gibt es praktisch nur frühmorgens eine Fahrt in Richtung Valverde, und von dort aus schon mittags wieder zurück.

✷ **Tip:** In den Ortskapiteln finden Sie weitere Vorschläge für Spaziergänge und kleine Wanderungen, die von den beschriebenen Orten ausgehen.

## WANDERN IM NORDEN

### 1 Vulkanabwärts zum Badeort Tamaduste

Valverde/El Cabo (570 m) → Tamaduste (20 m) → Valverde

**Gehzeit:** hin 1 Stunde; zurück 1 ½ Stunden; jeweils circa 2,5 km.

**Schwierigkeitsgrad:** mittel; der teilweise steile Rückweg bergauf fordert etwas Kondition.

**Orientierung:** einfach.

**Diese Wanderung führt Sie über die noch jungen Lavafelder nordöstlich Valverdes hinunter ins Badeörtchen Tamaduste. Falls es oben in Valverde kühl und neblig sein sollte: Packen Sie Ihr Badezeug getrost in den Rucksack, Sie können ziemlich sicher sein, daß unten am Meer die Sonne scheint und das große Naturschwimmbecken lockt, nicht nur die heißgelaufenen Füße abzukühlen.**

▶ Startpunkt des alten Verbindungswegs nach Tamaduste ist das **Kulturzentrum Asabanos** in **Valverde** am nordöstlichen Ortsausgang. Unmittelbar rechts neben dem Gebäude geht es los: Der Einstieg ist eine Piste, die bald schmaler wird und neben einem agavengekrönten Erdwall geradeaus in Richtung Norden verläuft. Nach ein paar hundert Metern schwenkt sie nach rechts, der jetzt mit groben Steinen befestigte Weg geht streckenweise steil abwärts.

Von hier oben haben Sie einen schönen Blick über das weite Tal *Lomo de Candia* bis hin zum Flughafengelände am Meer. Die Landschaft ist mit einem Muster aus Lesesteinmauern überzogen; die terrassenartig angelegten Felder haben früher die Einwohner Valverdes bestellt, heute sind sie zum großen Teil aufgegeben. Nur der Weinanbau spielt in der kargen, von den Lavafeldern der Küstenvulkane geprägten Zone noch eine Rolle.

Nach einem kurzen ebeneren Wegstück geht es nochmal sehr steil abwärts; der Weg verläuft hier im Zickzack als Trampelpfad im schwarzen Jablekies zwischen Steinmäuerchen. Er hält auf ein einsames Haus zu, zu dem eine steile Zementpiste führt. Am Haus vorbei folgt der Weg der Piste nach links und, an einem mächtigen Lavabrocken vorüber, gleich wieder steil abwärts. Bald darauf verläßt er den Zementgrund und verläuft, an der Steinmauer gut erkennbar, sanft abwärts quer über einen weiten Jablehang immer weiter in nordöstlicher Richtung. Der feine schwarze Lavakies macht das Laufen hier streckenweise etwas mühsam.

Ringsum sind Weinreben in kleine Senken im Jable gesetzt, der Wein gedeiht hier im Trockenfeldbau. Gen Norden erhebt sich der rötlich schimmernde Vulkankegel *La Cancela,* bald öffnet sich rechter Hand wieder der Blick auf den Flughafen und die Meerwasser-Entsalzungsanlage. Am Ende des Tals aus Vulkanasche igno-

**Tamaduste strahlt wie ein Schmuckstück aus der schwarzen Lava**

Typisch El Hierro: Trockenresistente Blumen und Lavasteinmäuerchen

rieren Sie eine Abzweigung nach rechts und gehen weiter geradeaus in Richtung Meer. Der Weg verläuft jetzt auf einem Bergrücken oberhalb von Tamaduste, das sich mit seinen weißen Häusern und dem grünblau leuchtenden *Charco* inmitten des schwarzen Malpaís wie ein Schmuckstück ausnimmt. In der Mitte des Steilhangs, flankiert von Massen abgerutschten Jables, können Sie linker Hand den *Roque Colorado* erkennen, der sich vielfarbig vom ansonsten tiefschwarzen Vulkangestein abhebt.

Rechts des agavenbegleiteten Weges wuchern dichte Tabaibenbüsche, von Feigenkakteen durchsetzt. Am Ende des Kamms schwenkt der wieder steinbefestigte und mauergesäumte Weg nach links hinunter. Am Fuß des mächtigen Felsens, der die Bucht von **Tamaduste** nach Süden abschließt, erreichen Sie auf dem jetzt schmalen steinigen Pfad bald die ersten, am Hang gebauten Häuser des Orts. Kurz darauf überqueren Sie die Straße; ein paar Meter nach rechts versetzt führt Sie das letzte Stück des alten Weges direkt in den Ort hinein.

✸ **Tip:** Als **Anschlußwanderung** und Rückweg-Alternative eignet sich auch W2 in entgegengesetzter Richtung; die 3 km bis nach La Caleta können Sie bequem auf der wenig befahrenen Straße mit Blick aufs Meer und das Flughafengelände laufen (↗ A2).

## 2 Zur Bucht von La Caleta

Valverde (570 m) → La Caleta (30 m) → Valverde

**Gehzeit:** hin 1 ¼ Stunde, zurück 1 ¾ Stunden; jeweils etwa 3,5 km.

**Schwierigkeitsgrad:** leicht.

**Orientierung:** ab Wegeinstieg einfach.

**Auf dem zweiten alten Verbindungsweg von Valverde ans Meer geht es geradewegs bergab zur schönen Bucht von La Caleta, jedoch gemächlicher als beim Weg nach Tamaduste.**

▶ Vom **Kirchplatz in Valverde** gehen Sie, am Hotel Boomerang vorbei, die Calle Doctor Gost hinunter in den Ortsteil *El Cabo;* kurz vor der Barrancoquerung nehmen Sie die Abzweigung nach rechts *(Calle El Lomo);* nach etwa 50 m zweigt wiederum in östliche Richtung ein Fußweg ab; an Kartoffeläckern vorbei gelangen Sie auf diesem wenig später zur

Hauptstraße, der Sie in Richtung Hafen folgen. Nach gut 1 km finden Sie auf der linken Straßenseite in der Kurve, wo die Hauptstraße nach rechts schwingt, den Einstieg in den alten Weg.

**Tipp:** Alternativ können Sie im oberen Ortsteil **San Juan** beim Windrotor loswandern. Sie laufen den Bergkamm hinab und folgen dabei stets dem dicken Wasserrohr, das schließlich neben einer Piste unweit des oben beschriebenen Wegeinstiegs auf die Hauptstraße trifft.

Von hier aus geht es immer geradeaus abwärts gen Osten. Nach 1 km queren Sie die Hauptstraße; der Weg geht deutlich erkennbar auf der anderen Straßenseite weiter und quert hier auch einen Rest alter Straße. Nach etwa 50 m queren Sie die Hauptstraße zum zweiten Mal und wandern genau gegenüber weiter. Der Weg hält auf die *Montaña Caleta* zu; bald schwenkt er nach rechts ab, mit dem typischen Saum aus Agaven und Lesesteinmauer. Entlang dem Südhang des Berges laufen Sie weiter leicht abwärts Richtung Meer. Der Weg endet oberhalb eines Einschnitts im Berg, wo Lavakies für den Straßenbau abgetragen wird. Hier müssen Sie ein kurzes Stück den lockeren Tuffstein herunterklettern, bis Sie auf der Straße Richtung Flughafen sind.

Gehen Sie nach links weiter; schon nach zwanzig Metern verläßt der Weg die Straße wieder nach rechts abwärts. Zwischen Steinmauern hält er zunächst auf das Kasernengelände, dann jedoch direkt auf die Häuser von **La Caleta** zu. Das letzte Stück ist Piste, die schließlich auf eine schnurgerade Asphaltstraße trifft. Dieser folgen Sie bis zur Hauptstraße des Örtchens. Noch 300 m nach rechts, und Sie haben die **Badebucht** erreicht.

## 3 Zum Hafen und zur Playa de Timijiraque

Valverde/San Juan (570 m) → Playa de Timijiraque (0 m) → Valverde

**Gehzeit:** bis La Estaca knapp 1 ½ Stunden (5 km), bis Timijiraque knapp 2 Stunden (6,5 km); Rückweg 2 bzw. 2 ½ Std.

**Schwierigkeitsgrad:** leicht.

**Orientierung:** einfach.

**Noch ein dritter alter Weg führt von Valverde an die Ostküste; er endet nach 2,5 km an der Hauptstraße, auf der Sie den Rest der Strecke zum Hafenbecken oder zur kleinen Playa von Timijiraque zurücklegen. Wenn in Puerto de la Estaca nicht gerade die Fähre anlegt, ist sie wenig befahren und bietet herrliche Ausblicke über die barrancozerfurchten Steilhänge, den Hafen und das Meer.**

▶ Kurz nach dem **südlichen Ortsausgang Valverdes,** gleich hinter dem Fußballplatz, zweigt nach links meerwärts eine breite Piste ab und von dieser gleich darauf, wieder nach links, ein mauergesäumter Wanderweg. Der alte Verbindungsweg verläuft zunächst nördlich des *Barrancos Tejeleita.* Ignorieren Sie die Pisten, die nach links in nördliche Richtung abzweigen, und bleiben Sie immer auf dem Hauptweg. Nach etwa 1 km sehen Sie linker Hand einige gut bewachte Gebäude, die das Dynamitlager der Insel bergen. Kurz darauf, am Fuß der *Montaña Rivera,* queren Sie den Barranco und folgen dem Weg weiter um den ebenmäßig geformten Berg herum, bis er auf die Hauptstraße stößt.

Ihr folgen sie nach rechts in südliche Richtung; nach knapp 2 km erreichen Sie die Kreuzung, an der es scharf links zum Hafen runtergeht. Weiter nach Süden auf der Hauptstraße erreichen Sie nach noch einmal 2 km die **Bucht von Timijiraque.**

## 4 Durch Weinfelder nach Echedo

Valverde (570 m) → Echedo (350 m) → Gualisancho (300 m) → Valverde

**Gehzeit:** 1 ¾ Stunden; 6,5 km.

**Schwierigkeitsgrad:** leicht.

**Orientierung:** einfach.

**Diese bequeme Rundwanderung führt Sie durch die hügelige, alte Kulturlandschaft nördlich der Hauptstadt mit ihren Weinterrassen und dem stillen Weiler Echedo. Der Weg bietet faszinierende Ausblicke auf das sanft abfallende Küstenplateau des Nordens.**

▶ Ausgangspunkt der Wanderung ist die Kreuzung der Avenida Dacio Darias mit der Hauptstraße nach Mocanal am **nördlichen Ortsausgang Valverdes.** Von hier laufen Sie zunächst auf der wenig befahrenen Hauptstraße Richtung Norden.

Kurz hinter Valverde steht auf der rechten Straßenseite die kleine *Ermita San Lázaro,* kurz darauf führt eine Treppe hinunter zu einem hübsch angelegten Picknickgelände mit Wasserstellen. Nach 1 km schwenkt die Straße in westliche Richtung, in der Kurve sehen Sie ein Holzkreuz *(Cruz del Calvario)*, das in einem schweren alten Mühlstein steckt. Der Stein diente vor Jahrhunderten zur Pulverisierung getrockneter Pflanzen, die in dieser Gegend wuchsen und aus denen ein Pastellfarbton hergestellt wurde.

Beim Cruz del Calvario zweigen drei Pisten nach Norden von der Hauptstraße ab; die zu Anfang asphaltierte Piste links unten, ein alter Eselspfad, führt direkt ins Tal hinunter nach **Echedo.** Er ist auf dem ersten Stück wie ein kleiner Cañon von meterhohen Wällen aus schwarzem Tuffstein begrenzt, später von Lesesteinmauern, hinter denen Weinreben hervorlugen. Schon bald sehen Sie die ersten Häuser von Echedo unten im Tal. Der Weg verläuft hier als breite Fahrspur in zunächst schwarzem, dann rotem Jable. Bei »Inselwetter« wird der Blick aufs Meer von der Silhouette La Palmas gekrönt.

An einem großen Weinfeld wuchert der Weg wieder zu, links und rechts von hohen Steinmauern begleitet. Vorbei an einem verlassenen Haus führt der Weg *(Calle los Valles)* nun steinbefestigt und recht steil in den Ort hinunter; rechter Hand passieren Sie eine Finca mit einer alten Weinpresse. An einer Kreuzung gehen Sie geradeaus weiter, bis Sie die Hauptstraße und kurz darauf Echedos Plaza mit der *Ermita de San Lorenzo* erreichen. Gehen Sie von hier aus noch ein Stück geradeaus weiter nordwärts und nehmen Sie dann die zweite Abzweigung nach rechts in Richtung Meer (Hinweisschild »Gualisancho«). Sie laufen an traditionellen Steinhäuschen mit Aljibe, aber auch an modernen Häusern vorbei. Kurz bevor die Straße nach 300 m Richtung Osten schwenkt, haben Sie Gelegenheit, architektonische Gegensätze zu studieren: links der Straße ein wunderschön in die Landschaft eingepaßtes flaches Haus aus Natursteinen mit einem weiten Garten aus schwarzem Jable, überragt von einem hohen, stillosen Neubauklotz direkt gegenüber. Die bedrängten Nachbarn haben ihre Mauer zur Straße hin aufgestockt – vergeblich, die Idylle ist dahin.

Sie gehen weiter auf der stillen Straße, die einen weiten Bogen nach Südosten beschreibt, vorbei an verlassenen und neugebauten Häusern durch die wunderschöne Gegend mit dem Bimbache-Namen **Gualisancho**. Von hier haben Sie einen herrlichen Blick den sanft abfallenden Hang hinunter bis zum Meer und bei Fernsicht bis zu den drei Nachbarinseln; geradeaus erhebt sich die rot schimmernde *Montaña La Cancela.*

An einer kleinen Finca mit Schild »La Dorada Dos« biegt die Straße schließlich als Zufahrt zu weiter unten gelegenen neuen Häusern nach links ab. Sie nehmen die rechts sehr steil nach oben führende, asphaltierte Piste, die sich durch Weinfelder auf schwarzer Lava schwingt und sich der runden Kuppe des Vulkans *La Cancela* nähert. Von hier zeigt er seine »dunkle Seite«: rein farblich, aber auch, weil sich die bis vor kurzem noch benutzte Müllkippe am Krater bemerkbar macht. Die Piste erreicht schließlich nach einem nochmals steilen Anstieg die Straße von Echedo nach Valverde, der Sie ab hier noch etwa 2 km folgen. Kurz bevor Sie auf der neuen Hauptstraße **Valverdes** nordöstlichen Ortseingang erreichen, können Sie vom links der Straße gelegenen *Mirador del Tamaduste* den Blick hinunter über die schwarzen Lavafelder bis zum Badeort am Meer genießen.

## 5 Badetour an die Nordküste

Echedo (350 m) → Charco Manso (0 m)

**Gehzeit:** ¾ Stunde hin, 1 ¼ Stunde zurück; jeweils circa 2 km.

**Schwierigkeitsgrad und Orientierung:** teilweise steiler schmaler Pfad im Lavageröll, Trittsicherheit nötig.

**Vom Dörfchen Echedo aus führt Sie ein schmaler Pfad hinunter zum schönen**

Das wohl schönste Naturbad des Nordens: Charco Manso

**Naturschwimmbecken Charco Manso im äußersten Norden der Insel.**

▶ Gehen Sie ab der **Plaza Echedos** auf der Hauptstraße in nördlicher Richtung aus dem Ort hinaus und schlagen kurz nach deren Linkskurve den rechts der Straße abzweigenden, steingepflasterten Weg zwischen Trockenmauern ein. Nach ein paar hundert Metern trifft dieser auf die asphaltierte Piste zum Charco Manso, der Sie ein kurzes Stück geradeaus, immer nordwärts, folgen. Links der Piste passieren Sie ein gelblich gestrichenes Häuschen; ab hier sind es noch etwa 70 Meter bis zu einem Einschnitt im *Tuffberg* rechts der Straße. Genau gegenüber liegt links unterhalb der Piste der etwas schwer zu erkennende Einstieg. Der weitere Verlauf ist, obwohl an einigen Stellen schon fast zugewuchert, einfach zu finden; Agaven und Steinmäuerchen weisen den Weg, der unterhalb der Piste verläuft.

Nach einer Weile trifft der Weg noch einmal auf die Piste; von hier aus haben Sie einen schönen Blick auf das stille, noch fast unberührte Tal und den **Charco Manso** tief unten am Meer. Auf der anderen Seite der Piste führt der Wanderweg als schmaler Pfad im rötlichen Tuffgeröll schräg nach rechts abwärts; im Zickzack schlängelt er sich den Hang hinunter, stellenweise nur noch als Trittspur erkennbar. Etwa auf halber Strecke ab der Pistenkreuzung passieren Sie einen großen Felsblock. Der Pfad endet wieder auf der Piste. Ihr folgen Sie nun bis zum Parkplatz oberhalb des mit Treppen und Plateaus zugänglich gemachten Naturschwimmbeckens.

## AUF DER HOCHEBENE

## 6 Kammwanderung zum Arbol Santo

Valverde (570 m) → Montaña de la Pelota (1113 m) → Arbol Santo (1025) → Hoyo del Barrio (600 m) → Valverde

**Gehzeit:** etwa 4 Stunden; 12 km.

**Schwierigkeitsgrad:** Der steile Anstieg erfordert etwas Kondition.

**Orientierung:** relativ einfach.

**Eine ausgesprochene Schönwetter-Tour, die bei klarem Himmel grandiose Panoramablicke über den Inselnorden, die Meseta de Nisdafe und die drei Nachbarinseln bietet. Besonders schön ist der Kammweg zur Montaña de la Pelota; doch auch der Abstieg bis Hoyo del Barrio, durch die Erosionszone unterhalb des Arbol Santo, hat einiges zu bieten. Unternehmen Sie diese Wanderung nur bei stabilem Wetter, um sie in vollen Zügen genießen zu können!**

▶ Ausgangspunkt ist das Staubecken oberhalb Valverdes, die **Presa de Tefirabe** (der halbstündige Weg von Valverde bis dorthin ist zu Beginn der ↗ W7 beschrieben). Aus Valverde kommend, verlassen Sie das asphaltierte Sträßchen nach Hoyo del Barrio hinter dem Staubecken mit der ebenfalls asphaltierten Piste nach links oben. Kurz nach einer Finca endet der Asphalt, die Piste verläuft jetzt nur noch leicht ansteigend entlang dem Hang. Jetzt heißt es aufpassen und Kurven zählen: Nach etwa fünf Minuten passieren Sie einen kleinen *Barranco* (Kurve 1), nach weiteren fünf Minuten noch einen etwas größeren (Kurve 2). Kurz danach und vor einem *Eukalyptushain* zweigt eine Piste nach links ab. Dieser folgen Sie auf-

Aussichtsreich: Auf dem Kammweg am Hang der Montaña de la Pelota

wärts, bis Sie wiederum nach etwa fünf Minuten in einer scharfen Linkskurve einen Pfad erkennen, der links von der Piste abgeht und gleich darauf zwischen Bäumen nach rechts verschwindet. Auf diesem gelangen Sie schon bald in eine verwunschen wirkende *Erosionszone.* Folgen Sie der hier nur als im rötlichen Tuff erkennbaren Trittspur, die sich nach weiteren etwa zehn Minuten schließlich in Serpentinen den Hang der *Montaña de la Pelota* hinaufwindet. Nach einer Viertelstunde haben Sie den steilsten Teil des Aufstiegs geschafft, und es geht nun bequemer aufwärts auf dem herrlichen, grasbewachsenen und agavengesäumten **Kammweg,** der Schritt für Schritt weitere Ausblicke bietet. Hinter Ihnen liegt Valverde, rechter Hand breitet sich Mocanal zu Ihren Füßen aus, und nach links blicken Sie hinunter in das stille, tiefe Tal zwischen den Flanken der beiden höchsten Berge des Inselnordens.

Mit dem niedrigen Kiefernwald zur Linken erreichen Sie bald die sanfte **Kuppe der Montaña de la Pelota** (1113 m); hier oben verläuft der Weg nun fast eben weiter, um bald nach links zu schwenken in Richtung Gipfel des *Ventejís* (1139 m). An einem Gatter (der Weg dahinter führt aufwärts bis zu den Sendemasten auf dem Gipfel) folgen Sie jetzt der breiten Piste, die nach rechts abwärts führt. Die Bäume am Wegesrand demonstrieren hier sehr anschaulich, wie sie die Feuchtigkeit aus den Wolken ziehen: Fast immer ist der Boden unter ihnen naß. Auf der Piste erreichen Sie nach wenigen Minuten die

Abzweigung nach rechts zum **Arbol Santo** (El Garoé Hinweisschild; ab hier ↗ Wanderung 8).

Vorbei am *Infozentrum am Garoé* führt Ihr Weg geradeaus weiter, bald wieder auf rotem Tuff und an ausgewaschenen Hängen entlang. Folgen Sie von nun an immer dem Hauptweg, ignorieren Sie alle Abzweigungen. Nach einer knappen halben Stunde verläßt er den Kamm als steinbefestigter *Camino* nach links abwärts. Er umrundet einen Hang nach rechts und stößt schließlich auf eine Pistenkreuzung. Hier biegen Sie links ein in Richtung auf ein Gatter. Noch vor dem Gatter sehen Sie rechter Hand einen *Eukalyptusbaum;* hier nehmen Sie den steinigen Weg, der nach rechts abwärts führt (am Gatter links vorbei und geradeaus abwärts erreichen Sie Mocanal in Höhe der Kirche San Pedro). Der schöne alte, stellenweise mit wildem Fenchel verwachsene Weg quert zunächst ein Tal und führt dann agavengesäumt an einer Bergflanke entlang in Richtung **Hoyo del Barrio.** Er endet an einer asphaltierten Piste, der Sie nach rechts abwärts folgen. An der Kreuzung unten im Tal schlagen Sie nun nach rechts den Rückweg nach **Valverde** ein (↗ Anfang der Wanderung 7 bis Hoyo del Barrio, in umgekehrter Richtung).

## 7 Über die Berge zum Mirador de la Peña

Valverde (570 m) → Presa de Tefirabe (700 m) → Hoyo del Barrio (600 m) → Betenama (630 m) → Casas del Monte (650 m) → Jarales (700 m) → Mirador de la Peña (640 m)

**Gehzeit:** hin 2 ½ Stunden; circa 8 km.
**Schwierigkeitsgrad:** relativ leicht.
**Orientierung:** relativ einfach.

**Oberhalb der Siedlungen des Nordens und unterhalb der Bergregion verläuft auf einer Höhe zwischen 650 und 700 m dieser zwar zu großen Teilen asphaltierte, aber dennoch wunderschöne, landschaftlich sehr abwechslungsreiche Dorfverbindungsweg. Diese Wanderung sollten Sie nur bei klarem Wetter unternehmen; es wäre zu schade, sich den herrlichen Weitblick vernebeln zu lassen.**

▶ Ausgangspunkt ist die *Bar Los Reyes* in **Valverde.** Am Taxistand vorbei gehen Sie die steile Calle Licenciado Bueno hinauf, an deren Ende Sie durch eine schmale Unterführung hoch zum oberen Stadtteil *Tesine* gelangen. Folgen Sie hier der Calle Armas Martell bis zur Calle Casañas Frías, mit dieser nach links und weiter steil nach oben in südwestliche Richtung. Nach den letzten Häusern geht sie in einen breiten steingepflasterten Weg über (der Anfang des *Camino de la Virgen* in umgekehrter Richtung, ↗ Wanderung 18), der entlang eines Barrancos leicht ansteigend verläuft. Nach etwa 1 km kreuzt eine asphaltierte Piste, der Sie jetzt nach rechts in nordwestliche Richtung folgen. Oberhalb sehen Sie die Hauptstraße nach *San Andrés,* zweifelhaft verschönert mit buntem Streifendesign. Die asphaltierte Piste schwingt stets auf etwa gleicher Höhe in sanften Kehren entlang der Hänge oberhalb Valverdes.

Bald sehen Sie zu Ihrer Linken Valverdes großen Wasserspeicher **Presa de Tefirabe** (bis hier ist es etwa eine halbe Stunde Weg). Folgen Sie der Piste in nordwestliche Richtung weiter; sie ist der alte Verbindungsweg zur kleinen Siedlung **Hoyo del Barrio,** dem Oberdorf von *Mocanal.*

Von hier oben haben Sie einen fantastischen Blick über ganz Valverde bis zum Flughafen unten am Meer; bei Fernsicht lassen sich auch La Gomera und Teneriffa erkennen. Linker Hand schweift der Blick über sanft ansteigende, teils bewaldete Hügel bis hinauf zur 1025 m hohen *Montaña Pedraje.* Der Weg geht leicht abwärts, bald passiert er eine große eingezäunte Finca. Früher wurde der fruchtbare Boden dieser Gegend oberhalb der Hauptstadt von ihren Bewohnern noch bestellt; heute trifft man hier allenfalls auf weidendes Vieh. Die traditionelle Nutzung des alten Weges, auf dem Sie wandern – er wurde 1995 verbreitert und asphaltiert – ist jedoch erhalten geblieben: Er dient dem Transport von Viehfutter von den höhergelegenen Weiden und Wäldchen hinunter in die Dörfer.

Einige Pisten kreuzen, Sie bleiben jedoch immer auf dem asphaltierten Hauptweg. Das schöne Wäldchen links oberhalb des Wegs ist von Eukalyptusbäumen durchsetzt, rechts der Piste blicken Sie zur *Montaña Afoba* hinüber. Bald schon zeigen sich in Wanderrichtung bereits die weißen Häuser von Hoyo del Barrio. Die Piste schwenkt talwärts, bald geht es steil ins Tal hinunter. Zur Rechten erhebt sich die *Montaña Jamones,* weiter unten können Sie die Hauptstraße Valverde – Mocanal und den schon halb abgetragenen Vulkan *Tenesedra* mit der weißen Kapelle *Los Dolores* zu seinen Füßen erkennen.

Die Straße schwingt nach rechts, kurz vor den ersten Häusern des Dörfchens überquert sie einen Barranco. Auf der linken Seite sehen Sie eine Garage; gleich neben dieser verlassen Sie die Straße auf einem trockenmauergesäumten Eselspfad. Der alte steingepflasterte Weg stößt kurz darauf auf eine Dorfstraße, die Sie nach links heraufgehen, bis sie nach etwa 50 m auf die Calle Hoyo del Barrio trifft. Nach rechts führt sie hinunter nach *Mocanal.* Sie folgen ihr nach links steil bergauf. Die Straße geht nach den letzten Häusern in einen steinigen, mauergesäumten Weg über. Dieser stößt bald auf eine breite,

Bethlehem? Falsch: Betenama

AUSFLÜGE & WANDERTOUREN

asphaltierte Piste – bis Mitte 1999 noch ein alter, steinbefestigter Eselspfad –, der Sie nach rechts folgen. Sie führt immer weiter gen Westen, stets mit Blick auf die unterhalb liegenden Dörfer und die Hauptstraße, die hügelige Küstenlandschaft und schließlich das Meer.

Sie wandern bequem in etwa auf gleicher Höhe, bis Sie nach 1 km **Betenama** erreichen. Hier geht es ein Stück abwärts, die Piste trifft auf die Nebenstraße hinunter ins Dorf. Sie folgen dem Sträßchen geradeaus weiter, das zwischen ein paar alten Häusern hindurch nach **Casas del Monte** führt, dem nächsten Barrio oberhalb des Dorfs *Erese*. Die Straße schwingt an einem Hügel mit einer kleinen Höhle nach links oben.

Kurz nach dem letzten Haus des Örtchens (Calle Casas del Monte 2) führen zwei alte steinbefestigte Wege links von der Straße weg; Sie nehmen den breiteren, der zu Anfang geradeaus nach oben führt. Vorbei an Gemüseäckern, schwingt er bald nach rechts und quert einen Barranco. Er trifft schließlich auf eine Asphaltpiste, der Sie ein kurzes Stück nach rechts folgen, um dann nach links wieder in den alten Weg einzubiegen. Er ist auf den ersten Metern asphaltiert, dann wieder steinbefestigt. Vereinzelte Zedern und Palmen wachsen hier, rechts des Weges können Sie einen schön gewachsenen älteren *Drago* mit ausladender Krone sehen. Ihr Weg führt weiter geradeaus in westliche Richtung, überquert noch einen Barranco und erreicht schließlich beim Dörfchen **Jarales** oberhalb von *Guarazoca* die Landstraße zum **Restaurant Mirador de la Peña**. Folgen Sie der Straße nach rechts; bis zum Mirador ist es von hier nur noch gut 1 km.

Von dort können Sie sich ein Taxi nach Valverde bestellen oder, wenn Sie noch Lust haben, die 8 km auch auf der bis Mocanal wenig befahrenen Hauptstraße durch die Dörfer zurückwandern. In Mocanal nehmen Sie dann die untere Dorfstraße, die kurz nach der Kirche am Kreisverkehr nach links unten abzweigt (↗ Autotour 1). Sie mündet am Ortsausgang bei der *Montaña Tenesedra* wieder auf die Hauptstraße, die Sie noch ein schönes Stück umgehen können, indem Sie den Camino vorbei an der Ermita Los Dolores durch das kleine Pinto-Tal nehmen.

## 8 Berg-und-Tal-Tour zum Arbol Santo

San Andrés (1050 m) → Arbol Santo (1025 m) → Las Montañetas (850 m) → San Andrés

**Gehzeit:** etwa 3 ½ Stunden; etwa 11 km

**Orientierung:** Ab Las Montañetas müssen Sie auf die Wahl der richtigen Piste genau achten – die Meseta de Nisdafe ist von vielen Wegen durchzogen, entsprechend viele Möglichkeiten gibt es, sich zu verlaufen.

**Schwierigkeitsgrad:** Die Wanderung enthält einige steile Auf- und Abstiege.

**Diese außergewöhnliche Berg-und-Tal-Tour führt Sie zu dem Ort, an dem der legendäre Garoé, der heilige Wasserbaum der Bimbaches, gestanden haben soll, versteckt in einem Felseinschnitt in den Bergen nördlich der Meseta de Nisdafe. Sie wandern entlang tief erodierter**

Eng verwandt: Pfadfindergeist und Wanderlust

**Schluchten, spazieren durch eins der ersten Kolonialdörfer der Insel und durchstreifen das mit Vulkankegeln gespickte Weideland. Die Tour empfiehlt sich nur bei sonnigem Wetter, denn sonst werden Sie bald das Gefühl bekommen, als ob sich alle Nebelwolken über der Insel in dieser Gegend verdichteten.**

▶ Von **San Andrés' Kirchplatz** aus gehen Sie auf der Hauptstraße Richtung Guarazoca gen Norden aus dem Ort heraus, vorbei an Schafställen. Zwischen den Stallgebäuden zweigt nach rechts eine Piste in Richtung Berge ab. (Die Piste, die kurz danach erneut nach rechts abzweigt, führt direkt zum Gipfel der 1137 m hohen *Montaña Chamuscada*, dem Hausvulkans von San Andrés.) Sie wandern weiter geradeaus, ein schönes Stück Weg zwischen Pinienwald und den nahen Vulkankuppen zur Rechten.

Nach knapp 1 km kreuzt im Wald von links der *Camino de la Virgen*, dem Sie nach rechts für 500 m folgen. Hier sehen Sie die traurigen Folgen eines Waldbrandes von 1999. Der Wald soll jedoch wieder aufgeforstet werden. An einer erneuten Kreuzung führt dieser geradeaus nach Nordosten in Richtung Tiñor; nach rechts zweigt ein Weg zum Ruinendorf *La Albarrada* ab. Sie folgen dem Hinweisschild *Arbol Santo* und nehmen die Piste, die anfangs steil und zementiert, dann gemächlich auf rotem Jablegrund bergauf nach Norden führt.

Links am Wegesrand wachsen stattliche Agaven, auf halber Höhe auch ein paar Zedern. Der Blick zurück ins Tal ist wunderschön: im Osten das Meer, im Süden die Vulkane bei San Andrés mit ihren deutlich erkennbaren Kratermulden, den Piniwaldstreifen und im Hintergrund die weite Hochebene. Nach etwa 1200 m gabelt sich der Weg erneut: Nach rechts geht es weiter bergauf und über den Berg Pelotas bis nach Valverde; zum Garoé laufen Sie die breite asphaltierte Piste nach links abwärts (Hinweisschild), ein Stück entlang einer Bergwand aus vielfarbigen Tuffschichten. An der *Montaña de la Fara*

**Durch diese hohle Gasse geht's nach Las Montañetas hinab**

cos und ist von prächtigen Agaven gesäumt. Die urtümliche, von der Erosion gezeichnete Landschaft ist im Winter und Frühling grasgrün, in heißen Sommern ausgedörrt und rotbraun. Derzeit wird versucht, einige Hänge mit Lorbeer wie-

vorbei, öffnet sich wieder der Blick auf die *Meseta de Nisdafe*.

Nach 400 m endet die Piste an einem Wendeplatz. Von hier aus führt neben dem kleinen Info-Zentrum für Garoé-Besucher ein Pfad nach rechts um den Hang herum. In fünf Minuten sind Sie am Ende der Schlucht angelangt, wo in einer halbkreisförmigen Felsnische der 1957 neu gepflanzte **Arbol Santo** wächst. Überall sind hier höhlenartige Senken und Löcher im weichen Tuffstein zu finden; in diesen charcas sammelt sich das Kondens- und Regenwasser. Die Legende vom wasserspendenden heiligen Baum wird hier oben glaubhaft: nirgends eine Quelle, nur kahle Berge – und doch gibt es hier Wasser.

Zurück am Wendeplatz verlassen Sie diesen jetzt auf einer Piste nach rechts, in nördlicher Richtung auf den Bergrücken zu. Der Weg verläuft links des tief eingeschnittenen Barran-

der aufzuforsten. Links am Bergkamm der Montaña Pedraje wie auch rechts am oberen Barrancorand können Sie immer wieder kleine und große Charcas entdecken. Am Horizont scheint La Palma über dem Meer zu schweben.

Ihr Weg nach Las Montañetas zweigt nach etwa 1 km (schwach erkennbar) ab Wendeplatz nach links ab (der Weg auf dem Bergrücken führt in nördlicher Richtung weiter, ↗ W6). Auf der anderen Seite des Barrancos sehen Sie kurz vorher weitere befestigte Charcas, zu denen Pfade hinführen. Zunächst leicht ansteigend, geht es bald steil abwärts (Vorsicht, rutschiger Geröllgrund!) durch einen tiefen Einschnitt im roten Tuff, wo die Erosion 2 m hohe Gesteinsblöcke stehengelassen hat.

Der später teilweise steinbefestigte Weg windet sich entlang eines dichten Fayal-Brezal-Waldes hangabwärts, bis er auf die asphaltierte Piste Richtung *Betenama* trifft. Auf dieser wandern Sie, jetzt wieder ansteigend, nach links weiter. Nach rechts zweigt die Piste Richtung *Casas del Monte* ab. Sie gehen noch ein kurzes Stück geradeaus und treffen auf die Hauptstraße San Andrés – Guarazoca, der Sie nach rechts folgen. Nach 200 m erreichen Sie die ersten Häuser des fast verlassenen Dörfchens **Las Montañetas.** Rechter Hand direkt an der Straße sehen Sie eine zweistöckige Ruine; sie soll das erste Rathaus der Insel gewesen sein. Nach weiteren 300 m zweigt beim Hinweisschild *Lugar de interés turistico* nach links eine breite Erdpiste ab, auf der Sie in westliche Richtung weiterwandern, bis Sie nach 400 m an einer Kreuzung wieder nach links den Weg nach Süden einschlagen. Er führt ansteigend, von hohen Trockenmauern begrenzt, auf die *Montaña del Cascajo* zu. Er wuchert gegen Ende immer mehr zu, wird zum Trampelpfad und scheint an einem kleinen Lorbeerhain zu enden. Der schwach erkennbare Pfad führt jedoch an den Bäumen vorbei weiter aufwärts und trifft schließlich auf eine breite Piste, auf der Sie nach links weitergehen, bis Sie kurz darauf an einem *Wasserspeicher* wieder auf eine Wegkreuzung treffen. Von hier aus sehen Sie die Hauptstraße nach San Andrés und die Berge um den Arbol Santo, von denen Sie heruntergeklettert sind, davor die rote *Montaña de la Fara.* Sie gehen zunächst rechts weiter und biegen kurz darauf nach links in einen alten, später teilweise überwucherten Weg zwischen Lesesteinmauern ein. Immer weiter nach Süden und leicht bergauf, queren Sie nach 500 m den *Barranco de Erese.* Ihr Weg geht nach rechts bergauf weiter, rechter Hand erhebt sich die orangerote *Montaña del Tagasaste.*

Etwa 1200 m nach dem Wasserspeicher stoßen Sie auf eine breite Piste, der Sie nun nach links in Richtung San Andrés folgen. Sie kreuzt später den *Camino de la Virgen* und führt nach weiteren etwa 700 m auf den **Kirchplatz von San Andrés.**

## 9 Camino de la Peña – Von den Barrios zur Westküste hinab

Ermita de la Virgen de la Peña (800 m) → Las Puntas (50 m)

**Gehzeit:** hinunter 1 ½ bis 2 Stunden, hinauf 2 bis 2 ½ Stunden; jeweils knapp 4 km.

**Schwierigkeitsgrad:** der Weg ist steil und steinig; Kondition, Trittsicherheit und Schwindelfreiheit nötig. Nach Winterregen und Sturm können manche Stellen des Wegs verschüttet sein.

**Orientierung:** Irrtümer ausgeschlossen.

**Diesen Weg nahmen früher die Einwohner der Barrios für ihre saisonalen Umzüge. Er war der schnellste Weg aus dem Golf heraus nach oben und hatte auch nach 1936, als der Anlegeplatz Punta Grande geschlossen wurde, noch große Bedeutung, denn fortan mußten die Produkte des Golfs auf die andere Seite der Insel bis nach Puerto de la Estaca transportiert werden. Heute scheint es unglaublich, daß über diesen schmalen steilen Pfad einst ganze Familien mit ihrem Hausrat, Bauern und Fischer mit ihren Waren und Viehherden**

**bergauf und bergab zogen. Wenn alle vier Jahre zur Bajada die Virgen de Los Reyes ihre Schützlinge im Golf besucht, nimmt auch der Zug der Trommler, Tänzer und Heiligenträger diesen beschwerlichen Weg; begleitet von vielen Herreños, darunter nicht wenigen alten Leuten, die mit ihrem Krückstock scheinbar mühelos von Stein zu Stein springen.**

▶ Wenn Sie vom **Mirador de la Peña** aus die Landstraße in Richtung San Andrés nehmen, zweigt nach 300 m rechts die zementierte Piste zum Einstieg in den *Camino de la Peña* (Hinweisschild) ab. Die Piste erreicht nach etwa 600 m die **Ermita de la Virgen de la Peña.** Zunächst geht es von hier noch ein Stück auf der asphaltierten Piste weiter aufwärts, bis der Einstieg in die Steilwand erreicht ist. (Früher begann der Weg direkt bei der Ermita; inzwischen sind so viele Felsbrocken ins Rutschen gekommen, daß der erste Teil des Weges verlegt werden mußte.) Rechter Hand des neuen Einstiegs ist eine kleine, von Steinmauern eingefaßte Aussichtsterrasse angelegt worden. Von hier und während des ganzen ersten Teilstücks des Weges haben Sie einen großartigen Blick hinüber auf das Aussichtsrestaurant Mirador de la Peña, die *Roques de Salmor* und nicht zuletzt hinunter in den *Risco de Tibataje* – letzterer vielleicht mit einigem Respekt verbunden.

Der schmale Weg hinab in die Tiefe verläuft in engen Serpentinen, an steilen Stellen stets gepflastert; zwischendurch können Sie sich auf kurzen ebenen Strecken auf Lavakies erholen. Die Vegetation ist auf dem ganzen Weg dürftig; nur auf den ersten 200 Höhenmetern ist er teilweise gesäumt von Fayal-Brezal; ansonsten dominieren hier Tabaiben, Calcosas und Wermutsträucher, weißblühender Affodil und zart rosablühende Zistrosen. Natürlich fehlen nicht ausgedehnte Aeonium-Siedlungen an der Felswand und vielerlei Flechten. Mauersegler und Turmfalken schweben über dem Abgrund, Eidechsen rascheln im dürren Unterholz.

Auf keinem anderen Wanderweg ist der Einblick in die vulkanischen Felswände so unmittelbar und faszinierend. Ganz von nahem lassen sich hier die Basaltschichten der antiken Ausbruchsserie (↗ Geologie und Vulkanismus) ausmachen, die durch Erosion verursachten jähen Abstürze und die häufigen Adern aus leuchtendrotem Lockermaterial. Weiter unten erkennt man die vertikal verlaufenden *Diques* aus ursprünglich saurem Magma, von denen einer als gewaltiger Vorsprung ins Tal hineinragt. Durchaus zum Gruseln geeignet ist die Vorstellung vom Steinschlag in diesen Wänden; untermauert wird diese Vorstellung zusätzlich von einzelnen Holzkreuzen am Wegesrand, die an Erschlagene erinnern. Doch eine direkte Gefahr besteht nicht, sofern man die Wanderung nicht ausgerechnet an Regentagen unternimmt. Das verbietet sich auch deshalb, weil das alte Steinpflaster an steilen Stellen dann gefährlich rutschig wird.

Nach ungefähr 1 km Weg passiert man die in die Wand eingelassene winzige *Ermita de la Virgen de los Ángeles* aus weißem Holz, durch deren Fenstergitter man die Marienfigur erspähen kann. Einige Serpentinenschleifen weiter unten, am Fuß eines gewaltigen Felseinschnitts, verläuft der Weg fast eben entlang einer Schicht aus schwarzem und rotem, weichem Tuff. Auf diesem Plateau verschnauften früher die Viehherden auf ihrem mühsamen Weg.

Auf **halber Wegstrecke** liegt einem der kleine Ferienort Las Puntas zu Füßen: Seine Häuser, die Anlegestelle Punta Grande mit dem gleichnamigen Hotel und die spitzzackigen Becken des unvollendeten Schwimmbads sind deutlich zu erkennen. Immer wieder passiert der steile Weg schroffe Barrancos und jähe Abstürze, um schließlich, nach rund 3 km, ebener zu werden und parallel zum Hang und zur unten liegenden, neuen Hauptstraße Valverde – Frontera zu verlaufen. Diese macht sich hier auch schon akustisch bemerkbar.

Größtenteils aufgegebene Äcker und Obstgärten erstrecken sich bis zum Fuß der Steilwand, eingefaßt von den typischen Mäuerchen. Etwa 200 m von der Straße entfernt teilt sich der Weg; rechts geht es nach Las Puntas, links in Richtung Frontera. Auf beiden ist die Landstraße bald erreicht: in Richtung **Las Puntas** auf der *Calle Guzmines,* in Richtung Frontera mündet der breite, bis zuletzt gepflasterte Weg direkt in die Hauptstraße. An der Einmündung finden Sie an der Mauer einen Trinkwasserhahn, direkt gegenüber zweigt die Küstenstraße *El Matorral* in Richtung zum Naturschwimmbecken *La Maceta* ab.

Felsaltar am Camino de la Peña: Die Kapelle der Virgen de los Ángeles

# 10 Von Isora nach Las Playas

Mirador de Isora (800 m) → Las Playas (0 m)

**Gehzeit:** hin knapp 2 Stunden, zurück 3 Stunden; jeweils circa 3,5 km.

**Schwierigkeitsgrad:** Trittsicherheit und Schwindelfreiheit erforderlich. Steiler Pfad auf teilweise losem Geröll; der Rückweg erfordert gute Kondition. An Sonnenschutz und genug Wasser denken; der Weg ist schattenlos.

**Orientierung:** einfach.

**Auf dieser Höhenwanderung klettern Sie die schwindelerregende Steilwand unterhalb des Aussichtspunkts Mirador de Isora hinab zur Bucht von Las Playas. Von oben wie von unten betrachtet, scheint es unglaublich, daß sich hier ein begehbarer Weg hinunter- bzw. hinaufwindet.**

**In früheren Zeiten war die Bucht von Las Playas mitsamt ihrer Steilhänge besonders im Winter ein wichtiger Weidegrund für die Herden der Einwohner von Isora und El Pinar. Einige Hirten überwinterten auch unten im milden Meeresklima und bauten etwas Obst und Gemüse an; davon zeugen heute noch die alten Trockensteinmauern im Lavageröll am Grund der Bucht. Doch gab es hier nie feste Behausungen, bis der Parador samt Straße erbaut wurde und der Boden in dieser schwer zugänglichen Gegend der Insel zum ersten Mal als Bauland in Betracht kam.**

▶ Der gut ausgebaute Einstieg in den Weg geht beim **Mirador de Isora** vom Ende des Parkplatzes aus zunächst nach rechts ab. Er umrundet eine Felsnase und führt alsdann mehr oder weniger steil hinab. Auf dem ersten Wegstück können Sie ringsum noch terrassenartig angelegte kleine Felder sehen. Hier wachsen Pinien, Sabinas, Büsche und Sträucher; die Agaven entlang der Wegmauern fehlen nicht. Viehgatter erinnern daran, daß hier nach wie vor Ziegen auf der Suche nach Grünzeug herumklettern.

Nach dem ersten Drittel des Weges gelangen Sie zu zwei herrlichen großen Kiefern, die allein am Hang wachsen; ein schöner schattiger Rastplatz, von dem aus Sie nicht nur den phantastischen Blick hinunter in die Bucht – vom *Roque de la Bonanza* bis zum *Parador* am gegenüberliegenden Ende –, sondern auch zurück auf die höhergelegenen Teile des *Barranco del Abra* genießen können, der sich fast während der ganzen Tour rechts des Weges auftut.

Die steilsten Abschnitte gleichen mehr einem Ziegenpfad denn einem Wanderweg. Gehen Sie sie langsam an: Bergab sind sie nicht ungefährlich, da man auf dem losen Lavageröll leicht ins Rutschen kommt, und bergauf sind sie äußerst schweißtreibend.

Nah an der Felswand wird der vulkanische Aufbau der gigantischen Hänge deutlich: gut zu erkennen die Basaltschichten der »antiken Serie« (↗ Geologie und Vulkanismus), die zahlreichen Diques, und die Arbeit der Erosion. Neben dem tiefsten Barranco an der Nordseite dieses riesigen Amphitheaters aus Fels finden sich andere, weniger eingekerbte, doch gleichfalls schroffe und zerklüftete Einschnitte und Abbruchkanten. Beeindruckend auch die Brocken, die überall herumliegen und irgendwann einmal mit Riesengetöse aus mehr

Runter geht's immer – und das mit Blick auf den Roque de la Bonanza

oder weniger großer Höhe hinuntergefallen sind.

Ab etwa der Hälfte des Weges wird die Vegetation immer mehr zum »Sukkulentenbusch« aus Calcosas, Tabaiben und Veroden. Die Barrancos weiten und glätten sich gegen Ende des Weges – das Werk der Sturzbäche, die sich hier während der seltenen starken Regenfälle ins Tal ergießen.

Fast schon unten angelangt, queren Sie jetzt den Barranco del Abra; den Aufstieg zur anderen Seite der Schlucht werden Sie wahrscheinlich nach dem langen Abstieg als erleichternde Abwechslung empfinden. Der Weg passiert noch einige kleinere Schluchten, bis er schließlich auf eine Piste trifft, die direkt meerwärts zur Hauptstraße von **Las Playas** führt.

## VALLE DEL GOLFO

### 11 Camino de Jinama – Ins Golftal hinab

Mirador de Jinama (1200 m) → Frontera (350 m)

**Gehzeit:** hin 2 Stunden, zurück 3 Stunden; jeweils etwa 4,5 km.

**Schwierigkeitsgrad:** mittel; der Weg ist besser befestigt und nicht ganz so steil wie der Camino de la Peña (Wanderung 10). Der Aufstieg erfordert eine gute Kondition. Bei Regen sollten Sie die Wanderung wegen Rutsch- und Steinschlaggefahr nicht unternehmen.

**Orientierung:** Irrtümer ausgeschlossen.

**Eine der beliebtesten und schönsten Wanderungen auf El Hierro, von der Meseta de Nisdafe durch den Monteverde hinunter zum Kirchplatz von Frontera. Sie erleben auf diesem alten Verbindungsweg hautnah den höhenabhängigen**

**Wechsel des Klimas und der Vegetation – und werden sich am Panorama-Talblick nicht satt sehen können.**
**Historisch betrachtet, ist der Camino de Jinama neben dem von La Peña der wichtigste Verbindungsweg vom Norden ins Valle del Golfo. In früheren Zeiten war er vor allem für die Familien aus San Andrés und Isora der traditionelle Abstieg in ihre Winterquartiere im Golftal. Während der Bajada spielt der Weg noch eine wichtige Rolle: Auf ihm kehrt die Virgen mit ihrem Troß aus dem Valle del Golfo zurück.**

▶ Am **Mirador de Jinama** gehen Sie, vorbei an der *Ermita de La Caridad* und einem imposant ins Tal hineinragenden Dique, nach links hinunter. Der Weg ist fast durchgängig steingepflastert und gut ausgebaut. Nach steilen Abschnitten in engen Serpentinen geht es zur Erholung auch immer mal fast eben und auf Lavaerde an der Felswand entlang.

Wenn der Tag klar ist, können Sie von hier aus Richtung Westen den *Malpaso* als höchste Erhebung des gigantischen Halbrunds aus Felswänden sehen. Meist hängt jedoch die Bruma am Bergkamm und verwehrt die Aussicht. Schon lange bevor Sie die Orte im Tal sehen können, können Sie sie hören: Autohupen, Hundegebell, Rufe, vielleicht auch die Kirchturmglocke dringen durch die Nebelwatte. Die Passatnebel lichten sich jedoch mit abnehmender Höhe zusehends und geben schließlich den herrlichen Blick aufs Tal frei.

Nach etwa 500 m ist schon der erste **Rastplatz** erreicht, eine kleine Anlage mit Tischen und Bänken aus Lavaplatten. Doch ist das Klima hier

Lauschig: Im Fayal-Brezal-Wald auf dem Camino de Jimana

oben meist wenig einladend, um sich niederzulassen. Dafür ist die Vegetation um so üppiger: Alle Spezies des *Nebelwalds* (↗ Im Nebelwald) sind entlang des Weges versammelt – nicht nur botanisch Bewanderte werden ihre helle Freude haben.

Sie passieren schroffe Felseinschnitte und steil aufragende Wände, über und über mit Moos und Aeonium-Rosetten bewachsen. Nach einem weiteren km gelangen Sie bei einem mit Holzgeländer befestigten Wegstück – mit sehr schönem Blick ins Tal – an einen zweiten mit Steinbänken angelegten Rastplatz. 300 m weiter können Sie an der *Fuente de Tincos*

Quellwasser aus dem Fels zapfen, etwas weiter unterhalb laufen Sie an der imposanten Felswand *Hoyo de Tincos* entlang, die hier senkrecht emporragt.

Allmählich nehmen Feuchtigkeit und Dichte des Waldes ab, statt Fayal-Brezal und Lorbeerbäumen dominieren jetzt die weiß blühenden Mocán-Bäume, vereinzelt sieht man auch Madroño und Palo Blanco. Immer öfter gibt der Wald den Blick ins Tal und auf die Steilwände frei. Neben den harten Basalten der ältesten Ausbruchsserie zeigt sich an Felseinschnitten weiter unten jetzt auch rötlicher oder schwarzer Tuffstein.

Nach fast 3,5 km ab dem Mirador de Jinama ist das *Kulturgebiet von Frontera* erreicht: Obst- und Eßkastanienbäume lösen den Mischwald ab, Weinreben ziehen sich die Hänge hinauf. Der Weg ist jetzt breit und nur noch sanft abfallend. An einem Holzkreuz vorbei hält er auf eine große alleinstehende Kiefer zu. 100 m weiter sehen Sie an einer Kreuzung das Hinweisschild *Camino de Jinama;* auf dem breiten gepflasterten, später asphaltierten Weg geht es noch 700 m durch Weinfelder weiter bergab. Die Piste mündet in eine Straße, die wiederum direkt bei der Bar Joapira auf **Fronteras** *Plaza de Candelaria* stößt.

## 12 Quer durchs Golftal nach Sabinosa

La Frontera/Tigaday (300 m) → Los Llanillos (200 m) → Charco Azul (0 m) → Sabinosa (300 m)

**Gehzeit:** Hin- und Rückweg jeweils 2 Stunden; 7,5 km, Abstecher ans Meer bzw. längerer Rückweg plus 3 km.

**Schwierigkeitsgrad:** leicht.

**Orientierung:** meist einfach.

**Auf dieser Tour wandern Sie auf einer bequemen Piste mitten durch das Golftal bis zum Dörfchen Sabinosa im Westen. Die Wanderung bietet zwei mögliche Bade-Abstecher ans Meer.**

▶ Ausgangspunkt ist die Kreuzung der Carretera General **Tigaday** mit der Hauptstraße *La Corredera* in Richtung Las Puntas. Von hier aus in Richtung Tigaday nehmen Sie gleich die nächste Straße nach rechts in Richtung Meer. Sie quert die untere Umgehungsstraße Tigadays. Kurz vor dem großen Wasserstaubecken biegen Sie nach links in die *Pista del Canal* ein, der Sie nun weiter in westliche Richtung folgen. Der 1995 fertiggestellte zentrale Wasserspeicher des Golfs ist Zwischenlager für das aus einem Tiefbrunnen in Tigaday geförderte wie für das bis hierher gepumpte Trinkwasser aus dem *Pozo de los Padrones* in Las Puntas (↗ Las Puntas). Wenn Sie nach oben in Richtung Tigaday schauen, können Sie hinter einem flachen Hügel den *drago* (Drachenbaum) von Tigaday sehen.

Die Piste begleitet die Hauptwasserleitung von Frontera nach Sabinosa, die sich streckenweise als abgedeckter Kanal, später als Betonröhre durch das Tal zieht. Wanderern dient sie als bequemer Wegweiser durch die Plantagen, ab Los Llanillos dann durch rauhes Malpaís.

Nach etwa 2 km ab Tigaday sehen Sie links oberhalb die Häuser von **Los Llanillos**. Auf der Höhe des westlichen Ortsendes kreuzt die Straße von der Hauptstraße hinunter zur Kü-

Neugierig? Ich? Nie im Leben…!

stenstraße und zum **Charco Azul** (↗ »Charcos« – Badestellen im Fels). Der Abstecher zum Badebecken am Meer ist hin und zurück etwa 3 km lang.

Geradeaus geht es jetzt für 4,5 km immer weiter entlang des Wasserkanals durch Malpaís, bis die ersten Terrassenäcker von Sabinosa auftauchen. Am *Barranco del Jable* trennen sich Piste und Wasserrohr für kurze Zeit, um dann auf einen Starkstrommast zuzuhalten. Etwa 200 m nach dem Mast zweigt von der Piste ein Weg nach links oben ab, auf dem Sie nach weiteren 800 m durch Weinfelder zur Hauptstraße und gleich darauf nach **Sabinosa** gelangen.

Von hier aus können Sie sich ein Taxi bestellen oder per Anhalter zurückfahren.

✷ **Tip:** Wer noch wanderlustig ist und nicht den gleichen Weg zurücklaufen möchte, dem bietet sich eine um etwa 3 km längere **Rückweg-Alternative:** der Weg von Sabinosa nach ***Pozo de la Salud*** (↗ W13), und über die Küstenstraße nach Osten wieder zurück nach ***Tigaday*** (↗ Radtour 2). Wenn Sie in jedem Fall einen **Badeabstecher** machen wollen und statt in den Charco Azul in den Charco unterhalb von Sabinosa hüpfen, haben Sie die 3 km wieder raus (Gehzeit dann insgesamt: 4,5 bis 5 Stunden; 18 km).

## 13 Von Sabinosa durch den wilden Westen

Sabinosa (300 m) → Pozo de la Salud (20 m) → Playa del Verodal (0 m) → Sabinosa

**Gehzeit:** 4 Stunden hin und zurück (ohne Abstecher); 14,5 km.

**Schwierigkeitsgrad:** steiler Ab- bzw. Anstieg bei Sabinosa, ansonsten fast ebene Strecke.

**Orientierung:** einfach.

**Vom Dörfchen Sabinosa führt ein schmaler Pfad hinunter zum Badeort Pozo de la Salud; von hier aus können Sie gen Westen durch märchenhafte Vulkanlandschaft bis zur Playa del Verodal wandern.**

▶ Laufen Sie auf der Straße nach Westen aus **Sabinosa** hinaus, bis etwa 200 m ab Ortsende nach der ersten Linkskurve ein schmaler Pfad von der rechten Straßenseite abzweigt (nach links aufwärts geht es hier zum kleinen Friedhof von Sabinosa). Der Pfad führt auf schwarzem Jable steil abwärts und kürzt so die zahlreichen Serpentinen der Straße ab, die er insgesamt dreimal kreuzt. Auf diese Weise gelangen Sie schon nach etwa zwanzig Minuten unten an. Der zuletzt breite Fußweg durch die terrassierten Weinfelder trifft oberhalb der Siedlung um den Pozo de la Salud wieder auf die Straße, der Sie jetzt in Richtung Westen folgen.

Von hier sind es entlang der asphaltierten Piste bis zum roten **Kiesstrand am Verodal** noch 6 km zu wandern – bequem und ohne Irrtumsmöglichkeit. Die Tour läßt sich auch per Auto oder Fahrrad machen (ausführliche Beschreibung ↗ *Arenas Blancas und Playa del Verodal*), doch zu Fuß wird sich Ihnen die bizarre Schönheit dieser Gegend am eindrücklichsten erschließen.

Lohnend sind auch **Abstecher** jenseits der Straße, auf Sandpisten zur Bucht von *Arenas Blancas* und zum *Arco de la Tosca*.

## 14 Über den Bergkamm zur Dehesa

Sabinosa (300 m) → Las Casillas (875 m) → Mirador de Bascos (650 m)

**Gehzeit:** Sabinosa – Las Casillas: hin 1 ¾ Stunden, zurück 1 ¼ Stunden; jeweils nur knapp 3 km.

Abstecher zum Mirador de Bascos und Sabinar: 2 Stunden; 6 km, mit Rückweg über Ermita de Los Reyes knapp 3 Stunden; 8,5 km.

**Schwierigkeitsgrad:** mittel; steiler Anstieg bis zum Bergkamm.

**Orientierung:** meist einfach.

**Diese Wanderung führt Sie über den viel begangenen alten Hirtenweg von Sabinosa hinauf zum Hochland von La Dehesa. Oben angelangt, machen Sie einen Abstecher zum entlegensten Aussichtspunkt der Insel und zu den uralten Wacholderbäumen des Sabinar. Alternativ können Sie über die Ermita de Los Reyes zurückwandern.**

**Es ist noch nicht lange her, daß dieser Weg die einzige Verbindung von Sabinosa zum Hochland von La Dehesa war, für die Einwohner Sabinosas das wichtigste Weide- und Ackergebiet. Entsprechend häufig wurde – und wird sogar heute noch – der Weg genutzt.**

▶ In **Sabinosa** geht es gegenüber der Plaza José R. Vallabriga mit der Dorfstraße *Calle Hoya del Moral* gleich steil hinauf Richtung Felswand. Schon bald zweigt der Weg zur Dehesa nach rechts und weiter aufwärts ab, zunächst entlang der terrassierten Obst- und Weingärten Sabinosas. Der stets solide ausgebaute, steingepflasterte Weg zieht sich in Serpentinen immer höher hinauf. Bald schon können Sie das ganze Dörfchen aus der Vogelperspektive überblicken, sehen die Straße, die sich über den schwarzen Aschekegel nach *Pozo de la Salud* hinunterwindet, den Badeort am Meer und die Küstenpiste, und Richtung Westen bis zur Küstenplattform von *Arenas Blancas.* Wenn der Tag nicht gerade besonders klar ist, wird Ihnen allerdings wenig später die Bruma die Aussicht vernebeln.

Die Vegetation entlang der ganzen Tour bis hinauf zum Bergkamm wuchert üppig; zuerst noch lieblich, von Blumen und Kulturpflanzen durchsetzt, später wild und dschungelartig. Etwa ab 500 Höhenmetern beginnt der *Nebelwald* aus Fayal-Brezal und Lorbeerbäumen, je höher, desto dichter. Stellenweise wird der Weg hier zum Hohlweg; Flechten hängen von den Bäumen herab, lianenartige Schlinggewächse verstärken den Eindruck von Wildnis. Die Wegmäuerchen sind mit einem grünen Kleid aus Moos überzogen.

Schon recht nahe dem Kamm wird der Weg wieder breiter, der Wald lichter; hier oben wachsen hinter hohen Steinmauern plötzlich wieder Pfirsich- und Feigenbäume. Rechter Hand ragt ein auffälliger Felsblock ins Tal, an dem der Weg später vorbeiführt und einen atemberaubenden Blick zurück in die schräg abfallende Schlucht bietet. Kurz danach (bis hier gut 2 km von Sabinosa) erreichen Sie eine Weggabelung, in der Wand sehen Sie linker Hand eine Felsnische.

**Variante:** Wenn Sie hier den schmalen Pfad nach links durch den Wald weitergehen, erreichen Sie nach etwa 300 m oben am Kamm eine Piste, die Sie, wenn Sie sich stets oben in Kammnähe halten, in Richtung Malpaso weitergehen können; sie trifft bald auf den Camino de la Virgen, ↗ W18.

Zum *Sabinar* und *Mirador de Bascos* gehen Sie mit dem breiteren Weg nach rechts weiter. Nach ein paar hundert Metern haben Sie den Kamm erreicht: Der Weg endet hier an einer Art Plattform oder Wendeplatz, **Las Casillas,** an der sich zwei Fahrpisten aus La Dehesa treffen. Von hier oben präsentiert sich Ihnen ein einzigartiger Rundblick über das sanft gewellte Gebiet der

Camino de Sabinosa: Blick vom Kamm auf La Dehesa

**Dehesa** mit ihren Vulkanen, und den Steilhang hinunter zum *Valle del Golfo*. Neben einem Wegweiser finden Sie eine Wasserstelle.

Der kürzeste Weg (circa 1,5 km) zum Mirador de Bascos führt von hier aus in nordwestliche Richtung, immer entlang des steil abfallenden Rands der Dehesa. Sie laufen auf der breiten Piste bergab, die von Nordwesten auf den Platz stößt. Nach gut 100 m kommt von links eine Piste, die Sie ebenso ignorieren wie spätere Abzweigungen; gehen Sie hier nach rechts und wandern Sie dann stets in der bisherigen Richtung weiter. Ihr Weg, der einen Aljibe passiert, ist bald wieder von Trockenmauern gesäumt.

Der zuletzt steiler bergab führende Weg endet an einem Acker, den Sie weglos überqueren. Sie halten auf eine Steinmauer zu, die Sie leicht übersteigen können, und laufen dann entlang eines Wäldchens aus wiederaufgeforsteten Pinien weiter abwärts, bis Sie kurz darauf auf eine breite Piste gelangen. Dieser folgen Sie nach rechts; nach einer auszementierten Senke und einem kleinen Stück bergan durch das Wäldchen haben Sie den **Mirador de Bascos** erreicht, wo Ihnen bei guter Sicht das gesamte *Valle del Golfo* zu Füßen liegt (↗ Mirador de Bascos).

Zum Sabinar wandern Sie auf derselben Piste in südliche Richtung zurück und folgen nach einem knappen km dem Hinweisschild **El Sabinar** nach rechts abwärts. Schon bald können Sie weiter unten am Hang den ersten windgebeugten Baum des legendären *Wacholderwalds* erblicken (↗ Wacholderwald El Sabinar).

Wenn Sie nicht den gleichen Weg wieder zurücklaufen wollen, können Sie den **Rückweg** auch über die nicht ganz 3 km entfernte *Ermita de Los Reyes* (↗ Das Heiligtum der Inselheiligen) machen. Vom Sabinar zurück auf der Hauptpiste, gehen Sie dazu auf dieser nach rechts gen Süden weiter. Schon 300 m vor der Ermita, am Fuß der *Montaña de la Virgen*, beginnt gegenüber dem Felsbrocken *Piedra del Regidor* der Rückweg zum Kamm. Der breite mauergesäumte Wanderweg ist der Anfang des *Camino de la Virgen* (↗ W18). Nach knapp 400 m verlassen Sie ihn bei einer Wegkreuzung nach links und wandern noch gut 2 km weiter in nordwestliche Richtung bergauf, bis Sie wieder den Wendeplatz bei **Las Casillas** erreicht haben.

## WANDERTOUREN IM SÜDWESTEN

### 15 Auf den Spuren der Bimbaches

Hoya del Morcillo (1000 m) → Piste El Julán (900 m) → Los Letreros (300 m)

**Gehzeiten:** Morcillo → Wegeinstieg: Hin- und Rückweg 3 Stunden; 12 km. Wegeinstieg → Los Letreros hin und zurück insgesamt 4 Stunden; 9 km.

**Schwierigkeitsgrad:** mittel; lang ansteigender Rückweg erfordert Ausdauer.

**Orientierung:** einfach.

**Wichtig:** Personalausweis sowie Sonnenschutz und ausreichend Wasser (pro Person 2 – 3 l) mitnehmen; Ab- und Aufstieg sind weitgehend schattenlos.

✷ **Tip:** Wenn Sie von der Hoya del Morcillo aus zur Kultstätte der Bimbaches wandern, sollten Sie frühzeitig aufbrechen, weil Sie mit rund 7 Stunden reiner Gehzeit rechnen müssen. Alternativ können Sie bis zum Ausgangspunkt der Piste zu den Letreros auch fahren, ganz wunderbar zum Beispiel mit dem **Rad.** Von dort sind es hinunter zu den Letreros noch etwa 1 ½ und wieder hinauf 2 ½ Stunden. Die 6 km lange asphaltierte Piste vom Morcillo bis zum Wegeinstieg hinunter zu den Letreros ist jedoch angenehm zu gehen, schattig am Rand des duftenden Pinienwalds, und bietet einen herrlichen Blick über El Julán bis zum Leuchtturm von Orchilla im äußersten Westen.

**Durch lichten Pinienwald und später den mächtigen Hang von El Julán hinab wandern Sie zum Ort der berühmten Felsinschriften Los Letreros. Diese »archäologische« Tour können Sie in einer Lang- oder Kurzstreckenvariante unternehmen.**

▶ Los geht's – ob zu Fuß oder auf Rädern – an der Einfahrt zum **Morcillo**: Folgen Sie am Wegweiser nach *El Julán* dem angezeigten Weg gen Südwesten. Folgen Sie stets der asphaltierten Piste, nehmen Sie keine der Abzweigungen nach unten oder nach oben in den Wald.

Nach etwa 6 km ab Morcillo zweigt nach unten eine Piste Richtung Los Letreros ab. Folgen Sie dieser geradeaus in Richtung »Los Letreros« (Hinweisschild nach grünem Eisentor). Nach einer Viertelstunde erreichen Sie das **Infozentrum El Julán** (im Sommer 2004 noch nicht fertiggestellt). Etwa 100 m davor geht es nun weiter abwärts; die Piste windet sich nun in gleichförmigen Serpentinen hinab, quert dabei einzelne Barrancos und bietet zunächst noch durch vereinzelte Pinien am Wegesrand immer wieder Gelegenheit zur Rast im Schatten. Die Piste ist stellenweise stark ausgewaschen und zerklüftet. Nach zwei Dritteln des Weges ist in Richtung Meer deutlich eine Art Türmchen aus Stein erkennbar, auf das die Piste direkt zuhält. Unter Umständen treffen Sie dort am *Tagoror* auf den Jeep eines Wächters, der Ihren Ausweis sehen möchte.

**Tagoror** bedeutet »Versammlungsplatz«, und wahrscheinlich war die Anlage aus Steinkreisen, die Sie hier um das Türmchen aus Lavaplatten herum sehen, auch ein wichtiger Versammlungsort der Ureinwohner. Nach einer anderen Theorie deuten die miteinander verbundenen Steinkreise auf den Grundriß einer Tempelanlage hin. Das Türmchen soll den erhöhten Sitz des Bimbachen-Königs im Rat darstellen – der Tagoror ist in seiner heutigen Form allerdings eine wahrscheinlich mehr phantasievolle als archäologisch fundierte Rekonstruktion. Fest steht jedoch, daß die Anlage ein wichtiger Kultplatz der Ureinwohner El Hierros gewesen ist. Wohn- und Grabhöhlen, Keramikreste und *Concheros* (antike Müllhaufen aus Muschelschalen) sind im gesamten Gebiet El Juláns gefunden worden. Bekannt war die Kultstätte schon im 18. Jahrhundert; der Hierro-Reisende *Juán Urtusáustegui* erwähnte sie bereits in seinem Reisetagebuch von 1779.

Vom Tagoror aus führt in Richtung Westen ein kleiner Pfad leicht abwärts bis zu den **Letreros.** Während des 15minütigen Wegs dorthin passieren Sie zwei Concheros. Die offensicht-

Letreros: Rätselhafte Botschaften aus der Bimbachen-Zeit

lich hier in Mengen verzehrten *lapas* (Napfschnecken) sammelten die Bimbaches unten an der *Playa de las Alcusas* von den Felsen, wo die mützenförmigen Schalentiere noch immer zahlreich zu finden sind.

Der Pfad führt durch einen Barranco bis zu einem relativ glatten Felsrücken. Die Felsinschriften fallen nicht sofort ins Auge; um sie zu finden, sollten Sie zunächst nach flachen Lavaplatten Ausschau halten. Inzwischen ist der richtige Ort leider auch an deutlich sichtbaren Abbruchstellen zu erkennen. Wahrscheinlich sind durch Raub und Zerstörung inzwischen mehr als die Hälfte der Inschriften verloren gegangen.

Die Entdeckung der Schriftzeichen wird dem herrenischen Pfarrer *Don Aquilino Padrón* zugeschrieben, der 1873 einen Bericht über »Los Letreros« veröffentlichte. Daraufhin begannen sich zum ersten Mal Archäologen aus Europa für El Hierro zu interessieren und die Insel zu bereisen. Der französische Forscher *René Verneau* glaubte in den gefundenen Überresten des Tagoror eine Sakralanlage mit Opferaltar zu erkennen. Der österreichische Sprachforscher *Dominik Wölfel* versuchte sich an der Entzifferung der Schriftzeichen; dies gelang ihm zwar nicht, doch fand er Ähnlichkeiten mit alphabetischen Zeichen einer Berbersprache aus Libyen, woraus versucht wird, Rückschlüsse auf die Herkunft der Urcanarios zu ziehen.

Die Inselregierung plant weiter oben an der Piste eine Informations- und Ausstellungshütte für Besucher;

sachkundige Pflege und geregelte Bewachung der archäologischen Stätten von El Julán sollen verhindern, daß ihre jetzt noch vorhandenen Reste weiter zerstört werden.

Der **Aufstieg zurück** ist vor allem in der Mittagssonne sehr anstrengend. Nutzen Sie das erste schattige Plätzchen auf dem Rückweg zu einer ausgiebigen Erholungspause, bevor Sie weiter aufwärts steigen.

Vom Tagoror aus führt auch eine Piste in Richtung Meer; auf ihr erreichen Sie nach etwa einer Dreiviertelstunde, teilweise steil abwärts und, je nach Zustand der Piste, die manchmal durch abgegangene Felsen verschüttet ist, auch mit Kletteraufwand, die steinige **Playa de las Alcusas.** Von hier können Sie auf einer anderen Piste in Richtung Südost nach etwa zwei Stunden die Asphaltstraße oberhalb der **Bucht von Tacorón** erreichen. Das Gelände befindet sich allerdings in Privatbesitz, Schilder warnen vor unbefugtem Passieren; wohnen tut hier jedoch niemand.

## 16 In 2 Etappen von El Pinar nach Sabinosa

El Pinar/Taibique (800 m) → Cruz de Los Reyes (1350 m) – Malpaso (1500 m) → Sabinosa (300 m)

**Gehzeit:** 5 ½ Stunden; 17 km. Die Wanderung ist in zwei Etappen beschrieben:
1: El Pinar → Cruz de Los Reyes;
2: Cruz de Los Reyes → Sabinosa.

**Schwierigkeitsgrad:** im letzten Abschnitt anspruchsvoll, Trittsicherheit und Schwindelfreiheit nötig.

**Orientierung:** nicht immer einfach.

**Die Dörfer El Pinar und Sabinosa sind in ihren Traditionen schon immer sehr eng miteinander verbunden gewesen, obwohl sie relativ weit voneinander entfernt liegen. Beide waren Hirtendörfer, die die kommunalen Weidegebiete der Dehesa intensiv nutzten. Wenn sich die Dörfler dies- und jenseits der Cumbre, der Gipfelregion der Insel, besuchen wollten, legten sie diesen beschwerlichen, aber wunderschönen Weg zurück, durch Pinienwald und Monteverde hoch hinauf und auf steilen Pfaden wieder hinunter.**

### 1: El Pinar → Cruz de Los Reyes

**Gehzeit:** 2 Stunden; 6,5 km

▶ Von der Plaza im Zentrum **Taibiques** geht es das steile Sträßchen rechts neben der Librería hinauf. An der kleinen Plaza San Estebán gehen Sie weiter rechts aufwärts bis zu Hauptstraße. Folgen Sie nun der Straße, die geradeaus, zunächst halb links, weiterführt. Nach einer weiteren Kreuzung setzt sich die Straße als breiter alter Camino fort. Er führt zwischen Lesesteinmauern immer geradeaus in Richtung *Casa Forestal,* einem weißen Haus am Rand des Pinienwalds. Kurz bevor Sie den Wald erreichen, zweigt an einem Gatter nach rechts eine Piste zur Casa Forestal ab. Sie folgen hier dem leicht ansteigenden Waldweg weiter geradeaus, der später im Wald etwas undeutlicher wird. Sie laufen an einigen alten Steinmauern vorbei und queren einen kleinen Barranco, wobei Sie sich immer leicht links halten. Der schwach erkennbare Weg führt bald einen steilen Hang bergauf, später wandern Sie gemächlicher ansteigend in einem

Feigenkakteen säumen den Weg Richtung Morcillo

Einschnitt zwischen zwei Hügeln. Wenn Sie nach rechts oben blicken, sehen Sie von hier aus den *Jable de Mequena*, einen Hang aus schwarzem Lavakies unterhalb der Piste zum Cruz de Los Reyes. Kurz darauf erreichen Sie schon den Campingplatz der Freizeitanlage **Hoya del Morcillo.** Ihr Weg führt rechts vom Fußballplatz an den Sanitärhäuschen vorbei. Sie sind jetzt seit etwa einer halben Stunde unterwegs.

Verlassen Sie den Morcillo auf der Straße vom Parkplatz aus; genau hinter dem Wegweiser an der Ausfahrt zieht sich Ihr Weg geradeaus den Berg hinauf. Zuerst nur schwach erkennbar, stößt er bald auf eine andere, deutlichere Piste, die Sie nach links in Richtung Westen und sanft bergauf führt: ein schöner Spaziergang durch lichten Pinienwald auf weichem Nadelboden. Immer wieder leuchtet das Blau des Meeres zwischen den Bäumen hindurch. Die Piste schlängelt sich in sanften Bögen am Berg entlang weiter; mal leicht abwärts, mal wieder ansteigend.

Nach einer Viertelstunde ab Morcillo trifft sie bei einem Barranco auf eine Piste, die sehr steil nach rechts oben führt. Sie folgen weiter dem Hauptweg, der jetzt leicht abwärts nach links ins Tal schwingt. Dieses Waldstück ist vom Waldbrand gezeichnet; einige Baumriesen sind bereits abgestorben, während sich die jüngeren Stämme meist wieder erholt haben. Der Weg steigt wieder an; nach weiteren zehn Minuten sehen Sie linker Hand die *Montaña Mercader* mit dem roten Feuerwachturm. Nachdem Sie zwei Barrancos gequert haben, erwartet Sie ein grandioser Blick zurück bis zur Südspitze der Insel. Nach etwa einer Dreiviertelstunde ab Morcillo gelangen Sie an eine Piste, die nach links zur Mercader führt. Gegenüber finden Sie an einem Baum eine Wasserstelle. Ihr Wanderweg zieht sich geradeaus weiter durch den Wald; links am Wegrand sehen Sie den riesigen, unten im Stamm ausgehöhlten **Pino Piloto**. Diese uralte Pinie ist einer der wenigen legendären Baumriesen El Hierros, der noch nicht den diversen Bränden unterlag.

Rechts oben können Sie wieder die Jablefelder erkennen. Der Weg verläuft hier ein Stück ganz gemächlich ebenerdig, an weiteren riesigen Pinien vorbei. Eine Piste, die nach links abzweigt, ignorieren Sie und folgen weiter der Hauptpiste nach oben. Kurz darauf quert sie wieder ein Barrancobett, am Weg ein paar riesige Felsbrocken. Der Wald wird jetzt niedriger, dichter und urtümlicher, ab und zu schon vermischt mit Fayal-Brezal. Nach 20 Minuten ab dem Pino Piloto erreichen Sie die mit Steinmauern gesäumte **Fuente del Julán**. Die Piste führt links an ihr vorbei; Sie verlassen diese hier auf einem Weg, der links vom Brunnen und rechts der Piste neben der Mauer hinaufführt. Der Weg steigt steil an und bietet einen atemberaubenden Blick zurück. Auf der ersten Höhe angelangt, scheint der Weg nach rechts weiterzugehen; Sie folgen jedoch dem Einschnitt nach links zwischen Fayal-Brezal-Bäumen. Der Weg wird enger, schließlich zum Pfad und geht wieder steil bergauf. Halten Sie sich immer links und folgen Sie der Trittspur, ein kurzes Stück als tief eingegrabene Erdfurche. Die Trittspur stößt schließlich auf einen Pfad, der bei den **Fuentes de Los Reyes** herauskommt.

An diesem schön angelegten Fleckchen im dichten Fayal-Brezal-Wald finden Sie vier wie Brunnen angelegte *Zisternen.* Das hier gespeicherte Wasser können Sie treppab in einer schattigen kleinen Senke aus Wasserhähnen zapfen. An den Aljibes vorbei führt ein Pfad auf die Straße; kurz davor sehen Sie eine zementierte Fläche, in deren Mitte ein Sabina-Bäumchen gepflanzt ist. Hier stand bis zu einem verheerenden Waldbrand 1990 die gewaltige *Sabina del Agua* – sie holte im Verein mit den anderen Bäumen des Wäldchens das Wasser aus dem Nebel und ließ es in die Aljibes sickern.

Auf der asphaltierten Straße laufen Sie geradeaus in nordwestliche Richtung, bis Sie nach fünf Minuten den Platz am **Cruz de Los Reyes** erreicht haben.

### 2: Cruz de Los Reyes → Sabinosa

**Gehzeit:** 3,5 Stunden; 10,5 km

▶ Vom Platz am **Cruz de Los Reyes** aus wandern Sie nun für etwa 3 km den *Camino de la Virgen* in umgekehrter Richtung, bis der Weg nach Sabinosa ihn verläßt. Vom steinernen Altar mit dem großen Holzkreuz aus gesehen gehen Sie auf der Hauptpiste etwa 400 m nach Westen; von ihr abzweigend führt eine schwach ausgeprägte Fahrspur nach rechts bergauf. In einer sanften Schleife erklimmt sie den großflächigen Hang des **Malpaso** und trifft nach etwa 700 m auf die Fahrpiste zum Gipfel, der Sie dann bis nach oben folgen (↗ Autotour 5).

Vom Malpaso aus queren Sie zunächst auf einer nur undeutlich sichtbaren Fahrspur das *Jablefeld* westlich des Gipfels. Halten Sie sich hier stets links – an einigen Stellen ist der Weg durch Lavasteine markiert –, bis Sie auf eine etwa 2 m breite, bald von Pinien gesäumte Piste treffen. Ab hier ist der Weg sehr gut erkennbar. Nach links haben Sie einen wunderbaren Blick bis nach La Restinga im Süden. Ein Wegweiser zeigt den Einstieg in den Weg nach Sabinosa. Zwischen zwei Mäuerchen rechts der Piste zweigt der Pfad Richtung Nordwesten in den Wald ab. Hangabwärts verläuft er stets gut sichtbar im Mischwald aus Pinien und Fayal-Brezal. Etwa 10 Gehminuten ab dem Wegeinstieg geht der bis hierhin sandige Weg über in steinbefestigten Grund. Rechter Hand ist der größte Vulkan El Hierros, der *Tanganasoga,* zu sehen, bei klarem Wetter auch La Palma. Nach einem steilen Wegstück laufen Sie eine Weile fast eben und sehr bequem durch wunderschönen lichten Pinienwald am Rand des Tanganasoga entlang in Richtung Norden.

Bald geht es in Richtung Westen wieder steiler bergab. An diesen Hängen wabert meist die Nebelwolke und macht den *Monteverde* zum Märchenwald: Die Äste tragen Flechtenbärte; Gestrüpp und alte Trockensteinmauern sind moosbewachsen. Im Unterholz wuchern Farne und Disteln, streckenweise ist der schmale Weg fast zugewachsen und wird zum Hohlweg. Tief unten hört man das Meer rauschen.

Etwa 1 Stunde ab Wegeinstieg gelangen Sie an eine *Lichtung* mit ersten Zeichen von Landwirtschaft: Im Wald wachsen Feigenbäume. Der Pfad gabelt sich bald darauf; nehmen Sie die Abzweigung nach links, sie stößt kurz danach auf eine breite Piste, der Sie geradeaus in nordwestliche Richtung folgen. Links der Piste passieren Sie einen Kartoffelacker, Obstbäume, Feigen und Kastanien. Fünf Minuten später gabelt sich die Piste erneut; Sie schlagen den Weg ein, der nach oben an einem einsam gelegenen Haus vorbeiführt (Hinweisschild »Fuente Mancafete«). Nach etwa 250 m aufwärts weist kurz nach einer Finca ein Holzschild den Weg nach Sabinosa rechts in den Wald hinein. Er wird schnell wieder zum schmalen, teils zugewucherten Pfad mit moosbewachsenen Mauerresten, hinter denen vereinzelt Aprikosenbäume wachsen.

Gehen Sie immer den Hauptweg weiter und ignorieren Sie die Abzweigungen. Am Abhang geradeaus ist eine alte Wasserleitung zu erkennen, die von der *Fuente de Mancafete* nach Sabinosa hinunter gelegt wurde. Sie begleitet ein Stück des Weges, der bald darauf ein paar große Felsbrocken passiert. Eine Kurve weiter unten blicken Sie rechter Hand auf einen

Hier geht's abwärts nach Sabinosa

Einschnitt im rot-schwarzen Tuffgestein. Wenn sich der Nebel inzwischen verzogen hat, haben Sie hier eine phantastische Aussicht über die Küste des Golfo.

Bald ist der markante Steinblock **Piedra del Rey** (Stein des Königs) erreicht, eine Art natürlicher Aussichtspunkt. Kurz darauf erblicken Sie zum ersten Mal Sabinosa unten am Fuß des Steilhangs. In der Felswand beeindrucken die Einschnitte und Überhänge aus leuchtend rotem und tiefschwarzem Tuff.

Ab hier wird der Weg immer enger und steiler, durch das Lavageröll auch rutschig. Gehen Sie vorsichtig, dieser Abschnitt ist nicht ungefährlich. Kurz nach den ersten Weinstöcken – bis hier oben haben die Winzer von Sabinosa ihre Reben gesetzt! – überspannt ein prächtiges altes Sabina-Exemplar den Weg. Das letzte Stück laufen Sie entlang der Weinberge auf rotem Jable. Inzwischen ist auch wieder das Wasserrohr zum Vorschein gekommen, das Sie noch bis kurz vor Sabinosa begleitet – bis zum großen alten Wasserspeicher am Weg, der nun an einem Dorfsträßchen endet. Nach rechts geht es hinunter zur Hauptstraße von **Sabinosa**.

Verschnaufpause an der Piedra del Rey

## 17 Vulkantour nach La Restinga

El Pinar/Taibique (800 m) → Hoya de la María (300 m) → La Restinga (10 m)

**Gehzeit:** hin etwa 3 Stunden, 10 km; zurück ohne Hoya de la María ebenfalls etwa 3 Stunden, 9 km.

**Schwierigkeitsgrad und Orientierung:** größtenteils einfach; etwas schwieriger zu gehen und zu finden ist der teilweise geröllige und weglose Abschnitt zur Hoya de la María auf dem Hinweg.

**Der traditionelle Verbindungsweg von El Pinar nach La Restinga führt Sie durch immer spärlichere Vegetation bis hinunter in die Lavawüste des Inselsüdens mit ihren eindrucksvollen Vulkankegeln. Auf einem Abstecher jenseits des alten Camino läßt sich der vielfarbige große Krater Hoya de la María bewundern, und am Ende der bei sonnigem Wetter schweißtreibenden Tour lockt ein erfrischendes Bad am kleinen Hafenstrand von La Restinga.**

▶ Los geht's im Zentrum **El Pinars,** der Plaza in **Taibique**. Sie verlassen die Hauptstraße auf einer der beiden Straßen, die abwärts zur Kirche *San Antonio Abad* führen (Calle La Paz oder Calle Chamorro). Kurz nach der Kirche biegen Sie nach rechts in die Calle La Hoya ein, auf der Sie geradewegs hinunter zum Friedhof von El Pinar gelangen. Kurz vor dem Friedhof zweigt der alte *Camino de la Restinga* nach links hinunter ab. Die breite Piste führt an einem Haus vorbei nach rechts, von einem Wasserrohr begleitet. Nach etwa fünf Minuten überqueren Sie zweimal kurz hintereinander die Hauptstraße nach La Restinga, danach folgen Sie der hier asphaltierten Piste nach rechts abwärts. Nach weiteren fünf Minuten zweigen Sie kurz nach einer Wegkreuzung nach links ab; der Camino ist jetzt von Lesesteinmauern eingefaßt und eine kurze Strecke mit Steinen befestigt. Sie passieren ein schönes, mit Natursteinen verkleidetes Haus *(Finca Camila).* Ihr Weg (jetzt wieder Piste) verläuft immer weiter geradeaus abwärts und hält, vorbei an einer weiß getünchten *Finca mit Weinfeld,* auf einen Strommast zu. Nun wieder als schöner alter Steinweg, passiert er die letzten Feigenbäume El Pinars und gibt allmählich den Blick frei auf die karge Vulkanlandschaft des Südens.

Nach etwa zehn Minuten queren Sie einen *Barranco* und folgen dem leicht ansteigenden Weg weiter nach rechts. Etwa 100 m nach dem Barranco verlassen Sie den Camino de la Restinga auf einer Piste nach links abwärts, die wenig später einen weiteren Fahrweg quert. Gegenüber setzt sich der Weg in Richtung Hoya de la María nun als Pfad fort, mit dem Sie entlang einem Bergrücken zur Hauptstraße nach La Restinga absteigen. Jenseits der Straße wandern Sie auf dem nun breiten und steingepflasterten Weg weiter abwärts. Entlang einer Lesesteinmauer und begleitet von vereinzelten Steintürmen und -männchen führt der wunderschöne Weg entlang einer mit Tabaiben und Veroden dicht bewachsenen Felsrinne auf den großen schwarz-rötlichen Krater zu, der hier bereits gut erkennbar ist. Der Weg wird zunehmend gerölliger und dichter bewachsen, überall stehen beeindruckende übermannshohe Tabaiba-Exemplare. Nach etwa 20 Minuten ab Hauptstraße biegt der Camino bei einem *Steinmännchen* nach rechts ab und endet bald darauf an einer niedrigen *Mauer,* die Sie übersteigen und auf dem kaum erkennbaren Pfad rechts der Mauer in fünf Minuten bis zum Rand der **Hoya de la María** absteigen (am linken Kraterrand entlang führt ein Pfad, den nur Schwindelfreie begehen sollten, und auch das nur bei wenig Wind).

Weiter in Richtung La Restinga steigen Sie nun weglos rechts von der Lesemauer am Kraterrand auf, wobei Sie zwei Mäuerchen übersteigen müssen. Bald wird eine *Trittspur* erkennbar (von hier aus herrlicher Blick zurück in den Krater), die Sie wenig später zu einem Durchlaß in der Lesemauer linker Hand führt. Hinter der Mauer laufen Sie nun ohne Weg weiter geradeaus durch den schwarzen Lavakies, entlang dem Bergrücken der

*Montaña del Jable* oberhalb des Kraters. Halten Sie auf die Strommasten zu und folgen Sie diesen abwärts.

Am *dritten Strommast* stoßen Sie auf eine Fahrspur, auf der Sie nach rechts bergab in Richtung der *Montaña los Carriles* weitergehen. Kurz vor dem Berg treffen Sie wieder auf den *Camino de la Restinga,* der hier von rechts oben auf die Piste stößt (Gatter). Nun geht es weiter nach links und anschließend immer geradeaus weiter bergab, wieder begleitet von der Wasserleitung, in Richtung der *Montaña Restinga.* Hier lohnt der Panorama-Blick zurück, über die Vulkankuppen bis hoch hinauf zur bewaldeten Cumbre und hinüber zum Hang von El Julán. Am Fuß der Montaña Restinga können Sie linker Hand einen alten *Kalkofen* aus Lesesteinen erkennen, bald darauf führt Ihr Weg an einem Wasserspeicher rechts vorbei nach **La Restinga** hinein.

**Tip:** Wenn Sie auch den **Rückweg** erwandern wollen, folgen Sie dem Camino in umgekehrter Richtung bis zur ***Montaña los Carriles.*** Folgen Sie am Gatter dem dahinter aufsteigenden Weg, der bald auf die Hauptstraße trifft und sich leicht versetzt auf der anderen Straßenseite fortsetzt. Halten Sie sich im folgenden immer an den Hauptweg (teils Piste, teils steingepflastert und mauergesäumt), an Wegkreuzungen geradeaus und aufwärts, bis Sie die Abzweigung zur ***Hoya de la María*** passieren und dem nun bekannten Weg zurück nach ***El Pinar*** folgen.

## INSELDURCHQUERUNG

# 18 Der große Weg: Camino de la Virgen

Santuario de la Virgen (700 m) → Cruz de los Humilladeros (1200 m) → Malpaso (1500 m) → Mirador del Golfo (1350 m) → Meseta de Nisdafe (1050) → Tiñor (900 m) → Valverde (570 m)

**Gehzeit insgesamt:** 9 bis 10 Stunden; insgesamt etwa 28 km. Der Weg wird in zwei Etappen beschrieben:

1: Santuario de la Virgen → Raya de la Llanía;

2: Mirador del Golfo → Valverde.

**Diese Wanderung nimmt den jahrhundertealten Prozessionsweg der ↗ Bajada de la Virgen de Los Reyes. Für die Herreños hat er keine Bedeutung als traditioneller Verbindungsweg, wie so viele andere der historischen Pfade. Dennoch ist er der Königsweg der Insel, für ihre Bewohner eine spirituell bedeutsame Strecke, die sie nur alle vier Jahre zu Ehren ihrer Madonna gemeinsam zurücklegen.**

**Zugleich ist der Camino de la Virgen eine der schönsten Wanderungen – ein Weg über sämtliche Höhen El Hierros, vom menschenleeren äußersten Westen der Insel bis zu ihrer Hauptstadt im Nordosten. Bei klarem Wetter ist er eine einzige Panoramastrecke; im Verlauf der Wanderung präsentieren sich die verschiedenen Landschaftsformen, Vulkanberge und Wälder El Hierros.**

Die erste Etappe der Bajada ist ein Anstieg bis auf 1500 m und endet auf dem großen Platz beim Cruz de Los Reyes (Kreuz der Heiligen Drei Könige) zu Füßen des Malpaso, des höchsten Bergs der Insel. Während der Bajada trifft sich dort die ganze Inselfamilie zur großen Rast nach dem anstrengendsten Teil der Prozession: Hier wird gegessen, getrunken und ausgeruht, bevor es nach 2 Stunden aufgeht zur zweiten Etappe.

Von nun an geht's bergab – über die Höhenstraße im Nebelwald und die weite Hochebene Meseta de Nisdafe, entlang der Vulkanberge zwischen San Andrés und Valverde, bis schließlich nach 28 km die Hauptstadt erreicht ist.

Höchstwahrscheinlich werden Sie den Weg der Bajada nicht inmitten des fröhlich-bunten Lindwurms der Inselheiligen und ihres Gefolges und auch nicht an einem Tag zurücklegen, sondern ohne einheimische Begleitung und in Teiletappen – je nach Lust und Wetterlaune. Damit Sie sich beim Wandern den Verlauf der Prozession trotzdem ein wenig vorstellen können, bezieht sich die Beschreibung des Camino de la Virgen immer wieder auch auf die wichtigen Orte und Ereignisse im Verlauf der Bajada.

### 1: Santuario de la Virgen → Raya de la Llanía

**Gehzeit:** 5 ½ Stunden; 15 km

**Schwierigkeitsgrad:** mittel; langer Anstieg.

**Orientierung:** nicht immer einfach.

**An- und Rückfahrt:** mit dem Taxi bis zur Ermita de la Virgen; zurück ab der Hauptstraße Frontera – Valverde problemlos per Anhalter. Das zu Fuß am nächsten liegende Dorf ist El Pinar, das Sie vom Cruz de Los Reyes aus in 2 Stunden erreichen (Wegbeschreibung ↗ W16, 1. Etappe in umgekehrter Richtung).

Regen-Bittmesse vor der Ermita: Das Radio ist zur Stelle, um die Loa-Sängerin aufzunehmen

AUSFLÜGE & WANDERTOUREN

Bajada: Die Bailarínes tanzen vornweg

Der alte Weg der Bajada verläßt die **Ermita de la Virgen** auf der Höhe der Dehesa mit der asphaltierten Piste, die vom Eingang des Kapellengeländes aus gesehen nach links oben führt. Entlang der *Montaña de la Virgen* laufen Sie zehn Minuten bis zur *Piedra del Regidor,* einem großen Steinblock, um den herum der Boden gepflastert ist. Während der Bajada stockt hier die Prozession zum ersten Mal; die Sänfte der Virgen wird auf den Stein gesetzt und die ersten Loblieder zu Ehren der Heiligen erklingen.

Der Camino de la Virgen zweigt hier von der Piste ab; zwischen hohen Lesesteinmauern führt er immer geradeaus aufwärts in Richtung Bergkamm. Von links und rechts kreuzen Pisten, rechts oberhalb am Hang erkennen Sie eine große ausbetonierte Fläche um eine Wassersammelstelle herum. Nach etwa 1,5 km schwenkt der Weg bei zwei kleinen Holzgattern nach links; kurz darauf gelangen Sie an eine Gabelung: Hier gehen Sie nach rechts oben weiter und erreichen kurz darauf wieder die Piste. Hangaufwärts gelangen Sie nun an den Rand des Steilhangs hinunter zum *Valle del Golfo*. Bei klarem Wetter können Sie von hier oben Sabinosa erkennen, doch meistens hängt der Nebel in dichten Schwaden an der Wand; vom Wind über die Bergkante getrieben, steigen sie wie Rauch aus einem riesigen Kessel auf. Eine gemauerte Nische mit einem Steinsockel kennzeichnet die Stelle, an der während der Bajada die Träger der Madonnensänfte ihre Heilige zum zweiten

Mal pausieren lassen. Hier grüßt, wenn das Wetter es erlaubt, der Prozessionszug das Dorf *Sabinosa* – von unten läuten die Glocken, von oben wird gepfiffen, geschrien und getrommelt, was das Zeug hält.

Nach einer leichten Rechtskehre geht es weiter geradeaus, von nun an stets in östliche Richtung und meist nur sanft ansteigend. Bald erreichen Sie eine Weggabelung; für diese und alle folgenden gilt: Halten Sie sich immer links oben, bleiben Sie auf der Höhe entlang dem Kamm.

Sie passieren ein einsames Haus am Hang; bis hier sind Sie etwa 1 ½ Stunden gelaufen. Der Blick zurück zur Dehesa ist, wenn der Nebel ihn freigibt, traumhaft schön: Sie können sämtliche Vulkane sehen, ganz weit unten im Westen winzig den Leuchtturm von Orchilla, weiß leuchtend die kleine Ermita de la Virgen, eingebettet in eine Mulde zwischen ihren »Hausbergen«. Links oberhalb am Hang sehen Sie einen Gedenkstein, der an den *General Serrador* erinnert (↗ Weideland La Dehesa). Ein kurzer Abstecher dorthin belohnt Sie mit der Aussicht auf den Golf und Sabinosa. Vor Ihnen erhebt sich die *Montaña de los Humilladeros,* ein mächtiger Vulkankegel aus schwarzem Jable. Am Fuß des Berges schwenkt die Piste nach links, Sie wandern durch einen Durchlaß in einer Steinmauer auf schwarzem Jablegrund weiter gen Osten. Um die Vulkanflanke herum, haben Sie bald das schöne alte Holzkreuz **Cruz de los Humilladeros** erreicht. An dem mit Steinmauern eingefaßten Platz hält die Prozession zum dritten Mal – zur Frühstückspause.

Weiter geht's bergauf; bei einer erneuten Gabelung öffnet sich ein kleines Tal, auf dem Jablehang wächst duftender wilder Thymian. Weiter unten können Sie die Piste vom Malpaso zur Dehesa erkennen, die ab hier bis zum Cruz de Los Reyes stets parallel zum Camino de la Virgen verläuft. Sie bleiben jedoch oben und folgen dem schmaler werdenden Weg in Richtung Wald aus Fayal-Brezal und Pinien. Das Wäldchen verdichtet sich für kurze Zeit, bis es den Blick nach rechts wieder freigibt: Über die Hänge von El Julán können Sie von hier bis hinunter zur Südspitze der Insel sehen. Von diesen Höhen aus (die Ge-

**Am Cruz de los Humilladeros pausiert die Bajada zum 3. Mal**

gend wird *Binto* genannt) haben einige wenige Glückliche die märchenhafte »achte Insel« *San Borondón* erblickt (↗ Natur und Umwelt).

Bald darauf erreichen Sie die **Fuente de Binto,** eine ummauerte Quelle links des Weges unter Bäumen. Immer weiter ansteigend, wandern Sie jetzt wieder auf schwarzem Jable. Links des Weges erhebt sich der *Tanganasoga,* der größte Vulkan El Hierros. Nach knapp 7 km hat der Bajada-Weg an der **Piedra de Binto** die erste *raya* erreicht – einen Ort, der so etwas wie einen Gemeindewechsel symbolisiert. Hier wird die Virgen de Los Reyes aus dem Kreis der Träger, Musiker und Tänzer aus Sabinosa in die Hände derer von El Pinar übergeben. Durch den Pinienwald sind sie mit ihrem Heiligen *San Antonio Abad* bis hierher gelaufen, um die Jungfrau in Empfang zu nehmen.

Zwei km weiter sehen Sie links des Weges den *Wegeinstieg nach Sabinosa* (↗ W16). Von hier aus ist nach einer halben Stunde schließlich der höchste Punkt der Insel, der **Malpaso,** erreicht. Das letzte Stück Weg bis zum Gipfel quert, entlang einer nur schwach erkennbaren Fahrspur, ein weites Feld aus schwarzem Jable. Oben angelangt, erwartet Sie – immer vorausgesetzt, die Nebelwolken halten sich zurück – das schönste Panorama rund um die Insel.

Der Weg der Bajada folgt nun ein Stück der Fahrpiste zum Malpaso. Nach zwei Kehren verlassen Sie die Piste, die hier nach rechts weitergeht, mit einer schwach erkennbaren Fahrspur geradeaus gen Osten. An diesem großflächigen Hang treffen sich während der Prozession die Delegationen aller Orte El Hierros. Die Bailarínes, Musiker und Heiligenträger aus dem Norden und Frontera haben hier gewartet, um ihre Virgen temperamentvoll zu begrüßen und sich tanzend, trommelnd und flötend Dorf für Dorf in den großen Zug einzureihen. Wenn nicht gerade ein lokalpatriotischer Streit dazwischenkommt, wird dieses zentrale Spektakel zum ausgelassenen und farbenfrohen Fest, zum Symbol der Brüderlichkeit zwischen allen Herreños, ebenso wie die Messe und das anschließende gemeinsame Picknick sämtlicher Inselfamilien am Cruz de Los Reyes.

Der Fahrspur folgend, laufen Sie in einer sanften Schleife nach rechts hangabwärts, bis Sie nach 700 m wieder auf die Hauptpiste stoßen; kurz darauf haben Sie den weitläufigen Platz am **Cruz de Los Reyes** erreicht. Von hier gehen Sie auf der Straße in östliche, kurz darauf und für den Rest des Weges in nordöstliche Richtung weiter.

Für eine Rast lohnt ein Abstecher zu den nahen *Fuentes de Los Reyes* (↗ W16): dorthin zweigt, vom Malpaso aus gesehen, kurz vor dem Cruz de Los Reyes eine Piste nach rechts zum Wald hinab, auf der Sie in ein paar Minuten zu einer hübschen schattigen Anlage um Brunnen und Zapfstellen gelangen. Von hier aus können Sie auch nach El Pinar weiterwandern. (Um zur Straße zurückzugelangen, können Sie auch die asphaltierte Nebenpiste nehmen, die in nordöstliche Richtung durch den Wald führt; nach ein paar hundert Metern trifft sie direkt wieder auf die Hauptpiste, der Sie nach rechts folgen.)

Der eigentliche Camino de la Virgen verläuft nun streckenweise links neben der Straße im schwarzen Jable – an den Hängen der Vulkane *Tabano* und *Pico de Tenerife* –, führt jedoch immer wieder auf die Straße zurück, so daß Sie das folgende Stück genausogut bequem und fast eben zurücklegen können.

Bald ist die **Raya del Cepón** erreicht (erkennbar an einem Holzschild links der Straße): Hier übernehmen die Bailarínes von Frontera das Geleit der Prozession – ganz passend an der Stelle, wo sich über den Kamm der Panoramablick hinunter ins Valle del Golfo öffnet. Nach Süden ist die Aussicht auf die *Montaña Mercader* mit dem roten Feuerwachturm bis hinunter zur Südspitze der Insel nicht weniger eindrucksvoll. Noch ein kleines Wegstück weiter sehen Sie jenseits des schwarzen Lavakiesfelds *Jable de Mequena* und des Pinienwalds die ersten Häuser von El Pinar. Wenn Sie zurückschauen, können Sie zwei kleinere Vulkankegel erkennen, deren kreisrunde Krater innen dicht mit Pinien bestanden sind.

Linker Hand wird der Grat an der *Piedra dos Hermanas,* zwei »Schwester-Steinen« links der Straße, ganz schmal. Die steile Rampe aus schwarzem Jable links unterhalb dient übrigens den Gleitschirmfliegern vom *Club Parapente* als Startbahn für ihre Flüge hinunter ins Valle del Golfo. Nach einer Dreiviertelstunde ab Cruz de Los Reyes erreichen Sie kurz vor der Hauptstraße Frontera – Valverde die **Raya de la Llanía,** erneuter Ort des Wechsels unter den Begleitern der Virgen: Hier übernimmt wieder El Pinar die Führung.

**Nur per Gleitschirm möglich: Mit der Windsbraut ins Golftal hinab**

### 2: Mirador del Golfo → Valverde

**Gehzeit:** 4 Stunden; 13 km
Schwierigkeitsgrad: leicht
**Orientierung:** einfach
**Anfahrt:** mit dem Taxi oder per Anhalter

▶ Ab der Kreuzung nahe der **Raya de Llanía** folgt der Camino de la Virgen zunächst der alten Hauptstraße Frontera – Valverde in nordöstlicher Richtung. Nach wenigen Metern zeigt ein Holzschild auf der linken Straßenseite den Weg zum *Mirador del Golfo,*

AUSFLÜGE & WANDERTOUREN

gen Norden in den Wald. Der kleine Abstecher dorthin lohnt sich, zumal er die Hauptstraße für ein paar hundert Meter umgeht. Durch dichten Fayal-Brezal-Wald geht es geradeaus, kurz darauf über einen Jable-Hang; der Weg ist rechts und links mit Lavabrocken gekennzeichnet. Vom neu angelegten Mirador aus haben Sie einen beeindruckenden Blick auf den Malpaso im Westen, über den Steilhang auf die geschwungene Straße nach Frontera unter sich und auf den Kirchberg im Tal, Richtung Norden bis nach Las Puntas und auf die Roques de Salmor. Nordöstlich auf dem Bergkamm können Sie den Mirador de Jinama erkennen. Sie folgen nun einem Wegweiser mit der Aufschrift *Bailadero de las Brujas* (»Hexentanzplatz«) nach links in den Wald; der Weg ist hier wieder gesäumt von Lavasteinen, im Wald wird er zum engen Pfad. An einem kleinen Pinienhain vorbei, hält er am Ende wieder schräg abwärts auf die Hauptstraße zu. Hier oben, so glaubte man, haben sich die Inselhexen vergnügt, und manch eine von ihnen soll von hier aus auf ihrem Besen bis nach Kuba oder Venezuela geritten sein …

Nach 100 m entlang der Straße führt eine Trittspur im schwarz-braunen Jable erneut nach links aufwärts in Richtung Wald. Wenn Sie sich hier zuerst leicht links halten, werden Sie, oben auf dem Bergrücken angekommen, überrascht sein: Sie blicken in den perfekt geformten Krater *Hoya de Fileba*. Von hier folgen Sie dem Camino de la Virgen weiter nordöstlich durch den niedrigen Pinienwald; Orientierung bieten auch die Telefonmasten entlang des Weges.

Beim Km-Stein 23 (das sind die Straßenkilometer ab Puerto de la Estaca) führt die Piste wieder aus dem Wäldchen hinaus und auf die Straße. Der Bajadaweg verläuft jetzt etwa 1 km bis zur **Raya de la Mareta,** wo die Bewohner von Isora das Prozessionsheft in die Hand nehmen, entlang der Straße. Um diese zu meiden, nehmen Sie eine Parallelpiste rechts der Straße im Pinienwald, die sich ohnehin bald mit dem Camino de la Virgen vereinigt. Der Weg wird jetzt wieder von den hölzernen Telefonmasten begleitet und wird zur Graspiste, später zur staubigen Sandpiste, auf der sich im Sommer die Heuschrecken sonnen. Sie entfernt sich langsam von der Straße in Richtung auf die *Montaña Timbarombo,* deren Gipfel Sie auf einer Piste, die nach rechts vom Camino de la Virgen abzweigt, erwandern können.

Der Weg wird zum Hohlweg zwischen Erdwällen; bald sieht man vor sich die **Meseta de Nisdafe** ausgebreitet, bei Fernsicht rücken La Gomera und Teneriffa, bald darauf auch La Palma ins Blickfeld. Stets in der Nähe der Telefonmasten geht es quer durchs Tal und am nächsten pinienbestandenen Hügel vorbei immer weiter geradeaus gen Nordosten, mit herrlichem Blick voraus ins nächste Tal und auf die Vulkane ringsum. Der Bajadaweg ist hier von Lesesteinmauern gesäumt und nähert sich wieder der Hauptstraße, nach einem leichten Bogen nach halb rechts sehen Sie San Andrés auftauchen.

Die nächste **Raya Cruz del Niño** – derer von San Andrés – ist erreicht, bald darauf queren Sie dreimal kurz hintereinander die Hauptstraße. Ihren Weg sehen Sie geradeaus vor sich sehr deutlich durch das Tal verlaufen. Diese Zone der Meseta de Nisdafe hat den schönen Namen *La Tierra que Suena* (klingende Erde). Linker Hand passieren Sie ein Baumheide-Wäldchen, später ein Feld mit Apfelbäumen. Mauergefaßte Pisten kreuzen; der Camino de la Virgen führt weiter geradeaus in Richtung eines aufgeforsteten Pinienwalds. Am Waldrand entlang, erreichen Sie schließlich die **Raya de las Cuatro Esquinas;** an dieser Kreuzung übernehmen die Leute aus Mocanal und den Barrios das Geleit der Bajada. An einer Wasserstelle überqueren Sie die Landstraße von San Andrés nach Guarazoca und wandern weiter geradeaus durch den Wald. Von rechts kommt eine Piste aus San Andrés, kurz darauf endet der Wald, nach links blicken Sie auf kleine Hügel, alte Mauern und Malpaís.

Zehn Minuten nach der Überquerung der Landstraße haben Sie die Wegkreuzung zum *Arbol Santo* erreicht. Nach rechts lohnt ein **Abstecher** zum Ruinendorf *La Albarrada,* geradeaus nach Nordosten führt der Camino de la Virgen nach Tiñor weiter, zunächst etwas ansteigend. Pisten, die von links queren, lassen Sie unbeachtet und bleiben immer auf der Hauptpiste. Ist die Anhöhe erreicht, geht es von nun an wieder sanft abwärts mit bei Fernsicht traumhaftem »Inselblick« und üppiger Vegetation: Wäldchen aus Fayal-Brezal, Eukalyp-

Inselblickpunkt: Oberhalb von Tiñor öffnet sich der Blick auf La Gomera und Teneriffa

AUSFLÜGE & WANDERTOUREN

tus, Pinien und Lorbeerbäumen. Später tauchen die ersten Obstbäume auf: Äpfel, Birnen, Zitronen und Eßkastanien. Die Orientierung ist einfach: Der Wegsaum aus Agaven und auch die Wasserleitung am Wegesrand werden Sie von jetzt ab fast die ganze Strecke bis nach Valverde begleiten.

Der Weg trifft hier das erste Mal auf die Hauptstraße zwischen Valverde und San Andrés; genau gegenüber geht es weiter. Passen Sie beim Überqueren der Straße auf, diese Strecke verleitet die Autofahrer zum Schnellfahren (wo es doch dafür auf El Hierro sonst kaum eine Gelegenheit gibt). Von hier geht es jetzt auf dem steingepflasterten *Camino Subida Tiñor* steil in das bereits halb verlassene **Tiñor** hinunter. Bei der Ermita angelangt, geht's auf der Dorfstraße nach links in den Ort hinein; sie trifft am Ende auf die Hauptstraße, von der der alte Weg unmittelbar nach rechts abzweigt und rechts parallel der Straße verläuft.

200 m weiter überquert der Weg die Hauptstraße bei einem Baum zum zweiten Mal. Auf der anderen Straßenseite geht es direkt gegenüber weiter und oberhalb der Straße nach rechts den Hang entlang, stets zuverlässig gefolgt von Agaven und Wasserleitung. Links oberhalb sehen Sie einsam am Hang der ansonsten kahlen, 1139 m hohen *Montaña de los Cepones* sehr hohe schöne Eukalyptusbäume wachsen.

Oberhalb und parallel zur Straße führt der Weg um einen Hügel herum, bald darauf bietet eine einsame Zeder am Wegrand ein schattiges Rastplätzchen. Den dritten Einschnitt der neuen Straße überqueren Sie nun steil nach links den Hang hinunter bis zur Straße, wo der Weg genau gegenüber weitergeht. Leicht bergab laufen Sie am Explosionskrater *La Caldereta* vorbei, in dessen Kessel aufgegebene Felder zu sehen sind. Der Weg hält auf einen Felseinschnitt zu; von dem schmalen Durchgang aus zeigt sich Valverde von seiner schönsten Seite. Von hier müssen Sie wieder hinunter zur Hauptstraße, die den Weg nun zum vierten und letzten Mal kreuzt. Die Straßenquerung ist mit Treppen angelegt, danach beginnt das letzte Stück des Camino de la Virgen ins Tal von **Valverde** hinunter. Der steingepflasterte Weg verläuft links eines Barranco und geht schließlich im Ortsteil **Tesine** in die *Calle Casañas Frías* über. Die Prozession trägt die Virgen de Los Reyes noch über die Avenida Dacio Darias und das Viertel *San Juan* bis zur Kirche, wo schon ganz Valverde wartet.

Sie können den Weg hinunter abkürzen, indem Sie die Unterführung unter der Avenida Dacio Darias nehmen; sie führt direkt zum Taxistand gegenüber der Bar »Los Reyes«.

# KARTENATLAS

NATUR & UMWELT

GESTERN & HEUTE

MENSCHEN & KULTUR

REISEPRAXIS

VALVERDE & DER NORDEN

VALLE DEL GOLFO

HOCHEBENE & EL PINAR

LA RESTINGA & SÜDWESTEN

AUSFLÜGE & WANDERTOUREN

KARTENATLAS

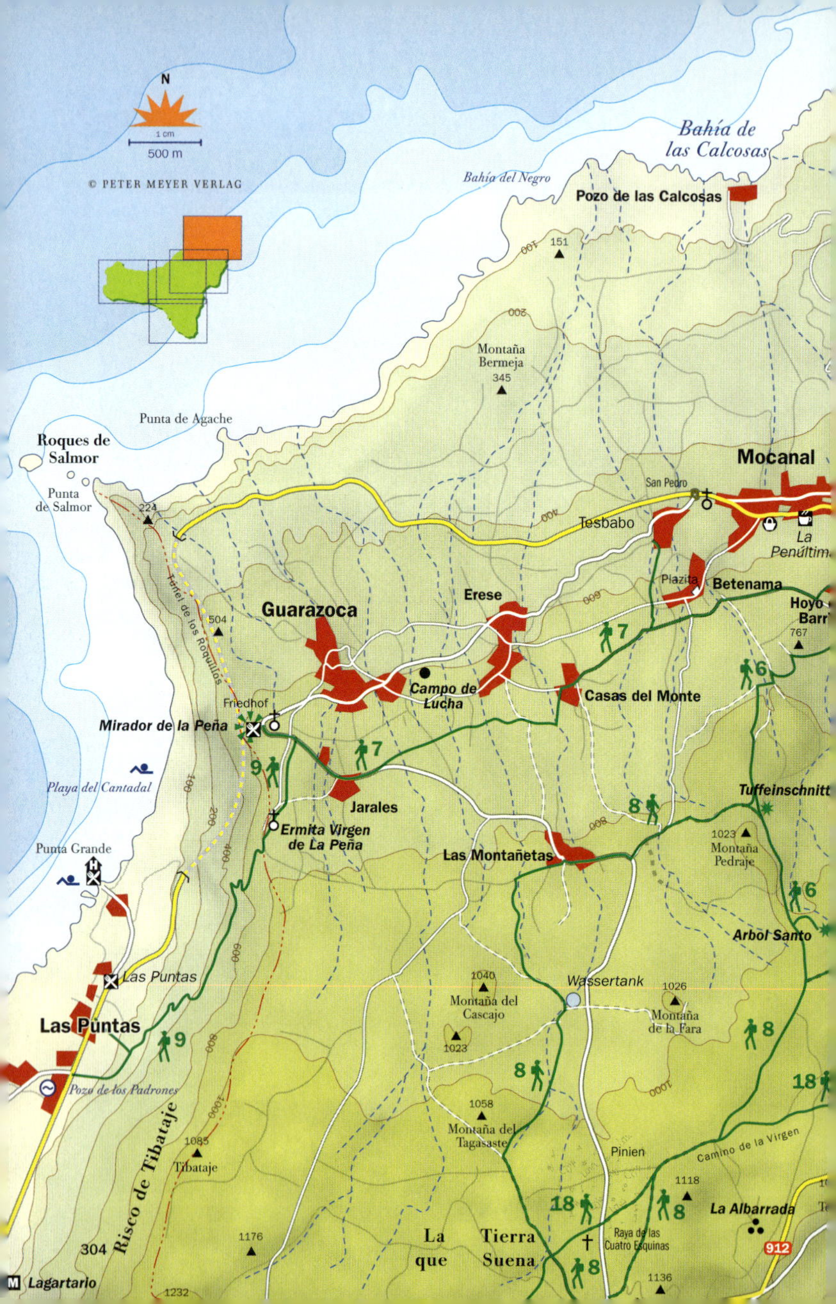
N
1 cm
500 m
© PETER MEYER VERLAG
Bahía de las Calcosas
Bahía del Negro
Pozo de las Calcosas
151
Montaña Bermeja
345
Punta de Agache
Roques de Salmor
Punta de Salmor
224
Mocanal
San Pedro
Tesbabo
La Penúltim
Plazita
Betenama
Erese
Guarazoca
504
Túnel de los Roquillos
Campo de Lucha
Casas del Monte
Hoyo
767
Friedhof
Mirador de la Peña
Playa del Cantadal
Jarales
Ermita Virgen de La Peña
Tuffeinschnitt
1023
Montaña Pedraje
Punta Grande
Las Montañetas
Arbol Santo
Las Puntas
Las Puntas
1040
Montaña del Cascajo
1023
Wassertank
1026
Montaña de la Fara
Pozo de los Padrones
1058
Montaña del Tagasaste
1085
Tibataje
Risco de Tibataje
Pinien
Camino de la Virgen
1118
La Albarrada
1176
La Tierra que Suena
Raya de las Cuatro Esquinas
912
304
1136
Lagartario
1232

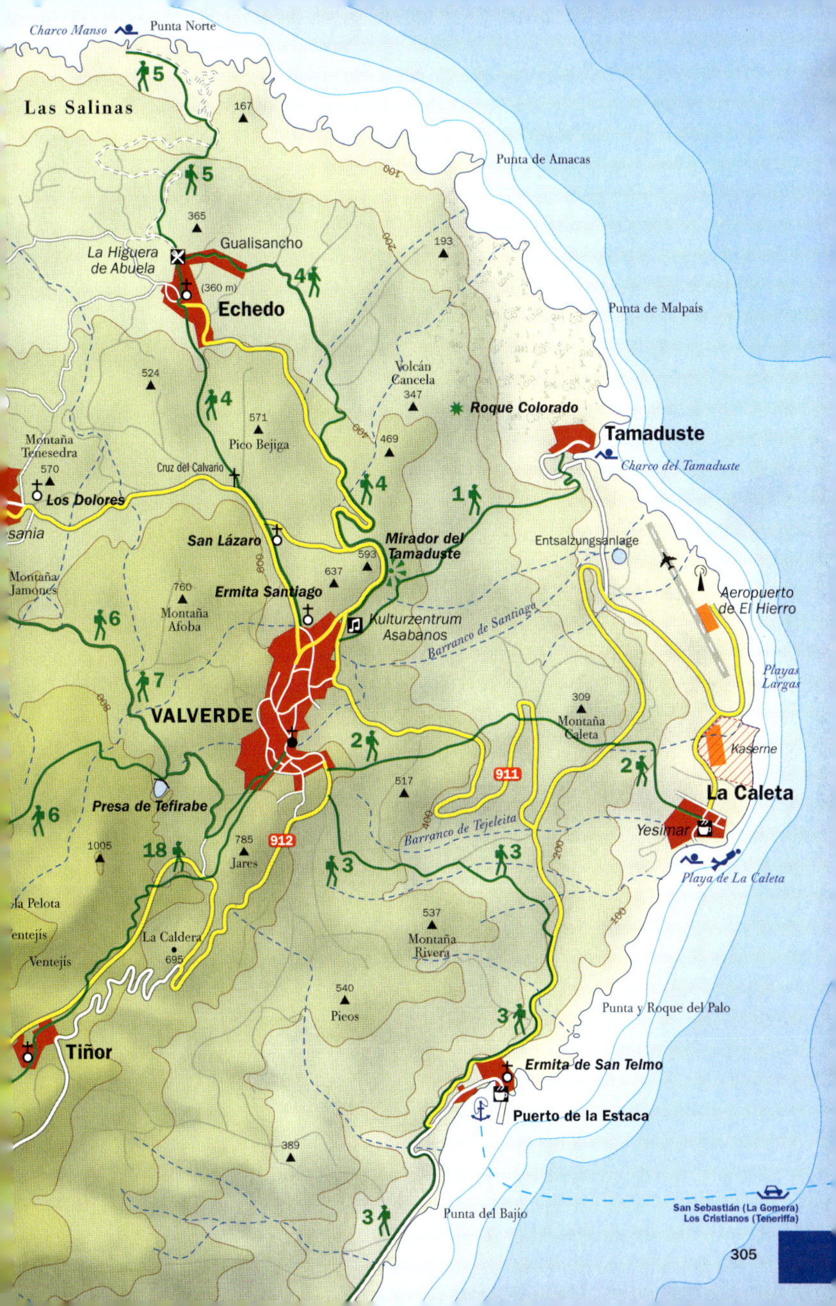

Charco Manso
Punta Norte
Las Salinas
167
Punta de Amacas
365
Gualisancho
La Higuera de Abuela
(360 m)
Echedo
193
Punta de Malpaís
524
Volcán Cancela
347
Roque Colorado
571
Pico Bejiga
Tamaduste
Charco del Tamaduste
469
Montaña Tenesedra
570
Cruz del Calvario
Los Dolores
San Lázaro
Mirador del Tamaduste
593
Entsalzungsanlage
637
Montaña Jamones
760
Montaña Afoba
Ermita Santiago
Aeropuerto de El Hierro
Kulturzentrum Asabanos
Barranco de Santiago
Playas Largas
309
Montaña Caleta
VALVERDE
Kaserne
911
517
La Caleta
Presa de Tefirabe
Yesimar
Barranco de Tejeleita
1005
785
Jares
912
Playa de La Caleta
537
Montaña Rivera
La Caldera
695
540
Pieos
Punta y Roque del Palo
Tiñor
Ermita de San Telmo
Puerto de la Estaca
389
Punta del Bajío
San Sebastián (La Gomera)
Los Cristianos (Teneriffa)

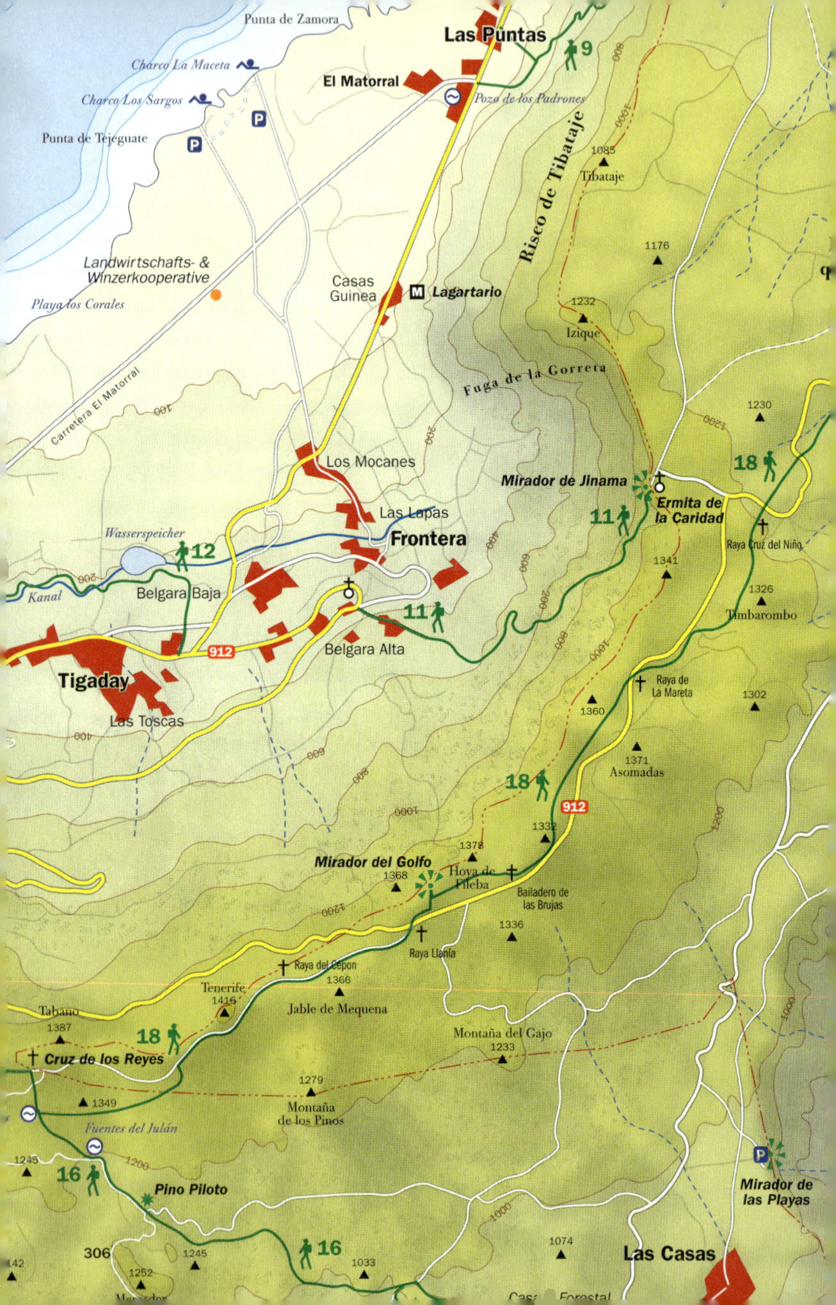

Punta de Zamora
Las Puntas
9
Charco La Maceta
El Matorral
Charco Los Sargos
Pozo de los Padrones
Punta de Tejeguate
Risco de Tibataje
1085
Tibataje
1176
Landwirtschafts- & Winzerkooperative
Casas Guinea
Lagartario
Playa los Corales
1232
Izique
Fuga de la Gorreta
Carretera El Matorral
1230
18
Los Mocanes
Mirador de Jinama
Ermita de la Caridad
11
Las Lapas
Wasserspeicher
12
Frontera
Raya Cruz del Niño
1341
1326
Timbarombo
Kanal
Belgara Baja
11
912
Belgara Alta
Tigaday
Raya de La Mareta
1360
1302
Las Toscas
1371
Asomadas
18
912
1332
1378
Mirador del Golfo
1368
Hoya de Fileba
Bailadero de las Brujas
1336
Raya Llanía
Raya del Cepon
1366
Tenerife
1416
Jable de Mequena
Tabano
1387
18
Montaña del Gajo
1233
Cruz de los Reyes
1279
1349
Montaña de los Pinos
Fuentes del Julián
1245
16
Pino Piloto
Mirador de las Playas
306
1245
16
1074
Las Casas
1252
1033

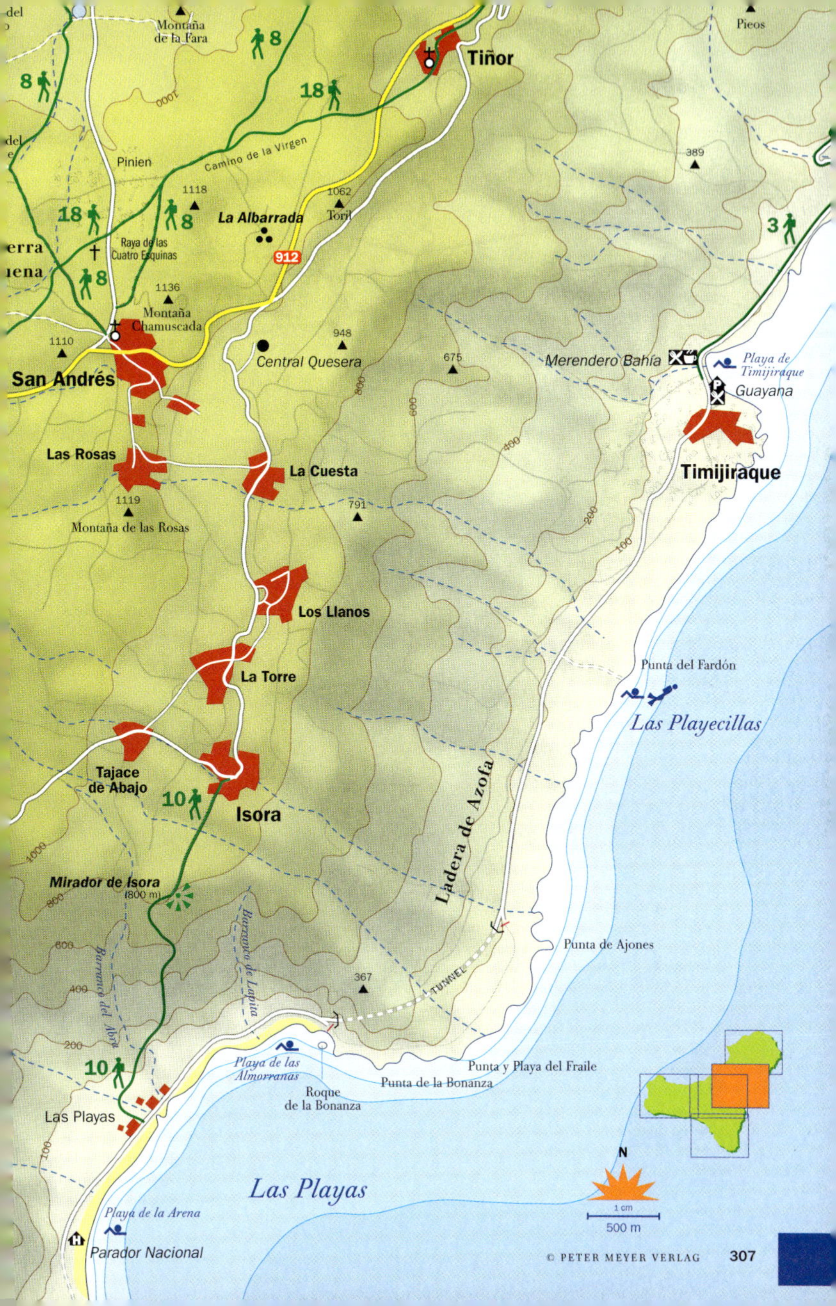
Montaña de la Fara
Tiñor
Pieos
Camino de la Virgen
Pinien
1000
389
1118
1062
Toril
La Albarrada
Raya de las Cuatro Esquinas
912
1136
Montaña Chamuscada
1110
San Andrés
948
Central Quesera
675
Merendero Bahía
Playa de Timijiraque
Guayana
Timijiraque
Las Rosas
La Cuesta
1119
Montaña de las Rosas
791
Los Llanos
La Torre
Punta del Fardón
Las Playecillas
Tajace de Abajo
Isora
Ladera de Azofa
Mirador de Isora
(800 m)
Barranco de Lapita
Barranco del Abra
Punta de Ajones
Tunnel
367
Playa de las Almorranas
Roque de la Bonanza
Punta de la Bonanza
Punta y Playa del Fraile
Las Playas
Playa de la Arena
Parador Nacional
N
1 cm
500 m

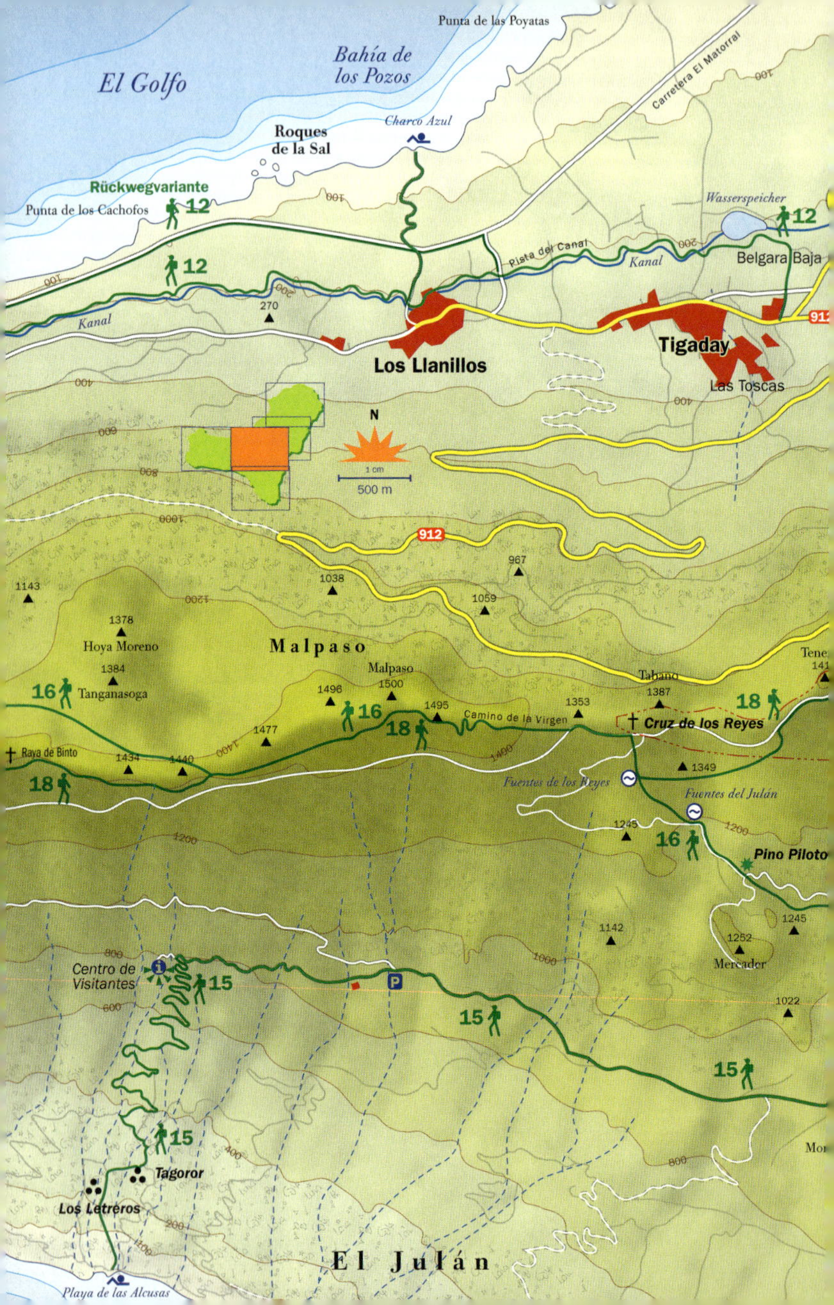

Punta de las Poyatas
El Golfo
Bahía de los Pozos
Carretera El Matorral
Charco Azul
Roques de la Sal
Rückwegvariante
Punta de los Cachofos
12
Wasserspeicher
Pista del Canal
Kanal
Belgara Baja
270
Los Llanillos
Tigaday
912
Las Toscas
N
1 cm
500 m
912
967
1038
1059
1143
1378
Hoya Moreno
Malpaso
1384
Tanganasoga
16
Malpaso
1500
1496
1495
1353
1387
Tabano
Tene
18
Camino de la Virgen
Cruz de los Reyes
1477
Raya de Binto
1434
1440
1349
Fuentes de los Reyes
Fuentes del Julán
1245
Pino Piloto
1142
1252
Mercader
1245
1022
Centro de Visitantes
15
P
Tagoror
Los Letreros
El Julán
Playa de las Alcusas

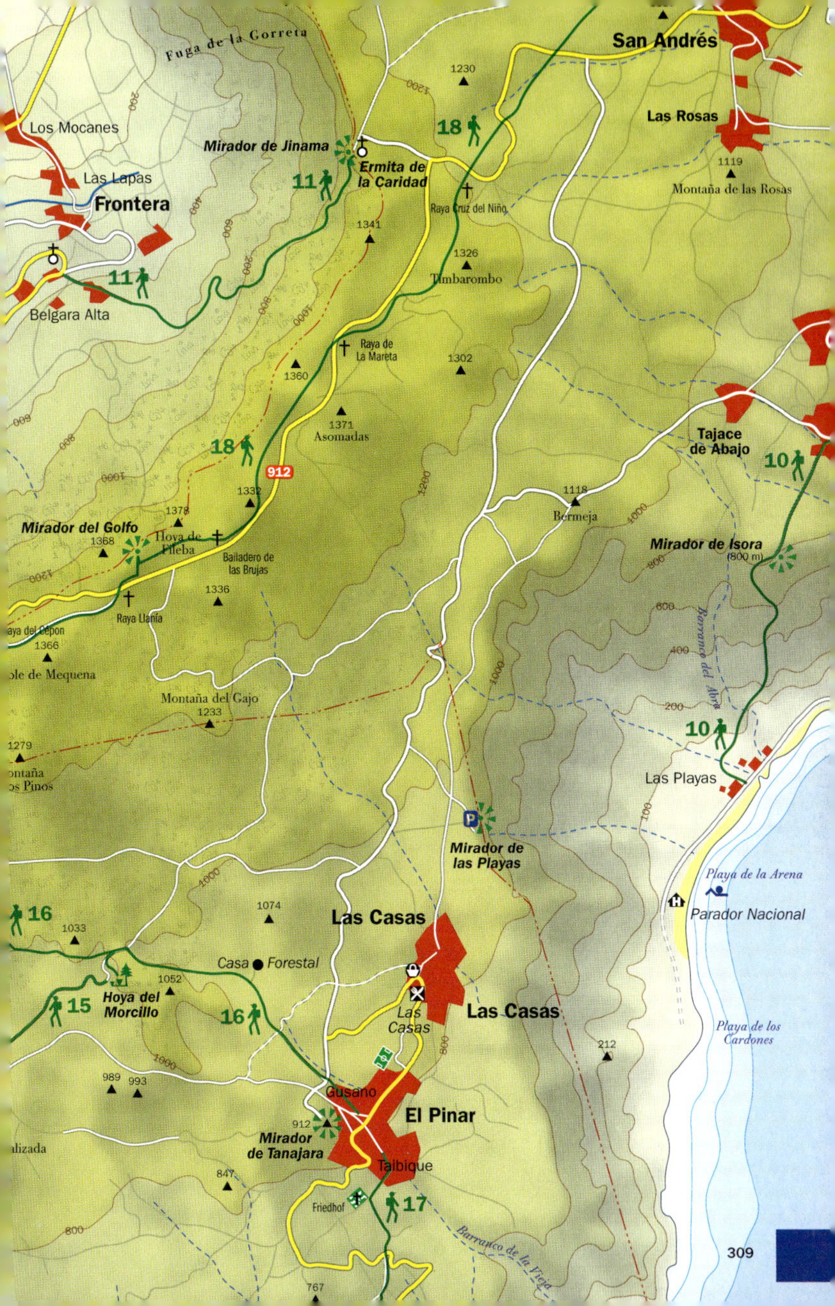
Fuga de la Gorreta
San Andrés
Los Mocanes
Mirador de Jinama
Ermita de la Caridad
Las Lapas
Frontera
Las Rosas
Montaña de las Rosas
Raya Cruz del Niño
Belgara Alta
Timbarombo
Raya de La Mareta
Asomadas
Tajace de Abajo
Mirador del Golfo
Hoya de Fileba
Bailadero de las Brujas
Bermeja
Mirador de Isora
Raya Llanía
Barranco del Abra
Montaña del Gajo
Las Playas
Mirador de las Playas
Playa de la Arena
Parador Nacional
Las Casas
Casa Forestal
Hoya del Morcillo
Playa de los Cardones
Gusano
El Pinar
Mirador de Tanajara
Taibique
Friedhof
Barranco de la Vieja

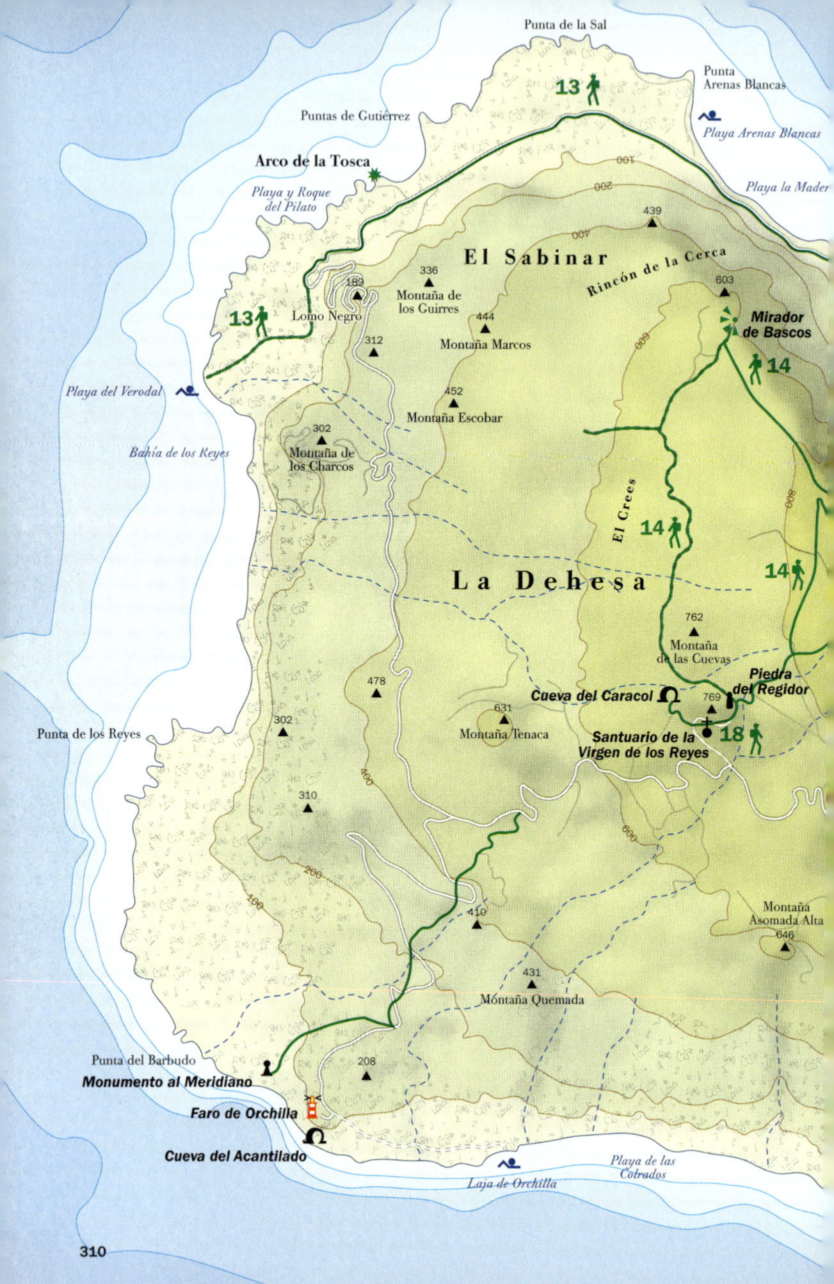
Punta de la Sal
Punta Arenas Blancas
Playa Arenas Blancas
Playa la Mader
Puntas de Gutiérrez
13
Arco de la Tosca
Playa y Roque del Pilato
100
200
400
439
El Sabinar
Rincón de la Cerca
336
Montaña de los Guirres
189
Lomo Negro
13
444
Montaña Marcos
603
Mirador de Bascos
14
600
312
452
Montaña Escobar
Playa del Verodal
302
Montaña de los Charcos
Bahía de los Reyes
El Crees
14
800
14
La Dehesa
762
Montaña de las Cuevas
Piedra del Regidor
Cueva del Caracol
769
478
631
Montaña Tenaca
Santuario de la Virgen de los Reyes
18
Punta de los Reyes
302
400
310
600
200
100
410
Montaña Asomada Alta
646
431
Montaña Quemada
Punta del Barbudo
208
Monumento al Meridiano
Faro de Orchilla
Cueva del Acantilado
Playa de las Colrados
Laja de Orchilla

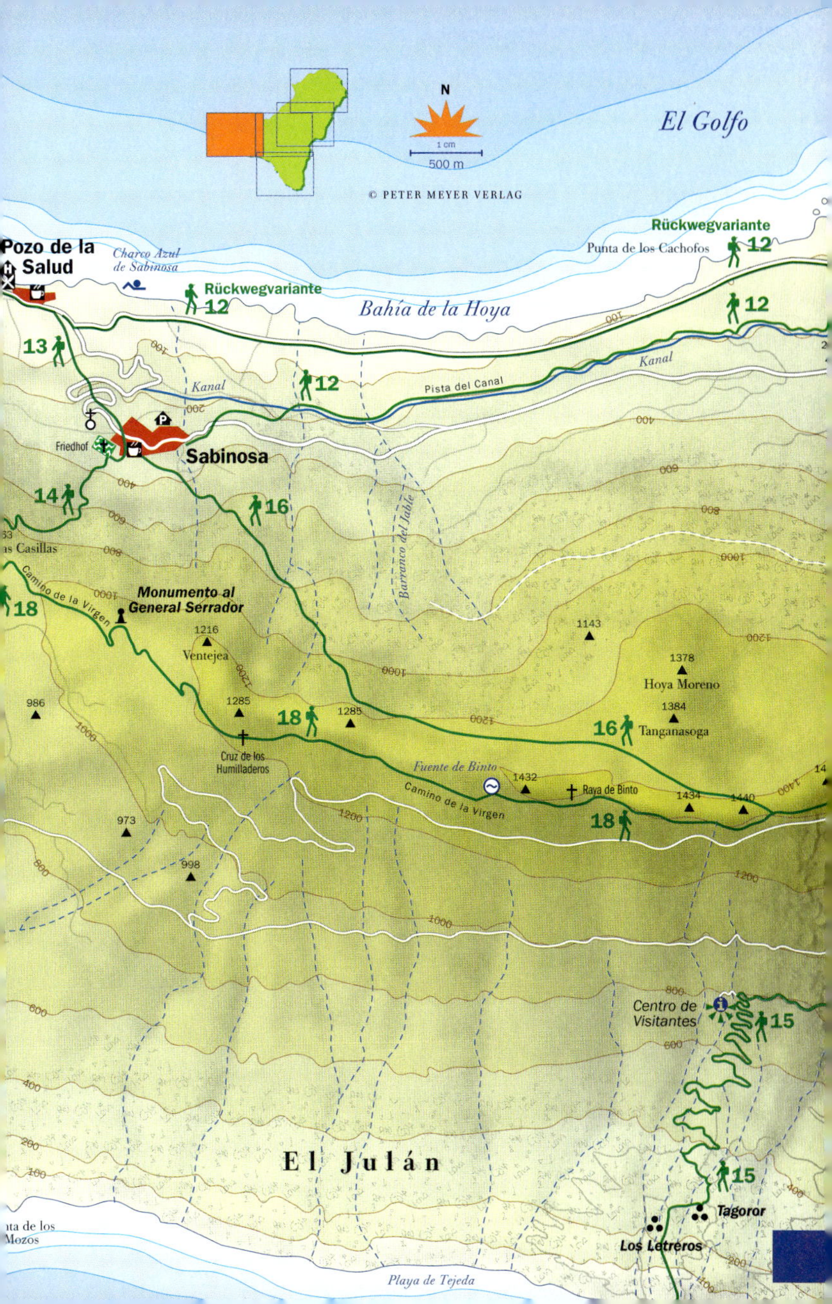

N
1 cm
500 m
© PETER MEYER VERLAG
El Golfo
Pozo de la Salud
Charco Azul de Sabinosa
Rückwegvariante 12
Rückwegvariante
Punta de los Cachofos
12
Bahía de la Hoya
13
Kanal
12
Pista del Canal
Friedhof
Sabinosa
14
16
as Casillas
Barranco del Jable
18
Camino de la Virgen
Monumento al General Serrador
1216
Ventejea
1143
1378
Hoya Moreno
986
1285
18
1285
1384
16
Tanganasoga
Cruz de los Humilladeros
Fuente de Binto
1432
Raya de Binto
Camino de la Virgen
1434
1440
18
973
998
Centro de Visitantes
15
El Julán
15
Tagoror
Los Letreros
ata de los Mozos
Playa de Tejeda

Centro de Visitantes
15
Mercader
1022
Montaña
Tagoror
Los Letreros
El Julán
Playa de las Alcusas
Punta y Roque de Jablilla
544
Montaña de los Hibrones
Playa de Linés
Punta Lajas del Lance
283
Montaña de los Cardillos
452
Montaña Quemada
Playa de Tacorón
Cueva del Diablo
303
Tacorón
Los Lajiales
Punta de las Cañas
Reserva Marina Mar de las Calmas (Schutzzone)
N
1 cm
500 m

Casa Forestal
1052
Hoya del Morcillo
15
16
Las Casas
Playa de los Cardones
212
989
993
Gusano
El Pinar
912
Mirador de Tanajara
Taibique
847
Friedhof
17
800
Barranco de la Vieja
767
763
Punta de Miguel
774
712
673
Tembargena
600
Bco. de la Cerraja
534
Montaña de la Lajura
17
Roques de los Joraditos
413
458
494
400
457
Montaña de Julán
454
Montañas de los Muertos
Roques de la Piedra Bermeja
219
359
Hoya de la María
263
17
200
288
Montaña los Carrilles
214
Montaña Asomadas Negras
178
Montaña de Prim
248
Montaña Colorada
Cueva de Don Justo
100
154
197
Restinga
Punta del Miradero
Bahía de Naos
La Restinga
Arenas Blancas
Punta de los Frailes
Punta de La Restinga
Punta de los Saltos

# REGISTER DER ORTE & SEHENSWÜRDIGKEITEN, PERSONEN & SACHBEGRIFFE

Städte, (freistehende) Sehenswürdigkeiten, Bauten: fett.
Natur, Natursehenswürdigkeiten, Berge, Strände, Wanderwege etc.: fettkursiv
Personen: kursiv, Schlagworte: normal. Haupteinträge fett

## N



## O – P



## Q – R



## S